2009年度浙江海洋学院校级重点建设教材成果

2010年度浙江省新世纪高等教育教学改革项目（编号：zc2010112）成果

2011年度浙江省教育厅科研计划项目（编号：Y201121717）成果

当代大学生交际口才

DANGDAI DAXUESHENG
JIAOJI KOUCAI

◎主　编　徐　波
副主编　楼志新　胡世文
郭振红　周梅芳

ZHEJIANG UNIVERSITY PRESS
浙江大学出版社

前　言

这是一本写给当代大学生朋友的书。

亲爱的同学们：当你跨入大学校门成为天之骄子的那一刻，希望你记住一句话："来到大学请你开口多说话，练好你的口才，因为出众的口才是你事业成功的翅膀！"

列宁在阐述语言的功能时说："语言是人类最重要的交际工具。"我们的生活离不开语言这一信息的载体。

什么是口才？

口才不等同于一般意义上的说话。口才是口语的才能。正常的人都具有说话的能力，但并不一定具有出众的口才水平。以我们传统的应试教育体制下的知识学习模式，并未把学生的口语表达和口才训练作为一个目标和重点。长期以来，语文课堂只是教师的"讲坛"，同学们们都很习惯当忠实的听众。所以，在同学们跨入大学校门的时候，大部分同学并不认为自己具有良好的口才水平。比如说，你能措辞得体地与同学、老师或者是一位陌生人交流、沟通吗？你能随心所欲而又有条不紊地向别人阐述自己的观点吗？你能当着众人的面清晰响亮、从容不迫地讲一段话吗？你能在比较大的公众场合作富有说服力和感染力的演讲吗？你能用口头表达的方式来得体而尽情地抒发自己的情感吗？我们知道，每逢这时，许多同学就会有心跳、紧张，不知说什么或者怎么说。所以，每当此时，你遭遇的可能是尴尬，留下的也许是遗憾……或许我们可以设想一下，在将来走上社会时，假如你面对的是一次竞争的话，那么你失去的将是一个个机会或人生的一次次机遇。俗话说得好："机会总是青睐那些有准备的人。"假如我问，你将来要开拓你的事业，你做好了准备了吗？当然是说各方面的准备！是的，这里毫无疑问的是包括你的口才交际能力的准备！

人类的有声语言，又称为自然语言，它包含声音和意义两个部分。我们这里所谈论的口才交际能力，是指我们在交际过程中所具有的口语能力。我们所说的口语就是口头交际中使用的主要诉诸听觉并借助各种辅助手段表情达意的口头语言。心理语言学认为，口语交际是一种人的言语行为，貌似极为简单的口头言语交际可以包括：编码、发码、接码和解码的过程。编码和发码就是说话；接码和解码就是听话，口语即听话、说话，口语能力就是听说能力。口语交际是一个双向信息交流的运动过程，是一个多层次的动态复合系统，在这个系统中除了语言及其伴随手段之外，还包括交际活动的参与者、交际动机、交际环境等多种因素。这些因素的存在使口语交际突破了听说的狭隘框架。也即在口语交际学习中，我们不仅要学习正确的发音，掌握一定数量的词汇，说出结构正确的句子，而且要能够较好地把握交际过程中的诸多因素，能正确理解每一具体语境下的话语，说出正确、流利、得体的语言，较好地达到自己的交际目的。

什么是好口才的表征？

语声方面：清晰、流畅、自然、悦耳、轻重适宜、恰当的语气语调等。

语义方面：扣题、确切、条理分明、重点突出、符合语境、富有个性等。

语体方面：口语化。大众化的常用词语和结构自由、简短的句式等。

如果你拥有了较强的口语交际能力，那就要：敢说，就是能做到当众讲话不害怕，发现自身"闪光点"，拥有自信心；还要会说，即有话可说，言之有序，重点突出，有感染力；并且要能巧说，也就是能言之成理，言之有智。

那么，怎样去训练和提高我们的语言素养和口才水平呢？

口才能反映人的气质、修养、学识、情操和品格。口才要素由语言要素与非语言要素两部分构成。语言要素，指的是口语本身；非语言要素，指的是文化素养、思维品质、心理控制能力和态势能力等。

一、提高我们口才的非语言要素

语言要素是口才的直接本体，非语言要素虽然不是具体言语，却是与口才密切关联的有机因素。说到口才，大家的注意力更多地会集中到口语本身而忽略了非语言要素的培养与锻炼，所以，我们在这一部分着重谈谈与口才相关的几个非语言要素。一个口才出众的优秀人才应该具有良好的文化素养、思维品质、心理素质和态势能力。

（一）腹有诗书气自华——你需要提升自己的文化素养

言谈并非要贫嘴，而必然反映你的内心世界，难怪古人感叹："一言知其贤愚。"

在当今这个知识爆炸的信息化时代，需要我们去掌握和学习的知识实在是太多了。但请记住："有知识不等于有文化"。为了提高自己的口才水平，你应该不断学习，在校期间，尤其应该通过博览群书，提高自己的文化素养。做一块海绵吧，你正需要汲取大量的知识养分。常常看到，不同年纪、性别、阅历和文化素养的人朗诵同一首诗歌，会有千差万别和不同效果，这显然是阅历与文化素养在起作用。如今的你,仅仅知道曼联、知道英超、知道德甲、知道F1怎么够呢!如果你的同事或领导谈到颜体书法、谈到齐白石的国画,谈到贝多芬的交响乐,谈到肖邦的《圆舞曲》,你能接得上话茬吗?如果将来有一天你的合作对象饭后茶余谈起唐宋八大家,谈起列夫托尔斯泰,谈起巴金的小说,冰心的散文,艾青的诗歌,曹禺的戏剧,你是否有底气接着深聊下去呢?

对于我们的同学而言,显然不可能具有上了年纪的人那样的对生活的体验和感悟,但我们可以从其他方面做些努力和弥补,比如我们可以通过博览群书来间接地感悟生活,可以通过人文资料来增强我们对人生的认识。"博览群书?"谈何容易,我们有时间吗?是的,我们很忙,我们忙上课、忙实验、忙作业、忙活动,那是不是还忙网游、忙聊天、忙看鬼片呢?虽然不反对同学们快乐生活,但至少请记住,时间就像海绵,只要挤,总还是有空间的。所以,博览群书需要时间,但请不要以没空来搪塞。亲爱的同学,请你每天挤出几个小时哪怕是一个小时的时间,走到图书馆,从书柜上拿下一本中外名著,轻轻地走到座位前,静下心来,认真阅读吧。请坚信,书香不仅会让你忘却烦恼,完全沉醉在书中所描写的那个美妙的世界里,更重要的是,文化素养的日积月累,准有一天会为你的交际交往和事业成功带来意外的惊喜!

(二)语言是思想的直接现实——你需要培养自己的思维品质

王安石说:"临行而思,临言而择。"语言与思维的关系乃是最直接而密切的,口头表达是以思维为必要前提的。

语言以它的简缩形式存在于思维中,即要说一段话,在思考时,头脑里先有一些零零碎碎的词语,它们具有非线性特点,就像一团星云。讲话时,好像用一根线(言语链)迅速地将这团星云中的星星(词语)有选择、合逻辑地串起来,然后再脱口而出。这就是思维到表达的"加工"、转化过程,而这个过程的迅速、准确、生动的程度称为"语智"。语智是与思维紧密相关的一种可以相对独立存在的口语智能。作为一个优秀的人才,首先应具有准确有序、敏捷灵活、周密完善的基本思维品质。当然,由于所从事的职业工作性质的不同,也可能所要求具备的思维专长也会有所不同。比如教师,由于学科不同,文理科教师的口才要求的不同,这就决定了他们的思维也各具风采。文科教师以其教学口语的文学性、可欣赏性、人文性、审美教育性,以及对学生的形象思维能力的培养需要等为特点,尤其应追求口才的文化品位及审美情趣,在思维形式上形象思维占重要地位。理科教师着重于启人心智,应该力图使自己具备准确、科学、简洁而严密的口才能力,所以应具有更强的抽象思维能力。从不同的教学阶段而言,小学教师与幼儿教师在教学中注重对儿童认知力、观察力和表达力的培养,所以,他们的口才特征更具有灵活性、情感性、启发性和示范性特点,在思维品质上尤其应具备一定的灵感思维能力。而中学教师面对的是具有"成人感"的中学生，他们的思维水平正在不断提高，尤其是抽象思维能力渐渐增强，因此，中学教师的口才在形象、生动的基础之上更趋科学性和理性色彩，他们应具备多种完美结合的优良的思维品质。

总之，无论从事何种工作，都应该具备较为完善的思维品质。大学生在校期间，我们首先是对自己的思维能力要有一个正确的评估，然后，进行针对性的查漏补缺、重点培育，选修一门形式逻辑课程或者自学这方面的知识是很有必要的。学好思维术，将使你终生受益。

(三)松柏精神、云水风格——你需要培养自己的心理控制能力

要有健康的人生就要有健康的心理。

我们要培养自己稳定、自然而愉悦的优良心理素质。良好的心理状态，是指人的思想处于愉悦时刻的一种心理状态，在言语表达中，良好的心态能使我们内心的创造性潜能得到充分的释放，能使我们对语言内容及其表达形式的感应、捕捉变得越发敏感，一个优秀人才应具备良好的心理素质。我们在职场各种环境中若想保持良好的心态，就要培养自己的稳定的心理能力。比如在控制方面，我们要能采用以下两种心理控制方法：一是转化控制。转化控制是充分利用兴奋与抑制的诱导规律，使一时产生的消极情绪体验被某种强烈的兴奋所代替而受到抑制甚至完全消失。例如，每一个人的一生中，可能都会经历"这将是我关键的一次面试"的体验，在面试前，若心理上笼罩着"我根本不行的吧？""假如我讲砸了怎么办？"等种种疑团阴影，则会因心理负担过重而忧心忡忡，兴奋点仅仅集中在成败得失这一点上。这样，就会不同程度地产生拘谨、紧张、惶恐和羞怯等消极性心理情绪，当这些消极性情绪占上风时，面试时就会出现思维混乱、词不达意甚至语无伦次、不知所云的慌乱局面。对这种情形，我们应学会情绪的转化控制，把预测结局的兴奋点转化到注重过程上来。通过转化，积极进取心理状态得以扩张，良好的心态、准确生动而流畅的表述代替了原有的消极情绪，这就是转化控制的效果。二是冷化控制。冷化控制是使强烈爆发出来的消极情绪处在消极性抑制状态下，然后达到控制自己消极情绪的目的。众所周知，应变能力是良好口才的一个有机组成部分，然而，能随机应变的前提则是须具有冷化控制的能力。每一个在其一生中，都有可能遭遇种种"意外"，甚至有时还会陷入难堪的境地。这时，一个正常人的心理状态是可能产生紧张与慌乱，甚至是恼羞、惶恐，转瞬即会转化为暴怒的心理状态。这种情绪一旦爆发便不可收拾，它对正常的职场环境的负面影响不言而喻。这时，就需要冷化控制。即冷静地将消极情绪以渐缓的抑制方式自我控制在最短时限内。冷化控制需有坚强的意志，冷化控制还可以用机械的方法自控，如咬紧嘴唇、手捏肌肤

等,这种动作刺激在大脑皮层能引起强烈的兴奋,对已有情绪兴奋起负诱导作用,从而得到冷化控制自己情绪的目的。冷化控制后的心理状态是:平和、从容而充实。也只有在这样良好的心态下,我们的言辞才有可能中肯、得体,达到"春风化雨"的效果。

(三)微笑是人类一种高尚的表情——你需要培养自己的态势能力

研究者发现,人们一举手、一投足、一扬头、一弯腰以及一颦、一笑,大多并非偶然和随意的。这些动作行为自成体系,几乎像有声语言那样有一定的规律,具有表情达意的功能。因此,有人称态势语为副语言,陈望道先生说:"语言的更广义,又是含有声语,文字语和态势语这三种。"态势语在人类的交际中有着不可低估的价值。态势语传输信息,以体态动作等作为输出方式,接收靠视觉器官,具有直观性和形象性。美国心理学家艾伯特·梅拉宾制定的公式是:传递信息的总效果=7%词语+38%声音 55%面部表情。这个公式也许有些夸张,但至少证实了态势语在传输信息和社会交际中的举足轻重的地位。

态势语对于不同从业者有不同的要求。比如我们评价一个教师,少不了要观察和说到其教态,所谓的教态,就是指课堂教学中教师的眼神、表情、动作、姿态、手势和衣装服饰等的综合。在以"言教身传"为主要教学手段的今天,教态不仅是口语的不可或缺的一部分,而且,教师在课堂上的一言一行,一举一动对学生起着潜移默化的作用,所以教师要追求教态美。教态美的终极目标就是能达到态势语和口语表达的相互和谐。对我们从事任何职业的人而言,在我们面对交流对象说话,尤其是在公众场合说话、发言、报告或演讲时,如果要想提高我们口头表达的效果,就离不开对态势的重视,要精心设计。诸如衣着大方得体、仪表端庄、态度从容、表情安详、和蔼可亲、热情洋溢;站立则挺拔精神,走动则自然而有度;手势动作繁简适度、准确潇洒而平易近人等等。总之,讲究态势美,要遵循自然、适度、大方、得体的基本原则。而且,应在长期的口语实践中逐步形成自己独特的态势风格,例如,老成持重而不流于板滞,或谈笑风生而不流于油滑,或潇洒飘逸而不流于矫饰,或文静雅致不流于孤高……我们希望各位同学能从在校期间,在公开场合,例如,你的行走、上课的坐姿、发言、演讲甚至包括在公众场合的说话等等所有环境中都能顾及到自己的态势,并注重并培养自己大方、得体的态势能力,养成良好的态势习惯。

说到口才的语言要素,我们这本教材的所有章节所详细阐述的,就是口才方面的知识与训练方法。所以,关于口才训练的具体内容暂不赘述。这里说一说练习口才的意志问题。练习口头语言不像作文或演算,可以默然无声。口才训练练不出声,等于白练。所以,我们一定要克服爱面子、怕出丑的虚荣心,尤其是初学者。上面说到的心理能力,也涉及训练。如果说,来自南方方言区的而且是学理工科的而且是位男生,最后普通话水平测试却拿到了二级甲等证书,大家一定会觉得惊讶。其实,除了掌握一定的知识与方法外,这些优秀同学所采用的唯一行动便是两个字:"苦练"。扩展开来就是"三个铁":"铁"嘴——天天练、抓紧练、有时间就练、晨起练、走路时练、在寝室里练、散步时也练;"铁"脸——不怕陌生面孔,不怕公众环境,不怕出丑,从容训练;"铁"的意志——在钢铁意志的支持下,知难而上、更迎难而上,克服所有困难,坚持训练,勇往直前。

二、本教材的特点与优势

本书针对当代大学生在校期间口才训练的需要而编写。全书共分为"上编:大学生交际口才的语声"、"中编:大学生交际口才的技巧"和"下编:大学生交际口才的形式"三个部分。由于考虑到同学们在口才方面的实际需要,本书除了包含一般的口才学知识和训练方法外,还编排进了这样三方面的内容:一是针对同学们要参加普通话水平测试的需要,在上编的"第一讲规范的语音"内有普通话水平测试的知识与相关复习资料、测试模拟卷。二是针对师范专业同学,在下编特设了"第九讲 教师口语"。三是针对目前大学生就业难,及其在求职面试时所遭遇到的困难和问题,在下编特设了"第十讲 求职面试"。本书适合下列大学生学习:一是要参加普通话水平测试的同学。二是与口语密切相关的专业的同学,或者是想要提高交际口才水平的任何专业的同学。三是师范类同学或者要想取得教师资格证书的同学。

总之,这是一本融普通话水平测试、教师口语、一般口才学三大内容为一体的"三合一"大学生口才学教材,适合任何专业的大学生学习。

本教材最大的优点是讲练有机结合。不仅在编写上注重口才学知识与方法的结合,而且还在每一讲的最后部分精心编制了大量适合大学生自己练习的题目和内容,这是对自我学习能力和自我训练能力较强的大学生的一种独特设计,更便于大学生们自学自练。

希望我们的精心设计与写作,能为同学们提高语言素养和口才水平提供最好的帮助。

同学们,用心学习,刻苦训练,努力提高你们的交际口才水平,这是你为今后的事业成功和生活幸福所迈出的坚实的一大步。

编 者
2011 年 12 月

目　录

中编　大学生交际口才的技巧

下编　大学生交际口才的形式

上编　大学生交际口才的语声

第一讲　规范的语音

一、普通话语音基础

语声是语言的外衣。

我们平时常说"唱歌要字正腔圆"，那说话也就必须"音准调正"。作为一名口才出众的大学生首先必须做到语音规范。因此，我们学习国家的通用语——普通话的标准发音，不仅是必需的，而且是首要的。

什么是普通话？这似乎并不是一个难题，但要确切地说出普通话的定义也并不容易。普通话是我的通用语言。普通话是以北京语音为标准音，以北方话为基础方言，以典范的现代白话文著作为语法规范的我国现代汉民族共同语。普通话是以汉语拼音方案为拼读和书写规范的语音系统。要学好普通话语音，就要了解普通话语音的基本结构、单位及其概念，并掌握《汉语拼音方案》。普通话语音系统主要包括声母、韵母、声调、音节，以及变调、轻声、儿化等语流音变知识。

(一)普通话声母

普通话声母包括零声母在内共22个。（拼音后为例字，下同）

1.辅音声母

b	把包半	p	破剖碰	m	木每名	f	佛发分	d	德带段
t	提铁疼	n	耐懦囊	l	落楼龙	g	各过刚	k	哭靠矿
h	喝后昏	j	及叫进	q	起却群	x	西下先	zh	知捉章
ch	吃愁穿	sh	湿甩身	r	日绕容	z	资早增	c	次才村
s	丝搜酸								

2.零声母

饿与袄有暗眼望远用

(二)普通话韵母

普通话的韵母共有 39 个。

		i	壹低几吸	u	屋亩湖素	ü	鱼徐曲律
a	阿马沙辣	ia	牙家下俩	ua	挖挂爪耍		
e	额割特蛇	ie	夜接写列			üe	月靴学虐
o	噢破佛播			uo	蜗说多驮		
ai	爱海晒奶			uai	外坏摔踹		
ei	黑贼类北			uei	威对锐睡		
ao	嗷少曹岛	iao	腰叫庙鸟				
ou	偶某手豆	iou	优修流牛				
an	安南站敢	ian	烟显连棉	uan	完团算船	üan	远全娟选
en	跟盆身嫩	in	进新林亲	uen	温滚婚准	ün	云寻军
ang	肮杭上胖	iang	样蒋亮乡	uang	网光窗双		
eng	能冷承正	ing	应性灵名	ueng	翁瓮		
				ong	孔龙送容	iong	勇琼匈迥
ê	欸	—i(前)	自辞四	—i(后)	只尺时日	er	而耳二

普通话的 39 个韵母,主要由元音构成,还有一部分韵母是由元音带上鼻辅音构成。

韵母可以按不同的标准分类。韵母按结构可以分为单韵母、复韵母、鼻韵母三类。按韵头的情况可以分为开口呼(不是由 i、u、ü 领头的韵母)、齐齿呼(由 i 领头的韵母)、合口呼(由 u 领头的韵母)、撮口呼(由 ü 领头的韵母)四类,简称"四呼"。

(三)普通话声调

普通话声调是指音节的音高变化的不同类型。

在汉语里,声调具有区别词义的作用。例如:柱子 zhùzi、竹子 zhúzi、珠子 zhūzi、主子 zhǔzi、铸字 zhùzì,这 5 个词各音节的声母、韵母都相同,但词义不同,这是声调不同所造成的。

普通话共有 4 个声调。

阴平	55	—	高天开诗
阳平	35	ˊ	平穷神含

| 上声 | 214 | ˇ | 古走水努 |
| 去声 | 51 | ˋ | 对怕放世 |

(四)普通话音节

1.音节的结构

普通话的音节一般由声母、韵母、声调三个要素构成。有些韵母又可以再分为韵头(又称"介音")、韵腹(又称"主要元音")和韵尾。因此一个音节至多可以有声母、韵头、韵腹、韵尾、声调五个部分。一个音节少则有一个音素,多则有四个音素。元音在音节中占优势,每个音节都有元音。音节中两个元音可以连续排列。三个元音连续排列时,依次充当韵头、韵腹和韵尾。韵腹和声调是音节中不可缺少的部分。

普通话音节里的韵头有:i、u、ü;所有的单韵母都可以充当韵腹:a、o、e、ê、i、u、ü、er、-i(前、后);韵尾有:i、u、o、n、ng。

2.普通话声韵拼合关系

普通话里,声母和韵母配合是有一定规律的。普通话声韵拼合关系列表如下:

声母＼韵母	开口呼 其他韵母	齐齿呼 i 或 i 开头的韵母	合口呼 u 或 u 开头的韵母	撮口呼 ü 或 ü 开头的韵母
b、p、m	有	有	有	无
F	有	无	有	无
d、t	有	有	有	无
n、l	有	有	有	有
g、k、h、zh、ch、sh、r、z、c、s	有	无	有	无
j、q、x	无	有	无	有
零声母	有	有	有	有

普通话的声母和韵母按照配合规律,可以拼出 400 多个基本音节来,这些音节加上四声和轻声,共有 1250 多个音节。

(五)普通话音变

音变就是语音的变化。我们这里所说的音变指的是联合音变,即在实际语流中,前后的音素或音节相互影响,从而产生语音的变化。音变的现象在语言里是很普遍的,比如在英语中,"t"本是一个送气的辅音,但是在"stop"中它不读送气音,这是因为它的前面还有一个辅音,两个辅音相连就产生了音变。相信同学们只要仔细思考一下,这样的例子还能举出很多吧。那么,普通话常见的音变现象有哪些呢?最常见的有:变调、轻声、语气词"啊"的音变以及儿化等等。学习音变的知识很重要。打个比方说,如果仅仅只学习了普通话的声母、韵母和声调,就好像是一个人只具有了骨骼和肌肉,这个人还需要血液,这血液就是"音变",因为血液是流动的。这样,一个人才能真正活动起来。对于我们而言,可能许多普通话音变现象都是从小就比较习惯的。但对于外国朋友来说就不同了,即便掌握了声母、韵母和声调的发音方法,但是,如果他们没有掌握音变的知识,一口普通话讲来仍是十分吃力、别扭和拗口的,因为,他们没有普通话音变的语感。我们将在下面的训练中具体介绍普通话音变的知识。

同学们可能已经觉察到上面的语音系统与我们小学时学习的汉语拼音存在一定的差异,这是由于为了便于小学教学而采用的变通处理。我们现在所看到的,才是标准的普通话语音系统。

二、普通话语音难点

尽管大多数同学认为自己的普通话应该是标准的,但事实上我们在日常的教学,以及同学们参与的演讲、论辩和朗诵等比赛中,发现大家普通话还存在着或多或少、这样那样的语音问题。以下,我们选择同学中最常见的三组声母发音问题、三组韵母发音问题及音变问题,分组进行说明。

(一)讲普通话防止出现尖音——声母 j、q、x 的发音

1. 舌面音的发音方法

j、q、x 的读音常发生这样的问题:一是发音部位易靠前,即类似尖音的现象,在 ji、qi、xi 中的 i 与 zi、ci、si 中的 i 其实不是同一个音,前者是[i]后者是[ɿ],普通话中的 zi、ci、si 是不能与[i]相拼的,如果相拼了,就成了所谓的尖音。克服尖音现象的方法是发音时始终牢记 j、q、x 是前舌面音,因此,是舌面在起作用。发音过程中,舌尖放松,前舌面用力(紧张),而勿使舌尖碰到门齿背。j、q、x 发成尖音的现象,我们平时在女同学中似乎见到的更多些,甚至于有的女同学还认为自己读尖音是一种特别甜美的声音呢!其实,这是一种错误的发音,我们只有认识到这一点,才能把尖音克服掉。二是有些方言区里,常把 ji、qi、xi 与 zi、ci、si 这两组音节的字混淆,普通话里:鸡≠资、喜≠死、全≠窜(阳平)、进≠怎(去声)、秦≠岑。这个问题的解决主要是留心区分这两个声母的

字。同时,还要留心 x 与 y 的分辨,例如:"贤淑"不能读成"炎淑"等。声母 j、q、x 的发音要领是:

j　舌面前不送气清塞擦音

舌尖抵住下门齿背,使前舌面贴紧前硬腭,软腭上升,关闭鼻腔通路。在阻塞的部位后面积蓄气流,突然解除阻塞时,在原形成闭塞的部位之间保持适度的间隙,使气流从间隙透出而成声:经济 jīngjì、解决 jiějué、坚决 jiānjué。

q　舌面前送气清塞擦音

成阻阶段与 j 相同。与 j 不同的是,当前舌面与前硬腭分离并形成适度间隙,气流从空隙摩擦通过而成声:亲切 qīnqiè、请求 qǐngqiú、情趣 qíngqù。

x　舌面前清擦音

舌尖抵住下齿背,使前舌面接近硬腭前部,形成适度的间隙,气流从空隙摩擦通过而成声:学习 xuéxí、现象 xiànxiàng、虚心 xūxīn。

2.j、q、x 的发音练习

(1)单音节字词练习

皆 jiē	较 jiào	举 jǔ	基 jī	肩 jiān	江 jiāng	加 jiā
桥 qiáo	球 qiú	去 qù	骑 qí	千 qiān	强 qiáng	群 qún
先 xiān	乡 xiāng	席 xí	虾 xiā	鞋 xié	胸 xiōng	销 xiāo
牙 yá	又 yòu	欲 yù	员 yuán	沿 yán	羊 yáng	移 yí

(2)双音节词语练习

基建 jījiàn	积极 jījí	焦急 jiāojí	机警 jījǐng
嫁接 jiàjiē	寄居 jìjū	简洁 jiǎnjié	奖金 jiǎngjīn
悄悄 qiāoqiāo	侵权 qīnquán	艰巨 jiānjù	解决 jiějué
齐全 qíquán	崎岖 qíqū	恰巧 qiàqiǎo	欠缺 qiànquē
情趣 qíngqù	请求 qǐngqiú	确切 quùqiè	漆器 qīqì
下旬 xiàxún	显现 xiǎnxiàn	习性 xíxìng	想象 xiǎngxiàng
小型 xiǎoxíng	详细 xiángxì	心血 xīnxuè	星系 xīngxì
激情 jīqíng	机枪 jīqiāng	学习 xuéxí	宣泄 xuānxie
前夕 qiánxī	前景 qiánjǐng	极其 jíqí	军区 jūnqū
急切 jíqiè	缺陷 quēxiàn	期间 qījiān	健全 jiànquán
新陈代谢 xīnchéndàixiè	决定性 juédìngxìng	千方百计 qiānfāngbǎijì	

(3)语句练习

大弦嘈嘈如急雨,小弦切切如私语。嘈嘈切切错杂弹,大珠小珠落玉盘。
渭城朝雨浥轻尘,客舍青青柳色新。劝君更进一杯酒,西出阳关无故人。

(4)绕口令练习

西巷一个漆匠,七巷一个锡匠;西巷的漆匠偷了七巷的锡匠的锡,七巷的锡匠偷了西巷漆匠的漆;西巷的漆匠为七巷的锡匠偷漆而生气,七巷的锡匠因西巷的漆匠偷锡受刺激。一个生气,一个受刺激,岂不知你俩都目无法纪。

(二)分清"四十"与"十四"——声母 zhi、chi、shi 与 z、c、s 的发音

1. 平舌音与翘舌音的发音方法

普通话话中有两组音:z、c、s 和 zh、ch、sh、r,前一组为平舌音,后一组为翘舌音,这两组音在大多数方言里都常常混淆,而且翘舌音组声母常出现发音不正确的现象。所以,平翘舌音的训练显得尤其重要。平翘舌音的发音要领是:

z　舌尖前不送气清塞擦音

舌尖抵住声门齿背形成阻塞,在阻塞的部位后积蓄气流;同时软腭上升,关闭鼻腔通路;突然解除阻塞时,在原形成阻塞的部位之间保持适度的间隙,使气流从间隙透出而成声:在座 zàizuò、总则 zǒngzé、栽赃 zāizāng。

c　舌尖前送气清塞擦音

成阻阶段与 z 相同。与 z 不同的是,在突然解除阻塞时,声门开启,同时伴有一股较强的气流成声:催促 cuīcù、苍翠 cāngcuì、参差 cēncī。

s　舌尖前清擦音

舌尖接近上门齿背,形成间隙;同时软腭上升,关闭鼻腔通路;使气流从间隙摩擦通过成声:思索 sīsuǒ、诉讼 sùsòng、色素 sèsù。

zh　舌尖后不送气清塞擦音

舌头前部上举,舌尖抵住硬腭前端,同时软腭上升,关闭鼻腔通路。在形成阻塞的部位后积蓄气流,突然解除阻塞时,在原形成闭塞的部位之间保持适度的间隙,使气流从间隙透出而成声:抓住 zhuāzhù、政治 zhèngzhì、挣扎 zhēngzhá。

ch　舌尖后送气清塞擦音

成阻阶段与 zh 相同。与 zh 不同的是在突然解除阻塞时,声门开启,同时伴有一股较强的气流成声:齿唇 chǐchún、橱窗 chúchuāng、惆怅 chóuchàng。

sh　舌尖后清擦音

舌头前部上举,接近硬腭前端,形成适度的间隙;同时软腭上升,关闭鼻腔通路;使气流从间隙摩擦通过而成声:实施 shíshī、手术 shǒushù、上升 shàngshēng。

翘舌音是我们学习普通话声母的难点和重点,因为我们的方言里没有 zh、ch、sh、r 这组声母。翘舌音的发音关键是要找准部位:舌尖对准硬腭前端。找硬腭前端的方法:先用舌尖舔到上齿龈(上牙床),接着向后移动,碰到一条略有高低不平的凸出的棱儿,再继续后缩,对着这条棱儿的内缘发音。此外,发 zhi、chi、shi 等音节时尤其要注意唇形,这几个音节发音的正确的唇形是自然展开的,而不是圆唇的。在平时,翘舌音的易错类型有二:一是把翘舌音读成平舌

音:"纸张"读成"紫脏"、"迟到"读成"词到"、"是否"读成"四否";二是把翘舌音读成舌面前音 j、q、x 或发音与它们接近的舌叶音,如把"正好"读成"竟好"、"深刻"读成"新刻"、"专门"读成"居门"、"出来"读成"区来"等。故在学习时,除了要把握翘舌音正确的发音部位外,还要注意区分平、翘舌音字。

2.平、翘舌音的区分方法

(1)利用形声字的声旁来辨记

①记住形声字的声旁进行类推。在现行汉字中,形声字占了很大比例,我们可以利用形声字的声旁来记住平翘舌音字。例如:记住"中"是一个翘舌音字,那么,以"中"为声旁的字一般来说为翘舌音字,如:种、钟、肿、盅、忠、衷、仲、舯、冲、忡等;记住"曾"是一个平舌音字,那么,以"曾"为声旁的字一般来说也是平舌音字,如:蹭、噌、增、赠、憎、缯、甑、罾。

常用翘舌音代表字:

声母为 zh 的代表字:

丈 止 专 支 中 长 正 主 占 召 只 执 至 贞 朱 旨 争 折 者 直 知 珍 真 章 啄 翟 詹 朝 爪 枕 之 治 周 州 撞 卓 乍 斩 庄 壮 佳 遮

声母为 ch 的代表字:

叉 斥 出 池 产 场 成 抄 辰 呈 昌 垂 春 喘 厨 筹 查 搀 颤 尝 撤 乘 橙 丞 尺 虫 愁 车 吹 刍

声母为 sh 的代表字:

少 市 申 生 式 师 舒 诗 叔 尚 受 舍 刷 删 稍 率 善 暑 衫 阐 勺 舌 失 十 史 寿 疏 属 栓 说

②利用汉字声旁的声母 d、t 判断。声旁的声母虽不读平翘舌音,但如果以 d、t 作声旁的,也可以帮助我们记住平翘舌音,例如:滞、阐、蝉、查、召、终、昼、坠、橙、侈、说等的声旁的声母都是 d、t,这些字在普通话中都读翘舌音;又如:纯、治、撞、蛇、社、始、幢等其声旁的声母都是 t,这些字在普通话中也都读翘舌音。

③声旁的声母虽不读 d、t,但它与 d、t 的字有关,这样的字,也读翘舌音。"也",是一个零声母字,但它可以作"拖、他、地"等的声母,这些声母是 d 或 t,所以,"也"作声旁的其他字,一般也读翘舌音,如:施、池、弛、驰等。"寺"的声母是 s,它构成的字有:等、待,这两个字的声母是 d,所以,"寺"构成的其他字,一般读翘舌音,如:诗、持、痔、峙等。

(2)利用声母和韵母的拼合规律

普通话中的 21 个声母并不是与 39 个韵母中每一个都能相拼的,这一点我们在"音节"中已经讲到。故我们可以利用声母与韵母的某些拼合规律来帮助记忆平翘舌音。

①平舌音 z、c、s 不与韵母 ua、uai、uang 相拼,所以,如:抓、拽、装、踹、窗、刷、摔、双等,都是翘舌音字。

②平舌音 z、c、s 与前鼻韵 en 相拼的字极少,常用的只有:怎、森、岑、参(参差)等几个;其他与 en 相拼的字,如:真、阵、臣、尘、晨、沉、趁、伸、深等,都是翘舌音字。

(3)记少不记多的原则

在平舌音与翘舌音中,翘舌音占了大部分,首先记住常用的平舌音字,然后在使用时进行排除法推算,即在分辨平、翘舌音字时,假如碰到没有把握的字,又不是自己所记住的常用的平舌音字范围中的字,那一般就是翘舌音字了。

(4)对小部分字音特殊的字进行强意识记忆

上面谈到,我们可以利用声旁和声韵拼合规律等可以进行类推,这固然能解决大部分的平翘舌音的区分问题,但是,还有一小部分字是比较特殊的,例如:声旁是翘舌音的,字却是平舌音的,如:速、作、昨、擦、嚓、诉、窜、狮、暂、惭、脏、赃、钻等;声旁是平舌音的,字却是翘舌音的,如:崇、铡、删、珊、跚、瘦、捉、疮、创、怆等,这些字,需要我们逐一记忆。

常见的平舌音字:

资 自 子 兹 淄 孜 组 足 族 租 卒 作 做 左 坐 昨 在 再 栽 灾 宰 载 崽 则 责 择 泽 贼 最 嘴 醉 罪 造 早 遭 凿 枣 澡 蚤 躁 走 邹 奏 咱 暂 赞 钻 纂 攥 怎 尊 赃 脏 葬 藏 此 次 磁 词 疵 雌 辞 慈 瓷 刺 伺 操 草 槽 曹 层 曾 苍 仓 参 餐 蚕 残 惭 惨 灿 蹭 篡 窜 存 村 寸 总 综 宗 纵 从 聪 葱 囱 匆 丛 司 四 斯 思 私 丝 撕 死 肆 寺 伺 速 素 苏 塑 酥 俗 粟 宿 诉 肃 所 索 缩 梭 琐 锁 唢 色 瑟 涩 嗇 塞 随 虽 碎 岁 遂 搜 叟 馊 嗽 艘 三 散 叁 伞 森 损 孙 笋 桑 嗓 丧 送 松 颂 宋 讼 诵

3. zhi、chi、shi 与 z、c、s 的发音训练

(1)单音节字词练习

湿 shī	税 shuì	树 shù	刷 shuā	收 shōu	烧 shāo
帅 shuài	抽 chōu	初 chū	虫 chóng	吹 chuī	抄 chāo
扯 chě	迟 chí	照 zhào	债 zhài	滞 zhì	轴 zhóu
捉 zhuō	珠 zhū	遮 zhē			

(2)双音节词语练习

诉讼 sùsòng	素材 sùcái	塑造 sùzào	所在 suǒzài
操作 cāozuò	子孙 zǐsūn	自在 zìzài	祖宗 zǔzōng
色彩 sècǎi	思索 sīsuǒ	战士 zhànshì	招生 zhāoshēng

照射 zhàoshè	侦察 zhēnchá	征收 zhēngshōu	指出 zhǐchū
中枢 zhōngshū	主持 zhǔchí	追逐 zhuīzhú	周转 zhōuzhuǎn
垂直 chuízhí	初中 chūzhōng	沉着 chénzhuó	充实 chōngshí
超出 chāochū	山水 shānshuǐ	闪烁 shǎnshuò	上升 shàngshēng
稍稍 shāoshāo	时常 shícháng	受伤 shòushāng	实质 shízhì
圣旨 shèngzhǐ	实施 shíshī	少数 shǎoshù	辞职 cízhí
次数 cìshù	从事 cóngshì	挫折 cuōzhé	措施 cuòshī
职责 zhízé	至此 zhìcǐ	制造 zhìzào	中子 zhōngzǐ
著作 zhùzuò	场所 chǎngsuǒ	沉思 chénsī	创作 zhuàngzuò
纯粹 chúncuì	称赞 chēngzàn	杂志 zázhì	暂时 zànshí
遭受 zāoshòu	自杀 zìshā	最初 zuìchū	

(3)词语对比练习

物资 wùzī——无知 wúzhī 　　　推辞 tuīcí——推迟 tuīchí

私人 sīrén——世人 shìrén 　　　自愿 zìyuàn——职员 zhíyuán

鱼刺 yúcì——鱼翅 yúchì 　　　私欲 sīyù——食欲 shíyù

阻力 zǔlì——助理 zhùlǐ 　　　粗气 cūqì——出气 chūqì

肃立 sùlì——梳理 shūlǐ 　　　造就 zàojiù——照旧 zhàojiù

粗浅 cūqiǎn——出钱 chūqián 　　搜集 sōují——手迹 shǒujì

早稻 zǎodào——找到 zhǎodào 　　残品 cánpǐn——产品 chǎnpǐn

桑叶 sāngyè——商业 shāngyè

(4)语句练习

天平山上白云泉,云自无心水自闲。

谁言寸草心,报得三春晖。

一道残阳铺水中,半江瑟瑟半江红。

(5)绕口令练习

四和十:四是四,十是十,十四是十四,四十是四十。要想说对四和十,得靠舌头和牙齿,要想说对四,舌头碰牙齿;要想说对十,舌头别伸直。要想说对常练习,十四、四十、四十四。

报纸和抱子:报纸是报纸,抱子是抱子,报纸抱子两回事,抱子不是报纸,看报纸不是看抱子,只能抱子看报纸。

(三)分清"发挥"与"花飞"——声母 f 与 h 的发音

1.f、h 的发音方法

有些方言区的人学讲普通话时,常常把"保护"读作"保副",把"发挥"说成"花飞",把"放荡不羁"说成"晃汤不羁"……这就是所谓的 f、h 不分的现象。f

与 h 的发音要领是：

　　f　齿唇清擦音

　　下唇向上门齿靠拢，形成间隙；软腭上升，关闭鼻腔通路；使气流从齿唇形成的间隙摩擦通过而成声：芳菲 fāngfēi、发奋 fāfèn、反复 fǎnfù。

　　h　舌根送气清塞音

　　舌面后部隆起接近硬腭和软腭的交界处，形成间隙；软腭上升，关闭鼻腔通路；使气流从形成的间隙摩擦通过而成声：合乎 héhū、辉煌 huīhuáng、后悔 hòuhuǐ。

　　分辨 f、h 可从发音部位入手：f 是气流在上唇与下齿之间受到阻碍，h 是舌根与软腭构成阻碍。f、h 的分辨其实不难，难的是区分 f、h 声母的字，可利用形声字的声旁进行类推记忆。同时，还要注意 h 母字与 w 母字的区分，比如："老黄"不能读成"老王"。

　　2.f、h 的发音练习

　　(1)单音节字词练习

凡 fán	方 fāng	飞 fēi	佛 fó	伏 fú	否 fǒu
泛 fàn	害 hài	话 huà	坏 huài	户 hù	汉 hàn
黑 hēi	红 hóng	瓦 wǎ	挽 wǎn	王 wáng	吴 wú
微 wēi	我 wǒ	问 wèn			

　　(2)双音节词语练习

航海 hánghǎi	缓和 huǎnhé	绘画 huìhuà	混合 hùnhé
行会 hánghuì	纷繁 fēnfán	方法 fāngfǎ	仿佛 fǎngfú
夫妇 fūfù	非凡 fēifán	文物 wénwù	外围 wàiwéi
玩味 wánwèi	王位 wángwèi	忘我 wàngwǒ	分化 fēnhuà
符号 fúhào	发挥 fāhuī	返航 fǎnháng	绯红 fēihóng
耗费 hàofèi	后悔 hòuhuǐ	呼喊 hūhǎn	后方 hòufāng
花粉 huāfěn	维护 wéihù	文化 wénhuà	外号 wàihào
忘怀 wànghuái	舞会 wǔhuì		

　　(3)词语对比练习

诽谤 fěibàng——毁谤 huǐbàng	热敷 rèfū——热乎 rèhu
饭馆 fànguǎn——涵管 hánguǎn	烧饭 shāofàn——烧焊 shāohàn
五分 wǔfēn——五荤 wǔhūn	幅度 fúdù——弧度 húdù
工会 gōnghuì——公费 gōngfèi	混乱 hùnluàn——纷乱 fēnluàn
开花 kāihuā——开发 kāifā	护士 hùshì——复试 fùshì
电焊 diànhàn——典范 diǎnfàn	硝磺 xiāohuáng——消防 xiāofáng
弧度 húdù——无度 wúdù	护理 hùlǐ——物理 wùlǐ

湖笔 húbǐ——无比 wúbǐ   开会 kāihuì——开胃 kāiwèi
老黄 lǎohuáng——老王 lǎowáng 晃动 huàngdòng——妄动 wàngdòng

(4)语句练习

淅淅风吹面,纷纷雪积身。

夕阳无限好,只是近黄昏。

为了在生活中努力发挥自己的作用,热爱人生吧!

享受幸福是需要学习的,当它即将来临的时刻需要提醒。人可以自然而然地学会感官的享乐,却无法天生地掌握幸福的韵律。

世上有预报台风的,有预报蝗灾的,有预报瘟疫的,有预报地震的。没有人预报幸福。

(5)绕口令练习

两只饭碗:红饭碗,黄饭碗,红饭碗盛满碗饭,黄饭碗盛半碗饭,黄饭碗添半碗饭,像红饭碗一样满碗饭。

画凤凰:粉红墙上画凤凰,凤凰画在粉红墙,红凤凰,黄凤凰,粉红凤凰花凤凰。

(四)分清"天坛"与"天堂"——韵母 an、ang、uan、uang 的发音

1. an、ang、uan、uang 的发音方法

从这一组开始,我们练习鼻韵母的发音。普通话鼻韵母由一个或两个元音和鼻辅音构成。普通话有 16 个鼻韵母。鼻韵母的发音特点是由元音的发音状态逐渐过渡到鼻音的发音状态,最后形成鼻音。鼻韵母可以分成前鼻韵母(—n)和后鼻韵母(—ng)。发好鼻韵母的关键是找准鼻韵尾的发音部位,前鼻韵尾—n 的发音部位是舌尖与上齿龈,如同声母 d、t 的发音部位。前鼻韵母发音时,发出前面的元音后,舌尖上抵上齿龈,构成阻碍,使气流从鼻腔透出,形成前鼻韵尾。后鼻韵尾—ng 的发音部位是舌根与软腭,即发声母 g、k、g 的部位。发后鼻韵母时,先发前面的元音,最后舌根上抬,软腭下降构成阻碍,使气流从鼻腔透出,形成后鼻韵尾。

2. 前鼻韵母字与后鼻韵母字的区分方法

(1)辨记鼻韵母 an(uan)和 ang(uang)

①根据字的偏旁进行类推,例如:

(韵母是 an 的)反——饭返贩畈版板扳阪坂钣舨

　　　　　　　半——拌伴绊判畔叛("胖"例外,音 pàng)

(韵母是 ang 的)方——放房防纺芳访仿坊妨肪邡枋钫舫彷

　　　　　　　昌——唱倡猖菖阊鲳娼

兀——抗炕优阅杭吭颃沆航

②利用声母和韵母的拼合规律,例如:

普通话中韵母 uang 不拼平舌音 z、c、s,故下列字均是前鼻韵 uan:钻、窜、蹿、篡、氽、酸、算、蒜、狻。

韵母 uang 不拼 d、t、n、l,下列字均是前鼻韵 uan:段、短、断、端、锻、团、湍、暖、乱、卵、滦、峦、孪、挛。

(2)辨记 en、eng 和 in、ing 两对鼻韵母

①利用字的偏旁进行类推,例如:

真——镇缜稹填慎　　　　　　　斤——近靳芹新欣掀

申——伸婶神审绅砷呻渖胂　　　民——抿苠岷泯珉眠

艮——跟根茛哏很狠恨痕　　　　更——梗埂哽鲠绠

壬——任妊茬饪衽　　　　　　　生——胜甥牲笙性姓

辰——晨震振宸赈　　　　　　　青——请清情晴氰圊蜻鲭

因——茵姻洇铟烟恩摁　　　　　平——评萍苹坪枰鲆

今——妗芩衾琴吟　　　　　　　京——惊鲸憬影凉晾谅椋

林——淋琳霖啉禁襟噤

②利用方音辨记。南方方言大部分都有 ong 韵,这个 ong 韵拼唇音声母的字,普通话都读 eng 韵,如:碰、捧、蓬、篷、蒙、蠓、风、封、逢、蜂、丰、枫、疯、冯、奉、讽、凤、峰、锋、烽、俸;南方方言 f 母拼 eng 韵的字,普通话一般读前鼻韵 en,如:分、份、芬、粉、坟、奋、愤、纷、忿、粪、酚、焚、盼、氛、汾。

③利用普通话声母与韵母的拼合规律来辨记。

普通话中 d、t、n、l 不拼 en(常用字中"嫩"除外),故下列字都是后鼻音 eng 韵字:等、灯、邓、登、澄、瞪、凳、蹬、噔、疼、藤、腾、誊、滕、能、冷、棱、楞、愣。

普通话中 d、t、n 不拼 in("您"除外),故下列字都是后鼻音 ing 韵字:顶、定、盯、订、叮、丁、钉、鼎、锭、仃、啶、玎、腚、碇、疔、耵、酊、町、铤、听、停、挺、厅、亭、艇、庭、廷、汀、婷、梃、蜓、霆、町、铤、拧、凝、宁、柠、狞、泞、佞、咛、甯、聍。

常用的前鼻韵(en、in)字:

(en 韵)真镇针珍斟砧臻贞侦枕疹诊震振阵圳缜肯啃垦恳根跟亘衬陈臣辰尘晨忱沉趁人任认仁忍韧刃妊纫深身申审神甚砷呻伸 (in 韵)彬斌濒滨宾摈缤品频拼贫聘因印引银音饮茵荫殷阴隐林临琳磷霖邻鳞淋赁进金今近津仅斤紧尽巾钦侵亲秦琴勤芹擒禽寝新信心薪锌欣辛衅筋襟锦谨靳晋禁浸

普通话中 an、ian、uan、üan 可简称为"an 组韵"。在学习普通话韵母时,如果没有发好这一组音,对整体语感影响极大。所以,要注意辨正,在发音时要特

别留心收全鼻韵尾。就 an、uan 而言,容易出现以下的问题:首先是 an、uan 韵读成 ang、uang 韵:"盼子"读作"胖子","管道"读作"广道";此外,an 韵也时常被读成 ai 韵、ei 韵:"提案"读成"提爱","半月"读成"倍月";还有误读为[ε]、[i]韵的:"感"读[kε],"看"读[k'i];另外,an 韵不要添加韵头读成 uan 韵:"占领"不读"赚领"等。uan 韵也时常出现如下失误:丢失了鼻韵尾变成了 uai 韵:"断"读成[tuai]、"船"读成[ts'uai];还有读成 u 韵或 u 韵带鼻化的现象:"习惯"读作"习顾";uan 还误作 ue 韵的:"关"读成[kue](阴平)等。

受方音影响,后鼻韵母 ang、uang 易发成鼻化音:"方"不要读成[fɔ̃]、"脏"不要读成[zɔ̃];uang 还要防止丢失韵头并鼻化:"窗"不要读成[ts'ɔ̃]。ang 与 an 一样不能添加韵头:"表彰"不要读成"表装"。an、ang、uan、uang 的发音要领是:

an 其中 a 是前 a,响亮。接着舌尖上举抵住上齿龈发 n,轻短:肝胆 gāndǎn、泛滥 fànlàn、谈判 tánpàn。

ang 其中 a 是后 a,响亮。接着舌头后缩,舌根抬起,软腭下垂,挡住气流,发 ng,气流从鼻腔透出,轻短:张榜 zhāngbǎng、长廊 chángláng、苍茫 cāngmáng。

uan 先发 u,较短,接着发 an:转换 zhuǎnhuàn、贯穿 guànchuān、专断 zhuānduàn。

uang 先发 u,较短,然后向 ang 过渡:双簧 shuānghuáng、状况 zhuàngkuàng、狂妄 kuángwàng。

3. an、ang、uan、uang 的发音练习

(1)单音节字词练习

安 ān	惨 cǎn	丹 dān	返 fǎn	昂 áng	狼 láng
尚 shàng	汤 tāng	弯 wān	团 tuán	酸 suān	乱 luàn
望 wàng	荒 huāng	桩 zhuāng	窗 chuāng		

(2)双音节词语练习

贪婪 tānlán	汗衫 hànshān	懒汉 lǎnhàn
灿烂 cànlàn	反感 fǎngǎn	帮忙 bāngmáng
厂长 chǎngzhǎng	当场 dāngchǎng	刚刚 gānggāng
方糖 fāngtáng	贯穿 guànchuān	专断 zhuānduàn
婉转 wǎnzhuǎn	万端 wànduān	转换 zhuǎnhuàn
狂妄 kuángwàng	状况 zhuàngkuàng	双簧 shuānghuáng
网状 wǎngzhuàng	黄庄 huángzhuāng	繁忙 fánmáng
反常 fǎncháng	反抗 fǎnkàng	赶上 gǎnshàng

战场 zhànchǎng   档案 dàng'àn   抗旱 kànghàn
杠杆 gànggǎn   畅谈 chàngtán   伤残 shāngcán
长短 chángduǎn   慌乱 huāngluàn   偿还 chánghuán
矿山 kuàngshān   傍晚 bàngwǎn   安排 ānpái
感慨 gǎnkǎi   旱灾 hànzāi   看待 kàndài
淡菜 dàncài   代办 dàibàn   改善 gǎishàn
贷款 dàikuǎn   海岸 hǎi'àn   百般 bǎibān
关怀 guānhuái   宦海 huànhǎi   款待 kuǎndài
专横 zhuānhèng   传话 chuánhuà

(3)词语对比练习

烂漫 lànmàn——浪漫 làngmàn   赞颂 zànsòng——葬送 zàngsòng
木船 mùchuán——木床 mùchuáng   天坛 tiāntán——天堂 tiāntáng
开饭 kāifàn——开放 kāifàng   顽固 wángù——亡故 wánggù
黑板 hēibǎn——黑白 hēibái   担子 dànzi——带子 dàizi
怠慢 dànmàn——代脉 dàimài   鸡蛋 jīdàn——几代 jǐdài
站台 zhàntái——债台 zhàitái   山外 shānwài——塞外 sàiwài

(4)语句练习

门前屋后栽桑,养起蚕来不忙。

自大不值钱,虚心受人赞;水上漂油花,有油也有限。

(五)分清"陈旧"与"成就"——韵母 en、eng、uen、ueng 的发音

1. en、eng、uen、ueng、ong 的发音方法

首先是要了解其中的 e 与单韵母的 e 的差异(参见本章第一节),初学时可以把它当作央元音 e 来发,即发音时舌头不前也不后,自然地放在中间。其次是分辨 en 与 eng、uen 与 ueng,这是两对非常容易混淆的鼻韵母,例如:"跟"与"耕"不分,"温"与"翁"不分。还要注意 uen 韵的韵头的丢失,如:"讨论"读"讨楞"、"存在"读"层在"等。此外,eng 与 ong 的混淆,它们的区别在于韵腹 e 与 o 的唇形不同,前者唇形是略展开的,后者呈圆形。en、eng、uen、ueng 的发音要领是:

en   其中 e 比单韵母 e 靠前,响亮。然后舌尖上举抵住上齿龈发 n,轻短:振奋 zhènfèn、根本 gēnběn、深沉 shēnchén。

eng   其中 e 比单韵母 e 偏低,然后向 ng 过渡:更正 gēngzhèng、登程 dēngchéng、丰盛 fēngshèng。

uen(un)   先发 u,较短,接着发 en:昆仑 kūnlún、温顺 wēnshùn、春笋 chūnsǔn。

ueng 先发 u,较短,然后向 eng 过渡:嗡嗡 wēngwēng、蓊郁 wěngyù、老翁 lǎowēng。

2. en、eng、uen、ueng 的发音练习

(1)单音节字词练习

恩 ēn	喷 pēn	门 mén	坟 fén	嫩 nèn	跟 gēn
真 zhēn	绷 bēng	棚 péng	盟 méng	逢 féng	能 néng
耕 gēng	声 shēng	滚 gǔn	荤 hūn	捆 kǔn	伦 lún
尊 zūn	村 cūn	春 chūn	翁 wēng	嗡 wēng	瓮 wèng
蓊 wěng	蕹 wèng	众 zhòng	虫 chóng	送 sòng	农 nóng
龙 lóng	同 tóng	公 gōng			

(2)双音节词语练习

本身 běnshēn	沉闷 chénmèn	恩人 ēnrén	根本 gēnběn
门诊 ménzhěn	更正 gēngzhèng	冷风 lěngfēng	生成 shēngchéng
奉承 fèngchéng	整风 zhěngfēng	温顺 wēnshùn	昆仑 kūnlún
论文 lùnwén	春笋 chūnsǔn	伦敦 Lúndūn	老翁 lǎowēng
嗡嗡 wēngwēng	渔翁 yúwēng	水瓮 shuǐwèng	蓊郁 wěngyù
公众 gōngzhòng	轰动 hōngdòng	总统 zǒngtǒng	从容 cóngróng
笼统 lǒngtǒng	本能 běnnéng	人称 rénchēng	神圣 shénshèng
真正 zhēnzhèng	奔腾 bēnténg	诚恳 chéngkěn	登门 dēngmén
缝纫 féngrèn	胜任 shèngrèn	承认 chéngrèn	

(3)词语对比练习

盆 pén——朋 péng	门 mén——萌 méng
份 fèn——奉 fèng	深 shēn——声 shēng
真 zhēn——睁 zhēng	晨 chén——成 chéng
棍 gùn——亘 gèn	准 zhǔn——针 zhēn
审视 shěnshì——省事 shěngshì	陈旧 chénjiù——成就 chéngjiù
深思 shēnsī——生丝 shēngsī	木盆 mùpén——木棚 mùpéng
瓜分 guāfēn——刮风 guāfēng	清真 qīngzhēn——清蒸 qīngzhēng

(4)语句练习

冬耕耕得深,庄稼肯长根。

养得一年蜂,能抵半年粮。

对人不尊敬,首先就是对自己的不尊敬。

具有阅读能力的人,无形间获得了超越有限生命的无限可能性。

(5)绕口令练习

陈程不同姓:姓陈不能说成姓程,姓程不能说成姓陈。禾木是程,耳东是

陈。如果陈程不分,就会认错人。

盆碰棚:老彭拿着一个盆,路过老陈住的棚,盆碰棚,棚碰盆,棚倒盆碎棚压盆。老陈要赔老彭的盆,老彭不要老陈来赔盆。老陈陪着老彭去补盆,老彭帮着老陈来修棚。

(六)分清"金银"与"经营"——韵母 ian、iang、in、ing 的发音

1. ian、iang、in、ing 的发音方法

ian、in、iang、ing 的练习,首先是分清 ian、in 是前鼻韵母,iang、ing 是后鼻韵母。在方言中 ian 与 iang,in 与 ing 是极易混淆的:"前"和"强"不分,"亲"与"轻"不分。同时,ian 的发音还应该注意防范如下问题:ian 韵读成 in 韵:"接见"读"接进"、"线条"读"衅条";ian 还有丢失韵腹与韵尾发成 i 韵的:"海边"读"海逼"、"浅在"读"起在"等。ian、iang、in、ing 的发音要领是:

ian 先发 i,较短,然后向 a 方向过渡,但不到位,大约到 ê 的位置,紧接着发 n:棉田 miántián、艰险 jiānxiǎn、简便 jiǎnbiàn。

iang 先发 i,较短,然后向 ang 过渡:想象 xiǎngxiàng、两样 liǎngyàng、响亮 xiǎngliàng。

in 先发 i,然后舌尖抵向上齿龈发 n:辛勤 xīnqín、拼音 pīnyīn、引进 yǐnjìn。

ing 先发 i,然后向 ng 过渡:姓名 xìngmíng、蜻蜓 qīngtíng、叮咛 dīngníng。

2. ian、iang、in、ing 的发音练习

(1)单音节字词练习

烟 yān	先 xiān	年 nián	连 lián	边 biān	篇 piān
棉 mián	因 yīn	琴 qín	临 lín	进 jìn	民 mín
濒 bīn	品 pǐn	英 yīng	清 qīng	灵 líng	姓 xìng
形 xíng	令 lìng	静 jìng	央 yāng	亮 liàng	娘 niáng
江 jiāng	墙 qiáng	想 xiǎng	讲 jiǎng		

(2)双音节词语练习

变迁 biànqiān	偏见 piānjiàn	电线 diànxiàn	连绵 liánmián
前言 qiányán	临近 línjìn	尽心 jìnxīn	殷勤 yīnqín
金银 jīnyín	引进 yǐnjìn	想象 xiǎngxiàng	粮饷 liángxiǎng
将相 jiàngxiàng	踉跄 liàngqiàng	强项 qiángxiàng	经营 jīngyíng
零星 língxīng	宁静 níngjìng	平行 píngxíng	情形 qíngxing
民警 mínjǐng	聘请 pìnqǐng	银杏 yínxìng	心灵 xīnlíng

新兴 xīnxīng	进行 jìnxíng	灵敏 língmǐn	迎新 yíngxīn
影印 yǐngyìn	领巾 lǐngjīn	健将 jiànjiàng	现象 xiànxiàng
牵强 qiānqiáng	坚强 jiānqiáng	岩浆 yánjiāng	讲演 jiǎngyǎn
乡间 xiāngjiān	想念 xiǎngniàn	强健 qiángjiàn	扬言 yángyán

(3) 词语对比练习

民 mín——名 míng	今 jīn——京 jīng
信 xìn——杏 xìng	秦 qín——晴 qíng
金鱼 jīnyú——鲸鱼 jīngyú	红心 hóngxīn——红星 hóngxīng
信服 xìnfú——幸福 xìngfú	人民 rénmín——人名 rénmíng
弹琴 tánqín——谈情 tánqíng	亲近 qīnjìn——清净 qīngjìng
信心 xìnxīn——行星 xíngxīng	园林 yuínlín——园陵 yuínlíng
金银 jīnyín——经营 jīngyíng	寝室 qǐnshì——请示 qǐngshì
聘书 pìnshū——评书 píngshū	缤纷 bīnfēn——冰峰 bīngfēng

(4) 语句练习

江南可采莲，莲叶何田田。

自来自去梁上燕，相亲相近水中鸥。

即从巴峡穿巫峡，便下襄阳下洛阳。

秋风吹不尽，总是玉关情。

我常想读书人是世间幸福人，因为他除了拥有现实的世界之外，还拥有另一个更为浩瀚也更为丰富的世界。

一个人的一生，只能经历自己拥有的那一份欣悦，那一份苦难，也许再加上他亲自闻知的那一些关于自身以外的经历和经验。

(5) 绕口令练习

巾金晴景要分清：小金到北京看风景，小京到天津买纱巾。看风景，用眼睛，还带一个望远镜；买纱巾，带现金，到了天津把商店进。买纱巾，用现金，看风景，用眼睛，巾、金、晴、景要分清。

(七) 分清"小组"与"小猪"——普通话语流音变的发音

1. 普通话变调

"小组"一不小心读成了"小卒"，如果平翘舌不分还可能读成"小猪"呢，这是由于并不了解普通话的上声的变调规律所造成的。普通话上声的调值是214，这是一个曲折调，发音不很容易。但在实际的语流中，上声读214的情况比较少。此外，"一"和"不"在语流中也时常发生声调的变化。所以，这里我们同时还要学习"一"和"不"的变调规律。具体的变调形式我们将在训练部分里展示。

（1）上声变调

读原调 214。上声读原调的时候很少，只有在单独念或处在词语、句子末尾才读原调。

上声在阴平、阳平、去声和大部分轻声前，读半上，调值由原来的 214 变为 211，即丢掉后半段上升的尾巴：

（上声＋阴平）

警钟 jǐngzhōng	火车 huǒchē	保温 bǎowēn	卡车 kǎchē
老师 lǎoshī	领先 lǐngxiān	响声 xiǎngshēng	某些 mǒuxiē
哪些 nǎxiē	脑筋 nǎojīn	手巾 shǒujīn	审批 shěnpī

（上声＋阳平）

祖国 zǔguó	旅行 lǚxíng	考察 kǎochá	品行 pǐnxíng
马达 mǎdá	免除 miǎnchú	偶然 ǒurán	抢劫 qiǎngjié
谴责 qiǎnzé	小河 xiǎohé	首席 shǒuxí	使节 shǐjié

（上声＋去声）

讨论 tǎolùn	挑战 tiǎozhàn	土地 tǔdì	努力 nǔlì
考试 kǎoshì	审定 shěndìng	保健 bǎojiàn	产业 chǎnyè
打仗 dǎzhàng	法律 fǎlǜ	粉碎 fěnsuì	广告 guǎnggào

（上声＋轻声）

该轻声由上声变来，前面的上声读阳平，如：

打起 dǎqi	可以 kěyi	小姐 xiǎojie	走走 zǒuzou
把手 bǎshou			

该轻声由阴平、阳平、去声变来（也包括一部分上声），前面的上声读半上，如：

冷清 lěngqing	洒脱 sǎtuo	老实 lǎoshi	火候 huǒhou
本事 běnshi	姐姐 jiějie	谱子 pǔzi	椅子 yǐzi
宝宝 bǎobao	马虎 mǎhu		

上声相连，前一个上声的调值变为 35，即阳平。如果前一个音节依然读上声的话，那就很可能出现把"小组"读成"小卒"的现象，我们可以通过以下词语训练来加深印象：

保管 bǎoguǎn	彼此 bǐcǐ	场所 chǎngsuǒ	产品 chǎnpǐn
打扰 dǎrǎo	老板 lǎobǎn	领土 lǐngtǔ	蚂蚁 mǎyǐ
美好 měihǎo	奶粉 nǎifěn	起码 qǐmǎ	请柬 qǐngjiǎn
往返 wǎngfǎn	永远 yǒngyuǎn	早已 zǎoyǐ	

三个上声相连,如果后面没有其他音节,也不带什么语气,末尾音节一般不变调。开头、当中的上声音节有两种变调:

● 当词语的结构是"双单格",开头、当中的上声音节变为阳平:

展览馆 zhǎnlǎnguǎn　　洗脸水 xǐliǎnshuǐ　　手写体 shǒuxiětǐ
管理组 guǎnlǐzǔ　　　蒙古语 Měnggǔyǔ　　跑马场 pǎomǎchǎng
选举法 xuǎnjǔfǎ　　　水手长 shuǐshǒuzhǎng

● 当词语的结构是"单双格",开头音节处在被强调的逻辑重音时,读作半上,调值211,当中音节则按两字组变调规律变为阳平:

好总理 hǎozǒnglǐ　　　小组长 xiǎozǔzhǎng　　保管好 bǎoguǎnhǎo
小两口 xiǎoliǎngkǒu　　老首长 lǎoshǒuzhǎng　　撒火种 sǎhuǒzhǒng
厂党委 chǎngdǎngwěi　　老保守 lǎobǎoshǒu

(2)"一"、"不"的变调

"一"和"不"在单独念和处在词句末尾时读原调,"一"在作序数,即表示"第一"时也读原调。"一"和"不"的变调如下:

"一"、"不"在去声前面变阳平(普通出版物一律标原调):

一样 yíyàng　　一向 yíxiàng　　一定 yídìng　　一片冰心 yípiànbīngxīn
不要 búyào　　不料 búliào　　不看 búkàn　　不破不立 búpòbúlì

"一"、"不"在非去声前面都读去声("一"是变调,"不"是原调):

一般 yìbān　　一年 yìnián　　一手 yìshǒu　　一帆风顺 yìfānfēngshùn
不听 bùtīng　　不走 bùzǒu　　不成 bùchéng　　不假思索 bùjiǎsīsuǒ

"一"、"不"夹在词中读轻声:

想一想 xiǎngyixiǎng　　坐一坐 zuòyizuò　　管一管 guǎnyiguǎn
谈一谈 tányitán　　　来不来 láibulái　　肯不肯 kěnbukěn
看不清 kànbuqīng　　　打不开 dǎbukāi

2. 轻声

普通话除了阴平、阳平、上声、去声四种声调外,还有一些音节的声调又轻又短,这种声调叫"轻声"。轻声并非普通话四声以外的又一种声调,而是由原来有声调的音节变化而来的,是一种特殊的变调现象。普通话的四种声调都可以变读为轻声,例如:"眼睛、木头、桌子、力气"。轻声是因为音节之间在连续的语流中相互影响而产生的语音变化。

(1)轻声的发音分析

从声学上分析,轻声音节的能量较弱,是音高、音长、音强、音色综合变化的效应,但这些语音的要素在轻声音节的辨别中所起作用的大小是不同的。语音实验证明,轻声音节特性是由音高和音长这两个比较重要的因素构成的。从音高上看,轻声音节失去原有的声调调值,变为轻声音节特有的音高形式,构成轻声调值。从音长上看,轻声音节一般短于正常重读音节的长度,甚至大大缩短,可见音长短是构成轻声特性的另一重要因素。所以,轻声的总的声调特色是既轻又短。轻声的音高模式可分析如下:

阴平+轻声　读2度,有降势:玻璃、桌子、风筝

阳平+轻声　读3度,有降势:黄瓜、毛病、糊涂

上声+轻声　读4度,短而平:嘴巴、扁担、点心

去声+轻声　读1度,有降势:骆驼、困难、胖子

轻声音节的音色也或多或少发生变化。最明显的是韵母发生弱化,例如元音(指主要元音)舌位趋向中央等。声母也可能产生变化,例如不送气的清塞音、清塞擦音声母变为浊塞音、浊塞擦音声母等。

(2)轻声按词义练习

我们按词义分类练习,先看有规律的轻声词语:

①重叠式名词、动词(不标调表示轻声,下同):

哥哥 gēge　　　　姑姑 gūgu　　　　星星 xīngxing　　　娃娃 wáwa

试试 shìshi　　　看看 kànkan　　　劝劝 quànquan　　　等等 děngdeng

打听打听 dǎtingdǎting　解释解释 jiěshijiěshi　收拾收拾 shōushishōushi

②双音节形容词重叠为"A里AB"式后,其中的虚语素"里":

罗里罗嗦 luōliluōsuō　　糊里糊涂 húlihútu　　　邋里邋遢 lālilātā

③肯定否定相叠的动词或形容词的后面两个音节:

去不去 qùbuqu　　好不好 hǎobuhao

④语气词、量词"个":

是啊 shì a　　　　走吗 zǒu ma　　　你呢 nǐ ne　　　　去吧 qù ba

他呀 tā ya　　　　三个 sān ge　　　一个人 yī ge rén　一百个 yībǎi ge

五十个 wǔshí ge

⑤结构助词、时态助词:

唱歌的 chànggē de　　　　轻轻地 qīngqīng de　　　好得很 hǎo de hěn

站着 zhàn zhe　　　　　　去了 qù le　　　　　　　来过 lái guo

⑥表示方位、趋向的语素:

桌上 zhuōshang　　山下 shānxia　　　城里 chéngli　　　外面 wàimian

地底下 dìdǐxia　　进来 jìnlai　　　出去 chūqu　　　　上来 shànglai

下去 xiàqu　　　　说出来 shuōchulai

⑦名词后缀、人称代词和个别疑问代词的后缀:

儿子 érzi　　　　　袜子 wàzi　　　　石头 shítou　　　　尾巴 wěiba

我们 wǒmen 　　你们 nǐmen 　　什么 shénme 　　怎么 zěnme

⑧作宾语的人称代词

等你 děngni 　　　叫我 jiàowo 　　　找他 zhǎota

还有一批常用的双音节词语,习惯上也读轻声,这些词语除了具有口语色彩较明显和部分是联绵词之外,似乎没有更多的特点,所以可把它们看作是无规律的轻声词语,训练时需要强意识记忆:

胳膊 gēbo 　　　快活 kuàihuo 　　脑袋 nǎodai 　　亮堂 liàngtang
拾掇 shíduo 　　吩咐 fēnfu 　　　萝卜 luóbo 　　葫芦 húlu
唠叨 lāodao 　　馄饨 húntun 　　风筝 fēngzheng 　玻璃 bōli
明白 míngbai 　　窗户 chuānghu 　　商量 shāngliang

(3)轻声按声调分类练习

①前一音节是阴平和阳平的,轻声音节读中调(2 度或 3 度):

杯子 bēizi 　　　先生 xiānsheng 　　蓝的 lánde 　　拳头 quántou
行李 xíngli

②前一音节是上声的,轻声音节读半高调(4 度):

码头 mǎtou 　　　点心 diǎnxin 　　晚上 wǎnshang 　喇叭 lǎba
耳朵 ěrduo

③前一音节是去声的,轻声音节读低调(1 度):

睡了 shuìle 　　　爸爸 bàba 　　　客人 kèren 　　豆腐 dòufu
刺激 cìji

(4)轻声与原调的对比练习

东西 dōngxi——东西 dōngxī 　　　　大意 dàyi——大意 dàyì
人家 rénjia——人家 rénjiā 　　　　地道 dìdao——地道 dìdào
兄弟 xiōngdi——兄弟 xiōngdì 　　　摆设 bǎishe——摆设 bǎishè

3. 儿化

单韵母 er,虽不可以前拼声母,但却能自成音节,例如:“而、二、耳”等。在普通话中“儿”还可以被添加在其他词的后面,使这些词成为带儿尾的词,这里的“儿”经过长期的极其流利的连读,与前面的一个音节融合成了一个音节,“儿”失去了独立性,只保留了一个卷舌的动作与音色,这就是儿化现象,被儿化的韵母就叫儿化韵。儿化韵在拼写时只在原音节末尾加“－r”表示。例如“没门儿”写作 méiménr。

(1)儿化的作用

表示喜欢的心情和温和的态度:山歌儿、鲜花儿、小孩儿、大伙儿、慢慢儿(走)

形容细小、轻微的性质或形状:头发丝儿、小金鱼儿、小猫儿、小狗儿

区别词性和词义:滚(动词)/滚儿(名词)、个(量词)/个儿(名词)

一块(数量)/一块儿(一起)、鞋里(鞋子里面)/鞋里儿(鞋子里层)

(2)儿化训练

儿化音变的基本性质是使一个音节的主要元音带上卷舌色彩。(—r 是儿化的形容性符号,不把它作为一个音素看待。)儿化韵的音变条件取决于是否利于卷舌动作。

普通话儿化的实际发音可以分为三大类,我们可以按其韵母归类来练习:

①主要元音读作 ar。

ar:刀把儿 dāobàr、小孩儿 xiǎoháir、笔杆儿 bǐgǎnr、帮忙儿(鼻化)bāngmángr

iar:豆芽儿 dòuyár、一点儿 yìdiǎnr、唱腔儿(鼻化)chàngqiāngr

uar:鲜花儿 xiānhuār、一块儿 yīkuàir、好玩儿 hǎowánr、蛋黄儿(鼻化)dànhuángr

üar:圆圈儿 yuánquānr

②主要元音读作 er,或者加上 er。

er:椅子背儿 yǐzibèir、窍门儿 qiàoménr、板凳儿(鼻化)bǎndèngr、棋子儿 qízǐr、没事儿 méishìr

ier:小街儿 xiǎojiēr、小鸡儿 xiǎojīr、脚印儿 jiǎoyìnr、电影儿(鼻化)diànyǐngr

uer:麦穗儿 màisuìr、花纹儿 huāwénr

üer:木橛儿 mùjuér、金鱼儿 jīnyúr、红裙儿 hóngqúnr

③主要元音或韵尾读作 ur、or。

ur:白兔儿 báitùr、眼珠儿 yǎnzhūr、小猪儿 xiǎozhūr

our:小猴儿 xiǎohóur、衣兜儿 yīdōur

iour:打球儿 dǎqiúr、蜗牛儿 wōniúr

or:山坡儿 shānpōr、小虫儿(鼻化)xiǎochóngr、闹钟儿(鼻化)nàozhōngr

uor:干活儿 gànhuór、书桌儿 shūzhuōr、被窝儿 bèiwōr

aor:符号儿 fúhàor、笔帽儿 bǐmàor

iaor:小鸟儿 xiǎoniǎor、麦苗儿 màimiáor

ior:小熊儿(鼻化)xiǎoxióngr

4. 语气词"啊"的音变

语气词"啊"常跟前面音节末尾连读产生音变,具体的音变规律如下:

(1)末尾音素为 a、o、e、ê、i、ü 的变读为 ia,有时也写作"呀",如:是我啊、不是他啊、快来啊、别去啊、过河啊、你接啊、这是谁啊、真可爱啊、好大的雨啊。

(2)末尾音素是 u(包括 ao、iao 两个韵母结尾的)的变读 ua,有时也写作

"哇"如：走啊、在哪儿住啊、还早啊、别笑啊、大家跳啊、这是金丝猴啊。

（3）末尾音节是前鼻韵的，即以 n 音素结尾的，变读为 na ,有时也写作"哪"如：看啊、不信啊、真金啊、亲人啊、一大群啊。

（4）末尾音节是后鼻韵的，即以 ng 音素结尾的，变读 nga,如：大家唱啊、行不行啊、扛啊、要坚强啊、长城啊、多好听啊。

（5）末尾音节是 zhi、chi、shi、ri 的，即以－i(后)音素结尾的，变读为 ra,如：一张纸啊、什么事啊、要坚持啊、快开门儿啊、这是一件大事啊。

（6）末尾音节是 zi、ci、si 的，即以－i(前)音素结尾的，变读为[za],如：他五十四啊、去过几次啊、孩子啊、写字啊、别撕啊。

三、普通话水平测试

（一）普通话水平测试

普通话水平测试(简称 PSC)是一种我国为加快共同语普及进程、提高全社会普通话水平而设置的一种语言口语测试，全部测试内容均以口头方式进行。普通话水平测试不是口才的评定，而是对应试人掌握和运用普通话所达到的规范程度的测查和评定，是应试人的汉语标准语测试。

应试人在运用普通话口语进行表达过程中所表现的语音、词汇、语法规范程度，是评定其所达到的水平等级的重要依据。

普通话水平测试是我国现阶段普及普通话工作的一项重大举措。在一定范围内对某些岗位的人员进行普通话水平测试，并逐步实行普通话等级证书上岗制度，标志着我国普及普通话工作走上了制度化、规范化、科学化的新阶段。开展普通话水平测试工作，将大大加强推广普通话工作的力度，加快速度，使"大力推行、积极普及、逐步提高"的方针落到实处，极大地提高全社会的普通话水平和汉语规范化水平。

经报名核准后，应试者应在规定的日期，凭本人的准考证和身份证，进入指定的考场，并按指定试卷上的内容进行测试。每个试场有 2～3 位测试员负责对应试者的普通话水平进行判定。总时间在 15 分钟左右。

首先抽签朗读作品和说话题目，有约 10 分钟的准备时间，进入考场后首先报自己的单位、姓名，然后按照四项内容先后进行测试：100 个单音节字词、50个双音节词语、作品朗读、说话。测试全程录音，测试完成后方可离开测试现场，一周左右可进行成绩查询，并得到相应的普通话水平等级证书。

(二)普通话水平测试评判

普通话水平测试卷包括四个部分:

1.读单音节字词100个(排除轻声、儿化音节)。限时3.5分钟,共10分。

目的:考察应试人声母、韵母、声调的发音。

评分:每读错一个字的声母、韵母或声调扣0.1分。读音有缺陷每个字扣0.05分。一个字允许读两遍,即应试人发觉第一次读音有口误时可以改读,按第二次读音评判。超时1分钟之内扣0.5分,超时1分钟以上扣1分。

2.读多音节词语(100个音节)。限时2.5分钟,共20分。

目的:除考察应试人声母、韵母和声调的发音外,还要考察上声变调、儿化韵和轻声的读音。

评分:每读错一个音节的声母、韵母或声调扣0.2分。读音有明显缺陷每次扣0.1分。超时1分钟之内扣0.5分,超时1分钟以上扣1分。

3.朗读,从朗读材料(1~40号)中抽选。

目的:考察应试人用普通话朗读书面材料的水平,重点考察语音、连读音变(上声、"一"、"不"),语调(语气)等项目。限时4分钟,共30分。

评分:对每篇材料的前400字(不包括标点)做累积计算,每次语音错误扣0.1分,漏读或增读一个字扣0.1分。声母或韵母的系统性语音缺陷,视程度扣0.5分、1分。语调偏误,视程度扣0.5分、1分、2分。停连不当,视程度扣0.5分、1分、2分。朗读不流畅(包括回读),视程度扣0.5分、1分、2分。超时扣1分。

4.说话。

目的:考察应试人在没有文字凭借的情况下,说普通话的能力和所能达到的规范程度。以单向说话为主,必要时辅以主试人和应试人的双向对话。单向对话:应试人根据抽签确定的话题,说3分钟,共40分。

评分:

(1)语音标准程度25分。其中档次为:

一档:语音标准,或极少有失误。扣0分、0.5分、1分、1.5分、2分。

二档:语音错误在10次以下,有方音但不明显。扣3分、4分。

三档:语音错误在10次以下,但方音比较明显;或方音不明显,但语音错误在10~15次之间。扣5分、6分。

四档:语音错误在10~15次之间,方音比较明显。扣7分、8分。

五档:语音错误超过15次(16~45次),方音明显。扣9分、10分、11分。

六档:语音错误多(45次以上),方音重。扣12分、13分、14分。

语音面貌确定为二档(或二档以下)即使总积分在 96 以上,也不能入一级甲等;语音面貌确定为五档的,即使总积分在 87 分以上,也不能入二级甲等;有以上情况的,都应在等内降等评定。

(2)词汇语法规范程度共 10 分。计分档次为:

一档:词汇、语法合乎规范。扣 0 分。

二档:偶有词汇或语法不符合规范的情况(1~3 次)。扣 1 分、2 分。

三档:词汇、语法屡有不符合规范的情况(4 次以上)。扣 3 分、4 分。

(3)自然流畅程度 5 分。计分档次为:

一档:语言自然流畅。扣 0 分。

二档:基本流畅,口语化较差(有类似背稿子的表现)。扣 0.5 分、1 分。

三档:话语不连贯,语调生硬。扣 2 分、3 分。

说话不足 3 分钟,酌情扣分:

缺时 0~1 分钟(含 1 分钟),扣 1 分、2 分、3 分。

缺时 1 分 01 秒~2 分 29 秒,扣 4 分、5 分、6 分。

说话不满 30 秒(含 30 秒),扣 40 分。

说话离题,酌情扣 3~5 分。

(三)普通话水平等级

按照评分标准对应试人的四项测试进行评分,根据应试人的总得分评定其普通话水平等级。普通话水平等级划分为三个级别,每个级别内划分为两个等次,总称:"三级六等"。具体如下:

97 分及其以上,为一级甲等;

92 分及其以上但不足 97 分,为一级乙等;

87 分及其以上但不足 92 分,为二级甲等;

80 分及其以上但不足 87 分,为二级乙等;

70 分及其以上但不足 80 分,为三级甲等;

60 分及其以上但不足 70 分,为三级乙等。

(四)普通话水平测试练习

1.普通话水平测试词语练习

(1)普通话水平测试用常用单音节字词

【表一】

| 阿 ā | 挨 ái | 爱 ài | 氨 ān | 按 àn | 暗 àn | 熬 áo | 巴 bā |
| 挨 āi | 矮 ǎi | 安 ān | 岸 àn | 案 àn | 凹 āo | 八 bā | 扒 bā |

拔 bá	奔 bēn	病 bìng	曾 céng	称 chēng	川 chuān	错 cuò	得 dé
把 bǎ	本 běn	拨 bō	叉 chā	撑 chēng	穿 chuān	搭 dā	德 dé
爸 bà	苯 běn	波 bō	差 chā	成 chéng	传 chuán	打 dá	得 děi
罢 bà	奔 bèn	伯 bó	插 chā	呈 chéng	船 chuán	达 dá	灯 dēng
白 bái	笨 bèn	薄 bó	茶 chá	诚 chéng	喘 chuǎn	答 dá	登 dēng
百 bǎi	蹦 bèng	薄 bò	查 chá	承 chéng	串 chuàn	打 dǎ	蹬 dēng
摆 bǎi	逼 bī	补 bǔ	察 chá	城 chéng	创 chuāng	大 dà	等 děng
败 bài	鼻 bí	捕 bǔ	叉 chà	乘 chéng	窗 chuāng	呆 dāi	邓 dèng
拜 bài	比 bǐ	不 bù	拆 chāi	盛 chéng	床 chuáng	待 dài	瞪 dèng
班 bān	彼 bǐ	布 bù	差 chāi	程 chéng	闯 chuǎng	代 dài	低 dī
般 bān	笔 bǐ	步 bù	柴 chái	秤 chèng	创 chuàng	带 dài	滴 dī
搬 bān	必 bì	部 bù	缠 chán	吃 chī	吹 chuī	待 dài	敌 dí
板 bǎn	闭 bì	擦 cā	产 chǎn	池 chí	垂 chuí	袋 dài	抵 dǐ
版 bǎn	壁 bì	猜 cāi	长 cháng	迟 chí	锤 chuí	戴 dài	底 dǐ
办 bàn	避 bì	才 cái	肠 cháng	持 chí	春 chūn	担 dān	地 dì
半 bàn	臂 bì	材 cái	尝 cháng	尺 chǐ	纯 chún	单 dān	帝 dì
伴 bàn	边 biān	财 cái	常 cháng	齿 chǐ	唇 chún	担 dàn	递 dì
瓣 bàn	编 biān	采 cǎi	厂 chǎng	赤 chì	词 cí	石 dàn	第 dì
帮 bāng	鞭 biān	彩 cǎi	场 chǎng	翅 chì	辞 cí	但 dàn	点 diǎn
棒 bàng	扁 biǎn	踩 cǎi	唱 chàng	冲 chōng	磁 cí	担 dàn	碘 diǎn
包 bāo	变 biàn	菜 cài	抄 chāo	充 chōng	雌 cí	淡 dàn	电 diàn
薄 báo	便 biàn	蔡 cài	超 chāo	虫 chóng	此 cǐ	弹 dàn	店 diàn
饱 bǎo	遍 biàn	参 cān	巢 cháo	重 chóng	次 cì	蛋 dàn	垫 diàn
宝 bǎo	辨 biàn	残 cán	朝 cháo	冲 chòng	刺 cì	氮 dàn	雕 diāo
保 bǎo	标 biāo	蚕 cán	潮 cháo	抽 chōu	赐 cì	当 dāng	吊 diào
报 bào	表 biǎo	仓 cāng	吵 chǎo	愁 chóu	从 cóng	挡 dǎng	调 diào
抱 bào	别 bié	舱 cāng	炒 chǎo	丑 chǒu	丛 cóng	党 dǎng	掉 diào
杯 bēi	别 biè	藏 cáng	车 chē	臭 chòu	凑 còu	当 dàng	爹 diē
背 bēi	宾 bīn	操 cāo	扯 chě	出 chū	粗 cū	刀 dāo	跌 diē
北 běi	冰 bīng	曹 cáo	撤 chè	初 chū	促 cù	导 dǎo	迭 dié
贝 bèi	兵 bīng	槽 cáo	臣 chén	除 chú	簇 cù	岛 dǎo	叠 dié
备 bèi	丙 bǐng	草 cǎo	尘 chén	处 chǔ	窜 cuàn	倒 dǎo	丁 dīng
背 bèi	柄 bǐng	册 cè	沉 chén	楚 chǔ	催 cuī	到 dào	盯 dīng
倍 bèi	饼 bǐng	侧 cè	陈 chén	处 chù	村 cūn	倒 dào	钉 dīng
被 bèi	屏 bǐng	测 cè	称 chèn	畜 chù	存 cún	道 dào	顶 dǐng
辈 bèi	并 bìng	层 céng	趁 chèn	触 chù	寸 cùn	稻 dào	订 dìng

钉 dìng	度 duó	肥 féi	赴 fù	更 gēng	官 guān	好 hǎo	壶 hú
定 dìng	朵 duǒ	匪 fěi	复 fù	耕 gēng	冠 guān	号 hào	湖 hú
丢 diū	躲 duǒ	肺 fèi	副 fù	更 gèng	馆 guǎn	好 hào	虎 hǔ
东 dōng	阿 ē	废 fèi	赋 fù	工 gōng	管 guǎn	耗 hào	互 hù
冬 dōng	俄 é	费 fèi	富 fù	弓 gōng	观 guàn	呵 hē	户 hù
懂 dǒng	鹅 é	分 fēn	腹 fù	公 gōng	冠 guàn	喝 hē	护 hù
动 dòng	额 é	粉 fěn	该 gāi	功 gōng	惯 guàn	合 hé	沪 hù
冻 dòng	恶 è	分 fèn	改 gǎi	攻 gōng	灌 guàn	何 hé	花 huā
洞 dòng	饿 è	份 fèn	钙 gài	供 gōng	光 guāng	和 hé	划 huá
都 dōu	恩 ēn	粪 fèn	盖 gài	宫 gōng	广 guǎng	河 hé	华 huá
兜 dōu	儿 ér	丰 fēng	干 gān	汞 gǒng	逛 guàng	荷 hé	滑 huá
斗 dǒu	而 ér	风 fēng	杆 gān	拱 gǒng	归 guī	核 hé	化 huà
抖 dǒu	尔 ěr	封 fēng	肝 gān	共 gòng	硅 guī	盒 hé	划 huà
斗 dòu	耳 ěr	峰 fēng	杆 gǎn	供 gòng	鬼 guǐ	颌 hé	华 Huà
豆 dòu	二 èr	锋 fēng	赶 gǎn	沟 gōu	贵 guì	和 hè	画 huà
逗 dòu	发 fā	蜂 fēng	敢 gǎn	钩 gōu	桂 guì	荷 hè	话 huà
都 dū	罚 fá	冯 Féng	感 gǎn	狗 gǒu	跪 guì	喝 hè	怀 huái
毒 dú	法 fǎ	缝 féng	干 gàn	构 gòu	滚 gǔn	黑 hēi	坏 huài
独 dú	发 fà	奉 fèng	刚 gāng	购 gòu	郭 guō	很 hěn	还 huán
读 dú	番 fān	缝 fèng	纲 gāng	够 gòu	锅 guō	恨 hèn	环 huán
堵 dǔ	翻 fān	佛 fó	钢 gāng	古 gǔ	国 guó	恒 héng	缓 huǎn
杜 dù	凡 fán	否 fǒu	港 gǎng	谷 gǔ	果 guǒ	横 héng	换 huàn
度 dù	繁 fán	夫 fū	高 gāo	股 gǔ	裹 guǒ	横 hèng	唤 huàn
渡 dù	反 fǎn	伏 fú	搞 gǎo	骨 gǔ	过 guò	轰 hōng	患 huàn
端 duān	返 fǎn	扶 fú	稿 gǎo	鼓 gǔ	哈 hā	哄 hōng	荒 huāng
短 duǎn	犯 fàn	服 fú	告 gào	固 gù	还 hái	红 hóng	慌 huāng
段 duàn	饭 fàn	浮 fú	搁 gē	故 gù	海 hǎi	洪 hóng	黄 huáng
断 duàn	泛 fàn	幅 fú	割 gē	顾 gù	害 hài	哄 hòng	晃 huǎng
堆 duī	范 fàn	福 fú	歌 gē	雇 gù	含 hán	哄 hòng	晃 huàng
队 duì	方 fāng	府 fǔ	格 gé	瓜 guā	寒 hán	后 hòu	灰 huī
对 duì	防 fáng	腐 fǔ	隔 gé	刮 guā	喊 hǎn	厚 hòu	挥 huī
吨 dūn	房 fáng	付 fù	个 gè	挂 guà	汉 hàn	候 hòu	回 huí
蹲 dūn	访 fǎng	负 fù	各 gè	拐 guǎi	汗 hàn	乎 hū	毁 huǐ
顿 dùn	放 fàng	妇 fù	给 gěi	怪 guài	旱 hàn	和 hú	会 huì
多 duō	飞 fēi	附 fù	根 gēn	关 guān	行 háng	弧 hú	绘 huì
夺 duó	非 fēi	服 fú	跟 gēn	观 guān	号 háo	胡 hú	婚 hūn

混 hún	寄 jì	降 jiàng	紧 jǐn	巨 jù	咳 ké	栏 lán	练 liàn
魂 hún	加 jiā	将 jiàng	尽 jìn	句 jù	可 kě	蓝 lán	炼 liàn
混 hùn	夹 jiā	强 jiàng	进 jìn	具 jù	克 kè	烂 làn	链 liàn
和 huó	家 jiā	交 jiāo	近 jìn	俱 jù	刻 kè	狼 láng	良 liáng
活 huó	夹 jiá	浇 jiāo	劲 jìn	剧 jù	客 kè	浪 làng	凉 liáng
火 huǒ	甲 jiǎ	胶 jiāo	晋 jìn	据 jù	课 kè	捞 lāo	梁 liáng
或 huò	钾 jiǎ	教 jiāo	浸 jìn	距 jù	肯 kěn	劳 láo	量 liáng
和 huò	假 jiǎ	焦 jiāo	茎 jīng	聚 jù	啃 kěn	牢 láo	粮 liáng
货 huò	价 jià	嚼 jiáo	京 jīng	捐 juān	坑 kēng	老 lǎo	两 liǎng
获 huò	架 jià	角 jiǎo	经 jīng	圈 juān	空 kōng	落 lào	亮 liàng
击 jī	假 jià	脚 jiǎo	惊 jīng	卷 juǎn	孔 kǒng	乐 lè	凉 liàng
机 jī	嫁 jià	搅 jiǎo	晶 jīng	卷 juàn	空 kòng	累 léi	辆 liàng
肌 jī	尖 jiān	叫 jiào	精 jīng	圈 juàn	口 kǒu	雷 léi	量 liàng
鸡 jī	间 jiān	觉 jiào	鲸 jīng	决 jué	扣 kòu	累 lěi	了 liǎo
积 jī	肩 jiān	校 jiào	井 jǐng	角 jué	哭 kū	泪 lèi	料 liào
基 jī	兼 jiān	较 jiào	颈 jǐng	觉 jué	苦 kǔ	类 lèi	咧 liě
激 jī	拣 jiǎn	教 jiào	景 jǐng	绝 jué	库 kù	累 lèi	列 liè
及 jí	茧 jiǎn	皆 jiē	劲 jìng	嚼 jué	跨 kuà	冷 lěng	猎 liè
级 jí	捡 jiǎn	结 jiē	径 jìng	军 jūn	块 kuài	愣 lèng	裂 liè
极 jí	检 jiǎn	接 jiē	净 jìng	均 jūn	快 kuài	离 lí	邻 lín
即 jí	减 jiǎn	街 jiē	竟 jìng	君 jūn	宽 kuān	梨 lí	林 lín
急 jí	剪 jiǎn	节 jié	敬 jìng	菌 jūn	款 kuǎn	犁 lí	临 lín
集 jí	简 jiǎn	结 jié	静 jìng	卡 kǎ	筐 kuāng	礼 lǐ	淋 lín
几 jǐ	碱 jiǎn	截 jié	境 jìng	开 kāi	狂 kuáng	李 lǐ	磷 lín
己 jǐ	见 jiàn	解 jiě	镜 jìng	看 kān	矿 kuàng	里 lǐ	灵 líng
挤 jǐ	件 jiàn	戒 jiè	究 jiū	砍 kǎn	亏 kuī	理 lǐ	铃 líng
脊 jǐ	建 jiàn	届 jiè	九 jiǔ	看 kàn	捆 kǔn	力 lì	零 líng
计 jì	剑 jiàn	界 jiè	久 jiǔ	扛 káng	困 kùn	历 lì	龄 líng
记 jì	键 jiàn	借 jiè	酒 jiǔ	抗 kàng	阔 kuò	立 lì	令 lǐng
系 jì	箭 jiàn	解 jiè	旧 jiù	炕 kàng	拉 lā	利 lì	岭 lǐng
季 jì	江 jiāng	斤 jīn	救 jiù	考 kǎo	拉 lá	例 lì	领 lǐng
剂 jì	将 jiāng	今 jīn	就 jiù	靠 kào	落 là	粒 lì	另 lìng
济 jì	浆 jiāng	金 jīn	车 jū	科 kē	蜡 là	俩 liǎ	令 lìng
既 jì	讲 jiǎng	津 jīn	居 jū	棵 kē	来 lái	连 lián	溜 liū
继 jì	奖 jiǎng	仅 jǐn	局 jú	颗 kē	赖 lài	联 lián	刘 liú
祭 jì	蒋 jiǎng	尽 jǐn	举 jǔ	壳 ké	兰 lán	脸 liǎn	留 liú

流 liú	略 lüè	门 mén	墨 mò	尿 niào	炮 páo	铺 pū	瞧 qiáo
硫 liú	轮 lún	闷 mèn	磨 mò	捏 niē	跑 pǎo	谱 pǔ	巧 qiǎo
瘤 liú	论 lùn	蒙 mēng	谋 móu	您 nín	泡 pào	铺 pù	壳 qiào
柳 liǔ	罗 luó	蒙 méng	某 mǒu	宁 níng	炮 pào	七 qī	切 qiē
六 liù	络 luò	猛 měng	母 mǔ	拧 níng	胚 pēi	期 qī	且 qiě
陆 liù	落 luò	蒙 Měng	亩 mǔ	凝 níng	陪 péi	漆 qī	切 qiè
溜 liù	抹 mā	孟 mèng	木 mù	拧 nǐng	配 pèi	齐 qí	侵 qīn
龙 lóng	麻 má	梦 mèng	目 mù	宁 nìng	喷 pēn	其 qí	亲 qīn
笼 lóng	马 mǎ	迷 mí	墓 mù	拧 nìng	盆 pén	奇 qí	秦 Qín
拢 lǒng	码 mǎ	谜 mí	幕 mù	牛 niú	彭 Péng	骑 qí	琴 qín
笼 lǒng	骂 mà	米 mǐ	拿 ná	扭 niǔ	棚 péng	旗 qí	勤 qín
弄 lòng	埋 mái	密 mì	哪 nǎ	农 nóng	捧 pěng	起 qǐ	青 qīng
搂 lōu	买 mǎi	蜜 mì	那 nà	浓 nóng	碰 pèng	气 qì	轻 qīng
楼 lóu	迈 mài	棉 mián	纳 nà	脓 nóng	批 pī	弃 qì	氢 qīng
搂 lǒu	麦 mài	免 miǎn	钠 nà	弄 nòng	披 pī	砌 qì	倾 qīng
漏 lòu	卖 mài	面 miàn	乃 nǎi	怒 nù	皮 pí	器 qì	清 qīng
露 lòu	脉 mài	苗 miáo	奶 nǎi	女 nǚ	脾 pí	卡 qiǎ	情 qíng
炉 lú	蛮 mán	秒 miǎo	耐 nài	暖 nuǎn	匹 pǐ	千 qiān	请 qǐng
卤 lǔ	瞒 mán	妙 miào	男 nán	欧 Ōu	偏 piān	迁 qiān	穷 qióng
鲁 lǔ	满 mǎn	庙 miào	南 nán	偶 ǒu	篇 piān	牵 qiān	秋 qiū
陆 lù	慢 màn	灭 miè	难 nán	扒 pá	片 piàn	铅 qiān	求 qiú
录 lù	忙 máng	民 mín	难 nàn	爬 pá	骗 piàn	前 qián	球 qiú
鹿 lù	猫 māo	名 míng	囊 náng	怕 pà	飘 piāo	钱 qián	区 qū
路 lù	毛 máo	明 míng	脑 nǎo	拍 pāi	票 piào	潜 qián	曲 qū
露 lù	冒 mào	鸣 míng	闹 nào	排 pái	贫 pín	浅 qiǎn	驱 qū
驴 lǘ	帽 mào	命 mìng	内 nèi	牌 pái	品 pǐn	遣 qiǎn	趋 qū
旅 lǚ	没 méi	摸 mō	嫩 nèn	派 pài	平 píng	欠 qiàn	渠 qú
铝 lǚ	枚 méi	模 mó	能 néng	潘 Pān	评 píng	嵌 qiàn	曲 qǔ
缕 lǚ	眉 méi	膜 mó	泥 ní	攀 pān	凭 píng	枪 qiāng	取 qǔ
律 lǜ	梅 méi	摩 mó	拟 nǐ	盘 pán	屏 píng	腔 qiāng	娶 qǔ
率 lǜ	煤 méi	磨 mó	你 nǐ	判 pàn	瓶 píng	强 qiáng	去 qù
绿 lǜ	酶 méi	抹 mǒ	逆 nì	盼 pàn	坡 pō	墙 qiáng	圈 quān
氯 lǜ	每 měi	末 mò	年 nián	旁 páng	颇 pō	抢 qiǎng	权 quán
滤 lǜ	美 měi	没 mò	念 niàn	胖 pàng	迫 pò	强 qiǎng	全 quán
卵 luǎn	镁 měi	抹 mò	娘 niáng	抛 pāo	破 pò	敲 qiāo	泉 quán
乱 luàn	闷 mēn	莫 mò	鸟 niǎo	泡 pāo	扑 pū	桥 qiáo	拳 quán

劝 quàn	塞 sāi	折 shé	实 shí	术 shù	速 sù	汤 tāng	停 tíng
缺 quē	塞 sài	蛇 shé	拾 shí	束 shù	宿 sù	唐 táng	挺 tǐng
却 què	赛 sài	舍 shě	食 shí	述 shù	酸 suān	堂 táng	通 tōng
确 què	三 sān	设 shè	史 shǐ	树 shù	算 suàn	塘 táng	同 tóng
群 qún	伞 sǎn	社 shè	使 shǐ	竖 shù	虽 suī	糖 táng	铜 tóng
燃 rán	散 sǎn	舍 shè	始 shǐ	数 shù	隋 Suí	躺 tǎng	统 tǒng
染 rǎn	散 sàn	射 shè	士 shì	刷 shuā	随 suí	烫 tàng	桶 tǒng
嚷 rǎng	扫 sǎo	摄 shè	氏 shì	耍 shuǎ	遂 suí	趟 tàng	筒 tǒng
让 ràng	色 sè	谁 shéi	示 shì	摔 shuāi	髓 suǐ	掏 tāo	通 tòng
绕 rào	塞 sè	伸 shēn	世 shì	甩 shuǎi	岁 suì	逃 táo	痛 tòng
惹 rě	僧 sēng	身 shēn	市 shì	率 shuài	遂 suì	桃 táo	偷 tōu
热 rè	杀 shā	参 shēn	式 shì	拴 shuān	碎 suì	陶 táo	头 tóu
人 rén	沙 shā	深 shēn	事 shì	双 shuāng	穗 suì	讨 tǎo	投 tóu
仁 rén	纱 shā	神 shén	势 shì	霜 shuāng	孙 sūn	套 tào	透 tòu
任 Rén	砂 shā	沈 Shěn	试 shì	谁 shuí	缩 suō	特 tè	凸 tū
忍 rěn	傻 shǎ	婶 shěn	视 shì	水 shuǐ	所 suǒ	疼 téng	突 tū
认 rèn	色 shǎi	肾 shèn	是 shì	税 shuì	索 suǒ	藤 téng	图 tú
任 rèn	晒 shài	甚 shèn	适 shì	睡 shuì	锁 suǒ	踢 tī	徒 tú
扔 rēng	山 shān	升 shēng	室 shì	顺 shùn	他 tā	提 tí	涂 tú
仍 réng	扇 shān	生 shēng	收 shōu	说 shuō	它 tā	题 tí	土 tǔ
日 rì	闪 shǎn	声 shēng	熟 shóu	司 sī	她 tā	体 tǐ	吐 tǔ
容 róng	单 Shàn	绳 shéng	手 shǒu	丝 sī	塔 tǎ	替 tì	吐 tù
溶 róng	扇 shàn	省 shěng	守 shǒu	私 sī	踏 tà	天 tiān	团 tuán
熔 róng	善 shàn	圣 shèng	首 shǒu	思 sī	胎 tāi	添 tiān	推 tuī
揉 róu	伤 shang	胜 shèng	受 shòu	斯 sī	台 tái	田 tián	腿 tuǐ
肉 ròu	商 shāng	盛 shèng	授 shòu	死 sǐ	抬 tái	甜 tián	退 tuì
如 rú	上 shǎng	剩 shèng	兽 shòu	四 sì	太 tài	填 tián	托 tuō
乳 rǔ	赏 shǎng	失 shī	瘦 shòu	寺 sì	态 tài	挑 tiāo	拖 tuō
入 rù	上 shàng	师 shī	书 shū	似 sì	摊 tān	条 tiáo	脱 tuō
软 ruǎn	尚 shàng	诗 shī	梳 shū	松 sōng	滩 tān	调 tiáo	挖 wā
若 ruò	烧 shāo	施 shī	疏 shū	宋 Sòng	谈 tán	挑 tiǎo	瓦 wǎ
弱 ruò	梢 shāo	湿 shī	输 shū	送 sòng	弹 tán	跳 tiào	歪 wāi
撒 sā	稍 shāo	十 shí	熟 shú	艘 sōu	痰 tán	贴 tiē	外 wài
洒 sǎ	少 shǎo	石 shí	属 shǔ	苏 sū	叹 tàn	铁 tiě	弯 wān
撒 sǎ	少 shào	时 shí	鼠 shǔ	俗 sú	探 tàn	厅 tīng	完 wán
鳃 sāi	舌 shé	识 shí	数 shǔ	素 sù	碳 tàn	听 tīng	玩 wán

挽 wǎn	窝 wō	先 xiān	效 xiào	宿 xiù	演 yǎn	疑 yí	硬 yìng
晚 wǎn	我 wǒ	鲜 xiān	些 xiē	绣 xiù	厌 yàn	乙 yǐ	拥 yōng
碗 wǎn	卧 wò	闲 xián	歇 xiē	嗅 xiù	咽 yàn	已 yǐ	永 yǒng
万 wàn	握 wò	弦 xián	邪 xié	须 xū	验 yàn	以 yǐ	涌 yǒng
汪 wāng	屋 wū	咸 xián	斜 xié	虚 xū	秧 yāng	矣 yǐ	用 yòng
亡 wáng	无 wú	衔 xián	鞋 xié	需 xū	扬 yáng	蚁 yǐ	优 yōu
王 wáng	吾 wú	嫌 xián	写 xiě	徐 xú	羊 yáng	倚 yǐ	尤 yóu
网 wǎng	吴 Wú	显 xiǎn	血 xiě	许 xǔ	阳 yáng	亿 yì	由 yóu
往 wǎng	五 wǔ	险 xiǎn	泄 xiè	序 xù	杨 yáng	义 yì	犹 yóu
忘 wàng	武 wǔ	鲜 xiǎn	谢 xiè	畜 xù	洋 yáng	艺 yì	油 yóu
旺 wàng	舞 wǔ	县 xiàn	解 xiè	悬 xuán	仰 yǎng	议 yì	铀 yóu
望 wàng	勿 wù	现 xiàn	蟹 xiè	旋 xuán	养 yǎng	亦 yì	游 yóu
微 wēi	务 wù	限 xiàn	心 xīn	选 xuǎn	氧 yǎng	异 yì	友 yǒu
为 wéi	物 wù	线 xiàn	锌 xīn	旋 xuàn	样 yàng	役 yì	有 yǒu
围 wéi	误 wù	陷 xiàn	新 xīn	削 xuē	约 yāo	译 yì	又 yòu
唯 wéi	恶 wù	献 xiàn	信 xìn	穴 xué	要 yāo	易 yì	右 yòu
惟 wéi	雾 wù	腺 xiàn	兴 xīng	学 xué	腰 yāo	益 yì	幼 yòu
伪 wěi	西 xī	乡 xiāng	星 xīng	雪 xuě	摇 yáo	意 yì	于 yú
尾 wěi	吸 xī	相 xiāng	刑 xíng	血 xuè	咬 yǎo	翼 yì	予 yú
纬 wěi	息 xī	香 xiāng	行 xíng	寻 xún	药 yào	因 yīn	余 yú
卫 wèi	稀 xī	箱 xiāng	形 xíng	训 xùn	要 yào	阴 yīn	鱼 yú
为 wèi	锡 xī	降 xiáng	型 xíng	压 yā	也 yě	音 yīn	渔 yú
未 wèi	习 xí	享 xiǎng	省 xǐng	押 yā	野 yě	银 yín	与 yǔ
位 wèi	席 xí	响 xiǎng	醒 xǐng	鸭 yā	业 yè	引 yǐn	予 yǔ
味 wèi	洗 xǐ	想 xiǎng	兴 xìng	牙 yá	叶 yè	饮 yǐn	羽 yǔ
胃 wèi	喜 xǐ	向 xiàng	性 xìng	芽 yá	页 yè	隐 yǐn	雨 yǔ
谓 wèi	戏 xì	项 xiàng	姓 xìng	亚 yà	夜 yè	印 yìn	语 yǔ
喂 wèi	系 xì	相 xiàng	凶 xiōng	咽 yān	液 yè	饮 yìn	玉 yù
魏 Wèi	细 xì	象 xiàng	兄 xiōng	烟 yān	一 yī	应 yīng	育 yù
温 wēn	虾 xiā	像 xiàng	胸 xiōng	严 yán	衣 yī	英 yīng	域 yù
文 wén	瞎 xiā	削 xiāo	雄 xióng	言 yán	医 yī	鹰 yīng	欲 yù
纹 wén	狭 xiá	消 xiāo	熊 xióng	岩 yán	依 yī	迎 yíng	遇 yù
闻 wén	下 xià	销 xiāo	修 xiū	炎 yán	仪 yí	营 yíng	愈 yù
吻 wěn	吓 xià	小 xiǎo	宿 xiǔ	沿 yán	宜 yí	影 yǐng	元 yuán
稳 wěn	夏 xià	校 xiào	臭 xiù	盐 yán	移 yí	应 yìng	园 yuán
问 wèn	仙 xiān	笑 xiào	袖 xiù	眼 yǎn	遗 yí	映 yìng	员 yuán

袁 Yuán	载 zài	寨 zhài	照 zhào	汁 zhī	肿 zhǒng	祝 zhù	自 zì
原 yuán	咱 zán	占 zhān	遮 zhē	枝 zhī	种 zhǒng	著 zhù	字 zì
圆 yuán	暂 zàn	沾 zhān	折 zhé	知 zhī	中 zhòng	筑 zhù	宗 zōng
缘 yuán	脏 zāng	粘 zhān	者 zhě	肢 zhī	众 zhòng	抓 zhuā	总 zǒng
源 yuán	脏 zàng	盏 zhǎn	这 zhè	织 zhī	种 zhòng	专 zhuān	纵 zòng
远 yuǎn	葬 zàng	展 zhǎn	针 zhēn	直 zhí	重 zhòng	砖 zhuān	走 zǒu
怨 yuàn	藏 zàng	占 zhàn	真 zhēn	值 zhí	州 zhōu	转 zhuǎn	奏 zòu
院 yuàn	遭 zāo	战 zhàn	阵 zhèn	职 zhí	周 zhōu	传 zhuàn	租 zū
愿 yuàn	糟 zāo	站 zhàn	振 zhèn	植 zhí	轴 zhóu	转 zhuàn	足 zú
曰 yuē	早 zǎo	张 zhāng	震 zhèn	殖 zhí	皱 zhòu	赚 zhuàn	族 zú
约 yuē	藻 zǎo	章 zhāng	镇 zhèn	止 zhǐ	朱 zhū	庄 zhuāng	阻 zǔ
月 yuè	灶 zào	长 zhǎng	争 zhēng	只 zhǐ	珠 zhū	桩 zhuāng	组 zǔ
乐 yuè	造 zào	涨 zhǎng	征 zhēng	纸 zhǐ	株 zhū	装 zhuāng	祖 zǔ
跃 yuè	则 zé	掌 zhǎng	挣 zhēng	指 zhǐ	诸 zhū	壮 zhuàng	钻 zuān
越 yuè	责 zé	丈 zhàng	睁 zhēng	至 zhì	猪 zhū	状 zhuàng	钻 zuàn
粤 Yuè	贼 zéi	仗 zhàng	蒸 zhēng	志 zhì	竹 zhú	撞 zhuàng	嘴 zuǐ
云 yún	怎 zěn	帐 zhàng	整 zhěng	制 zhì	逐 zhú	幢 zhuàng	最 zuì
匀 yún	曾 zēng	账 zhàng	正 zhèng	质 zhì	主 zhǔ	追 zhuī	罪 zuì
运 yùn	增 zēng	胀 zhàng	证 zhèng	治 zhì	煮 zhǔ	准 zhǔn	醉 zuì
韵 yùn	扎 zhā	涨 zhàng	郑 Zhèng	致 zhì	属 zhǔ	捉 zhuō	尊 zūn
扎 zā	炸 zhá	招 zhāo	政 zhèng	智 zhì	助 zhù	桌 zhuō	左 zuǒ
杂 zá	眨 zhǎ	着 zhāo	挣 zhèng	滞 zhì	住 zhù	着 zhuó	作 zuò
砸 zá	炸 zhà	朝 zhāo	症 zhèng	置 zhì	注 zhù	资 zī	坐 zuò
栽 zāi	摘 zhāi	着 zháo	之 zhī	中 zhōng	驻 zhù	子 zǐ	座 zuò
再 zài	窄 zhǎi	找 zhǎo	支 zhī	终 zhōng	柱 zhù	紫 zǐ	做 zuò
在 zài	债 zhài	赵 Zhào	只 zhī	钟 zhōng			

【表二】

哀 āi	袄 ǎo	耙 bà	绊 bàn	磅 bàng	暴 bào	泵 bèng	辟 bì
癌 ái	拗 ào	霸 bà	邦 bāng	苞 bāo	爆 bào	迸 bèng	碧 bì
艾 ài	傲 ào	掰 bāi	梆 bāng	胞 bāo	卑 bēi	绷 bèng	蔽 bì
碍 ài	奥 ào	柏 bǎi	绑 bǎng	剥 bāo	悲 bēi	碑 bēi	弊 bì
庵 ān	澳 ào	扳 bān	榜 bǎng	雹 báo	碑 bēi	币 bì	璧 bì
黯 àn	疤 bā	斑 bān	膀 bǎng	堡 bǎo	钡 bèi	毕 bì	敝 bì
昂 áng	靶 bǎ	扮 bàn	蚌 bàng	刨 bào	崩 bēng	毙 bì	贬 biǎn
鳌 áo	坝 bà	拌 bàn	傍 bàng	豹 bào	绷 bēng	痹 bì	匾 biǎn

辩 biàn	搀 chān	揣 chuāi	澄 dèng	兑 duì	讽 fěng	庚 gēng	郝 Hǎo
辫 biàn	掺 chān	踹 chuài	凳 dèng	墩 dūn	凤 fèng	羹 gēng	禾 hé
膘 biāo	馋 chán	疮 chuāng	堤 dī	囤 dùn	孵 fū	埂 gěng	贺 hè
憋 biē	禅 chán	捶 chuí	笛 dí	炖 dùn	敷 fū	耿 gěng	赫 hè
鳖 biē	蝉 chán	醇 chún	嫡 dí	钝 dùn	弗 fú	梗 gěng	褐 hè
瘪 biě	铲 chǎn	蠢 chǔn	蒂 dì	盾 dùn	拂 fú	躬 gōng	鹤 hè
滨 bīn	颤 chàn	戳 chuō	缔 dì	踱 duó	氟 fú	龚 Gōng	壑 hè
鬓 bìn	昌 chāng	瓷 cí	掂 diān	垛 duǒ	俘 fú	贡 gòng	痕 hén
禀 bǐng	偿 cháng	祠 cí	滇 Diān	剁 duò	符 fú	勾 gōu	狠 hěn
钵 bō	畅 chàng	慈 cí	颠 diān	垛 duò	辐 fú	垢 gòu	衡 héng
播 bō	倡 chàng	葱 cōng	巅 diān	舵 duò	甫 fǔ	估 gū	烘 hōng
驳 bó	钞 chāo	醋 cù	典 diǎn	堕 duò	抚 fǔ	孤 gū	虹 hóng
泊 bó	彻 chè	蹿 cuān	奠 diàn	跺 duò	俯 fǔ	寡 guǎ	侯 hóu
铂 bó	澈 chè	攒 cuán	佃 diàn	扼 è	辅 fǔ	卦 guà	喉 hóu
脖 bó	抻 chēn	崔 Cuī	殿 diàn	腭 è	缚 fù	乖 guāi	吼 hǒu
博 bó	辰 chén	摧 cuī	貂 diāo	鄂 È	覆 fù	罐 guàn	糊 hú
搏 bó	晨 chén	脆 cuì	刁 diāo	饵 ěr	概 gài	龟 guī	唬 hǔ
膊 bó	衬 chèn	啐 cuì	叼 diāo	乏 fá	甘 gān	规 guī	桦 huà
箔 bó	丞 chéng	翠 cuì	碟 dié	伐 fá	竿 gān	轨 guǐ	淮 Huái
帛 bó	惩 chéng	皴 cūn	蝶 dié	阀 fá	秆 gǎn	柜 guì	槐 huái
跛 bǒ	橙 chéng	搓 cuō	叮 dīng	筏 fá	擀 gǎn	棍 gùn	欢 huān
卜 bǔ	逞 chěng	撮 cuō	鼎 dǐng	帆 fān	赣 Gàn	氦 hài	幻 huàn
埠 bù	嗤 chī	挫 cuò	锭 dìng	烦 fán	缸 gāng	骇 hài	皇 huáng
簿 bù	痴 chī	锉 cuò	董 dǒng	贩 fàn	岗 gǎng	蚶 hān	簧 huáng
裁 cái	斥 chì	逮 dǎi	栋 dòng	仿 fǎng	杠 gàng	憨 hān	谎 huǎng
睬 cǎi	舂 chōng	贷 dài	陡 dǒu	纺 fǎng	羔 gāo	函 hán	辉 huī
餐 cān	宠 chǒng	逮 dài	痘 dòu	妃 fēi	膏 gāo	韩 Hán	徽 huī
惨 cǎn	仇 chóu	丹 dān	窦 dòu	吠 fèi	篙 gāo	罕 hǎn	悔 huǐ
苍 cāng	绸 chóu	掸 dǎn	督 dū	沸 fèi	糕 gāo	焊 hàn	汇 huì
策 cè	稠 chóu	旦 dàn	犊 dú	酚 fēn	镐 gǎo	憾 hàn	惠 huì
蹭 cèng	筹 chóu	档 dāng	赌 dǔ	坟 fén	膏 gào	杭 Háng	喙 huì
杈 chā	厨 chú	荡 dàng	睹 dǔ	焚 fén	柑 gān	航 háng	慧 huì
茬 chá	锄 chú	档 dàng	镀 dù	愤 fèn	革 gé	毫 háo	昏 hūn
杈 chà	雏 chú	捣 dǎo	缎 duàn	枫 fēng	阁 gé	豪 háo	荤 hūn
岔 chà	橱 chú	蹈 dǎo	煅 duàn	疯 fēng	膈 gé	壕 háo	浑 hún
刹 chà	储 chǔ	盗 dào	锻 duàn	逢 féng	葛 Gě	嚎 háo	豁 huō

伙 huǒ	桨 jiǎng	竞 jìng	烤 kǎo	缆 lǎn	廖 Liào	洛 Luò	铭 míng
祸 huò	匠 jiàng	窘 jiǒng	柯 kē	懒 lǎn	劣 liè	摞 luò	谬 miù
惑 huò	绛 jiàng	纠 jiū	磕 kē	滥 làn	烈 liè	鳗 mán	摹 mó
霍 huò	酱 jiàng	揪 jiū	渴 kě	郎 láng	拎 līn	螨 mǎn	魔 mó
饥 jī	犟 jiàng	灸 jiǔ	垦 kěn	廊 láng	霖 lín	曼 màn	沫 mò
姬 jī	郊 jiāo	厩 jiù	恐 kǒng	烙 lào	鳞 lín	蔓 màn	默 mò
吉 jí	娇 jiāo	拘 jū	控 kòng	涝 lào	伶 líng	漫 màn	眸 móu
疾 jí	椒 jiāo	驹 jū	抠 kōu	勒 lè	凌 líng	盲 máng	牧 mù
辑 jí	跤 jiāo	桔 jú	叩 kòu	勒 lēi	陵 líng	蟒 mǎng	募 mù
瘠 jí	礁 jiāo	菊 jú	寇 kòu	擂 léi	镏 liū	矛 máo	暮 mù
纪 Jǐ	绞 jiǎo	矩 jǔ	枯 kū	镭 léi	绺 liǔ	锚 máo	穆 mù
戟 jǐ	矫 jiǎo	拒 jù	窟 kū	垒 lěi	馏 liù	卯 mǎo	娜 nà
麂 jǐ	剿 jiǎo	惧 jù	裤 kù	肋 lèi	聋 lóng	铆 mǎo	捺 nà
寂 jì	缴 jiǎo	锯 jù	夸 kuā	擂 lèi	陇 Lǒng	貌 mào	氖 nǎi
暨 jì	轿 jiào	踞 jù	垮 kuǎ	棱 léng	垄 lǒng	媒 méi	挠 náo
髻 jì	窖 jiào	倦 juàn	挎 kuà	厘 lí	篓 lǒu	霉 méi	恼 nǎo
冀 jì	阶 jiē	绢 juàn	旷 kuàng	锂 lǐ	陋 lòu	昧 mèi	尼 ní
忌 jì	秸 jiē	撅 juē	况 kuàng	鲤 lǐ	卢 Lú	媚 mèi	倪 ní
荚 jiá	揭 jiē	诀 jué	框 kuàng	吏 lì	颅 lú	萌 méng	腻 nì
颊 jiá	劫 jié	掘 jué	眶 kuàng	隶 lì	虏 lǔ	盟 méng	溺 nì
奸 jiān	洁 jié	厥 jué	盔 kuī	怜 lián	掳 lǔ	猛 měng	拈 niān
歼 jiān	捷 jié	蕨 jué	窥 kuī	帘 lián	禄 lù	眯 mī	蔫 niān
坚 jiān	竭 jié	爵 jué	奎 kuí	莲 lián	麓 lù	弥 mí	黏 nián
监 jiān	介 jiè	攫 jué	溃 kuì	廉 lián	吕 lǚ	觅 mì	捻 niǎn
煎 jiān	诫 jiè	倔 juè	愧 kuì	镰 lián	捋 lǚ	秘 mì	碾 niǎn
荐 jiàn	巾 jīn	钧 jūn	坤 kūn	敛 liǎn	屡 lǚ	幂 mì	撵 niǎn
贱 jiàn	筋 jīn	俊 jùn	扩 kuò	恋 liàn	履 lǚ	眠 mián	廿 niàn
涧 jiàn	禁 jīn	郡 jùn	括 kuò	晾 liàng	虑 lǜ	绵 mián	酿 niàng
舰 jiàn	襟 jīn	峻 jùn	廓 kuò	撩 liāo	峦 luán	勉 miǎn	聂 Niè
谏 jiàn	锦 jǐn	咯 kǎ	腊 là	辽 liáo	掠 lüè	描 miáo	啮 niè
腱 jiàn	谨 jǐn	揩 kāi	辣 là	疗 liáo	抡 lūn	瞄 miáo	镍 niè
溅 jiàn	靳 Jìn	刊 kān	癞 lài	聊 liáo	捋 luō	渺 miǎo	孽 niè
姜 jiāng	禁 jìn	堪 kān	拦 lán	撩 liáo	锣 luó	篾 miè	拗 niù
僵 jiāng	荆 jīng	坎 kǎn	篮 lán	燎 liáo	箩 luó	皿 mǐn	奴 nú
缰 jiāng	睛 jīng	康 kāng	览 lǎn	燎 liǎo	螺 luó	抿 mǐn	挪 nuó
疆 jiāng	警 jǐng	糠 kāng	揽 lǎn	撂 liào	裸 luǒ	闽 Mǐn	呕 ǒu

藕 ǒu	萍 píng	锹 qiāo	雀 què	禅 shàn	孰 shú	汰 tài	蛙 wā
趴 pā	泊 pō	乔 qiáo	阙 què	膳 shàn	赎 shú	钛 tài	袜 wà
耙 pá	泼 pō	翘 qiáo	裙 qún	晌 shǎng	暑 shǔ	泰 tài	剜 wān
帕 pà	魄 pò	俏 qiào	饶 ráo	捎 shāo	署 shǔ	贪 tān	湾 wān
叛 pàn	剖 pōu	窍 qiào	扰 rǎo	勺 sháo	蜀 shǔ	坛 tán	丸 wán
畔 pàn	仆 pū	翘 qiào	刃 rèn	哨 shào	恕 shù	谭 Tán	皖 Wǎn
膀 pāng	仆 pú	撬 qiào	荣 róng	涉 shè	庶 shù	潭 tán	腕 wàn
庞 páng	圃 pǔ	鞘 qiào	绒 róng	赦 shè	帅 shuài	炭 tàn	蔓 wàn
刨 páo	浦 pǔ	妾 qiè	融 róng	麝 shè	栓 shuān	淌 tǎng	枉 wǎng
袍 páo	普 pǔ	怯 qiè	柔 róu	申 shēn	涮 shuàn	涛 tāo	妄 wàng
培 péi	堡 pù	窃 qiè	儒 rú	砷 shēn	爽 shuǎng	淘 táo	危 wēi
赔 péi	瀑 pù	禽 qín	汝 rǔ	审 shěn	吮 shǔn	梯 tī	威 wēi
裴 Péi	沏 qī	擒 qín	辱 rǔ	渗 shèn	舜 Shùn	啼 tí	韦 wéi
佩 pèi	戚 qī	噙 qín	蕊 ruǐ	慎 shèn	撕 sī	蹄 tí	违 wéi
蓬 péng	欺 qī	寝 qǐn	锐 ruì	笙 shēng	祀 sì	剃 tì	维 wéi
硼 péng	祈 qí	沁 qìn	瑞 ruì	尸 shī	饲 sì	舔 tiǎn	伟 wěi
篷 péng	畦 qí	卿 qīng	闰 rùn	什 shí	俟 sì	帖 tiě	苇 wěi
坯 pī	棋 qí	晴 qíng	仁 sā	蚀 shí	嗣 sì	帖 tiè	委 wěi
劈 pī	鳍 qí	擎 qíng	卅 sà	矢 shǐ	耸 sǒng	廷 tíng	萎 wěi
疲 pí	启 qǐ	顷 qǐng	腮 sāi	驶 shǐ	讼 sòng	亭 tíng	畏 wèi
劈 pǐ	迄 qì	庆 qìng	桑 sāng	屎 shǐ	诵 sòng	艇 tǐng	瘟 wēn
癖 pǐ	汽 qì	磬 qìng	嗓 sǎng	仕 shì	颂 sòng	佟 Tóng	翁 wēng
屁 pì	泣 qì	琼 qióng	搔 sāo	侍 shì	搜 sōu	捅 tǒng	瓮 wèng
辟 pì	契 qì	邱 Qiū	骚 sāo	饰 shì	酥 sū	途 tú	涡 wō
漂 piāo	掐 qiā	仇 Qiú	缫 sāo	拭 shì	诉 sù	屠 tú	乌 wū
朴 Piáo	洽 qià	囚 qiú	臊 sāo	恃 shì	粟 sù	蜕 tuì	巫 wū
瓢 piáo	恰 qià	裘 qiú	臊 sào	逝 shì	塑 sù	褪 tuì	毋 wú
漂 piǎo	扦 qiān	屈 qū	涩 sè	舐 shì	溯 sù	吞 tūn	午 wǔ
瞟 piǎo	签 qiān	祛 qū	瑟 sè	嗜 shì	蒜 suàn	屯 tún	伍 wǔ
撇 piē	乾 qián	蛆 qū	刹 shā	誓 shì	绥 suí	囤 tún	捂 wǔ
瞥 piē	黔 Qián	躯 qū	煞 shā	噬 shì	损 sǔn	臀 tún	悟 wù
撇 piě	纤 qiàn	趣 qù	煞 shà	螫 shì	笋 sǔn	驮 tuó	晤 wù
拼 pīn	歉 qiàn	蜷 quán	筛 shāi	寿 shòu	梭 suō	驼 tuó	夕 xī
频 pín	呛 qiāng	犬 quǎn	杉 shān	售 shòu	塌 tā	妥 tuǒ	兮 xī
聘 pìn	呛 qiàng	券 quàn	衫 shān	枢 shū	拓 tà	拓 tuò	昔 xī
坪 píng	跷 qiāo	瘸 qué	陕 Shǎn	舒 shū	榻 tà	洼 wā	悉 xī

惜 xī	携 xié	驯 xùn	冶 yě	釉 yòu	宰 zǎi	辙 zhé	拄 zhǔ
溪 xī	泻 xiè	逊 xùn	曳 yè	迂 yū	崽 zǎi	褶 zhě	嘱 zhǔ
熄 xī	卸 xiè	崖 yá	掖 yè	淤 yū	攒 zǎn	浙 Zhè	贮 zhù
膝 xī	屑 xiè	哑 yǎ	腋 yè	俞 Yú	赞 zàn	蔗 zhè	蛀 zhù
袭 xí	械 xiè	雅 yǎ	伊 yī	隅 yú	凿 záo	贞 zhēn	铸 zhù
铣 xǐ	芯 xīn	轧 yà	夷 yí	逾 yú	枣 zǎo	珍 zhēn	爪 zhuǎ
匣 xiá	辛 xīn	焉 yān	姨 yí	榆 yú	澡 zǎo	砧 zhēn	拽 zhuài
峡 xiá	薪 xīn	淹 yān	忆 yì	虞 yú	噪 zào	斟 zhēn	撰 zhuàn
辖 xiá	腥 xīng	腌 yān	抑 yì	愚 yú	燥 zào	臻 zhēn	篆 zhuàn
霞 xiá	邢 Xíng	燕 Yān	邑 yì	禹 Yǔ	躁 zào	诊 zhěn	妆 zhuāng
纤 xiān	幸 xìng	延 yán	疫 yì	郁 yù	择 zé	枕 zhěn	椎 zhuī
掀 xiān	休 xiū	阎 Yán	逸 yì	狱 yù	泽 zé	朕 zhèn	锥 zhuī
贤 xián	羞 xiū	颜 yán	溢 yì	浴 yù	仄 zè	脂 zhī	坠 zhuì
涎 xián	朽 xiǔ	檐 yán	殷 yīn	谕 yù	憎 zēng	执 zhí	缀 zhuì
霰 xiàn	秀 xiù	衍 yǎn	吟 yín	喻 yù	赠 zèng	侄 zhí	赘 zhuì
厢 xiāng	锈 xiù	掩 yǎn	淫 yín	寓 yù	轧 zhá	旨 zhǐ	拙 zhuō
湘 Xiāng	戌 xū	砚 yàn	寅 yín	豫 yù	闸 zhá	址 zhǐ	灼 zhuó
镶 xiāng	嘘 xū	艳 yàn	尹 yǐn	御 yù	铡 zhá	趾 zhǐ	卓 zhuó
详 xiáng	叙 xù	宴 yàn	瘾 yǐn	誉 yù	乍 zhà	帜 zhì	浊 zhuó
祥 xiáng	绪 xù	堰 yàn	婴 yīng	冤 yuān	诈 zhà	炙 zhì	酌 zhuó
翔 xiáng	续 xù	雁 yàn	膺 yīng	渊 yuān	榨 zhà	掷 zhì	啄 zhuó
饷 xiǎng	絮 xù	焰 yàn	盈 yíng	垣 yuán	斋 zhāi	稚 zhì	姿 zī
巷 xiàng	蓄 xù	燕 yàn	萤 yíng	援 yuán	宅 zhái	忠 zhōng	兹 zī
肖 Xiāo	宣 xuān	徉 yáng	蝇 yíng	猿 yuán	毡 zhān	盅 zhōng	滋 zī
萧 xiāo	幺 xuán	痒 yǎng	赢 yíng	苑 yuàn	瞻 zhān	冢 zhǒng	籽 zǐ
箫 xiāo	癣 xuǎn	漾 yàng	痈 yōng	岳 yuè	斩 zhǎn	仲 zhòng	渍 zì
潇 xiāo	靴 xuē	妖 yāo	雍 yōng	阅 yuè	蘸 zhàn	舟 zhōu	棕 zōng
晓 xiǎo	薛 Xuē	邀 yāo	咏 yǒng	悦 yuè	障 zhàng	洲 zhōu	踪 zōng
孝 xiào	熏 xūn	尧 Yáo	泳 yǒng	晕 yūn	杖 zhàng	粥 zhōu	鬃 zōng
肖 xiào	薰 xūn	姚 Yáo	勇 yǒng	允 yǔn	昭 zhāo	肘 zhǒu	揍 zòu
啸 xiào	循 xún	窑 yáo	蛹 yǒng	孕 yùn	爪 zhǎo	咒 zhòu	卒 zú
楔 xiē	旬 xún	瑶 yáo	忧 yōu	晕 yùn	召 zhào	昼 zhòu	攥 zuàn
协 xié	巡 xún	舀 yǎo	邮 yóu	蕴 yùn	兆 zhào	骤 zhòu	遵 zūn
胁 xié	讯 xùn	耀 yào	酉 yǒu	匝 zā	诏 zhào	诛 zhū	佐 zuǒ
挟 xié	汛 xùn	掖 yē	佑 yòu	灾 zāi	罩 zhào	烛 zhú	撮 zuǒ
偕 xié	迅 xùn	噎 yē	诱 yòu	哉 zāi	哲 zhé		

（2）普通话水平测试用常用多音节词语

【表一】

阿姨 āyí	板块 bǎnkuài	保守 bǎoshǒu	本体 běntǐ	编辑 biānjí
爱国 àiguó	办法 bànfǎ	保卫 bǎowèi	本性 běnxìng	编写 biānxiě
爱好 àihào	办公室	保险 bǎoxiǎn	本质 běnzhì	编制 biānzhì
爱护 àihù	bàngōngshì	保障 bǎozhàng	崩溃 bēngkuì	变动 biàndòng
爱情 àiqíng	办理 bànlǐ	保证 bǎozhèng	鼻孔 bíkǒng	变法 biànfǎ
安定 āndìng	办事 bànshì	报道 bàodào	比价 bǐjià	变革 biàngé
安静 ānjìng	半导体 bàndǎotǐ	报告 bàogào	比较 bǐjiào	变更 biàngēng
安排 ānpái	半岛 bàndǎo	报刊 bàokān	比例 bǐlì	变化 biànhuà
安培 ānpéi	半径 bànjìng	报名 bàomíng	比如 bǐrú	变换 biànhuàn
安全 ānquán	半天 bàntiān	报纸 bàozhǐ	比赛 bǐsài	变量 biànliàng
安慰 ānwèi	半夜 bànyè	暴动 bàodòng	比喻 bǐyù	变迁 biànqiān
安心 ānxīn	扮演 bànyǎn	暴力 bàolì	比重 bǐzhòng	变态 biàntài
安置 ānzhì	伴随 bànsuí	暴露 bàolù	彼此 bǐcǐ	变形 biànxíng
安装 ānzhuāng	伴奏 bànzòu	暴雨 bàoyǔ	笔记 bǐjì	变异 biànyì
氨基酸 ānjīsuān	帮忙 bāngmáng	爆发 bàofā	笔者 bǐzhě	便利 biànlì
按照 ànzhào	帮助 bāngzhù	爆炸 bàozhà	必定 bìdìng	便于 biànyú
案件 ànjiàn	榜样 bǎngyàng	悲哀 bēi'āi	必然 bìrán	辨别 biànbié
暗示 ànshì	傍晚 bàngwǎn	悲惨 bēicǎn	必然性	辨认 biànrèn
暗中 ànzhōng	包含 bāohán	悲剧 bēijù	bìránxìng	辩护 biànhù
奥秘 àomì	包括 bāokuò	北方 běifāng	必须 bìxū	辩证 biànzhèng
奥运会 Àoyùnhuì	包围 bāowéi	背后 bèihòu	必需 bìxū	辩证法
把握 bǎwò	包装 bāozhuāng	背景 bèijǐng	必要 bìyào	biànzhèngfǎ
罢工 bàgōng	孢子 bāozǐ	被动 bèidòng	毕竟 bìjìng	标本 biāoběn
白色 báisè	饱和 bǎohé	被告 bèigào	毕业 bìyè	标题 biāotí
百年 bǎinián	宝贝 bǎobèi	奔跑 bēnpǎo	闭合 bìhé	标语 biāoyǔ
百姓 bǎixìng	宝贵 bǎoguì	本地 běndì	壁画 bìhuà	标志 biāozhì
摆动 bǎidòng	宝石 bǎoshí	本来 běnlái	避免 bìmiǎn	标准 biāozhǔn
摆脱 bǎituō	保持 bǎochí	本领 běnlǐng	边疆 biānjiāng	标准化
颁布 bānbù	保存 bǎocún	本能 běnnéng	边界 biānjiè	biāozhǔnhuà
搬家 bānjiā	保管 bǎoguǎn	本人 běnrén	边境 biānjìng	表层 biǎocéng
搬运 bānyùn	保护 bǎohù	本身 běnshēn	边区 biānqū	表达 biǎodá
板凳 bǎndèng	保留 bǎoliú	本事 běnshì	边缘 biānyuán	表面 biǎomiàn

表明 biǎomíng	不必 bùbì	不时 bùshí	参考 cānkǎo	颤抖 chàndǒu
表皮 biǎopí	不便 bùbiàn	不惜 bùxī	参谋 cānmóu	长城
表情 biǎoqíng	不曾 bùcéng	不想 bùxiǎng	参数 cānshù	Chángchéng
表示 biǎoshì	不错 bùcuò	不行 bùxíng	参与 cānyù	长度 chángdù
表述 biǎoshù	不但 bùdàn	不幸 bùxìng	参照 cānzhào	长短 chángduǎn
表现 biǎoxiàn	不当 bùdàng	不许 bùxǔ	残酷 cánkù	长久 chángjiǔ
表象 biǎoxiàng	不等 bùděng	不要 bùyào	残余 cányú	长期 chángqī
表演 biǎoyǎn	不定 bùdìng	不宜 bùyí	灿烂 cànlàn	长远 chángyuǎn
表扬 biǎoyáng	不断 bùduàn	不已 bùyǐ	仓库 cāngkù	长征
表彰 biǎozhāng	不对 bùduì	不用 bùyòng	苍白 cāngbái	chángzhēng
冰川 bīngchuān	不妨 bùfáng	不止 bùzhǐ	操纵 cāozòng	尝试 chángshì
兵力 bīnglì	不服 bùfú	不足 bùzú	操作 cāozuò	常规 chángguī
并且 bìngqiě	不够 bùgòu	布局 bùjú	草案 cǎo'àn	常年 chángnián
并用 bìngyòng	不顾 bùgù	布置 bùzhì	草地 cǎodì	常识 chángshí
病变 bìngbiàn	不管 bùguǎn	步伐 bùfá	草原 cǎoyuán	常数 chángshù
病毒 bìngdú	不光 bùguāng	步骤 bùzhòu	侧面 cèmiàn	厂房 chǎngfáng
病理 bìnglǐ	不过 bùguò	部队 bùduì	侧重 cèzhòng	场地 chǎngdì
病情 bìngqíng	不合 bùhé	部落 bùluò	测定 cèdìng	场合 chǎnghé
病人 bìngrén	不及 bùjí	部门 bùmén	测量 cèliáng	场面 chǎngmiàn
波长 bōcháng	不禁 bùjīn	部署 bùshǔ	测验 cèyàn	场所 chǎngsuǒ
波动 bōdòng	不仅 bùjǐn	部位 bùwèi	策略 cèlüè	超出 chāochū
波浪 bōlàng	不久 bùjiǔ	才能 cáinéng	层次 céngcì	超额 chāo'é
剥夺 bōduó	不堪 bùkān	材料 cáiliào	曾经 céngjīng	超过 chāoguò
剥削 bōxuē	不可 bùkě	财产 cáichǎn	差别 chābié	超越 chāoyuè
播种 bōzhǒng	不快 bùkuài	财富 cáifù	差价 chājià	朝廷 cháotíng
播种 bōzhòng	不利 bùlì	财力 cáilì	差距 chājù	潮流 cháoliú
博士 bóshì	不良 bùliáng	财务 cáiwù	差异 chāyì	潮湿 cháoshī
搏斗 bódòu	不料 bùliào	财政 cáizhèng	产地 chǎndì	车间 chējiān
薄弱 bóruò	不论 bùlùn	采访 cǎifǎng	产量 chǎnliàng	车辆 chēliàng
补偿 bǔcháng	不满 bùmǎn	采购 cǎigòu	产品 chǎnpǐn	车厢 chēxiāng
补充 bǔchōng	不免 bùmiǎn	采集 cǎijí	产生 chǎnshēng	车站 chēzhàn
补贴 bǔtiē	不怕 bùpà	采取 cǎiqǔ	产物 chǎnwù	彻底 chèdǐ
捕捞 bǔlāo	不平 bùpíng	采用 cǎiyòng	产业 chǎnyè	撤销 chèxiāo
捕食 bǔshí	不然 bùrán	彩色 cǎisè	产值 chǎnzhí	沉淀 chéndiàn
捕捉 bǔzhuō	不容 bùróng	参观 cānguān	阐明 chǎnmíng	沉积 chénjī
不安 bù'ān	不如 bùrú	参加 cānjiā	阐述 chǎnshù	沉默 chénmò

沉思 chénsī	惩罚 chéngfá	出色 chūsè	船长	次要 cìyào
沉重 chénzhòng	吃饭 chīfàn	出身 chūshēn	chuánzhǎng	从此 cóngcǐ
沉着 chézhuó	吃惊 chījīng	出生 chūshēng	船只 chuánzhī	从而 cóng'ér
陈旧 chénjiù	吃力 chīlì	出售 chūshòu	串联 chuànlián	从来 cónglái
陈述 chénshù	池塘 chítáng	出土 chūtǔ	创伤	从前 cóngqián
称号 chēnghào	持久 chíjiǔ	出席 chūxí	chuāngshāng	从事 cóngshì
称赞 chēngzàn	持续 chíxù	出现 chūxiàn	窗口 chuāngkǒu	从小 cóngxiǎo
成本 chéngběn	尺度 chǐdù	出血 chūxiě	创办 chuàngbàn	从中 cóngzhōng
成虫 chéngchóng	赤道 chìdào	初步 chūbù	创立 chuànglì	粗糙 cūcāo
成功 chénggōng	翅膀 chìbǎng	初级 chūjí	创新 chuàngxīn	促成 cùchéng
成果 chéngguǒ	冲动 chōngdòng	初期 chūqī	创造 chuàngzào	促进 cùjìn
成绩 chéngjì	冲击 chōngjī	初中 chūzhōng	创造性	促使 cùshǐ
成就 chéngjiù	冲破 chōngpò	除非 chúfēi	chuàngzàoxìng	摧残 cuīcán
成立 chénglì	冲突 chōngtū	厨房 chúfáng	创作 chuàngzuò	摧毁 cuīhuǐ
成年 chéngnián	充当 chōngdāng	处罚 chǔfá	垂直 chuízhí	村庄 cūnzhuāng
成人 chéngrén	充分 chōngfèn	处分 chǔfèn	春季 chūnjì	存款 cúnkuǎn
成熟 chéngshú	充满 chōngmǎn	处境 chǔjìng	春节 Chūn Jié	存在 cúnzài
成为 chéngwéi	充实 chōngshí	处理 chǔlǐ	春秋 chūnqiū	挫折 cuòzhé
成效 chéngxiào	充足 chōngzú	处于 chǔyú	春天 chūntiān	措施 cuòshī
成语 chéngyǔ	重复 chóngfù	储备 chǔbèi	纯粹 chúncuì	达到 dádào
成员 chéngyuán	重合 chónghé	储存 chǔcún	纯洁 chúnjié	答案 dá'àn
成长	重新 chóngxīn	储量 chǔliàng	词典 cídiǎn	打败 dǎbài
chéngzhǎng	崇拜 chóngbài	储蓄 chǔxù	词汇 cíhuì	打倒 dǎdǎo
呈现 chéngxiàn	崇高 chónggāo	穿着 chuānzhuó	词义 cíyì	打击 dǎjī
诚恳 chéngkěn	抽象 chōuxiàng	传播 chuánbō	词语 cíyǔ	打架 dǎjià
承包 chéngbāo	仇恨 chóuhèn	传达 chuándá	词组 cízǔ	打开 dǎkāi
承担 chéngdān	出版 chūbǎn	传导 chuándǎo	辞职 cízhí	打破 dǎpò
承认 chéngrèn	出产 chūchǎn	传递 chuándì	磁场 cíchǎng	打下 dǎxià
承受 chéngshòu	出发 chūfā	传教士	磁力 cílì	打仗 dǎzhàng
城市 chéngshì	出发点	chuánjiàoshì	磁铁 cítiě	大伯 dàbó
城镇 chéngzhèn	chūfādiǎn	传染病	此地 cǐdì	大臣 dàchén
乘机 chéngjī	出国 chūguó	chuánrǎnbìng	此后 cǐhòu	大胆 dàdǎn
乘客 chéngkè	出口 chūkǒu	传授 chuánshòu	此刻 cǐkè	大地 dàdì
程度 chéngdù	出路 chūlù	传说 chuánshuō	此外 cǐwài	大豆 dàdòu
程式 chéngshì	出卖 chūmài	传统 chuántǒng	次数 cìshù	大队 dàduì
程序 chéngxù	出门 chūmén	船舶 chuánbó	次序 cìxù	大多 dàduō

大多数 dàduōshù	大雨 dàyǔ	当即 dāngjí	稻谷 dàogǔ	地图 dìtú
	大约 dàyuē	当今 dāngjīn	得到 dédào	地位 dìwèi
大风 dàfēng	大战 dàzhàn	当局 dāngjú	得以 déyǐ	地下 dìxià
大概 dàgài	大致 dàzhì	当年 dāngnián	得意 déyì	地下水 dìxiàshuǐ
大纲 dàgāng	大众 dàzhòng	当前 dāngqián	德育 déyù	地形 dìxíng
大哥 dàgē	大自然 dàzìrán	当然 dāngrán	灯光 dēngguāng	地域 dìyù
大会 dàhuì	代表 dàibiǎo	当时 dāngshí	登记 dēngjì	地震 dìzhèn
大家 dàjiā	代价 dàijià	当事人 dāngshìrén	等待 děngdài	地质 dìzhì
大街 dàjiē	代理 dàilǐ		等到 děngdào	地主 dìzhǔ
大姐 dàjiě	代理人 dàilǐrén	当选 dāngxuǎn	等候 děnghòu	地租 dìzū
大量 dàliàng	代替 dàitì	当中 dāngzhōng	等级 děngjí	弟子 dìzǐ
大陆 dàlù	代谢 dàixiè	党委 dǎngwěi	等于 děngyú	帝国 dìguó
大妈 dàmā	带动 dàidòng	党性 dǎngxìng	低级 dījí	典型 diǎnxíng
大门 dàmén	带领 dàilǐng	党员 dǎngyuán	低头 dītóu	点燃 diǎnrán
大脑 dànǎo	带头 dàitóu	当成 dàngchéng	低温 dīwēn	点头 diǎntóu
大娘 dàniáng	贷款 dàikuǎn	当年 dàngnián	低下 dīxià	电报 diànbào
大炮 dàpào	待遇 dàiyù	当时 dàngshí	的确 díquè	电场 diànchǎng
大气 dàqì	逮捕 dàibǔ	当天 dàngtiān	敌对 díduì	电池 diànchí
大庆 dàqìng	担负 dānfù	当做 dàngzuò	敌人 dírén	电磁 diàncí
大人 dàrén	担任 dānrèn	档案 dàng'àn	抵抗 dǐkàng	电磁波 diàncíbō
大嫂 dàsǎo	担心 dānxīn	导弹 dǎodàn	抵制 dǐzhì	电灯 diàndēng
大厦 dàshà	单纯 dānchún	导管 dǎoguǎn	底层 dǐcéng	电动 diàndòng
大师 dàshī	单调 dāndiào	导体 dǎotǐ	地板 dìbǎn	电荷 diànhè
大事 dàshì	单独 dāndú	导线 dǎoxiàn	地表 dìbiǎo	电话 diànhuà
大叔 dàshū	单位 dānwèi	导演 dǎoyǎn	地步 dìbù	电离 diànlí
大体 dàtǐ	单一 dānyī	导致 dǎozhì	地层 dìcéng	电力 diànlì
大厅 dàtīng	但是 dànshì	岛屿 dǎoyǔ	地带 dìdài	电量 diànliàng
大王 dàwáng	诞生 dànshēng	倒霉 dǎoméi	地点 dìdiǎn	电流 diànliú
大小 dàxiǎo	淡水 dànshuǐ	到处 dàochù	地方 dìfāng	电路 diànlù
大型 dàxíng	蛋白 dànbái	到达 dàodá	地理 dìlǐ	电脑 diànnǎo
大学 dàxué	蛋白质 dànbáizhì	到底 dàodǐ	地貌 dìmào	电能 diànnéng
大学生 dàxuéshēng	当场 dāngchǎng	到来 dàolái	地面 dìmiàn	电器 diànqì
大洋 dàyáng	当初 dāngchū	盗窃 dàoqiè	地壳 dìqiào	电容 diànróng
大爷 dàyé	当代 dāngdài	道德 dàodé	地球 dìqiú	电视 diànshì
大衣 dàyī	当地 dāngdì	道教 Dàojiào	地区 dìqū	电视剧 diànshìjù
		道路 dàolù	地势 dìshì	

电视台 diànshìtái	动力 dònglì	对面 duìmiàn	发行 fāxíng	反射 fǎnshè
电台 diàntái	动量 dòngliàng	对手 duìshǒu	发芽 fāyá	反应 fǎnyìng
电线 diànxiàn	动脉 dòngmài	对象 duìxiàng	发言 fāyán	反映 fǎnyìng
电压 diànyā	动能 dòngnéng	对应 duìyìng	发扬 fāyáng	反之 fǎnzhī
电影 diànyǐng	动人 dòngrén	对于 duìyú	发音 fāyīn	返回 fǎnhuí
电源 diànyuán	动手 dòngshǒu	对照 duìzhào	发育 fāyù	犯罪 fànzuì
电子 diànzǐ	动态 dòngtài	顿时 dùnshí	发展 fāzhǎn	饭店 fàndiàn
电阻 diànzǔ	动物 dòngwù	多边形 duōbiānxíng	发作 fāzuò	范畴 fànchóu
淀粉 diànfěn	动摇 dòngyáo	多余 duōyú	罚款 fákuǎn	范围 fànwéi
奠定 diàndìng	动员 dòngyuán	夺取 duóqǔ	法定 fǎdìng	方案 fāng'àn
雕刻 diāokè	动作 dòngzuò	恶化 èhuà	法官 fǎguān	方便 fāngbiàn
雕塑 diāosù	斗争 dòuzhēng	恶劣 èliè	法规 fǎguī	方才 fāngcái
调拨 diàobō	都会 dūhuì	儿女 érnǚ	法令 fǎlìng	方程 fāngchéng
调查 diàochá	都市 dūshì	儿童 értóng	法律 fǎlǜ	方法 fāngfǎ
调动 diàodòng	毒素 dúsù	而后 érhòu	法人 fǎrén	方法论 fāngfǎlùn
顶点 dǐngdiǎn	独立 dúlì	而且 érqiě	法庭 fǎtíng	方面 fāngmiàn
顶端 dǐngduān	独特 dútè	饵料 ěrliào	法西斯 fǎxīsī	方式 fāngshì
订货 dìnghuò	独占 dúzhàn	发表 fābiǎo	法学 fǎxué	方向 fāngxiàng
定额 dìng'é	独自 dúzì	发病 fābìng	法院 fǎyuàn	方言 fāngyán
定理 dìnglǐ	读书 dúshū	发布 fābù	法则 fǎzé	方针 fāngzhēn
定量 dìngliàng	读者 dúzhě	发出 fāchū	法制 fǎzhì	防御 fángyù
定律 dìnglǜ	肚皮 dùpí	发达 fādá	翻身 fānshēn	防止 fángzhǐ
定期 dìngqī	端正 duānzhèng	发电 fādiàn	翻译 fānyì	防治 fángzhì
定向 dìngxiàng	短期 duǎnqī	发动 fādòng	凡是 fánshì	妨碍 fáng'ài
定型 dìngxíng	短暂 duǎnzàn	发动机 fādòngjī	烦恼 fánnǎo	房间 fángjiān
定义 dìngyì	断定 duàndìng	发抖 fādǒu	繁多 fánduō	房屋 fángwū
东北 dōngběi	锻炼 duànliàn	发挥 fāhuī	繁荣 fánróng	仿佛 fǎngfú
东方 dōngfāng	堆积 duījī	发觉 fājué	繁殖 fánzhí	访问 fǎngwèn
东南 dōngnán	对比 duìbǐ	发掘 fājué	繁重 fánzhòng	纺织 fǎngzhī
东欧 Dōng'ōu	对称 duìchèn	发明 fāmíng	反动 fǎndòng	放大 fàngdà
东西 dōngxī	对待 duìdài	发起 fāqǐ	反对 fǎnduì	放弃 fàngqì
冬季 dōngjì	对方 duìfāng	发热 fārè	反而 fǎn'ér	放射 fàngshè
冬天 dōngtiān	对话 duìhuà	发射 fāshè	反复 fǎnfù	放射性 fàngshèxìng
动词 dòngcí	对抗 duìkàng	发生 fāshēng	反抗 fǎnkàng	放松 fàngsōng
动机 dòngjī	对立 duìlì	发现 fāxiàn	反馈 fǎnkuì	放心 fàngxīn
	对流 duìliú		反面 fǎnmiàn	

飞船 fēichuán	丰富 fēngfù	辐射 fúshè	干脆 gāncuì	高地 gāodì
飞机 fēijī	丰收 fēngshōu	福利 fúlì	干旱 gānhàn	高度 gāodù
飞快 fēikuài	风暴 fēngbào	抚摸 fǔmō	干扰 gānrǎo	高级 gāojí
飞翔 fēixiáng	风格 fēnggé	辅助 fǔzhù	干涉 gānshè	高空 gāokōng
飞行 fēixíng	风光 fēngguāng	腐败 fǔbài	干预 gānyù	高尚 gāoshàng
飞跃 fēiyuè	风景 fēngjǐng	腐蚀 fǔshí	干燥 gānzào	高速 gāosù
非常 fēicháng	风力 fēnglì	腐朽 fǔxiǔ	甘心 gānxīn	高温 gāowēn
非法 fēifǎ	风气 fēngqì	父母 fùmǔ	肝脏 gānzàng	高校 gāoxiào
肥料 féiliào	风俗 fēngsú	付出 fùchū	赶紧 gǎnjǐn	高兴 gāoxìng
废除 fèichú	风速 fēngsù	负担 fùdān	赶快 gǎnkuài	高压 gāoyā
沸腾 fèiténg	风险 fēngxiǎn	负责 fùzé	赶忙 gǎnmáng	高原 gāoyuán
分辨 fēnbiàn	风雨 fēngyǔ	妇女 fùnǚ	敢于 gǎnyú	高涨 gāozhǎng
分别 fēnbié	封闭 fēngbì	附加 fùjiā	感到 gǎndào	高中 gāozhōng
分布 fēnbù	封建 fēngjiàn	附近 fùjìn	感动 gǎndòng	告别 gàobié
分成 fēnchéng	封锁 fēngsuǒ	附着 fùzhuó	感官 gǎnguān	歌唱 gēchàng
分割 fēngē	疯狂 fēngkuáng	复辟 fùbì	感觉 gǎnjué	歌剧 gējù
分工 fēngōng	讽刺 fěngcì	复合 fùhé	感慨 gǎnkǎi	歌曲 gēqǔ
分化 fēnhuà	奉献 fèngxiàn	复杂 fùzá	感情 gǎnqíng	歌声 gēshēng
分解 fēnjiě	佛教 Fójiào	复制 fùzhì	感染 gǎnrǎn	歌颂 gēsòng
分开 fēnkāi	否定 fǒudìng	副业 fùyè	感受 gǎnshòu	歌舞 gēwǔ
分类 fēnlèi	否认 fǒurèn	赋予 yùyǔ	感谢 gǎnxiè	革命 gémìng
分离 fēnlí	否则 fǒuzé	富有 fùyǒu	感性 gǎnxìng	革新 géxīn
分裂 fēnliè	夫妇 fūfù	富裕 fùyù	感应 gǎnyìng	格外 géwài
分泌 fēnmì	夫妻 fūqī	覆盖 fùgài	感知 gǎnzhī	隔壁 gébì
分明 fēnmíng	孵化 fūhuà	改编 gǎibiān	干部 gànbù	隔离 gélí
分配 fēnpèi	伏特 fútè	改变 gǎibiàn	刚才 gāngcái	个别 gèbié
分歧 fēnqí	服从 fúcóng	改革 gǎigé	纲领 gānglǐng	个人 gèrén
分散 fēnsàn	服务 fúwù	改进 gǎijìn	钢琴 gāngqín	个体 gètǐ
分析 fēnxī	服务员 fúwùyuán	改良 gǎiliáng	钢铁 gāngtiě	个性 gèxìng
分支 fēnzhī	服装 fúzhuāng	改善 gǎishàn	岗位 gǎngwèi	各自 gèzì
分子 fēnzǐ	俘虏 fúlǔ	改造 gǎizào	港口 gǎngkǒu	给以 gěiyǐ
粉末 fěnmò	浮动 fúdòng	改正 gǎizhèng	高产 gāochǎn	根本 gēnběn
粉碎 fěnsuì	浮游 fúyóu	改组 gǎizǔ	高潮 gāocháo	根据 gēnjù
分子 fènzǐ	符号 fúhào	概括 gàikuò	高大 gāodà	根据地 gēnjùdì
奋斗 fèndòu	符合 fúhé	概率 gàilǜ	高等 gāoděng	根系 gēnxì
愤怒 fènnù	幅度 fúdù	概念 gàiniàn	高低 gāodī	根源 gēnyuán

跟随 gēnsuí	公园 gōngyuán	鼓吹 gǔchuī	灌溉 guàngài	国会 guóhuì
更新 gēngxīn	公正 gōngzhèng	鼓励 gǔlì	光彩 guāngcǎi	国际 guójì
耕地 gēngdì	公主 gōngzhǔ	固然 gùrán	光滑 guānghuá	国家 guójiā
耕作 gēngzuò	功课 gōngkè	固体 gùtǐ	光辉 guānghuī	国民 guómín
更加 gèngjiā	功率 gōnglǜ	固有 gùyǒu	光景 guāngjǐng	国情 guóqíng
工厂 gōngchǎng	功能 gōngnéng	故乡 gùxiāng	光亮 guāngliàng	国土 guótǔ
工场 gōngchǎng	攻击 gōngjī	故意 gùyì	光芒	国王 guówáng
工程 gōngchéng	供给 gōngjǐ	顾客 gùkè	guāngmáng	国务院
工程师	供求 gōngqiú	顾虑 gùlǜ	光明 guāngmíng	guówùyuàn
gōngchéngshī	供应 gōngyìng	顾问 gùwèn	光谱 guāngpǔ	国营 guóyíng
工地 gōngdì	宫廷 gōngtíng	关闭 guānbì	光荣 guāngróng	国有 guóyǒu
工会 gōnghuì	巩固 gǒnggù	关怀 guānhuái	光线 guāngxiàn	果断 guǒduàn
工具 gōngjù	共产党	关键 guānjiàn	光学 guāngxué	果然 guǒrán
工商业	gòngchǎndǎng	关节 guānjié	光源 guāngyuán	果实 guǒshí
gōngshāngyè	共和国	关联 guānlián	光泽 guāngzé	果树 guǒshù
工业 gōngyè	gònghéguó	关心 guānxīn	光照 guāngzhào	过程 guòchéng
工业化	共鸣 gòngmíng	关于 guānyú	广播 guǎngbō	过度 guòdù
gōngyèhuà	共同 gòngtóng	关注 guānzhù	广场 guǎngchǎng	过渡 guòdù
工艺 gōngyì	贡献 gòngxiàn	观测 guāncè	广大 guǎngdà	过分 guòfèn
工资 gōngzī	勾结 gōujié	观察 guānchá	广泛 guǎngfàn	过后 guòhòu
工作 gōngzuò	沟通 gōutōng	观点 guāndiǎn	广告 guǎnggào	过年 guònián
公安 gōng'ān	构成 gòuchéng	观看 guānkàn	广阔 guǎngkuò	过去 guòqù
公布 gōngbù	构思 gòusī	观念 guānniàn	广义 guǎngyì	过于 guòyú
公共 gōnggòng	构造 gòuzào	观众 guānzhòng	归结 guījié	海岸 hǎi'àn
公开 gōngkāi	购买 gòumǎi	官兵 guānbīng	归来 guīlái	海拔 hǎibá
公理 gōnglǐ	购销 gòuxiāo	官吏 guānlì	归纳 guīnà	海带 hǎidài
公路 gōnglù	估计 gūjì	官僚 guānliáo	规定 guīdìng	海关 hǎiguān
公民 gōngmín	孤独 gūdú	官员 guānyuán	规范 guīfàn	海军 hǎijūn
公认 gōngrèn	孤立 gūlì	管道 guǎndào	规格 guīgé	海面 hǎimiàn
公社 gōngshè	古代 gǔdài	管理 guǎnlǐ	规划 guīhuà	海区 hǎiqū
公式 gōngshì	古典 gǔdiǎn	管辖 guǎnxiá	规律 guīlǜ	海外 hǎiwài
公司 gōngsī	古老 gǔlǎo	规模 guīmó	海湾 hǎiwān
公有 gōngyǒu	古人 gǔrén	贯彻 guànchè	规则 guīzé	海洋 hǎiyáng
公有制	股票 gǔpiào	贯穿 guànchuān	轨道 guǐdào	海域 hǎiyù
gōngyǒuzhì	骨干 gǔgàn	冠军 guànjūn	贵族 guìzú	害虫 hàichóng
公元 gōngyuán	骨骼 gǔgé	惯性 guànxìng	国防 guófáng	害怕 hàipà

含量 hánliàng	合作社	呼吸 hūxī	坏人 huàirén	婚礼 hūnlǐ
含义 hányì	hézuòshè	呼吁 hūyù	欢乐 huānlè	婚姻 hūnyīn
函数 hánshù	何必 hébì	忽略 hūlüè	欢喜 huānxǐ	浑身 húnshēn
寒冷 hánlěng	何等 héděng	忽然 hūrán	欢迎 huānyíng	混合 hùnhé
罕见 hǎnjiàn	何况 hékuàng	忽视 hūshì	还原 huányuán	混乱 hùnluàn
汉奸 hànjiān	何以 héyǐ	湖泊 húpō	环节 huánjié	混淆 hùnxiáo
汉语 hànyǔ	和平 hépíng	蝴蝶 húdié	环境 huánjìng	活力 huólì
汉字 hànzì	和谐 héxié	互补 hùbǔ	环流 huánliú	活跃 huóyuè
汗水 hànshuǐ	河流 héliú	互相 hùxiāng	缓和 huǎnhé	火柴 huǒchái
行列 hángliè	核算 hésuàn	互助 hùzhù	缓慢 huǎnmàn	火车 huǒchē
行业 hángyè	核心 héxīn	户口 hùkǒu	幻觉 huànjué	火光 huǒguāng
航海 hánghǎi	黑暗 hēi'àn	花朵 huāduǒ	幻想 huànxiǎng	火箭 huǒjiàn
航空 hángkōng	黑人 hēirén	花粉 huāfěn	唤起 huànqǐ	火山 huǒshān
航行 hángxíng	黑夜 hēiyè	花色 huāsè	患者 huànzhě	火星 huǒxīng
好比 hǎobǐ	痕迹 hénjì	花生 huāshēng	皇帝 huángdì	火焰 huǒyàn
好多 hǎoduō	恒星 héngxīng	花纹 huāwén	黄昏 huánghūn	伙伴 huǒbàn
好看 hǎokàn	横向 héngxiàng	花园 huāyuán	黄金 huángjīn	或许 huòxǔ
好人 hǎorén	衡量 héngliáng	华北 huáběi	黄色 huángsè	或者 huòzhě
好事 hǎoshì	红军 hóngjūn	华侨 huáqiáo	黄土 huángtǔ	货币 huòbì
好听 hǎotīng	红旗 hóngqí	滑动 huádòng	灰尘 huīchén	货物 huòwù
好像 hǎoxiàng	红色 hóngsè	化肥 huàféi	灰色 huīsè	获得 huòdé
好转 hǎozhuǎn	宏观 hóngguān	化工 huàgōng	恢复 huīfù	获取 huòqǔ
号召 hàozhào	宏伟 hóngwěi	化合 huàhé	辉煌 huīhuáng	几乎 jīhū
好奇 hàoqí	洪水 hóngshuǐ	化合物 huàhéwù	回避 huíbì	饥饿 jī'è
好事 hàoshì	后代 hòudài	化石 huàshí	回答 huídá	机场 jīchǎng
耗费 hàofèi	后方 hòufāng	化学 huàxué	回顾 huígù	机车 jīchē
合并 hébìng	后果 hòuguǒ	划分 huàfēn	回归 huíguī	机构 jīgòu
合成 héchéng	后悔 gòuhuǐ	画家 huàjiā	回头 huítóu	机关 jīguān
合法 héfǎ	后来 hòulái	画面 huàmiàn	回忆 huíyì	机能 jīnéng
合格 hégé	后期 hòuqī	话剧 huàjù	毁灭 huǐmiè	机体 jītǐ
合乎 héhū	后人 hòurén	话题 huàtí	汇报 huìbào	机械 jīxiè
合金 héjīn	后世 hòushì	话筒 huàtǒng	会场 huìchǎng	机械化 jīxièhuà
合理 hélǐ	后天 hòutiān	话语 huàyǔ	会见 huìjiàn	机制 jīzhì
合力 hélì	厚度 hòudù	怀抱 huáibào	会议 huìyì	肌肉 jīròu
合适 héshì	呼喊 hūhǎn	怀念 huáiniàn	会员 huìyuán	积极 jījí
合作 hézuò	呼唤 hūhuàn	怀疑 huáiyí	绘画 huìhuà	积极性 jījíxìng

积累 jīlěi	集中 jízhōng	寂寞 jìmò	坚决 jiānjué	江南 jiāngnán
积压 jīyā	集资 jízī	加工 jiāgōng	坚强 jiānqiáng	将近 jiāngjìn
基本 jīběn	几何 jǐhé	加紧 jiājǐn	坚实 jiānshí	将军 jiāngjūn
基层 jīcéng	济济 jǐjǐ	加剧 jiājù	坚硬 jiānyìng	将来 jiānglái
基础 jīchǔ	给予 jǐyǔ	加快 jiākuài	肩膀 jiānbǎng	将要 jiāngyào
基地 kīdì	计划 jìhuà	加强 jiāqiáng	艰巨 jiānjù	讲话 jiǎnghuà
基督教 Jīdūjiào	计算 jìsuàn	加热 jiārè	艰苦 jiānkǔ	讲述 jiǎngshù
基建 jījiàn	计算机 jìsuànjī	加入 jiārù	艰难 jiānnán	奖金 jiǎngjīn
基金 jījīn	记录 jìlù	加深 jiāshēn	监督 jiāndū	奖励 jiǎnglì
基因 jīyīn	记忆 jìyì	加速 jiāsù	监视 jiānshì	降低 jiàngdī
基于 jīyú	记载 jìzǎi	加速度 jiāsùdù	监狱 jiānyù	降落 jiàngluò
畸形 jīxíng	记者 jìzhě	加以 jiāyǐ	检查 jiǎnchá	降水 jiàngshuǐ
激动 fīdòng	纪录 jìlù	加重 jiāzhòng	检验 jiǎnyàn	交叉 jiāochā
激发 jīfā	纪律 jìlù	家畜 jiāchù	减轻 jiǎnqīng	交错 jiāocuò
激光 jīguāng	纪念 jìniàn	家人 jiārén	减弱 jiǎnruò	交代 jiāodài
激励 jīlì	技能 jìnéng	家属 jiāshǔ	减少 jiǎnshǎo	交换 jiāohuàn
激烈 jīliè	技巧 jìqiǎo	家庭 jiātíng	简称 jiǎnchēng	交际 jiāojì
激情 jīqíng	技术 jìshù	家务 jiāwù	简单 jiǎndān	交流 jiāoliú
激素 jīsù	技术员	家乡 jiāxiāng	简化 jiǎnhuà	交谈 jiāotán
及时 jíshí	jìshùyuán	家长 jiāzhǎng	简直 jiǎnzhí	交替 jiāotì
极端 jíduān	技艺 jìyì	家族 jiāzú	见解 jiànjiě	交通 jiāotōng
极力 jílì	季风 jìfēng	甲板 jiǎbǎn	见面 jiànmiàn	交往 jiāowǎng
极其 jíqí	季节 jìjié	假定 jiǎdìng	间隔 jiàngé	交易 jiāoyì
极为 jíwéi	既然 jìrán	假如 jiǎrú	间接 jiànjiē	交织 jiāozhī
即将 jíjiāng	既是 jìshì	假设 jiǎshè	建国 jiànguó	郊区 jiāoqū
即使 jíshǐ	继承 jìchéng	假使 jiǎshǐ	建立 jiànlì	骄傲 jiāo'ào
急剧 jíjù	继承人	假说 jiǎshuō	建设 jiànshè	教学 jiāoxué
急忙 jímáng	jìchéngrén	价格 jiàgé	建议 jiànyì	焦点 jiāodiǎn
急性 jíxìng	继续 jìxù	价值 jiàzhí	建造 jiànzào	焦急 jiāojí
急需 jíxū	祭祀 jìsì	驾驶 jiàshǐ	建筑 jiànzhù	角度 jiǎodù
急于 jíyú	寄生 jìshēng	嫁接 jiàjiē	健康 jiànkāng	角落 jiǎoluò
疾病 jíbìng	寄生虫	尖锐 jiānruì	健全 jiànquán	脚步 jiǎobù
集合 jíhé	jìshēngchóng	歼灭 jiānmiè	健壮 jiànzhuàng	脚下 jiǎoxià
集会 jíhuì	寄托 jìtuō	坚持 jiānchí	渐渐 jiànjiàn	脚印 jiǎoyìn
集体 jítǐ	寄主 jìzhǔ	坚定 jiāndìng	鉴别 jiànbié	叫做 jiàozuò
集团 jítuán	寂静 jìjìng	坚固 jiāngù	鉴定 jiàndìng	较为 jiàowéi

教材 jiàocái	结果 jiéguǒ	金钱 jīnqián	经济 jīngjì	纠纷 jiūfēn
教导 jiàodǎo	结合 jiéhé	金融 jīnróng	经理 jīnglǐ	纠正 jiūzhèng
教会 jiàohuì	结婚 jiéhūn	金属 jīnshǔ	经历 jīnglì	究竟 jiūjìng
教练 jiàoliàn	结晶 jiéjīng	尽管 jǐnguǎn	经受 jīngshòu	酒精 jiǔjīng
教师 jiàoshī	结局 jiéjú	尽快 jǐnkuài	经验 jīngyàn	救国 jiùguó
教室 jiàoshì	结论 jiélùn	尽量 jǐnliàng	经营 jīngyíng	救济 jiùjì
教授 jiàoshòu	结束 jiéshù	紧急 jǐnjí	惊奇 jīngqí	就是 jiùshì
教堂 jiàotáng	结算 jiésuàn	紧密 jǐnmì	惊人 jīngrén	就算 jiùsuàn
教学 jiàoxué	竭力 jiélì	紧张 jǐnzhāng	惊喜 jīngxǐ	就业 jiùyè
教训 jiàoxùn	姐妹 jiěmèi	锦标赛	惊醒 jīngxǐng	居民 jūmín
教养 jiàoyǎng	解除 jiěchú	jǐnbiāosài	惊讶 jīngyà	居然 jūrán
教义 jiàoyì	解答 jiědá	谨慎 jǐnshèn	惊异 jīngyì	居于 jūyú
教育 jiàoyù	解放 jiěfàng	尽力 jìnlì	晶体 jīngtǐ	居住 jūzhù
教员 jiàoyuán	解放军	尽量 jìnliàng	精力 jīnglì	局部 júbù
阶层 jiēcéng	jiěfàngjūn	进步 jìnbù	精密 jīngmì	局面 júmiàn
阶段 jiēduàn	解决 jiějué	进程 jìnchéng	精确 jīngquè	局势 júshì
阶级 jiējí	解剖 jiěpōu	进而 jìn'ér	精神 jīngshén	局限 júxiàn
结果 jiēguǒ	解散 jiěsàn	进攻 jìngōng	精细 jīngxì	菊花 júhuā
接触 jiēchù	解释 jiěshì	进化 jìnhuà	精心 jīngxīn	咀嚼 jǔjué
接待 jiēdài	解脱 jiětuō	进化论	精子 jīngzǐ	举办 jǔbàn
接近 jiējìn	介绍 jièshào	jìnhuàlùn	景色 jǐngsè	举动 jǔdòng
接连 jiēlián	介质 jièzhì	进军 jìnjūn	景物 jǐngwù	举行 jǔxíng
接收 jiēshōu	界限 jièxiàn	进口 jìnkǒu	景象 jǐngxiàng	巨大 jùdà
接受 jiēshòu	借鉴 jièjiàn	进取 jìnqǔ	警察 jǐngchá	拒绝 jùjué
揭露 jiēlù	借口 jièkǒu	进入 jìnrù	警告 jǐnggào	具备 jùbèi
揭示 jiēshì	借款 jièkuǎn	进行 jìnxíng	警惕 jǐngtì	具体 jùtǐ
街道 jiēdào	借用 jièyòng	进展 jìnzhǎn	径流 jìngliú	具有 jùyǒu
街头 jiētóu	借助 jièzhù	近代 jìndài	净化 jìnghuà	剧本 jùběn
节目 jiémù	今后 jīnhòu	近来 jìnlái	竞赛 jìngsài	剧场 jùchǎng
节日 jiérì	今年 jīnnián	近似 jìnsì	竞争 jìngzhēng	剧烈 jùliè
节省 jiéshěng	今日 jīnrì	禁止 jìnzhǐ	竟然 jìngrán	剧团 jùtuán
节约 jiéyuē	今天 jīntiān	京剧 jīngjù	静脉 jìngmài	剧种 jùzhǒng
节奏 jiézòu	金额 jīn'é	经常 jīngcháng	静止 jìngzhǐ	据点 jùdiǎn
杰出 jiéchū	金刚石	经典 jīngdiǎn	境地 jìngdì	据说 jùshuō
洁白 jiébái	jīngāngshí	经费 jīngfèi	境界 jìngjiè	距离 jùlí
结构 jiégòu	金牌 jīnpái	经过 jīngguò	镜头 jìngtóu	聚集 jùjí

决策 juécè	开幕 kāimù	可怜 kělián	口头 kǒutóu	劳力 láolì
决定 juédìng	开辟 kāipì	可能 kěnéng	口语 kǒuyǔ	牢固 láogù
决定性	开设 kāishè	可是 kěshì	苦难 kǔnàn	老百姓
juédìngxìng	开始 kāishǐ	可谓 kěwèi	苦恼 kǔnǎo	lǎobǎixìng
决心 juéxīn	开水 kāishuǐ	可惜 kěxī	库存 kùcún	老板 lǎobǎn
决议 juéyì	开头 kāitóu	可笑 kěxiào	夸张 kuāzhāng	老大 lǎodà
角色 juésè	开拓 kāituò	可以 kěyǐ	快乐 kuàilè	老汉 lǎohàn
觉察 juéchá	开玩笑	渴望 kěwàng	快速 kuàisù	老虎 lǎohǔ
觉悟 juéwù	kāiwánxiào	克服 kèfú	快要 kuàiyào	老年 lǎonián
绝对 juéduì	开展 kāizhǎn	刻度 kèdù	宽大 kuāndà	老人 lǎorén
绝望 juéwàng	开支 kāizhī	刻画 kèhuà	宽阔 kuānkuò	老师 lǎoshī
军队 jūnduì	刊登 kāndēng	刻苦 kèkǔ	况且 kuàngqiě	老乡 lǎoxiāng
军阀 jūnfá	刊物 kānwù	客观 kèguān	矿产 kuàngchǎn	乐观 lèguān
军官 jūnguān	勘探 kāntàn	客气 kèqi	矿物 kuàngwù	雷达 léidá
军舰 jūnjiàn	看待 kàndài	客体 kètǐ	亏损 kuīsǔn	泪水 lèishuǐ
军民 jūnmín	看法 kànfǎ	客厅 kètīng	昆虫 kūnchóng	类似 lèisì
军区 jūnqū	看望 kànwàng	课本 kèběn	困境 kùnjìng	类型 lèixíng
军人 jūnrén	抗议 kàngyì	课程 kèchéng	扩大 kuòdà	冷静 lěngjìng
军事 jūnshì	抗战 kàngzhàn	课堂 kètáng	扩散 kuòsàn	冷却 lěngquè
均衡 jūnhéng	考察 kǎochá	课题 kètí	扩展 kuòzhǎn	冷水 lěngshuǐ
均匀 jūnyún	考古 kǎogǔ	肯定 kěndìng	扩张 kuòzhāng	冷笑 lěngxiào
君主 jūnzhǔ	考核 kǎohé	空间 kōngjiān	蜡烛 làzhú	离婚 líhūn
咖啡 kāfēi	考虑 kǎolù	空军 kōngjūn	辣椒 làjiāo	离开 líkāi
开办 kāibàn	考试 kǎoshì	空气 kōngqì	来回 láihuí	离子 lízǐ
开采 kāicǎi	考验 kǎoyàn	空前 kōngqián	来临 láilín	礼貌 lǐmào
开除 kāichú	靠近 kàojìn	空虚 kōngxū	来往 láiwǎng	礼物 lǐwù
开创 kāichuàng	科技 kējì	空中 kōngzhōng	来信 láixìn	理解 lǐjiě
开发 kāifā	科学 kēxué	孔雀 kǒngquè	来源 láiyuán	理论 lǐlùn
开放 kāifàng	科学家 kēxuéjiā	恐怖 kǒngbù	浪费 làngfèi	理想 lǐxiǎng
开关 kāiguān	科学院	恐慌 kǒnghuāng	浪花 lànghuā	理性 lǐxìng
开花 kāihuā	kēxuéyuàn	恐惧 kǒngjù	劳动 láodòng	理由 lǐyóu
开会 kāihuì	科研 kēyán	恐怕 kǒngpà	劳动力	理智 lǐzhì
开垦 kāikěn	颗粒 kēlì	空白 kòngbái	láodònglì	力气 lìqì
开口 kāikǒu	可爱 kě'ài	控制 kòngzhì	劳动日 láodòngrì	力求 lìqiú
开阔 kāikuò	可见 kějiàn	口号 kǒuhào	劳动者	力图 lìtú
开门 kāimén	可靠 kěkào	口腔 kǒuqiāng	láodòngzhě	力学 lìxué

历代 lìdài	脸色 liǎnsè	流传 liúchuán	论点 lùndiǎn	美元 měiyuán
历来 lìlái	练习 liànxí	流动 liúdòng	论述 lùnshù	魅力 mèilì
历史 lìshǐ	恋爱 liàn'ài	流露 liúlù	论文 lùnwén	门口 ménkǒu
立场 lìchǎng	良好 liánghǎo	流氓 liúmáng	论证 lùnzhèng	萌发 méngfā
立法 lìfǎ	良心 liángxīn	流派 liúpài	螺旋 luóxuán	萌芽 méngyá
立即 lìjí	良种 liángzhǒng	流水 liúshuǐ	落地 luòdì	猛烈 měngliè
立刻 lìkè	两岸 liǎng'àn	流体 liútǐ	落后 luòhòu	弥补 míbǔ
立体 lìtǐ	两边 liǎngbiān	流通 liútōng	落实 luòshí	弥漫 mímàn
利害 lìhài	两极 liǎngjí	流向 liúxiàng	麻醉 mázuì	迷人 mírén
利率 lìlǜ	两旁 liǎngpáng	流行 liúxíng	马车 mǎchē	迷信 míxìn
利润 lìrùn	量子 liàngzǐ	流血 liúxuè	马路 mǎlù	秘密 mìmì
利息 lìxī	辽阔 liáokuò	流域 liúyù	马上 mǎshàng	秘书 mìshū
利益 lìyì	了解 liǎojiě	硫酸 liúsuān	蚂蚁 mǎyǐ	密度 mìdù
利用 lìyòng	列车 lièchē	垄断 lǒngduàn	满意 mǎnyì	密集 mìjí
利于 lìyú	列举 lièjǔ	笼罩 lǒngzhào	满足 mǎnzú	密切 mìqiè
例如 lìrú	烈士 lièshì	楼房 lóufáng	漫长 màncháng	蜜蜂 mìfēng
例外 lìwài	邻近 línjìn	陆地 lùdì	慢性 mànxìng	免疫 miǎnyì
粒子 lìzǐ	林木 línmù	陆军 lùjūn	忙碌 mánglù	勉强 miǎnqiǎng
连队 liánduì	林业 línyè	陆续 lùxù	盲目 mángmù	面积 miànjī
连接 liánjiē	临床 línchuáng	路程 lùchéng	茫然 mángrán	面孔 miànkǒng
连结 liánjiē	临时 línshí	路过 lùguò	毛巾 máojīn	面临 miànlín
连忙 liánmáng	淋巴 línbā	路线 lùxiàn	矛盾 máodùn	面貌 miànmào
连同 liántóng	灵感 línggǎn	旅馆 lǚguǎn	冒险 màoxiǎn	面目 miànmù
连续 liánxù	灵魂 línghún	旅客 lǚkè	贸易 màoyì	面前 miànqián
莲子 liánzǐ	灵活 línghuó	旅行 lǚxíng	没事 méishì	描绘 miáohuì
联邦 liánbāng	灵敏 língmǐn	旅游 lǚyóu	眉头 méitóu	描述 miáoshù
联合 liánhé	零件 língjiàn	履行 lǚxíng	媒介 méijiè	描写 miáoxiě
联合国	零售 língshòu	律师 lùshī	煤炭 méitàn	灭亡 mièwáng
Liánhéguó	领导 lǐngdǎo	绿化 lǜhuà	每年 měinián	民兵 mínbīng
联结 liánjié	领会 lǐnghuì	氯气 lùqì	美感 měigǎn	民歌 míngē
联络 liánluò	领事 lǐngshì	卵巢 luǎncháo	美好 měihǎo	民国 Mínguó
联盟 liánméng	领土 lǐngtǔ	掠夺 lüèduó	美化 měihuà	民间 mínjiān
联系 liánxì	领袖 lǐngxiù	伦理 lúnlǐ	美丽 měilì	民事 mínshì
联想 liánxiǎng	领域 lǐngyù	轮船 lúnchuán	美妙 měimiào	民俗 mínsú
联营 liányíng	另外 lìngwài	轮廓 lúnkuò	美术 měishù	民众 mínzhòng
廉价 liánjià	留学 liúxué	轮流 lúnliú	美学 měixué	民主 mínzhǔ

民族 mínzú	那样 nàyàng	年代 niándài	女士 nǚshì	批判 pīpàn
敏感 mǐngǎn	纳入 nàrù	年底 niándǐ	女性 nǚxìng	批评 pīpíng
敏捷 mǐnjié	纳税 nàshuì	年度 niándù	女子 nǚzǐ	批准 pīzhǔn
敏锐 mǐnruì	乃至 nǎizhì	年级 niánjí	偶尔 ǒu'ěr	皮肤 pífū
名称 míngchēng	耐心 nàixīn	年纪 niánjì	偶然 ǒurán	疲倦 píjuàn
名词 míngcí	男女 nánnǚ	年间 niánjiān	偶然性	疲劳 píláo
名义 míngyì	男人 nánrén	年龄 niánlíng	ǒuránxìng	譬如 pìrú
明亮 míngliàng	男性 nánxìng	年青 niánqīng	拍摄 pāishè	偏见 piānjiàn
明年 míngnián	男子 nánzǐ	年轻 niánqīng	排斥 páichì	偏偏 piānpiān
明确 míngquè	南北 nánběi	宁静 níngjìng	排除 páichú	偏向 piānxiàng
明天 míngtiān	南方 nánfāng	凝固 nínggù	排放 páifàng	片刻 piànkè
明显 míngxiǎn	南极 nánjí	凝结 níngjié	排列 páiliè	片面 piànmiàn
命令 mìnglìng	难道 nándào	凝聚 níngjù	派出所	拼命 pīnmìng
命名 mìngmíng	难得 nándé	凝视 níngshì	pàichūsuǒ	贫困 pínkùn
命题 mìngtí	难怪 nánguài	牛顿 niúdùn	派遣 pàiqiǎn	贫穷 pínqióng
命运 mìngyùn	难过 nánguò	扭转 niǔzhuǎn	判处 pànchǔ	频繁 pínfán
模范 mófàn	难免 nánmiǎn	农产品	判定 pàndìng	频率 pínlǜ
模仿 mófǎng	难受 nánshòu	nóngchǎnpǐn	判断 pànduàn	品德 pǐndé
模拟 mónǐ	难题 nántí	农场 nóngchǎng	判决 pànjué	品质 pǐnzhì
模式 móshì	难以 nányǐ	农村 nóngcūn	盼望 pànwàng	品种 pǐnzhǒng
模型 móxíng	难于 nányú	农户 nónghù	庞大 pángdà	乒乓球
摩擦 mócā	内部 nèibù	农具 nóngjù	旁边 pángbiān	pīngpāngqiú
末期 mòqī	内地 nèidì	农民 nóngmín	抛弃 pāoqì	平常 píngcháng
没落 mòluò	内涵 nèihán	农田 nóngtián	炮弹 pàodàn	平等 píngděng
没收 mòshōu	内容 nèiróng	农药 nóngyào	胚胎 pēitāi	平凡 píngfán
陌生 mòshēng	内外 nèiwài	农业 nóngyè	培训 péixùn	平分 píngfēn
默默 mòmò	内心 nèixīn	农作物	培养 péiyǎng	平衡 pínghéng
模样 múyàng	内在 nèizài	nóngzuòwù	培育 péiyù	平静 píngjìng
母体 mǔtǐ	内脏 nèizàng	浓度 nóngdù	赔偿 péicháng	平均 píngjūn
木材 mùcái	能动 néngdòng	浓厚 nónghòu	配合 pèihé	平面 píngmiàn
目标 mùbiāo	能够 nénggòu	奴隶 núlì	配套 pèitào	平民 píngmín
目的 mùdì	能力 nénglì	奴役 núyì	配置 pèizhì	平日 píngrì
目光 mùguāng	能量 néngliàng	努力 nǔlì	盆地 péndì	平时 píngshí
目前 mùqián	能源 néngyuán	女儿 nǚ'ér	蓬勃 péngbó	平坦 píngtǎn
哪些 nǎxiē	泥土 nítǔ	女工 nǚgōng	膨胀 péngzhàng	平行 píngxíng
那些 nàxiē	年初 niánchū	女人 nǚrén	批发 pīfā	平原 píngyuán

评价 píngjià	旗帜 qízhì	前方 qiánfāng	亲属 qīnshǔ	庆祝 qìngzhù
评论 pínglùn	企图 qǐtú	前后 qiánhòu	亲眼 qīnyǎn	穷人 qióngrén
评选 píngxuǎn	企业 qǐyè	前进 qiánjìn	亲友 qīnyǒu	秋季 qiūjì
苹果 píngguǒ	启发 qǐfā	前景 qiánjǐng	亲自 qīnzì	秋天 qiūtiān
凭借 píngjiè	启示 qǐshì	前期 qiánqī	勤劳 qínláo	求证 qiúzhèng
屏幕 píngmù	起初 qǐchū	前人 qiánrén	青春 qīngchūn	酋长 qiúzhǎng
迫害 pòhài	起点 qǐdiǎn	前提 qiántí	青年 qīngnián	区别 qūbié
迫切 pòqiè	起伏 qǐfú	前途 qiántú	青蛙 qīngwā	区分 qūfēn
迫使 pòshǐ	起码 qǐmǎ	前往 qiánwǎng	轻工业	区域 qūyù
破产 pòchǎn	起身 qǐshēn	前夕 qiánxī	qīnggōngyè	曲线 qūxiàn
破坏 pòhuài	起义 qǐyì	前线 qiánxiàn	轻声 qīngshēng	曲折 qūzhé
破裂 pòliè	起源 qǐyuán	潜力 qiánlì	轻视 qīngshì	驱逐 qūzhú
剖面 pōumiàn	气愤 qìfèn	潜在 qiánzài	轻松 qīngsōng	屈服 qūfú
朴素 pǔsù	气候 qìhòu	强大 qiángdà	轻微 qīngwēi	趋势 qūshì
普遍 pǔbiàn	气流 qìliú	强盗 qiángdào	轻易 qīngyì	趋向 qūxiàng
普及 pǔjí	气体 qìtǐ	强调 qiángdiào	轻重 qīngzhòng	渠道 qúdào
普通 pǔtōng	气团 qìtuán	强度 qiángdù	氢气 qīngqì	取代 qǔdài
普通话	气味 qìwèi	强化 qiánghuà	倾听 qīngtīng	取得 qǔdé
Pǔtōnghuà	气温 qìwēn	强烈 qiángliè	倾向 qīngxiàng	取消 qǔxiāo
凄凉 qīliáng	气息 qìxī	强制 qiángzhì	倾斜 qīngxié	去年 qùnián
期待 qīdài	气象 qìxiàng	墙壁 qiángbì	清晨 qīngchén	去世 qùshì
期货 qīhuò	气压 qìyā	抢救 qiǎngjiù	清除 qīngchú	趣味 qùwèi
期间 qījiān	气质 qìzhì	悄悄 qiāoqiāo	清洁 qīngjié	权力 quánlì
期望 qīwàng	汽车 qìchē	桥梁 qiáoliáng	清理 qīnglǐ	权利 quánlì
期限 qīxiàn	汽油 qìyóu	巧妙 qiǎomiào	清晰 qīngxī	权威 quánwēi
欺骗 qīpiàn	契约 qìyuē	切实 qièshí	清醒 qīngxǐng	权益 quányì
其次 qícì	器材 qìcái	侵犯 qīnfàn	情报 qíngbào	全部 quánbù
其间 qíjiān	器官 qìguān	侵略 qīnlüè	情操 qíngcāo	全局 quánjú
其实 qíshí	恰当 qiàdàng	侵权 qīnquán	情感 qínggǎn	全面 quánmiàn
其他 qítā	恰好 qiàhǎo	侵入 qīnrù	情节 qíngjié	全民 quánmín
其余 qíyú	千方百计	侵蚀 qīnshí	情景 qíngjǐng	全球 quánqiú
其中 qízhōng	qiānfāng-bǎijì	侵占 qīnzhàn	情境 qíngjìng	全身 quánshēn
奇怪 qíguài	千克 qiānkè	亲密 qīnmì	情况 qíngkuàng	全体 quántǐ
奇迹 qíjì	迁移 qiānyí	亲切 qīnqiè	情趣 qíngqù	缺点 quēdiǎn
奇特 qítè	铅笔 qiānbǐ	亲热 qīnrè	请求 qǐngqiú	缺乏 quēfá
奇异 qíyì	签订 qiāndìng	亲人 qīnrén	请示 qǐngshì	缺少 quēshǎo

缺陷 quēxiàn	人群 rénqún	溶解 róngjiě	沙滩 shātān	上下 shàngxià
确保 quèbǎo	人身 rénshēn	溶液 róngyè	山地 shāndì	上学 shàngxué
确定 quèdìng	人生 rénshēng	熔点 róngdiǎn	山峰 shānfēng	上衣 shàngyī
确立 quèlì	人士 rénshì	融合 rónghé	山谷 shāngǔ	上游 shàngyóu
确切 quèqiè	人事 rénshì	柔和 róuhé	山林 shānlín	上涨 shàngzhǎng
确认 quèrèn	人体 réntǐ	柔软 róuruǎn	山路 shānlù	稍稍 shāoshāo
确实 quèshí	人为 rénwéi	肉体 ròutǐ	山脉 shānmài	稍微 shāowēi
群落 qúnluò	人物 rénwù	如此 rúcǐ	山区 shānqū	少量 shǎoliàng
群体 qúntǐ	人心 rénxīn	如果 rúguǒ	山水 shānshuǐ	少数 shǎoshù
群众 qúnzhòng	人性 rénxìng	如何 rúhé	山头 shāntóu	少年 shàonián
然而 rán'ér	人员 rényuán	如今 rújīn	闪电 shǎndiàn	少女 shàonǚ
然后 ránhòu	人造 rénzào	如同 rútóng	闪光 shǎnguāng	设备 shèbèi
燃料 ránliào	忍耐 rěnnài	如下 rúxià	闪烁 shǎnshuò	设法 shèfǎ
燃烧 ránshāo	忍受 rěnshòu	儒家 Rújiā	善良 shànliáng	设计 shèjì
染色 rǎnsè	认定 rèndìng	入侵 rùqīn	善于 shànyú	设立 shèlì
染色体 rǎnsètǐ	认识论 rènshílùn	入手 rùshǒu	伤害 shānghài	设施 shèshī
扰动 rǎodòng	认为 rènwéi	入学 rùxué	伤口 shāngkǒu	设想 shèxiǎng
扰乱 rǎoluàn	认真 rènzhēn	若干 ruògān	伤心 shāngxīn	设置 shèzhì
热爱 rè'ài	任何 rènhé	若是 ruòshì	伤员 shāngyuán	社会 shèhuì
热带 rèdài	任命 rènmìng	弱点 ruòdiǎn	商标 shāngbiāo	社会学 shèhuìxué
热量 rèliàng	任意 rènyì	三角 sānjiǎo	商店 shāngdiàn	射击 shèjī
热烈 rèliè	仍旧 réngjiù	三角形	商品 shāngpǐn	射线 shèxiàn
热能 rènéng	仍然 réngrán	sānjiǎoxíng	商人 shāngrén	涉及 shèjí
热情 rèqíng	日报 rìbào	散射 sǎnshè	商业 shāngyè	摄影 shèyǐng
热心 rèxīn	日常 rìcháng	散文 sǎnwén	上班 shàngbān	申请 shēnqǐng
人才 réncái	日记 rìjì	散布 sànbù	上层 shàngcéng	伸手 shēnshǒu
人格 réngé	日期 rìqī	散步 sànbù	上帝 Shàngdì	身边 shēnbiān
人工 réngōng	日前 rìqián	散发 sànfā	上级 shàngjí	身材 shēncái
人家 rénjiā	日趋 rìqū	丧失 sàngshī	上课 shàngkè	身后 shēnhòu
人间 rénjiān	日夜 rìyè	扫荡 sǎodàng	上空 shàngkōng	身躯 shēnqū
人均 rénjūn	日益 rìyì	色彩 sècǎi	上山 shàngshān	身体 shēntǐ
人口 rénkǒu	荣誉 róngyù	森林 sēnlín	上升 shàngshēng	身心 shēnxīn
人类 rénlèi	容量 róngliàng	僧侣 sēnglǚ	上市 shàngshì	身影 shēnyǐng
人力 rénlì	容纳 róngnà	杀害 shāhài	上述 shàngshù	深沉 shēnchén
人民 rénmín	容器 róngqì	沙发 shāfā	上诉 shàngsù	深度 shēndù
人民币 rénmínbì	溶剂 róngjì	沙漠 shāmò	上午 shàngwǔ	深厚 shēnhòu

深化 shēnhuà	生意 shēngyì	时机 shíjī	世纪 shìjì	收回 shōuhuí
深刻 shēnkè	生育 shēngyù	时间 shíjiān	世界 shìjiè	收获 shōuhuò
深情 shēnqíng	生长 shēngzhǎng	时节 shíjié	世界观	收集 shōují
深入 shēnrù	生殖 shēngzhí	时刻 shíkè	shìjièguān	收入 shōurù
深夜 shēnyè	声调 shēngdiào	时空 shíkōng	市场 shìchǎng	收缩 shōusuō
深远 shēnyuǎn	声明 shēngmíng	时髦 shímáo	市民 shìmín	收益 shōuyì
神话 shénhuà	声响 shēngxiǎng	时期 shíqī	事变 shìbiàn	收音机 shōuyīnjī
神经 shénjīng	声音 shēngyīn	识别 shíbié	事故 shìgù	手臂 shǒubì
神秘 shénmì	牲畜 shēngchù	实际 shíjì	事后 shìhòu	手表 shǒubiǎo
神奇 shénqí	圣经 Shèngjīng	实践 shíjiàn	事迹 shìjì	手段 shǒuduàn
神情 shénqíng	胜利 shènglì	实力 shílì	事件 shìjiàn	手法 shǒufǎ
神色 shénsè	盛行 shèngxíng	实例 shílì	事例 shìlì	手工 shǒugōng
神圣 shénshèng	剩余 shèngyú	实施 shíshī	事实 shìshí	手工业
神态 shéntài	尸体 shītǐ	实体 shítǐ	事务 shìwù	shǒugōngyè
神学 shénxué	失败 shībài	实物 shíwù	事物 shìwù	手脚 shǒujiǎo
审查 shěnchá	失掉 shīdiào	实现 shíxiàn	事先 shìxiān	手榴弹
审美 shěnměi	失去 shīqù	实行 shíxíng	事业 shìyè	shǒuliúdàn
审判 shěnpàn	失调 shītiáo	实验 shíyàn	势必 shìbì	手枪 shǒuqiāng
甚至 shènzhì	失望 shīwàng	实用 shíyòng	势能 shìnéng	手势 shǒushì
渗透 shèntòu	失误 shīwù	实在 shízài	试管 shìguǎn	手术 shǒushù
慎重 shènzhòng	失业 shīyè	实质 shízhì	试图 shìtú	手续 shǒuxù
生产 shēngchǎn	师范 shīfàn	食品 shípǐn	试验 shìyàn	手掌 shǒuzhǎng
生产力	师长 shīzhǎng	食堂 shítáng	试制 shìzhì	手指 shǒuzhǐ
shēngchǎnlì	诗歌 shīgē	食物 shíwù	视觉 shìjué	守恒 shǒuhéng
生成 shēngchéng	诗人 shīrén	食盐 shíyán	视线 shìxiàn	首都 shǒudū
生存 shēngcún	诗意 shīyì	食用 shíyòng	视野 shìyě	首领 shǒulǐng
生动 shēngdòng	施肥 shīféi	史学 shǐxué	是非 shìfēi	首先 shǒuxiān
生活 shēnghuó	施工 shīgōng	使劲 shǐjìn	是否 shìfǒu	首要 shǒuyào
生理 shēnglǐ	施行 shīxíng	使命 shǐmìng	适当 shìdàng	首长 shǒuzhǎng
生命 shēngmìng	湿度 shīdù	使用 shǐyòng	适合 shìhé	寿命 shòumìng
生命力	湿润 shīrùn	始终 shǐzhōng	适宜 shìyí	受精 shòujīng
shēngmìnglì	石灰 shíhuī	士兵 shìbīng	适应 shìyìng	受伤 shòushāng
生气 shēngqì	石油 shíyóu	氏族 shìzú	适用 shìyòng	狩猎 shòuliè
生前 shēngqián	时常 shícháng	示范 shìfàn	逝世 shìshì	书包 shūbāo
生态 shēngtài	时代 shídài	示威 shìwēi	释放 shìfàng	书本 shūběn
生物 shēngwù	时而 shí'ér	世代 shìdài	收购 shōugòu	书籍 shūjí

书面 shūmiàn　水平 shuǐpíng　死刑 sǐxíng　所谓 suǒwèi　特权 tèquán

书写 shūxiě　水汽 shuǐqì　四边形　所以 suǒyǐ　特色 tèsè

抒情 shūqíng　水手 shuǐshǒu　sìbiānxíng　所有 suǒyǒu　特殊 tèshū

舒适 shūshì　水位 shuǐwèi　四处 sìchù　所有制　特性 tèxìng

输出 shūchū　水文 shuǐwén　四面 sìmiàn　suǒyǒuzhì　特意 tèyì

输入 shūrù　水银 shuǐyín　四肢 sìzhī　所在 suǒzài　特征 tèzhēng

输送 shūsòng　水源 shuǐyuán　四周 sìzhōu　他人 tārén　疼痛 téngtòng

蔬菜 shūcài　水蒸气　寺院 sìyuàn　台风 táifēng　提倡 tíchàng

熟练 shúliàn　shuǐzhēngqì　似乎 sìhū　抬头 táitóu　提高 tígāo

属性 shǔxìng　税收 shuìshōu　饲料 sìliào　太空 tàikōng　提供 tígōng

属于 shǔyú　睡觉 shuìjiào　饲养 sìyǎng　太平 tàipíng　提炼 tíliàn

术语 shùyǔ　睡眠 shuìmián　搜集 sōují　太阳能　提起 tíqǐ

束缚 shùfù　顺利 shùnlì　俗称 súchēng　tàiyángnéng　提前 tíqián

树干 shùgàn　顺手 shùnshǒu　诉讼 sùsòng　太阳系 tàiyángxì　提取 tíqǔ

树立 shùlì　顺序 shùnxù　素材 sùcái　谈话 tánhuà　提醒 tíxǐng

树林 shùlín　瞬间 shùnjiān　素质 sùzhì　谈论 tánlùn　提议 tíyì

树木 shùmù　说服 shuōfú　速度 sùdù　谈判 tánpàn　题材 tícái

树种 shùzhǒng　说话 shuōhuà　速率 sùlǜ　弹簧 tánhuáng　题目 tímù

数据 shùjù　说明 shuōmíng　宿舍 sùshè　弹性 tánxìng　体裁 tǐcái

数量 shùliàng　司法 sīfǎ　塑料 sùliào　坦克 tǎnkè　体操 tǐcāo

数目 shùmù　司机 sījī　塑造 sùzào　叹息 tànxī　体会 tǐhuì

数学 shùxué　司令 sīlìng　虽然 suīrán　探测 tàncè　体积 tǐjī

数值 shùzhí　丝毫 sīháo　虽说 suīshuō　探索 tànsuǒ　体力 tǐlì

数字 shùzì　私人 sīrén　随便 suíbiàn　探讨 tàntǎo　体温 tǐwēn

衰变 shuāibiàn　私营 sīyíng　随后 suíhòu　倘若 tǎngruò　体系 tǐxì

衰老 shuāilǎo　私有 sīyǒu　随即 suíjí　逃避 táobì　体现 tǐxiàn

率领 shuàilǐng　私有制 sīyǒuzhì　随时 suíshí　逃跑 táopǎo　体验 tǐyàn

双方 shuāngfāng　思潮 sīcháo　随意 suíyì　逃走 táozǒu　体育 tǐyù

水稻 shuǐdào　思考 sīkǎo　岁月 suìyuè　陶冶 táoyě　体制 tǐzhì

水分 shuǐfèn　思路 sīlù　损害 sǔnhài　淘汰 táotài　体质 tǐzhì

水果 shuǐguǒ　思索 sīsuǒ　损耗 sǔnhào　讨论 tǎolùn　体重 tǐzhòng

水库 shuǐkù　思维 sīwéi　损伤 sǔnshāng　讨厌 tǎoyàn　替代 tìdài

水利 shuǐlì　思想 sīxiǎng　损失 sǔnshī　特别 tèbié　天才 tiāncái

水流 shuǐliú　思想家　缩短 suōduǎn　特地 tèdì　天地 tiāndì

水面 shuǐmiàn　sīxiǎngjiā　缩小 suōxiǎo　特点 tèdiǎn　天鹅 tiān'é

水泥 shuǐní　死亡 sǐwáng　所属 suǒshǔ　特定 tèdìng　天空 tiānkōng

天气 tiānqì　　通电 tōngdiàn　　投资 tóuzī　　退休 tuìxiū　　万物 wànwù

天然 tiānrán　　通过 tōngguò　　透镜 tòujìng　　拖拉机 tuōlājī　　万一 wànyī

天然气　　　　通红 tōnghóng　　透明 tòumíng　　脱离 tuōlí　　王朝 wángcháo

　tiānránqì　　通信 tōngxìn　　突变 tūbiàn　　脱落 tuōluò　　王国 wángguó

天生 tiānshēng　通讯 tōngxùn　　突出 tūchū　　妥协 tuǒxié　　网络 wǎngluò

天体 tiāntǐ　　通用 tōngyòng　　突击 tūjī　　挖掘 wājué　　往来 wǎnglái

天文 tiānwén　　通知 tōngzhī　　突破 tūpò　　歪曲 wāiqū　　往往 wǎngwǎng

天下 tiānxià　　同伴 tóngbàn　　突然 tūrán　　外表 wàibiǎo　　忘记 wàngjì

天真 tiānzhēn　　同胞 tóngbāo　　图案 tú'àn　　外部 wàibù　　旺盛 wàngshèng

天主教　　　　同等 tóngděng　　图画 túhuà　　外地 wàidì　　望远镜

　Tiānzhǔjiào　同行 tóngháng　　图书 túshū　　外国 wàiguó　　　wàngyuǎnjìng

田地 tiándì　　同化 tónghuà　　图书馆　　　　外汇 wàihuì　　危害 wēihài

田野 tiányě　　同类 tónglèi　　　túshūguǎn　　外交 wàijiāo　　危机 wēijī

挑选 tiāoxuǎn　同年 tóngnián　　图形 túxíng　　外界 wàijiè　　危险 wēixiǎn

条件 tiáojiàn　　同期 tóngqī　　图纸 túzhǐ　　外科 wàikē　　威力 wēilì

条款 tiáokuǎn　同情 tóngqíng　　途径 tújìng　　外来 wàilái　　威胁 wēixié

条例 tiáolì　　同时 tóngshí　　屠杀 túshā　　外力 wàilì　　威信 wēixìn

条约 tiáoyuē　　同事 tóngshì　　土地 tǔdì　　外贸 wàimào　　微观 wēiguān

调和 tiáohé　　同行 tóngxíng　　土匪 tǔfěi　　外商 wàishāng　　微粒 wēilì

调节 tiáojié　　同学 tóngxué　　土壤 tǔrǎng　　外形 wàixíng　　微弱 wēiruò

调解 tiáojiě　　同样 tóngyàng　　湍流 tuānliú　　外语 wàiyǔ　　微生物

调整 tiáozhěng　同意 tóngyì　　团结 tuánjié　　外在 wàizài　　　wēishēngwù

挑战 tiǎozhàn　　同志 tóngzhì　　团体 tuántǐ　　外资 wàizī　　微微 wēiwēi

跳动 tiàodòng　　童话 tónghuà　　团员 tuányuán　　弯曲 wānqū　　微小 wēixiǎo

跳舞 tiàowǔ　　童年 tóngnián　　推测 tuīcè　　完备 wánbèi　　微笑 xēixiào

跳跃 tiàoyuè　　统计 tǒngjì　　推动 tuīdòng　　完毕 wánbì　　为难 wéinán

铁路 tiělù　　统一 tǒngyī　　推翻 tuīfān　　完成 wánchéng　　为人 wéirén

听话 tīnghuà　　统治 tǒngzhì　　推广 tuīguǎng　　完美 wánměi　　为首 wéishǒu

听觉 tīngjué　　痛苦 tòngkǔ　　推荐 tuījiàn　　完全 wánquán　　为止 wéizhǐ

听取 tīngqǔ　　偷偷 tōutōu　　推进 tuījìn　　完善 wánshàn　　违背 wéibèi

听众 tīngzhòng　头顶 tóudǐng　　推理 tuīlǐ　　完整 wánzhěng　　违法 wéifǎ

停顿 tíngdùn　　头脑 tóunǎo　　推论 tuīlùn　　玩具 wánjù　　违反 wéifǎn

停留 tíngliú　　投产 tóuchǎn　　推销 tuīxiāo　　玩笑 wánxiào　　围剿 wéijiǎo

停止 tíngzhǐ　　投机 tóujī　　推行 tuīxíng　　顽强 wánqiáng　　围绕 wéirào

通常 tōngcháng　投入 tóurù　　退出 tuìchū　　晚饭 wǎnfàn　　维持 wéichí

通道 tōngdào　　投降 tóuxiáng　　退化 tuìhuà　　晚期 wǎnqī　　维护 wéihù

维生素	卧室 wòshì	物力 wùlì	细节 xìjié	显微镜
wéishēngsù	握手 wòshǒu	物品 wùpǐn	细菌 xìjūn	xiǎnwēijìng
维新 wéixīn	乌龟 wūguī	物体 wùtǐ	细小 xìxiǎo	显现 xiǎnxiàn
维修 wéixiū	污染 wūrǎn	物质 wùzhì	细心 xìxīn	显著 xiǎnzhù
伟大 wěidà	无比 wúbǐ	物种 wùzhǒng	细致 xìzhì	县城 xiànchéng
纬度 wěidù	无从 wúcóng	物资 wùzī	狭隘 xiá'ài	现场 xiànchǎng
委托 wěituō	无法 wúfǎ	误差 wùchā	狭义 xiáyì	现存 xiàncún
委员 wěiyuán	无非 wúfēi	误会 wùhuì	狭窄 xiázhǎi	现代 xiàndài
委员会	无关 wúguān	误解 wùjiě	下班 xiàbān	现代化
wěiyuánhuì	无机 wújī	西北 xīběi	下层 xiàcéng	xiàndàihuà
卫生 wèishēng	无可奈何	西方 xīfāng	下达 xiàdá	现今 xiànjīn
卫星 wèixīng	wúkě-nàihé	西风 xīfēng	下颌 xiàhé	现金 xiànjīn
为何 wèhé	无力 wúlì	西南 xīnán	下级 xiàjí	现实 xiànshí
未必 wèibì	无论 wúlùn	西欧 Xī'ōu	下降 xiàjiàng	现象 xiànxiàng
未曾 wèicéng	无情 wúqíng	吸附 xīfù	下列 xiàliè	现行 xiànxíng
未来 wèilái	无穷 wúqióng	吸取 xīqǔ	下令 xiàlìng	现在 xiànzài
位移 wèiyí	无声 wúshēng	吸收 xīshōu	下落 xiàluò	现状 xiànzhuàng
温带 wēndài	无数 wúshù	吸引 xīyǐn	下属 xiàshǔ	限度 xiàndù
温度 wēndù	无限 wúxiàn	希望 xīwàng	下午 xiàwǔ	限于 xiànyú
温度计 wēndùjì	无线电	牺牲 xīshēng	下旬 xiàxún	限制 xiànzhì
温和 wēnhé	wúxiàndiàn	稀少 xīshǎo	下游 xiàyóu	线段 xiànduàn
温暖 wēnnuǎn	无效 wúxiào	熄灭 xīmiè	夏季 xiàjì	线路 xiànlù
温柔 wēnróu	无形 wúxíng	习惯 xíguàn	夏天 xiàtiān	线圈 xiànquān
文化 wénhuà	无疑 wúyí	习俗 xísú	先后 xiānhòu	线索 xiànsuǒ
文件 wénjiàn	无意 wúyì	习性 xíxìng	先进 xiānjìn	线条 xiàntiáo
文明 wénmíng	无知 wúzhī	袭击 xíjī	先前 xiānqián	宪法 xiànfǎ
文人 wénrén	武力 wǔlì	洗澡 xǐzǎo	先天 xiāntiān	陷入 xiànrù
文物 wénwù	武器 wǔqì	喜爱 xǐ'ài	纤维 xiānwéi	陷于 xiànyú
文献 wénxiàn	武装 wǔzhuāng	喜剧 xǐjù	掀起 xiānqǐ	羡慕 xiànmù
文学 wénxué	侮辱 wǔrǔ	喜悦 xǐyuè	鲜花 xiānhuā	献身 xiànshēn
文艺 wényì	舞蹈 wǔdǎo	戏剧 xìjù	鲜明 xiānmíng	乡村 xiāngcūn
文章 wénzhāng	舞剧 wǔjù	戏曲 xìqǔ	鲜血 xiānxuè	相当 xiāngdāng
文字 wénzì	舞台 wǔtái	系列 xìliè	鲜艳 xiānyàn	相等 xiāngděng
稳定 wěndìng	物化 wùhuà	系数 xìshù	显露 xiǎnlù	相对 xiāngduì
问世 wènshì	物价 wùjià	系统 xìtǒng	显然 xiǎnrán	相反 xiāngfǎn
问题 wèntí	物理 wùlǐ	细胞 xìbāo	显示 xiǎnshì	相关 xiāngguān

相互 xiānghù	消亡 xiāowáng	心脏 xīnzàng	行人 xíngrén	需要 xūyào
相继 xiāngjì	硝酸 xiāosuān	辛苦 xīnkǔ	行使 xíngshǐ	许多 xǔduō
相交 xiāngjiāo	销售 xiāoshòu	辛勤 xīnqín	行驶 xíngshǐ	许可 xǔkě
相近 xiāngjìn	小麦 xiǎomài	欣赏 xīnshǎng	行为 xíngwéi	叙述 xùshù
相连 xiānglián	小朋友	新陈代谢	行星 xíngxīng	宣布 xuānbù
相似 xiāngsì	xiǎopéngyǒu	xīnchén-dàixiè	行政 xíngzhèng	宣传 xuānchuán
相通 xiāngtōng	小时 xiǎoshí	新娘 xīnniáng	行走 xíngzǒu	宣告 xuāngào
相同 xiāngtóng	小型 xiǎoxíng	新奇 xīnqí	形成 xíngchéng	宣言 xuānyán
相信 xiāngxìn	小学 xiǎoxué	新人 xīnrén	形容 xíngróng	宣扬 xuānyáng
相应 xiāngyìng	小学生	新式 xīnshì	形式 xíngshì	悬挂 xuánguà
香烟 xiāngyān	xiǎoxuéshēng	新闻 xīnwén	形势 xíngshì	旋律 xuánlǜ
详细 xiángxì	小组 xiǎozǔ	新兴 xīnxīng	形态 xíngtài	旋转 xuánzhuǎn
享受 xiǎngshòu	校长 xiàozhǎng	新型 xīnxíng	形体 xíngtǐ	选拔 xuǎnbá
享有 xiǎngyǒu	笑容 xiàoróng	新颖 xīnyǐng	形象 xíngxiàng	选举 xuǎnjǔ
响声 xiǎngshēng	效果 xiàoguǒ	信贷 xìndài	形状 xíngzhuàng	选手 xuǎnshǒu
响应 xiǎngyìng	效力 xiàolì	信号 xìnhào	兴趣 xìngqù	选用 xuǎnyòng
想象 xiǎngxiàng	效率 xiàolǜ	信念 xìnniàn	幸福 xìngfú	选择 xuǎnzé
想象力	效益 xiàoyì	信任 xìnrèn	性别 xìngbié	削弱 xuēruò
xiǎngxiànglì	效应 xiàoyìng	信徒 xìntú	性格 xìnggé	学会 xuéhuì
向来 xiànglái	协定 xiédìng	信息 xìnxī	性能 xìngnéng	学科 xuékē
向上 xiàngshàng	协会 xiéhuì	信心 xìnxīn	性情 xìngqíng	学派 xuépài
向往 xiàngwǎng	协商 xiéshāng	信仰 xìnyǎng	性质 xìngzhì	学术 xuéshù
项目 xiàngmù	协调 xiétiáo	信用 xìnyòng	性状 xìngzhuàng	学说 xuéshuō
象征 xiàngzhēng	协同 xiétóng	兴奋 xīngfèn	姓名 xìngmíng	学堂 xuétáng
橡胶 xiàngjiāo	协议 xiéyì	兴建 xīngjiàn	兄弟 xiōngdì	学徒 xuétú
橡皮 xiàngpí	协助 xiézhù	兴起 xīngqǐ	胸脯 xiōngpú	学习 xuéxí
消除 xiāochú	协作 xiézuò	星际 xīngjì	雄伟 xióngwěi	学校 xuéxiào
消毒 xiāodú	携带 xiédài	星期 xīngqī	休眠 xiūmián	学员 xuéyuán
消费 xiāofèi	写作 xiězuò	星球 xīngqiú	修辞 xiūcí	学院 xuéyuàn
消费品	心底 xīndǐ	星系 xīngxì	修复 xiūfù	学者 xuézhě
xiāofèipǐn	心理 xīnlǐ	星云 xīngyún	修改 xiūgǎi	雪白 xuěbái
消耗 xiāohào	心灵 xīnlíng	刑罚 xíngfá	修建 xiūjiàn	雪花 xuěhuā
消化 xiāohuà	心情 xīnqíng	刑法 xíngfǎ	修理 xiūlǐ	血管 xuèguǎn
消极 xiāojí	心事 xīnshì	刑事 xíngshì	修养 xiūyǎng	血液 xuèyè
消灭 xiāomiè	心头 xīntóu	行动 xíngdòng	修正 xiūzhèng	寻求 xúnqiú
消失 xiāoshī	心血 xīnxuè	行军 xíngjūn	需求 xūqiú	寻找 xúnzhǎo

询问 xúnwèn	眼镜 yǎnjìng	耶稣 Yēsū	一心 yìxīn	以免 yǐmiǎn
循环 xúnhuán	眼看 yǎnkàn	也许 yěxǔ	一再 yízài	以内 yǐnèi
训练 xùnliàn	眼泪 yǎnlèi	冶金 yějīn	一早 yìzǎo	以前 yǐqián
迅速 xùnsù	眼前 yǎnqián	冶炼 yěliàn	一直 yìzhí	以外 yǐwài
压力 yālì	眼神 yǎnshén	野蛮 yěmán	一致 yízhì	以往 yǐwǎng
压迫 yāpò	演变 yǎnbiàn	野生 yěshēng	医疗 yīliáo	以为 yǐwéi
压强 yāqiáng	演唱 yǎnchàng	野兽 yěshòu	医生 yīshēng	以下 yǐxià
压缩 yāsuō	演出 yǎnchū	野外 yěwài	医学 yīxué	以至 yǐzhì
压抑 yāyì	演化 yǎnhuà	业务 yèwù	医药 yīyào	以致 yǐzhì
压制 yāzhì	演讲 yǎnjiǎng	业余 yèyú	医院 yīyuàn	义务 yìwù
鸦片 yāpiàn	演说 yǎnshuō	叶片 yèpiàn	依次 yīcì	艺术 yìshù
牙齿 yáchǐ	演绎 yǎnyì	夜间 yèjiān	依法 yīfǎ	艺术家 yìshùjiā
延长 yáncháng	演员 yǎnyuán	夜晚 yèwǎn	依附 yīfù	议会 yìhuì
延伸 yánshēn	演奏 yǎnzòu	液态 yètài	依旧 yījiù	议论 yìlùn
延续 yánxù	厌恶 yànwù	一般 yìbān	依据 yījù	议员 yìyuán
严格 yángé	宴会 yànhuì	一半 yíbàn	依靠 yīkào	异常 yìcháng
严寒 yánhán	验证 yànzhèng	一边 yìbiān	依赖 yīlài	抑制 yìzhì
严峻 yánjùn	羊毛 yángmáo	一带 yídài	依然 yīrán	易于 yìyú
严厉 yánlì	阳光 yángguāng	一旦 yídàn	依照 yīzhào	意境 yìjìng
严密 yánmì	养分 yǎngfèn	一定 yídìng	仪器 yíqì	意图 yìtú
严肃 yánsù	养料 yǎngliào	一度 yídù	仪式 yíshì	意外 yìwài
严重 yánzhòng	养殖 yǎngzhí	一端 yìduān	移动 yídòng	意味 yìwèi
言论 yánlùn	氧化 yǎnghuà	一共 yígòng	移民 yímín	意象 yìxiàng
言语 yányǔ	氧气 yǎngqì	一贯 yíguàn	移植 yízhí	意义 yìyì
岩石 yánshí	样本 yàngběn	一连 yìlián	遗产 yíchǎn	意志 yìzhì
沿岸 yán'àn	样品 yàngpǐn	一律 yílǜ	遗传 yíchuán	毅然 yìrán
沿海 yánhǎi	样式 yàngshì	一面 yímiàn	遗憾 yíhàn	因此 yīncǐ
研究 yánjiū	要求 yāoqiú	一旁 yìpáng	遗留 yíliú	因地制宜
研究生	邀请 yāoqǐng	一齐 yìqí	遗址 yízhǐ	yīndì-zhìyí
yánjiūshēng	摇头 yáotóu	一起 yìqǐ	遗嘱 yízhǔ	因而 yīn'ér
研制 yánzhì	遥感 yáogǎn	一切 yíqiè	疑惑 yíhuò	因果 yīnguǒ
盐酸 yánsuān	遥远 yáoyuǎn	一时 yìshí	疑问 yíwèn	因素 yīnsù
颜色 yánsè	药品 yàopǐn	一体 yìtǐ	以便 yǐbiàn	因子 yīnzǐ
掩盖 yǎngài	药物 yàowù	一同 yìtóng	以后 yǐhòu	阴谋 yīnmóu
掩护 yǎnhù	要紧 yàojǐn	一线 yíxiàn	以及 yǐjí	阴阳 yīnyáng
眼光 yǎnguāng	要素 yàosù	一向 yíxiàng	以来 yǐlái	阴影 yīnyǐng

音调 yīndiào	永远 yǒngyuǎn	友谊 yǒuyì	玉米 yùmǐ	月光 yuèguāng
音阶 yīnjiē	勇敢 yǒnggǎn	有关 yǒuguān	育种 yùzhǒng	月球 yuèqiú
音节 jīnjié	勇气 yǒngqì	有机 yǒujī	预报 yùbào	乐队 yuèduì
音响 yīnxiǎng	勇于 yǒngyú	有力 yǒulì	预备 yùbèi	乐器 yuèqì
音乐 yīnyuè	涌现 yǒngxiàn	有利 yǒulì	预测 yùcè	乐曲 yuèqǔ
银行 yínháng	用户 yònghù	有名 yǒumíng	预定 yùdìng	阅读 yuèdú
引导 yǐndǎo	用力 yònglì	有趣 yǒuqù	预防 yùfáng	越冬 yuèdōng
引进 yǐnjìn	用品 yòngpǐn	有如 yǒurú	预计 yùjì	越过 yuèguò
引力 yǐnlì	用途 yòngtú	有时 yǒushí	预料 yùliào	允许 yǔnxǔ
引起 yǐnqǐ	优点 yōudiǎn	有限 yǒuxiàn	预期 yùqī	运动 yùndòng
引用 yǐnyòng	优惠 yōuhuì	有效 yǒuxiào	预算 yùsuàn	运动员
饮食 yǐnshí	优良 yōuliáng	有益 yǒuyì	预先 yùxiān	yùndòngyuán
隐蔽 yǐnbì	优美 yōuměi	有意 yǒuyì	预言 yùyán	运输 yùnshū
隐藏 yǐncáng	优势 yōushì	右手 yòushǒu	欲望 yùwàng	运算 yùnsuàn
印刷 yìnshuā	优先 yōuxiān	幼虫 yòuchóng	元素 yuánsù	运行 yùnxíng
印象 yìnxiàng	优秀 yōuxiù	幼儿 yòu'ér	原材料	运用 yùnyòng
应当 yīngdāng	优越 yōuyuè	幼苗 yòumiáo	yuáncáiliào	运转 yùnzhuǎn
应该 yīnggāi	优质 yōuzhì	幼年 yòunián	原来 yuánlái	蕴藏 yùncáng
英雄 yīngxióng	忧郁 yōuyù	诱导 yòudǎo	原理 yuánlǐ	杂交 zájiāo
英勇 yīngyǒng	幽默 yōumò	于是 yúshì	原谅 yuánliàng	杂志 zázhì
婴儿 yīng'ér	悠久 yōujiǔ	余地 yúdì	原料 yuánliào	杂质 zázhì
迎接 yíngjiē	尤其 yóuqí	娱乐 yúlè	原始 yuánshǐ	灾难 zāinàn
荧光屏	尤为 yóuwéi	渔业 yúyè	原先 yuánxiān	栽培 zāipéi
yíngguāngpíng	由于 yóuyú	愉快 yúkuài	原因 yuányīn	再见 zàijiàn
盈利 yínglì	邮票 yóupiào	舆论 yúlùn	原则 yuánzé	再现 zàixiàn
营养 yíngyǎng	犹如 yóurú	与其 yǔqí	原子 yuánzǐ	在场 zàichǎng
营业 yíngyè	犹豫 yóuyù	予以 yǔyǐ	原子核 yuánzǐhé	在家 zàijiā
赢得 yíngdé	油画 yóuhuà	宇宙 yǔzhòu	圆心 yuánxīn	在于 zàiyú
影片 yǐngpiàn	油田 yóutián	羽毛 yǔmáo	援助 yuánzhù	暂时 zànshí
影响 yǐngxiǎng	游击 yóujī	雨水 yǔshuǐ	缘故 yuángù	赞成 zànchéng
应用 yìngyòng	游击队 yóujīduì	语法 yǔfǎ	源泉 yuánquán	赞美 zànměi
拥护 yōnghù	游戏 yóuxì	语句 yǔjù	远方 yuǎnfāng	赞叹 zàntàn
拥挤 yōngjǐ	游行 yóuxíng	语气 yǔqì	愿望 yuànwàng	赞扬 zànyáng
拥有 yōngyǒu	游泳 yóuyǒng	语文 yǔwén	约束 yuēshù	遭受 zāoshòu
永恒 yǒnghéng	友好 yǒuhǎo	语言 yǔyán	月初 yuèchū	遭遇 zāoyù
永久 yǒngjiǔ	友人 yǒurén	语音 yǔyīn	月份 yuèfèn	早期 zǎoqī

早日 zǎorì	战友 zhànyǒu	阵地 zhèndì	政党 zhèngdǎng	职业 zhíyè
早已 zǎoyǐ	战争 zhànzhēng	振荡 zhèndàng	政府 zhèngfǔ	职员 zhíyuán
造就 zàojiù	章程 zhāngchéng	振动 zhèndòng	政权 zhèngquán	职责 zhízé
造型 zàoxíng	长官 zhǎngguān	振奋 zhènfèn	政委 zhèngwěi	植物 zhíwù
责任 zérèn	掌握 zhǎngwò	振兴 zhènxīng	政治 zhèngzhì	植株 zhízhū
责任感 zérèngǎn	障碍 zhàng'ài	震动 zhèndòng	症状	殖民 zhímín
怎样 zěnyàng	招待 zhāodài	震惊 zhènjīng	zhèngzhuàng	殖民地 zhímíndì
增产 zēngchǎn	招生 zhāoshēng	镇压 zhènyā	之后 zhīhòu	只得 zhǐdé
增多 zēngduō	着急 zháojí	争夺 zhēngduó	之前 zhīqián	只顾 zhǐgù
增高 zēnggāo	召集 zhàojí	争论 zhēnglùn	支部 zhībù	只好 zhǐhǎo
增加 zēngjiā	召开 zhàokāi	争取 zhēngqǔ	支撑 zhīchēng	只是 zhǐshì
增进 zēngjìn	照例 zhàolì	征服 zhēngfú	支持 zhīchí	只要 zhǐyào
增强 zēngqiáng	照明 zhàomíng	征求 zhēngqiú	支出 zhīchū	只有 zhǐyǒu
增添 zēngtiān	照片 zhàopiàn	征收 zhēngshōu	支队 zhīduì	指标 zhǐbiāo
增长 zēngzhǎng	照射 zhàoshè	蒸发 zhēngfā	支付 zhīfù	指导 zhǐdǎo
增殖 zēngzhí	照相 zhàoxiàng	蒸气 zhēngqì	支配 zhīpèi	指定 zhǐdìng
炸弹 zhàdàn	照相机	整顿 zhěngdùn	支援 zhīyuán	指挥 zhǐhuī
债务 zhàiwù	zhàoxiàngjī	整个 zhěnggè	枝条 zhītiáo	指令 zhǐlìng
展开 zhǎnkāi	照样 zhàoyàng	整理 zhěnglǐ	枝叶 zhīyè	指明 zhǐmíng
展览 zhǎnlǎn	照耀 zhàoyào	整齐 zhěngqí	知觉 zhījué	指示 zhǐshì
展示 zhǎnshì	折射 zhéshè	整体 zhěngtǐ	脂肪 zhīfáng	指数 zhǐshù
展现 zhǎnxiàn	哲学 zhéxué	正常 zhèngcháng	执行 zhíxíng	指责 zhǐzé
崭新 zhǎnxīn	这些 zhèxiē	正当 zhèngdāng	直观 zhíguān	至此 zhìcǐ
占据 zhànjù	这样 zhèyàng	正当 zhèngdàng	直角 zhíjiǎo	至今 zhìjīn
占领 zhànlǐng	针对 zhēnduì	正规 zhèngguī	直接 zhíjiē	至少 zhìshǎo
占用 zhànyòng	针灸 zhēnjiǔ	正好 zhènghǎo	直径 zhíjìng	至于 zhìyú
占有 zhànyǒu	侦查 zhēnchá	正面 zhèngmiàn	直觉 zhíjué	制订 zhìdìng
战场 zhànchǎng	侦察 zhēnchá	正确 zhèngquè	直立 zhílì	制定 zhìdìng
战斗 zhàndòu	珍贵 zhēnguì	正式 zhèngshì	直辖市 zhíxiáshì	制度 zhìdù
战国 zhànguó	珍珠 zhēnzhū	正义 zhèngyì	直线 zhíxiàn	制品 zhìpǐn
战略 zhànlüè	真诚 zhēnchéng	正在 zhèngzài	直至 zhízhì	制约 zhìyuē
战胜 zhànshèng	真空 zhēnkōng	证据 zhèngjù	值班 zhíbān	制造 zhìzào
战士 zhànshì	真理 zhēnlǐ	证明 zhèngmíng	职工 zhígōng	制止 zhìzhǐ
战术 zhànshù	真实 zhēnshí	证实 zhèngshí	职能 zhínéng	制作 zhìzuò
战线 zhànxiàn	真正 zhēnzhèng	证书 zhèngshū	职权 zhíquán	质变 zhìbiàn
战役 zhànyì	诊断 zhěnduàn	政策 zhèngcè	职务 zhíwù	质量 zhìliàng

质子 zhìzǐ	终身 zhōngshēn	主权 zhǔquán	转身 zhuǎnshēn	子宫 zǐgōng
治安 zhì'ān	终于 zhōngyú	主人公	转向 zhuǎnxiàng	子女 zǐnǚ
治理 zhìlǐ	钟头 zhōngtóu	zhǔréngōng	转移 zhuǎnyí	子孙 zǐsūn
治疗 zhìliáo	肿瘤 zhǒngliú	主任 zhǔrèn	转动 zhuàndòng	仔细 zǐxì
致富 zhìfù	种类 zhǒnglèi	主题 zhǔtí	转向 zhuànxiàng	姊妹 zǐmèi
致使 zhìshǐ	种群 zhǒngqún	主体 zhǔtǐ	庄严 zhuāngyán	自称 zìchēng
秩序 zhìxù	种族 zhǒngzú	主席 zhǔxí	装备 zhuāngbèi	自从 zìcóng
智慧 zhìhuì	中毒 zhòngdú	主要 zhǔyào	装饰 zhuāngshì	自动 zìdòng
智力 zhìlì	众多 zhòngduō	主义 zhǔyì	装置 zhuāngzhì	自动化
智能 zhìnéng	众人 zhòngrén	主语 zhǔyǔ	壮大 zhuàngdà	zìdònghuà
中等 zhōngděng	种植 zhòngzhí	主张 zhǔzhāng	状况	自发 zìfā
中断 zhōngduàn	重大 zhòngdà	助手 zhùshǒu	zhuàngkuàng	自豪 zìháo
中华 zhōnghuá	重点 zhòngdiǎn	住房 zhùfáng	状态 zhuàngtài	自己 zìjǐ
中间 zhōngjiān	重工业	住宅 zhùzhái	追究 zhuījiū	自觉 zìjué
中年 zhōngnián	zhònggōngyè	贮藏 zhùcáng	追求 zhuīqiú	自力更生
中期 zhōngqī	重力 zhònglì	贮存 zhùcún	追逐 zhuīzhú	zìlì-gēngshēng
中世纪	重量 zhòngliàng	注射 zhùshè	准备 zhǔnbèi	自然 zìrán
zhōngshìjì	重视 zhòngshì	注视 zhùshì	准确 zhǔnquè	自然界 zìránjiè
中枢 zhōngshū	重要 zhòngyào	注意 zhùyì	准则 zhǔnzé	自杀 zìshā
中外 zhōngwài	周年 zhōunián	注重 zhùzhòng	卓越 zhuóyuè	自身 zìshēn
中午 zhōngwǔ	周期 zhōuqī	祝贺 zhùhè	啄木鸟	自卫 zìwèi
中心 zhōngxīn	周围 zhōuwéi	著名 zhùmíng	zhuómùniǎo	自我 zìwǒ
中性 zhōngxìng	周转 zhōuzhuǎn	著作 zhùzuò	着手 zhuóshǒu	自信 zìxìn
中学 zhōngxué	昼夜 zhòuyè	抓紧 zhuājǐn	着重 zhuózhòng	自行 zìxíng
中学生	诸如 zhūrú	专家 zhuānjiā	琢磨 zhuómó	自行车
zhōngxuéshēng	逐步 zhúbù	专利 zhuānlì	咨询 zīxún	zìxíngchē
中旬 zhōngxún	逐渐 zhújiàn	专门 zhuānmén	姿势 zīshì	自由 zìyóu
中央 zhōngyāng	逐年 zhúnián	专题 zhuāntí	姿态 zītài	自愿 zìyuàn
中叶 zhōngyè	主编 zhǔbiān	专业 zhuānyè	资本 zīběn	自在 zìzài
中医 zhōngyī	主持 zhǔchí	专用 zhuānyòng	资产 zīchǎn	自治 zìzhì
中原 zhōngyuán	主导 zhǔdǎo	专政 zhuānzhèng	资金 zījīn	自治区 zìzhìqū
中子 zhōngzǐ	主动 zhǔdòng	专制 zhuānzhì	资料 zīliào	自主 zìzhǔ
忠诚 zhōngchéng	主观 zhǔguān	转变 zhuǎnbiàn	资源 zīyuán	自转 zìzhuàn
忠实 zhōngshí	主管 zhǔguǎn	转动 zhuǎndòng	滋味 zīwèi	字母 zìmǔ
终究 zhōngjiū	主教 zhǔjiào	转化 zhuǎnhuà	子弹 zǐdàn	宗教 zōngjiào
终年 zhōngnián	主力 zhǔlì	转换 zhuǎnhuàn	子弟 zǐdì	宗旨 zōngzhǐ

综合 zōnghé	走向 zǒuxiàng	祖母 zǔmǔ	尊敬 zūnjìng	作品 zuòpǐn
总额 zǒng'é	租界 zūjiè	祖先 zǔxiān	尊严 zūnyán	作为 zuòwéi
总和 zǒnghé	足够 zúgòu	钻研 zuānyán	尊重 zūnzhòng	作物 zuòwù
总结 zǒngjié	足球 zúqiú	嘴唇 zuǐchún	遵守 zūnshǒu	作业 zuòyè
总理 zǒnglǐ	足以 zúyǐ	最初 zuìchū	遵循 zūnxún	作用 zuòyòng
总数 zǒngshù	阻碍 zǔ'ài	最后 zuìhòu	昨天 zuótiān	作战 zuòzhàn
总算 zǒngsuàn	阻力 zǔlì	最近 zuìjìn	左手 zuǒshǒu	作者 zuòzhě
总体 zǒngtǐ	阻止 zǔzhǐ	最为 zuìwéi	左右 zuǒyòu	坐标 zuòbiāo
总统 zǒngtǒng	组合 zǔhé	最终 zuìzhōng	作法 zuòfǎ	座位 zuòwèi
总之 zǒngzhī	组织 zǔzhī	罪恶 zuì'è	作风 zuòfēng	做法 zuòfǎ
纵队 zòngduì	祖父 zǔfù	罪犯 zuìfàn	作家 zuòjiā	做梦 zuòmèng
走廊 zǒuláng	祖国 zǔguó	罪行 zuìxíng		

【表二】

哀愁 āichóu	安宁 ānníng	黯然 ànrán	疤痕 bāhén	白话文
哀悼 āidào	安生 ānshēng	昂贵 ángguì	拔除 báchú	báihuàwén
哀求 āiqiú	安稳 ānwěn	昂然 ángrán	拔节 bájié	白桦 báihuà
哀伤 āishāng	安息 ānxī	昂首 ángshǒu	拔腿 bátuǐ	白酒 báijiǔ
哀怨 āiyuàn	安闲 ānxián	昂扬 ángyáng	跋涉 báshè	白人 báirén
哀乐 āiyuè	安详 ānxiáng	盎然 àngrán	把柄 bǎbǐng	白日 báirì
皑皑 ái'ái	安逸 ānyì	凹陷 āoxiàn	把持 bǎchí	白薯 báishǔ
矮小 áixiǎo	安葬 ānzàng	遨游 áoyóu	把守 bǎshǒu	白糖 báitáng
爱戴 àidài	按摩 ànmó	翱翔 áoxiáng	把戏 bǎxì	白皙 báixī
爱抚 àifǔ	按捺 ànnà	傲慢 àomàn	靶场 bǎchǎng	白眼 báiyǎn
爱慕 àimù	按钮 ànniǔ	傲然 àorán	罢官 bàguān	白蚁 báiyǐ
爱惜 àixī	按期 ànqī	奥妙 àomiào	罢课 bàkè	白银 báiyín
碍事 àishì	按时 ànshí	懊悔 àohuǐ	罢免 bàmiǎn	白昼 báizhòu
安插 ānchā	按说 ànshuō	懊恼 àonǎo	罢休 bàxiū	百般 bǎibān
安顿 āndùn	案例 ànlì	懊丧 àosàng	霸权 bàquán	百分比
安放 ānfàng	案情 ànqíng	八股 bāgǔ	霸王 bàwáng	bǎifēnbǐ
安分 ānfèn	案头 àntóu	八卦 bāguà	霸占 bàzhàn	百合 bǎihé
安抚 ānfǔ	暗藏 àncáng	八仙桌	白菜 báicài	百花齐放
安家 ānjiā	暗淡 àndàn	bāxiānzhuō	白费 báifèi	bǎihuā-qífàng
安居乐业	暗号 ànhào	八字 bāzì	白骨 báigǔ	百货 bǎihuò
ānjū-lèyè	暗杀 ànshā	芭蕉 bājiāo	白果 báiguǒ	百家争鸣
安理会 Ānlǐhuì	暗自 ànzì	芭蕾舞 bālěiwǔ	白话 báihuà	bǎijiā-zhēngmíng

百科全书	半圆 bànyuán	保证金	爆裂 bàoliè	倍数 bèishù
bǎikēquánshū	伴侣 bànlǚ	bǎozhèngjīn	爆破 bàopò	倍增 bèizēng
百灵 bǎilíng	帮办 bāngbàn	保证人	爆竹 bàozhú	被单 bèidān
柏油 bǎiyóu	帮工 bānggōng	bǎozhèngrén	卑鄙 bēibǐ	被褥 bèirù
败坏 bàihuài	帮凶 bāngxiōng	保重 bǎozhòng	卑劣 bēiliè	奔波 bēnbō
败仗 bàizhàng	绑架 bǎngjià	堡垒 bǎolěi	卑微 bēiwēi	奔驰 bēnchí
拜访 bàifǎng	棒球 bàngqiú	报表 bàobiǎo	卑下 bēixià	奔放 bēnfàng
拜年 bàinián	包办 bāobàn	报仇 bàochóu	悲愤 bēifèn	奔赴 bēnfù
班车 bānchē	包庇 bāobì	报答 bàodá	悲观 bēiguān	奔流 bēnliú
班级 bānjí	包工 bāogōng	报导 bàodǎo	悲苦 bēikǔ	奔腾 bēnténg
班主任	包裹 bāoguǒ	报到 bàodào	悲凉 bēiliáng	奔涌 bēnyǒng
bānzhǔrèn	包揽 bāolǎn	报废 bàofèi	悲伤 bēishāng	奔走 bēnzǒu
颁发 bānfā	包罗万象	报馆 bàoguǎn	悲痛 bēitòng	本部 běnbù
斑白 bānbái	bāoluó-wànxiàng	报警 bàojǐng	悲壮 bēizhuàng	本分 běnfèn
斑驳 bānbó	包容 bāoróng	报考 bàokǎo	碑文 bēiwén	本行 běnháng
斑点 bāndiǎn	包销 bāoxiāo	报请 bàoqǐng	北半球	本家 běnjiā
斑斓 bānlán	包扎 bāozā	报社 bàoshè	běibànqiú	本科 běnkē
斑纹 bānwén	饱含 bǎohán	报喜 bàoxǐ	北国 běiguó	本色 běnsè
搬迁 bānqiān	饱满 bǎomǎn	报销 bàoxiāo	北极 běijí	本土 běntǔ
搬用 bānyòng	宝剑 bǎojiàn	报信 bàoxìn	北极星 běijíxīng	本位 běnwèi
板栗 bǎnlì	宝库 bǎokù	抱不平	贝壳 bèiké	本义 běnyì
版本 bǎnběn	宝塔 bǎotǎ	bàobùpíng	备案 bèi'àn	本意 běnyì
版画 bǎnhuà	宝物 bǎowù	抱负 bàofù	备课 bèikè	本原 běnyuán
版面 bǎnmiàn	宝藏 bǎozàng	抱歉 bàoqiàn	备用 bèiyòng	本源 běnyuán
版权 bǎnquán	宝座 bǎozuò	鲍鱼 bàoyú	备战 bèizhàn	笨重 bènzhòng
版图 bǎntú	保安 bǎo'ān	暴发 bàofā	背包 bèibāo	笨拙 bènzhuō
办案 bàn'àn	保护色 bǎohùsè	暴风雪	背道而驰	绷带 bēngdài
办公 bàngōng	保健 bǎojiàn	bàofēngxuě	bèidào'érchí	迸发 bèngfā
办学 bànxué	保密 bǎomì	暴风雨	背风 bèifēng	逼近 bījìn
半边 bànbiān	保姆 bǎomǔ	bàofēngyǔ	背脊 bèijǐ	逼迫 bīpò
半成品	保全 bǎoquán	暴君 bàojūn	背离 bèilí	逼真 bīzhēn
bànchéngpǐn	保温 bǎowēn	暴乱 bàoluàn	背面 bèimiàn	鼻尖 bíjiān
半截 bànjié	保险丝	暴徒 bàotú	背叛 bèipàn	鼻梁 bíliáng
半空 bànkōng	bǎoxiǎnsī	暴行 bàoxíng	背诵 bèisòng	鼻腔 bíqiāng
半路 bànlù	保养 bǎoyǎng	暴躁 bàozào	背心 bèixīn	鼻音 bíyīn
半途 bàntú	保佑 bǎoyòu	暴涨 bàozhǎng	背影 bèiyǐng	匕首 bǐshǒu

比分 bǐfēn	边陲 biānchuí	遍地 biàndì	宾语 bīnyǔ	病床
比例尺 bǐlìchǐ	边防 biānfáng	遍及 biànjí	宾主 bīnzhǔ	bìngchuáng
比率 bǐlǜ	边际 biānjì	辩证 biànzhèng	濒临 bīnlín	病房 bìngfáng
比拟 bǐnǐ	边沿 biānyán	辩驳 biànbó	濒于 bīnyú	病根 bìnggēn
比热 bǐrè	边远 biānyuǎn	辩护人	摈弃 bìnqì	病故 bìnggù
比武 bǐwǔ	编导 biāndǎo	biànhùrén	冰雹 bīngbáo	病害 bìnghài
比值 bǐzhí	编号 biānhào	辩解 biànjiě	冰点 bīngdiǎn	病号 bìnghào
彼岸 bǐ'àn	编码 biānmǎ	辩论 biànlùn	冰冻 bīngdòng	病菌 bìngjūn
笔触 bǐchù	编排 biānpái	标榜 biāobǎng	冰窖 bīngjiào	病例 bìnglì
笔法 bǐfǎ	编造 biānzào	标兵 biāobīng	冰晶 bīngjīng	病魔 bìngmó
笔画 bǐhuà	编者 biānzhě	标尺 biāochǐ	冰冷 bīnglěng	病史 bìngshǐ
笔迹 bǐjì	编织 biānzhī	标的 biāodì	冰凉 bīngliáng	病榻 bìngtà
笔尖 bǐjiān	编撰 biānzhuàn	标记 biāojì	冰山 bīngshān	病态 bìngtài
笔名 bǐmíng	编纂 biānzuǎn	标明 biāomíng	冰天雪地	病痛 bìngtòng
笔墨 bǐmò	鞭策 biāncè	标签 biāoqiān	bīngtiān-xuědì	病因 bìngyīn
笔直 bǐzhí	鞭打 biāndǎ	标新立异	冰箱 bīngxiāng	病员 bìngyuán
鄙视 bǐshì	鞭炮 biānpào	biāoxīn-lìyì	兵法 bīngfǎ	病原体
鄙夷 bǐyí	贬低 biǎndī	标识 biāozhì	兵家 bīngjiā	bìngyuántǐ
币制 bìzhì	贬义 biǎnyì	表白 biǎobái	兵器 bīngqì	病灶 bìngzào
必需品 bìxūpǐn	贬值 biǎnzhí	表格 biǎogé	兵团 bīngtuán	病症 bìngzhèng
毕生 bìshēng	变故 biàngù	表决 biǎojué	兵役 bīngyì	摒弃 bìngqì
闭幕 bìmù	变幻 biànhuàn	表露 biǎolù	兵营 bīngyíng	拨款 bōkuǎn
闭塞 bìsè	变卖 biànmài	表率 biǎoshuài	兵站 bīngzhàn	波段 bōduàn
庇护 bìhù	变色 biànsè	表态 biǎotài	兵种 bīngzhǒng	波峰 bōfēng
陛下 bìxià	变数 biànshù	别出心裁	饼干 bǐnggān	波谷 bōgǔ
婢女 bìnǚ	变通 biàntōng	biéchū-xīncái	屏息 bǐngxī	波及 bōjí
弊端 bìduān	变相 biànxiàng	别具一格	并发 bìngfā	波澜 bōlán
碧波 bìbō	变性 biànxìng	biéjù-yīgé	并肩 bìngjiān	波涛 bōtāo
碧绿 bìlǜ	变压器	别开生面	并进 bìngjìn	波纹 bōwén
壁垒 bìlěi	biànyāqì	biékāi-shēngmiàn	并举 bìngjǔ	波折 bōzhé
避雷针	变样 biànyàng	别名 biémíng	并联 bìnglián	剥离 bōlí
bìléizhēn	变质 biànzhì	别墅 biéshù	并列 bìngliè	剥蚀 bōshí
避风 bìfēng	变种 biànzhǒng	别有用心	并排 bìngpái	菠菜 bōcài
避难 bìnàn	便秘 biànmì	biéyǒu-yòngxīn	并行 bìngxíng	菠萝 bōluó
臂膀 bìbǎng	便衣 biànyī	宾馆 bīnguǎn	并重 bìngzhòng	播放 bōfàng
弊病 bìbìng	遍布 biànbù	宾客 bīnkè	病程 bìngchéng	播送 bōsòng

伯父 bófù	不计其数	不至于 bùzhìyú	采纳 cǎinà	残留 cánliú
伯乐 Bólè	bùjì-qíshù	布告 bùgào	采写 cǎixiě	残破 cánpò
伯母 bómǔ	不胫而走	布景 bùjǐng	采样 cǎiyàng	残缺 cánquē
驳斥 bóchì	bùjìng'érzǒu	布匹 bùpǐ	采油 cǎiyóu	残忍 cánrěn
驳回 bóhuí	不可思议	布衣 bùyī	采摘 cǎizhāi	残杀 cánshā
博爱 bó'ài	bùkě-sīyì	步兵 bùbīng	彩电 cǎidiàn	蚕豆 cándòu
博大 bódà	不可一世	步履 bùlǚ	彩虹 cǎihóng	蚕食 cánshí
博得 bódé	bùkě-yīshì	步枪 bùqiāng	彩绘 cǎihuì	蚕丝 cánsī
博览会 bólǎnhuì	不力 bùlì	步行 bùxíng	彩礼 cǎilǐ	惭愧 cánkuì
博物馆	不妙 bùmiào	部件 bùjiàn	彩旗 cǎiqí	惨案 cǎn'àn
bówùguǎn	不配 bùpèi	部属 bùshǔ	彩塑 cǎisù	惨白 cǎnbái
搏击 bójī	不屈 bùqū	部委 bùwěi	彩陶 cǎitáo	惨败 cǎnbài
补给 bǔjǐ	不忍 bùrěn	部下 bùxià	菜场 càichǎng	惨死 cǎnsǐ
补救 bǔjiù	不善 bùshàn	擦拭 cāshì	菜刀 càidāo	惨痛 cǎntòng
补课 bǔkè	不适 bùshì	猜测 cāicè	菜蔬 càishū	惨重 cǎnzhòng
补习 bǔxí	不速之客	猜想 cāixiǎng	菜肴 càiyáo	仓促 cāngcù
补助 bǔzhù	bùsùzhīkè	猜疑 cāiyí	菜园 càiyuán	仓皇 cānghuáng
补足 bǔzú	不祥 bùxiáng	才干 cáigàn	参见 cānjiàn	沧桑 cāngsāng
捕获 bǔhuò	不像话	才华 cáihuá	参军 cānjūn	苍翠 cāngcuì
捕杀 bǔshā	bù xiànghuà	才智 cáizhì	参看 cānkàn	苍老 cānglǎo
哺乳 bǔrǔ	不孝 bùxiào	财经 cáijīng	参赛 cānsài	苍茫 cángmáng
哺育 bǔyù	不屑 bùxiè	财会 cáikuài	参天 cāntiān	苍穹 cāngqióng
不啻 bùchì	不懈 bùxiè	财贸 cáimào	参议院	苍天 cāngtiān
不得了 bùdéliǎo	不休 bùxiū	财权 cáiquán	cānyìyuàn	藏身 cángshēn
不得已 bùdéyǐ	不朽 bùxiǔ	财团 cáituán	参预 cānyù	藏书 cángshū
不动产	不锈钢	财物 cáiwù	参阅 cānyuè	操办 cāobàn
bùdòngchǎn	bùxiùgāng	财源 cáiyuán	参展 cānzhǎn	操场 cāochǎng
不动声色	不言而喻	裁定 cáidìng	参战 cānzhàn	操持 cāochí
bùdòng-shēngsè	bùyán'éryù	裁减 cáijiǎn	参政 cānzhèng	操劳 cāoláo
不乏 bùfá	不一 bùyī	裁剪 cáijiǎn	餐具 cānjù	操练 cāoliàn
不法 bùfǎ	不依 bùyī	裁决 cáijué	餐厅 cāntīng	操心 cāoxīn
不凡 bùfán	不以为然	裁军 cáijūn	餐桌 cānzhuō	嘈杂 cáozá
不符 bùfú	bùyǐwéirán	裁判 cáipàn	残暴 cánbào	草本 cǎoběn
不甘 bùgān	不约而同	采伐 cǎifá	残存 cáncún	草场 cǎochǎng
不敢当	bùyuē'értóng	采掘 cǎijué	残废 cánfèi	草丛 cǎocóng
bùgǎndāng	不只 bùzhǐ	采矿 cǎikuàng	残害 cánhài	草帽 cǎomào

草莓 cǎoméi	查处 cháchǔ	娼妓 chāngjì	厂矿	朝代 cháodài
草拟 cǎonǐ	查对 cháduì	长臂猿	chǎngkuàng	朝向 cháoxiàng
草皮 cǎopí	查获 cháhuò	chángbìyuán	厂商	朝阳 cháoyáng
草坪 cǎopíng	查禁 chájìn	长波 chángbō	chǎngshāng	朝野 cháoyě
草率 cǎoshuài	查看 chákàn	长笛 chángdí	场景 chǎngjǐng	朝政 cháozhèng
草图 cǎotú	查问 cháwèn	长方形	敞开 chǎngkāi	嘲讽 cháofěng
草屋 cǎowū	查询 cháxún	chángfāngxíng	怅惘	嘲弄 cháonòng
草鞋 cǎoxié	查阅 cháyuè	长工 chánggōng	chàngwǎng	嘲笑 cháoxiào
草药 cǎoyào	查找 cházhǎo	长颈鹿	畅快 chàngkuài	潮水 cháoshuǐ
厕所 cèsuǒ	察觉 chájué	chángjǐnglù	畅所欲言	潮汐 cháoxī
侧耳 cè'ěr	察看 chákàn	长空	chàngsuǒyùyán	吵架 chǎojià
侧身 cèshēn	刹那 chànà	chángkōng	畅谈 chàngtán	吵闹 chǎonào
测绘 cèhuì	诧异 chàyì	长年 chángnián	畅通 chàngtōng	吵嘴 chǎozuǐ
测试 cèshì	拆除 chāichú	长袍 chángpáo	畅销 chàngxiāo	车床 chēchuáng
测算 cèsuàn	拆毁 chāihuǐ	长跑 chángpǎo	倡导 chàngdǎo	车队 chēduì
策动 cèdòng	拆迁 chāiqiān	长篇 chángpiān	倡议 chàngyì	车夫 chēfū
策划 cèhuà	拆卸 chāixiè	长衫 chángshān	唱词 chàngcí	车祸 chēhuò
层出不穷	差使 chāishǐ	长寿 chángshòu	唱片 chàngpiàn	车门 chēmén
céngchū-bùqióng	柴油 cháiyóu	长叹 chángtàn	唱腔 chàngqiāng	车身 chēshēn
层面 céngmiàn	搀扶 chānfú	长途 chángtú	唱戏 chàngxì	车头 chētóu
叉腰 chāyāo	禅宗 chánzōng	长线 chángxiàn	抄袭 chāoxí	扯皮 chěpí
差错 chācuò	缠绵 chánmián	长夜 chángyè	抄写 chāoxiě	撤换 chèhuàn
差额 chā'é	缠绕 chánrào	长于 chángyú	钞票 chāopiào	撤回 chèhuí
插队 chāduì	潺潺 chánchán	长足 chángzú	超产 chāochǎn	撤离 chèlí
插话 chāhuà	蟾蜍 chánchú	肠胃 chángwèi	超常 chāocháng	撤退 chètuì
插曲 chāqǔ	产妇 chǎnfù	常人 chángrén	超导体	撤销 chèxiāo
插手 chāshǒu	产权 chǎnquán	常设 chángshè	chāodǎotǐ	撤职 chèzhí
插图 chātú	产销 chǎnxiāo	常态 chángtài	超级 chāojí	臣民 chénmín
插秧 chāyāng	铲除 chǎnchú	常委 chángwěi	超前 chāoqián	尘埃 chén'āi
插嘴 chāzuǐ	阐发 chǎnfā	常温 chángwēn	超然 chāorán	尘土 chéntǔ
茶点 chádiǎn	阐释 chǎnshì	常务 chángwù	超人 chāorén	沉寂 chénjì
茶花 cháhuā	颤动 chàndòng	常住 chángzhù	超声波	沉降 chénjiàng
茶几 chájī	忏悔 chànhuǐ	尝新 chángxīn	chāoshēngbō	沉浸 chénjìn
茶具 chájù	猖獗 chāngjué	偿付 chángfù	超脱 chāotuō	沉静 chénjìng
茶水 cháshuǐ	猖狂	偿还 chánghuán	巢穴 cháoxué	沉沦 chénlún
茶园 cháyuán	chāngkuáng	厂家 chǎngjiā	朝拜 cháobài	沉闷 chénmèn

沉没 chénmò　　成全 chéngquán　吃水 chīshuǐ　　充血 chōngxuè　筹措 chóucuò

沉睡 chénshuì　　成书 chéngshū　　吃香 chīxiāng　　充溢 chōngyì　　筹划 chóuhuà

沉痛 chéntòng　　成套 chéngtào　　痴呆 chīdāi　　　充裕 chōngyù　　筹集 chóují

沉吟 chényín　　　成天 chéngtiān　驰骋 chíchěng　　憧憬 chōngjǐng　筹建 chóujiàn

沉郁 chényù　　　成行 chéngxíng　驰名 chímíng　　重叠 chóngdié　　丑恶 chǒu'è

沉醉 chénzuì　　　成形 chéngxíng　迟到 chídào　　　重逢 chóngféng　丑陋 chǒulòu

陈腐 chénfǔ　　　成因 chéngyīn　　迟缓 chíhuǎn　　重申 chóngshēn　臭氧 chòuyǎng

陈规 chénguī　　　丞相　　　　　迟疑 chíyí　　　　重围 chóngwéi　出兵 chūbīng

陈迹 chénjì　　　　chéngxiàng　　迟早 chízǎo　　　重行 chóngxíng　出差 chūchāi

陈列 chénliè　　　诚然 chéngrán　持之以恒　　　重修 chóngxiū　　出厂 chūchǎng

陈设 chénshè　　　诚心 chéngxīn　　　　　chízhīyǐhéng　重演 chóngyǎn　出场 chūchǎng

晨光 chénguāng　诚挚 chéngzhì　持重 chízhòng　　崇敬 chóngjìng　出动 chūdòng

晨曦 chénxī　　　承办 chéngbàn　　齿轮 chǐlún　　　崇尚　　　　　出工 chūgōng

衬衫 chènshān　　承继 chéngjì　　　齿龈 chǐyín　　　　　chóngshàng　出海 chūhǎi

衬托 chèntuō　　　承建 chéngjiàn　耻辱 chǐrǔ　　　　宠爱 chǒng'ài　出击 chūjī

衬衣 chènyī　　　承袭 chéngxí　　斥责 chìzé　　　　宠儿 chǒng'ér　出家 chūjiā

趁机 chènjī　　　城堡 chéngbǎo　赤诚 chìchéng　　抽查 chōuchá　　出嫁 chūjià

趁势 chènshì　　　城郊 chéngjiāo　赤裸 chìluǒ　　　抽搐 chōuchù　　出境 chūjìng

趁早 chènzǎo　　　城楼 chénglóu　赤手空拳　　　抽打 chōudǎ　　　出类拔萃

称职 chènzhí　　　城墙　　　　　chìshǒu-kōngquán　抽调 chōudiào　　chūlèi-bácuì

称霸 chēngbà　　　　chéngqiáng　赤字 chìzì　　　　抽空 chōukòng　　出力 chūlì

称道 chēngdào　城区 chéngqū　　炽烈 chìliè　　　抽泣 chōuqì　　　出马 chūmǎ

称颂 chēngsòng　乘法 chéngfǎ　　炽热 chìrè　　　　抽签 chōuqiān　出面 chūmiàn

称谓 chēngwèi　乘方 chéngfāng　冲淡 chōngdàn　抽取 chōuqǔ　　　出苗 chūmiáo

撑腰 chēngyāo　乘积 chéngjī　　冲锋 chōngfēng　抽穗 chōusuì　　出名 chūmíng

成败 chéngbài　乘凉 chéngliáng冲积 chōngjī　　抽样 chōuyàng　出没 chūmò

成才 chéngcái　乘务员　　　　冲刷 chōngshuā　踌躇 chóuchú　　出品 chūpǐn

成材 chéngcái　　chéngwùyuán　冲天 chōngtiān　仇敌 chóudí　　　出其不意

成风 chéngfēng　乘坐 chéngzuò　冲洗 chōngxǐ　　仇人 chóurén　　　chūqíbùyì

成活 chénghuó　　惩办 chéngbàn　冲撞　　　　　仇视 chóushì　　　出奇 chūqí

成家 chéngjiā　　惩处 chéngchǔ　　　chōngzhuàng　惆怅 chóuchàng　出气 chūqì

成见 chéngjiàn　　惩戒 chéngjiè　充斥 chōngchì　　绸缎 chóuduàn　出勤 chūqín

成交 chéngjiāo　　惩治 chéngzhì　充电 chōngdiàn　稠密 chóumì　　　出人意料

成名 chéngmíng　澄清 chéngqīng　充饥 chōngjī　　愁苦 chóukǔ　　　chūrényìliào

成品 chéngpǐn　吃苦 chīkǔ　　　充沛 chōngpèi　　筹办 chóubàn　　出任 chūrèn

成亲 chéngqīn　吃亏 chīkuī　　　充塞 chōngsè　　　筹备 chóubèi　　出入 chūrù

出山 chūshān	处女 chǔnǚ	传承	创设 chuàngshè	慈爱 cí'ài
出神 chūshén	处世 chǔshì	chuánchéng	创始 chuàngshǐ	慈悲 cíbēi
出生率	处事 chǔshì	传单 chuándān	创业 chuàngyè	慈善 císhàn
chūshēnglǜ	处死 chǔsǐ	传道 chuándào	创制 chuàngzhì	慈祥 cíxiáng
出师 chūshī	处置 chǔzhì	传教 chuánjiào	炊烟 chuīyān	磁带 cídài
出使 chūshǐ	储藏 chǔcáng	传令 chuánlìng	吹拂 chuīfú	磁化 cíhuà
出示 chūshì	处所 chùsuǒ	传奇 chuánqí	吹牛 chuīniú	磁极 cíjí
出世 chūshì	畜力 chùlì	传染 chuánrǎn	吹捧 chuīpěng	磁体 cítǐ
出事 chūshì	触电 chùdiàn	传人 chuánrén	吹嘘 chuīxū	磁头 cítóu
出手 chūshǒu	触动 chùdòng	传神 chuánshén	吹奏 chuīzòu	磁性 cíxìng
出台 chūtái	触发 chùfā	传输 chuánshū	垂钓 chuídiào	雌蕊 círuǐ
出头 chūtóu	触犯 chùfàn	传送 chuánsòng	垂柳 chuíliǔ	雌性 cíxìng
出外 chūwài	触及 chùjí	传诵 chuánsòng	垂死 chuísǐ	雌雄 cíxióng
出院 chūyuàn	触角 chùjiǎo	传闻 chuánwén	垂危 chuíwēi	此间 cǐjiān
出征 chūzhēng	触觉 chùjué	传真 chuánzhēn	锤炼 chuíliàn	此起彼伏
出众 chūzhòng	触摸 chùmō	船舱 chuáncāng	春分 chūnfēn	cǐqǐ-bǐfú
出资 chūzī	触目惊心	船夫 chuánfū	春风 chūnfēng	次第 cìdì
出走 chūzǒu	chùmù-jīngxīn	船家 chuánjiā	春耕 chūngēng	次品 cìpǐn
出租 chūzū	触手 chùshǒu	船台 chuántái	春光 chūnguāng	次日 cìrì
初春 chūchūn	触须 chùxū	船舷 chuánxián	春雷 chūnléi	刺刀 cìdāo
初等 chūděng	矗立 chùlì	船员 chuányuán	春色 chūnsè	刺耳 cì'ěr
初冬 chūdōng	揣测 chuǎicè	船闸 chuánzhá	纯度 chúndù	刺骨 cìgǔ
初恋 chūliàn	揣摩 chuǎimó	喘气 chuǎnqì	纯净 chúnjìng	刺客 cìkè
初年 chūnián	川剧 chuānjù	喘息 chuǎnxī	纯真 chúnzhēn	刺杀 cìshā
初秋 chūqiū	川流不息	创口 chuāngkǒu	纯正 chúnzhèng	刺绣 cìxiù
初夏 chūxià	chuānliú-bùxī	疮疤 chuāngbā	淳朴 chúnpǔ	刺眼 cìyǎn
初学 chūxué	穿插 chuānchā	窗帘 chuānglián	蠢事 chǔnshì	赐予 cìyǔ
除尘 chúchén	穿刺 chuāncì	窗台 chuāngtái	戳穿 chuōchuān	匆忙 cōngmáng
除法 chúfǎ	穿戴 chuāndài	床单 chuángdān	啜泣 chuòqì	聪慧 cōnghuì
除外 chúwài	穿孔 chuānkǒng	床铺 chuángpù	绰号 chuòhào	从容 cóngróng
除夕 chúxī	穿山甲	床位 chuángwèi	瓷器 cíqì	从军 cóngjūn
厨师 chúshī	chuānshānjiǎ	创汇 chuànghuì	瓷砖 cízhuān	从属 cóngshǔ
雏形 chúxíng	穿梭 chuānsuō	创见 chuàngjiàn	词句 cíjù	从头 cóngtóu
橱窗 chúchuāng	穿行 chuānxíng	创建 chuàngjiàn	祠堂 cítáng	从新 cóngxīn
处方 chǔfāng	穿越 chuānyuè	创举 chuàngjǔ	辞典 cídiǎn	从业 cóngyè
处决 chǔjué	传布 chuánbù	创刊 chuàngkān	辞退 cítuì	从众 cóngzhòng

丛林 cónglín	存活 cúnhuó	大本营	大权 dàquán	待命 dàimìng
丛生 cóngshēng	存货 cúnhuò	dàběnyíng	大人物 dàrénwù	待业 dàiyè
丛书 cóngshū	存留 cúnliú	大便 dàbiàn	大赛 dàsài	怠工 dàigōng
凑近 còujìn	存亡 cúnwáng	大肠 dàcháng	大使 dàshǐ	怠慢 dàimàn
凑巧 còuqiǎo	存心 cúnxīn	大潮 dàcháo	大势 dàshì	丹顶鹤
粗暴 cūbào	存折 cúnzhé	大车 dàchē	大肆 dàsì	dāndǐnghè
粗笨 cūbèn	磋商 cuōshāng	大抵 dàdǐ	大同小异	担保 dānbǎo
粗布 cūbù	挫败 cuòbài	大殿 dàdiàn	dàtóng-xiǎoyì	担当 dāndāng
粗大 cūdà	挫伤 cuòshāng	大度 dàdù	大腿 dàtuǐ	担架 dānjià
粗放 cūfàng	错过 cuòguò	大法 dàfǎ	大喜 dàxǐ	担忧 dānyōu
粗犷 cūguǎng	错觉 cuòjué	大凡 dàfán	大显身手	单薄 dānbó
粗鲁 cūlǔ	错位 cuòwèi	大方 dàfāng	dàxiǎn-shēnshǒu	单产 dānchǎn
粗略 cūlüè	错综复杂	大副 dàfù	大相径庭	单词 dāncí
粗俗 cūsú	cuòzōng-fùzá	大公无私	dàxiāng-jìngtíng	单方 dānfāng
粗细 cūxì	搭救 dājiù	dàgōng-wúsī	大修 dàxiū	单干 dāngàn
粗心 cūxīn	搭配 dāpèi	大鼓 dàgǔ	大选 dàxuǎn	单价 dānjià
粗野 cūyě	答辩 dábiàn	大褂 dàguà	大雪 dàxuě	单据 dānjù
粗壮 cūzhuàng	答话 dáhuà	大汉 dàhàn	大雁 dàyàn	单身 dānshēn
簇拥 cùyōng	打岔 dǎchà	大号 dàhào	大业 dàyè	单项 dānxiàng
篡夺 cuànduó	打动 dǎdòng	大户 dàhù	大义 dàyì	单衣 dānyī
篡改 cuàngǎi	打赌 dǎdǔ	大计 dàjì	大专 dàzhuān	单元 dānyuán
催促 cuīcù	打火机 dǎhuǒjī	大将 dàjiàng	大宗 dàzōng	胆固醇
催化 cuīhuà	打搅 dǎjiǎo	大惊小怪	大作 dàzuò	dǎngùchún
催化剂 cuīhuàjì	打垮 dǎkuǎ	dàjīng-xiǎoguài	呆板 dāibǎn	胆量 dǎnliàng
催眠 cuīmián	打捞 dǎlāo	入局 dùjú	呆滞 dāizhì	胆略 dǎnlüè
璀璨 cuǐcàn	打猎 dǎliè	大举 dàjǔ	歹徒 dǎitú	胆囊 dǎnnáng
脆弱 cuìruò	打趣 dǎqù	大理石 dàlǐshí	代办 dàibàn	胆怯 dǎnqiè
萃取 cuìqǔ	打扰 dǎrǎo	大陆架 dàlùjià	代表作	胆小鬼
淬火 cuìhuǒ	打扫 dǎsǎo	大路 dàlù	dàibiǎozuò	dǎnxiǎoguǐ
翠绿 cuìlǜ	打铁 dǎitiě	大略 dàlüè	代词 dàicí	胆汁 dǎnzhī
村落 cūnluò	打通 dǎtōng	大麻 dàmá	代号 dàihào	诞辰 dànchén
村民 cūnmín	打消 dǎxiāo	大麦 dàmài	代数 dàishù	淡薄 dànbó
村寨 cūnzhài	打印 dǎyìn	大米 dàmǐ	玳瑁 dàimào	淡化 dànhuà
村镇 cūnzhèn	打颤 dǎzhàn	大气层	带电 dàidiàn	淡漠 dànmò
存储 cúnchǔ	打字 dǎzì	dàqìcéng	带劲 dàijìn	淡然 dànrán
存放 cúnfàng	大白 dàbái	大气压 dàqìyā	带路 dàilù	弹片 dànpiàn

弹头 dàntóu	捣鬼 dǎoguǐ	得心应手	敌意 díyì	谛听 dìtīng
弹药 dànyào	捣毁 dǎohuǐ	déxīn-yìngshǒu	涤纶 dílún	缔结 dìjié
蛋糕 dàngāo	捣乱 dǎoluàn	灯火 dēnghuǒ	诋毁 dǐhuǐ	缔约 dìyuē
氮肥 dànféi	倒闭 dǎobì	灯塔 dēngtǎ	抵偿 dǐcháng	颠簸 diānbǒ
氮气 dànqì	倒伏 dǎofú	登场 dēngcháng	抵触 dǐchù	颠倒 diāndǎo
当差 dāngchāi	倒卖 dǎomài	登场 dēngchǎng	抵达 dǐdá	颠覆 diānfù
当归 dāngguī	倒塌 dǎotā	登高 dēnggāo	抵挡 dǐdǎng	典范 diǎnfàn
当家 dāngjiā	祷告 dǎogào	登陆 dēnglù	抵消 dǐxiāo	典故 diǎngù
当量 dāngliàng	到家 dàojiā	登门 dēngmén	抵押 dǐyā	典籍 diǎnjí
当面 dāngmiàn	倒挂 dàoguà	登山 dēngshān	抵御 dǐyù	典礼 diǎnlǐ
当权 dāngquán	倒立 dàolì	登台 dēngtái	底片 dǐpiàn	典雅 diǎnyǎ
当日 dāngrì	倒数 dàoshǔ	登载 dēngzǎi	地产 dìchǎn	点滴 diǎndī
当下 dāngxià	倒数 dàoshù	等号 děnghào	地磁 dìcí	点火 diǎnhuǒ
当心 dāngxīn	倒退 dàotuì	等价 děngjià	地道 dìdào	点名 diǎnmíng
当众 dāngzhòng	倒影 dàoyǐng	等式 děngshì	地段 dìduàn	电表 diànbiǎo
党籍 dǎngjí	倒置 dàozhì	等同 děngtóng	地核 dìhé	电波 diànbō
党纪 dǎngjì	倒转 dàozhuǎn	瞪眼 dèngyǎn	地基 dìjī	电车 diànchē
党派 dǎngpài	倒转 dàozhuàn	低层 dīcéng	地窖 dìjiào	电磁场
党团 dǎngtuán	盗贼 dàozéi	低潮 dīcháo	地雷 dìléi	diàncíchǎng
党务 dǎngwù	悼念 dàoniàn	低沉 dīchén	地力 dìlì	电镀 diàndù
党校 dǎngxiào	道家 Dàojiā	低估 dīgū	地幔 dìmàn	电工 diàngōng
党章 dǎngzhāng	道具 dàojù	低空 dīkōng	地盘 dìpán	电光 diànguāng
当日 dàngrì	道歉 dàoqiàn	低廉 dīlián	地皮 dìpí	电焊 diànhàn
当晚 dàngwǎn	道喜 dàoxǐ	低劣 dīliè	地平线	电机 diànjī
当夜 dàngyè	道谢 dàoxiè	低落 dīluò	dìpíngxiàn	电极 diànjí
当真 dàngzhēn	道义 dàoyì	低能 dīnéng	地热 dìrè	电解 diànjiě
荡漾 dàngyàng	稻草 dàocǎo	低洼 dīwā	地毯 dìtǎn	电解质
档次 dàngcì	得逞 déchěng	低微 dīwēi	地下室 dìxiàshì	diànjiězhì
刀枪 dāoqiāng	得当 dédàng	低压 dīyā	地衣 dìyī	电缆 diànlǎn
导电 dǎodiàn	得分 défēn	堤坝 dībà	地狱 dìyù	电铃 diànlíng
导航 dǎoháng	得救 déjiù	滴灌 dīguàn	地址 dìzhǐ	电炉 diànlú
导热 dǎorè	得力 délì	敌国 díguó	弟妹 dìmèi	电气 diànqì
导师 dǎoshī	得失 déshī	敌后 díhòu	帝王 dìwáng	电气化
导向 dǎoxiàng	得体 détǐ	敌寇 díkòu	帝制 dìzhì	diànqìhuà
导游 dǎoyóu	得天独厚	敌情 díqíng	递减 dìjiǎn	电容 diànróng
导语 dǎoyǔ	détiān-dúhòu	敌视 díshì	递增 dìzēng	电扇 diànshàn

电梯 diàntī	订婚 dìnghūn	动画片	毒气 dúqì	短波 duǎnbō
电筒 diàntǒng	订立 dìnglì	dònghuàpiàn	毒蛇 dúshé	短促 duǎncù
电网 diànwǎng	订阅 dìngyuè	动乱 dòngluàn	毒物 dúwù	短工 duǎngōng
电文 diànwén	订正 dìngzhèng	动情 dòngqíng	毒药 dúyào	短路 duǎnlù
电信 diànxìn	定点 dìngdiǎn	动身 dòngshēn	独霸 dúbà	短跑 duǎnpǎo
电讯 diànxùn	定都 dìngdū	动听 dòngtīng	独白 dúbái	短缺 duǎnquē
电影院	定购 dìnggòu	动物园	独裁 dúcái	短线 duǎnxiàn
diànyǐngyuàn	定价 dìngjià	dòngwùyuán	独唱 dúchàng	短小 duǎnxiǎo
店铺 diànpù	定居 dìngjū	动向 dòngxiàng	独创 dúchuàng	短语 duǎnyǔ
店堂 diàntáng	定论 dìnglùn	动心 dòngxīn	独到 dúdào	段落 duànluò
店员 diànyuán	定名 dìngmíng	动用 dòngyòng	独断 dúduàn	断层 duàncéng
垫圈 diànquān	定神 dìngshén	动辄 dòngzhé	独家 dújiā	断绝 duànjué
惦念 diànniàn	定时 dìngshí	冻疮	独身 dúshēn	断送 duànsòng
奠基 diànjī	定位 dìngwèi	dòngchuāng	独舞 dúwǔ	断言 duànyán
殿堂 diàntáng	定性 dìngxìng	冻结 dòngjié	独一无二	堆放 duīfàng
殿下 diànxià	定语 dìngyǔ	洞察 dòngchá	dúyī-wúèr	堆砌 duīqì
碉堡 diāobǎo	定员 dìngyuán	洞房 dòngfáng	独奏 dúzòu	对岸 duì'àn
雕琢 diāozhuó	定罪 dìngzuì	洞穴 dòngxué	读数 dúshù	对策 duìcè
刁难 diāonàn	丢掉 diūdiào	斗笠 dǒulì	读物 dúwù	对答 duìdá
吊环 diàohuán	丢脸 diūliǎn	抖动 dǒudòng	读音 dúyīn	对等 duìděng
钓竿 diàogān	丢人 diūrén	抖擞 dǒusǒu	笃信 dǔxìn	对接 duìjiē
调度 diàodù	丢失 diūshī	陡坡 dǒupō	堵截 dǔjié	对口 duìkǒu
调换 diàohuàn	东道主	陡峭 dǒuqiào	堵塞 dǔsè	对联 duìlián
调集 diàojí	dōngdàozhǔ	陡然 dǒurán	赌博 dǔbó	对路 duìlù
调配 diàopèi	东风 dōngfēng	斗志 dòuzhì	赌气 dǔqì	对门 duìmén
调遣 diàoqiǎn	东经 dōngjīng	豆浆 dòujiāng	杜鹃 dùjuān	对偶 duì'ǒu
调运 diàoyùn	东正教	逗留 dòuliú	杜绝 dùjué	对数 duìshù
掉队 diàoduì	Dōngzhèngjiào	都城 dūchéng	妒忌 dùjì	对头 duìtou
掉头 diàotóu	冬眠 dōngmián	督办 dūbàn	度量 dùliàng	对虾 duìxiā
跌落 diēluò	董事 dǒngshì	督促 dūcù	度日 dùrì	对峙 duìzhì
叮咛 dīngníng	董事会	督军 dūjūn	渡船 dùchuán	队列 duìliè
叮嘱 dīngzhǔ	dǒngshìhuì	毒草 dúcǎo	渡口 dùkǒu	兑换 duìhuàn
顶峰 dǐngfēng	懂事 dǒngshì	毒打 dúdǎ	端午 Duānwǔ	兑现 duìxiàn
顶替 dǐngtì	动产 dòngchǎn	毒害 dúhài	端详 duānxiáng	敦促 dūncù
鼎盛 dǐngshèng	动荡 dòngdàng	毒剂 dújì	端庄	顿悟 dùnwù
订购 dìnggòu	动工 dònggōng	毒品 dúpǐn	duānzhuāng	多寡 duōguǎ

多亏 duōkuī	恩情 ēnqíng	发送 fāsòng	繁盛 fánshèng	贩运 fànyùn
多情 duōqíng	恩人 ēnrén	发文 fāwén	繁琐 fánsuǒ	方剂 fāngjì
多事 duōshì	儿科 érkē	发问 fāwèn	繁衍 fányǎn	方略 fānglüè
多谢 duōxiè	儿孙 érsūn	发笑 fāxiào	繁育 fányù	方位 fāngwèi
多嘴 duōzuǐ	儿戏 érxì	发泄 fāxiè	繁杂 fánzá	方向盘
夺目 duómù	而今 érjīn	发言人 fāyánrén	反比 fǎnbǐ	fāngxiàngpán
躲避 duǒbì	尔后 ěrhòu	发源 fāyuán	反驳 fǎnbó	方兴未艾
躲藏 duǒcáng	耳光 ěrguāng	乏力 fálì	反常 fǎncháng	fāngxīng-wèi'ài
躲闪 duǒshǎn	耳环 ěrhuán	乏味 fáwèi	反刍 fǎnchú	方圆 fāngyuán
堕落 duòluò	耳机 ěrjī	伐木 fámù	反倒 fǎndào	方桌 fāngzhuō
惰性 duòxìng	耳鸣 ěrmíng	罚金 fájīn	反感 fǎngǎn	芳香 fāngxiāng
跺脚 duòjiǎo	耳目 ěrmù	法案 fǎ'àn	反攻 fǎngōng	防备 fángbèi
鹅卵石 éluǎnshí	耳语 ěryǔ	法宝 fǎbǎo	反光 fǎnguāng	防毒 fángdú
额定 édìng	二胡 èrhú	法典 fǎdiǎn	反击 fǎnjī	防范 fángfàn
额角 éjiǎo	发报 fābào	法纪 fǎjì	反叛 fǎnpàn	防寒 fánghán
额头 étóu	发财 fācái	法权 fǎquán	反扑 fǎnpū	防洪 fánghóng
额外 éwài	发愁 fāchóu	法师 fǎshī	反思 fǎnsī	防护 fánghù
厄运 èyùn	发呆 fādāi	法术 fǎshù	反问 fǎnwèn	防护林 fánghùlín
扼杀 èshā	发放 fāfàng	法医 fǎyī	反响 fǎnxiǎng	防空 fángkōng
扼要 èyào	发疯 fāfēng	法治 fǎzhì	反省 fǎnxǐng	防守 fángshǒu
恶霸 èbà	发还 fāhuán	发型 fàxíng	反义词 fǎnyìcí	防卫 fángwèi
恶臭 èchòu	发火 fāhuǒ	帆布 fānbù	反证 fǎnzhèng	防务 fángwù
恶毒 èdú	发酵 fājiào	帆船 fānchuán	返航 fǎnháng	防线 fángxiàn
恶棍 ègùn	发狂 fākuáng	番茄 fānqié	返还 fǎnhuán	防汛 fángxùn
恶果 èguǒ	发愣 fālèng	藩镇 fānzhèn	返青 fǎnqīng	防疫 fángyì
恶魔 èmó	发毛 fāmáo	翻案 fān'àn	泛滥 fànlàn	妨害 fánghài
恶人 èrén	发霉 fāméi	翻动 fāndòng	范例 fànlì	房产 fángchǎn
恶习 èxí	发怒 fānù	翻滚 fāngǔn	梵文 fànwén	房东 fángdōng
恶性 èxìng	发配 fāpèi	翻阅 fānyuè	犯法 fànfǎ	房租 fángzū
恶意 èyì	发票 fāpiào	凡人 fánrén	犯人 fànrén	仿效 fǎngxiào
恶作剧 èzuòjù	发情 fāqíng	凡事 fánshì	饭菜 fàncài	仿照 fǎngzhào
萼片 èpiàn	发球 fāqiú	烦闷 fánmèn	饭盒 fànhé	仿制 fǎngzhì
遏止 èzhǐ	发散 fāsàn	烦躁 fánzào	饭厅 fàntīng	纺织品
遏制 èzhì	发烧 fāshāo	繁复 fánfù	饭碗 fànwǎn	fǎngzhīpǐn
愕然 èrán	发誓 fāshì	繁华 fánhuá	饭桌 fànzhuō	放大镜
恩赐 ēncì	发售 fāshòu	繁忙 fánmáng	贩卖 fànmài	fàngdàjìng

放电 fàngdiàn　飞行器 fēixíngqì　费力 fèilì　　粉尘 fěnchén　风流 fēngliú

放火 fànghuǒ　飞行员　　　分辩 fēnbiàn　粉刺 fěncì　　风貌 fēngmào

放假 fàngjià　　fēixíngyuán　分兵 fēnbīng　粉红 fěnhóng　风靡 fēngmǐ

放宽 fàngkuān　飞扬 fēiyáng　分担 fēndān　粉剂 fěnjì　　风起云涌

放牧 fàngmù　　飞越 fēiyuè　　分队 fēnduì　粉饰 fěnshì　　fēngqǐ-yúnyǒng

放炮 fàngpào　　飞涨 fēizhǎng　分发 fēnfā　　分外 fènwài　风情 fēngqíng

放任 fàngrèn　　肥大 féidà　　分隔 fēngé　　份额 fèn'é　　风趣 fēngqù

放哨 fàngshào　肥厚 féihòu　　分管 fēnguǎn　奋不顾身　　风沙 fēngshā

放射线　　　　肥力 féilì　　　分红 fēnhóng　　fènbùgùshēn　风尚 fēngshàng

　fàngshèxiàn　肥胖 féipàng　分家 fēnjiā　　奋发 fènfā　　风声 fēngshēng

放声 fàngshēng　肥水 féishuǐ　分居 fēnjū　　奋力 fènlì　　风味 fēngwèi

放手 fàngshǒu　肥沃 féiwò　　分流 fēnliú　　奋起 fènqǐ　　风箱 fēngxiāng

放肆 fàngsì　　肥效 féixiào　　分娩 fēnmiǎn　奋勇 fènyǒng　风向 fēngxiàng

放行 fàngxíng　肥皂 féizào　　分蘗 fēnniè　　奋战 fènzhàn　风行 fēngxíng

放学 fàngxué　诽谤 fěibàng　分派 fēnpài　　粪便 fènbiàn　风雅 fēngyǎ

放眼 fàngyǎn　匪帮 fěibāng　分清 fēiqīng　愤恨 fènhèn　风云 fēngyún

放养 fàngyǎng　匪徒 fěitú　　分手 fēnshǒu　愤慨 fènkǎi　风韵 fēngyùn

放映 fàngyìng　翡翠 fěicuì　　分数 fēnshù　　愤然 fènrán　风姿 fēngzī

放置 fàngzhì　　肺病 fèibìng　分水岭　　　丰产 fēngchǎn　封面 fēngmiàn

放纵 fàngzòng　肺活量　　　　fēnshuǐlǐng　丰厚 fēnghòu　烽火 fēnghuǒ

非得 fēiděi　　　fèihuóliàng　分摊 fēntān　　丰满 fēngmǎn　锋利 fēnglì

非凡 fēifán　　肺结核 fèijiéhé　分头 fēntóu　　丰年 fēngnián　锋芒 fēngmáng

非难 fēinàn　　肺炎 fèiyán　　分享 fēnxiǎng　丰盛 fēngshèng　蜂巢 fēngcháo

非同小可　　　废话 fèihuà　　芬芳 fēnfāng　丰硕 fēngshuò　蜂房 fēngfáng

　fēitóngxiǎokě　废旧 fèijiù　　纷繁 fēnfán　　丰腴 fēngyú　蜂蜜 fēngmì

非议 fēiyì　　　废料 fèiliào　　纷飞 fēnfēi　　风波 fēngbō　蜂王 fēngwáng

绯红 fēihóng　　废品 fèipǐn　　纷乱 fēnluàn　风采 fēngcǎi　蜂窝 fēngwō

飞驰 fēichí　　废气 fèiqì　　　纷纭 fēnyún　　风潮 fēngcháo　峰峦 fēngluán

飞碟 fēidié　　废弃 fèiqì　　　纷争 fēnzhēng　风车 fēngchē　缝合 fénghé

飞溅 fēijiàn　　废物 fèiwù　　　氛围 fēnwéi　　风驰电掣　　缝纫 féngrèn

飞禽 fēiqín　　废渣 fèizhā　　坟地 féndì　　　fēngchí-diànchè　奉命 fèngmìng

飞速 fēisù　　　废止 fèizhǐ　　坟墓 fénmù　　风度 fēngdù　奉行 fèngxíng

飞腾 fēiténg　　沸点 fèidiǎn　坟头 féntóu　　风帆 fēngfān　缝隙 fèngxì

飞天 fēitiān　　沸水 fèishuǐ　焚毁 fénhuǐ　　风寒 fēnghán　佛典 fódiǎn

飞艇 fēitǐng　　费解 fèijiě　　焚烧 fénshāo　风化 fēnghuà　佛法 fófǎ

飞舞 fēiwǔ　　　费劲 fèijìn　　粉笔 fěnbǐ　　风浪 fēnglàng　佛经 fójīng

佛寺 fósì	辅导 fǔdǎo	副词 fùcí	干瘪 gānbiě	钢材 gāngcái
佛像 fóxiàng	腐化 fǔhuà	副官 fùguān	干冰 gānbīng	钢筋 gāngjīn
佛学 fóxué	腐烂 fǔlàn	副刊 fùkān	干草 gāncǎo	钢盔 gāngkuī
否决 fǒujué	父辈 fùbèi	副食 fùshí	干涸 gānhé	港币 gǎngbì
夫子 fūzǐ	父老 fùlǎo	副作用	干枯 gānkū	港湾 gǎngwān
肤浅 fūqiǎn	负电 fùdiàn	fùzuòyòng	甘草 gāncǎo	杠杆 gànggǎn
肤色 fūsè	负荷 fùhè	赋税 fùshuì	甘露 gānlù	高昂 gāo'áng
敷衍 fūyǎn	负极 fùjí	富贵 fùguì	甘薯 gānshǔ	高傲 gāo'ào
伏击 fújī	负离子 fùlízǐ	富丽 fùlì	甘愿 gānyuàn	高倍 gāobèi
伏贴 fútiē	负伤 fùshāng	富强 fùqiáng	坩埚 gānguō	高层 gāocéng
芙蓉 fúróng	负载 fùzài	富饶 fùráo	柑橘 gānjú	高超 gāochāo
扶持 fúchí	负债 fùzhài	富庶 fùshù	杆菌 gǎnjūn	高档 gāodàng
扶贫 fúpín	负重 fùzhòng	富翁 fùwēng	赶场 gǎnchǎng	高贵 gāoguì
扶桑 fúsāng	妇科 fùkē	富足 fùzú	赶车 gǎnchē	高寒 gāohán
扶养 fúyǎng	附带 fùdài	腹地 fùdì	赶集 gǎnjí	高价 gāojià
扶植 fúzhí	附和 fùhè	腹膜 fùmó	赶路 gǎnlù	高举 gāojǔ
扶助 fúzhù	附件 fùjiàn	腹腔 fùqiāng	感触 gǎnchù	高亢 gāokàng
拂晓 fúxiǎo	附录 fùlù	腹泻 fùxiè	感光 gǎnguāng	高考 gāokǎo
服饰 fúshì	附设 fùshè	覆灭 fùmiè	感化 gǎnhuà	高龄 gāolíng
服药 fúyào	附属 fùshǔ	改道 gǎidào	感冒 gǎnmào	高明 gāomíng
服役 fúyì	附庸 fùyōng	改动 gǎidòng	感人 gǎnrén	高能 gāonéng
俘获 fúhuò	复查 fùchá	改观 gǎiguān	感伤 gǎnshāng	高强 gāoqiáng
浮雕 fúdiāo	复仇 fùchóu	改行 gǎiháng	感叹 gǎntàn	高热 gāorè
浮力 fúlì	复发 fùfā	改换 gǎihuàn	感想 gǎnxiǎng	高烧 gāoshāo
浮现 fúxiàn	复古 fùgǔ	改悔 gǎihuǐ	橄榄 gǎnlǎn	高深 gāoshēn
浮云 fúyún	复核 fùhé	改嫁 gǎijià	干劲 gànjìn	高手 gāoshǒu
浮肿 fúzhǒng	复活 fùhuó	改建 gǎijiàn	干流 gànliú	高耸 gāosǒng
福音 fúyīn	复述 fùshù	改口 gǎikǒu	干线 gànxiàn	高下 gāoxià
抚摩 fǔmó	复苏 fùsū	改写 gǎixiě	刚好 gānghǎo	高效 gāoxiào
抚慰 fǔwèi	复习 fùxí	改选 gǎixuǎn	刚健 gāngjiàn	高血压
抚养 fǔyǎng	复兴 fùxīng	改制 gǎizhì	刚劲 gāngjìng	gāoxuèyā
抚育 fǔyù	复眼 fùyǎn	改装 gǎizhuāng	刚强 gāngqiáng	高雅 gāoyǎ
俯冲 fǔchōng	复议 fùyì	概况 gàikuàng	肛门 gāngmén	羔皮 gāopí
俯瞰 fǔkàn	复员 fùyuán	概论 gàilùn	纲要 gāngyào	羔羊 gāoyáng
俯视 fǔshì	复原 fùyuán	概述 gàishù	钢板 gāngbǎn	糕点 gāodiǎn
俯首 fǔshǒu	副本 fùběn	干杯 gānbēi	钢笔 gāngbǐ	稿费 gǎofèi

稿件 gǎojiàn	根治 gēnzhì	公害 gōnghài	功用 gōngyòng	构件 gòujiàn
稿纸 gǎozhǐ	跟踪 gēnzōng	公函 gōnghán	攻打 gōngdǎ	构图 gòutú
告辞 gàocí	更改 gēnggǎi	公会 gōnghuì	攻读 gōngdú	构想 gòuxiǎng
告发 gàofā	更换 gēnghuàn	公积金	攻关 gōngguān	构筑 gòuzhù
告急 gàojí	更替 gēngtì	gōngjījīn	攻克 gōngkè	购置 gòuzhì
告诫 gàojiè	更正 gēngzhèng	公款 gōngkuǎn	攻破 gōngpò	估价 gūjià
告知 gàozhī	耕耘 gēngyún	公墓 gōngmù	攻势 gōngshì	估算 gūsuàn
告终 gàozhōng	耕种 gēngzhòng	公婆 gōngpó	攻陷 gōngxiàn	姑且 gūqiě
告状 gàozhuàng	哽咽 gěngyè	公仆 gōngpú	攻占 gōngzhàn	姑息 gūxī
戈壁 gēbì	工段 gōngduàn	公然 gōngrán	供销 gōngxiāo	孤单 gūdān
搁置 gēzhì	工分 gōngfēn	公使 gōngshǐ	供需 gōngxū	孤儿 gū'ér
割断 gēduàn	工匠 gōngjiàng	公事 gōngshì	供养 gōngyǎng	孤寂 gūjì
割据 gējù	工矿 gōngkuàng	公私 gōngsī	宫殿 gōngdiàn	孤军 gūjūn
割裂 gēliè	工龄 gōnglíng	公诉 gōngsù	宫女 gōngnǚ	辜负 gūfù
割让 gēràng	工期 gōngqī	公文 gōngwén	恭敬 gōngjìng	古董 gǔdǒng
歌词 gēcí	工时 gōngshí	公务 gōngwù	恭喜 gōngxǐ	古怪 gǔguài
歌喉 gēhóu	工事 gōngshì	公务员	拱桥 gǒngqiáo	古籍 gǔjí
歌手 gēshǒu	工头 gōngtóu	gōngwùyuán	拱手 gǒngshǒu	古迹 gǔjì
歌星 gēxīng	工效 gōngxiào	公益 gōngyì	共存 gòngcún	古兰经
歌咏 gēyǒng	工序 gōngxù	公用 gōngyòng	共和 gònghé	Gǔlánjīng
革除 géchú	工艺品	公寓 gōngyù	共计 gòngjì	古朴 gǔpǔ
阁楼 gélóu	gōngyìpǐn	公约 gōngyuē	共生 gòngshēng	古书 gǔshū
阁下 géxià	工友 gōngyǒu	公债 gōngzhài	共事 gòngshì	古文 gǔwén
格调 gédiào	工种 gōngzhǒng	公证 gōngzhèng	共通 gòngtōng	古音 gǔyīn
格局 géjú	工作日	公职 gōngzhí	共性 gòngxìng	谷地 gǔdì
格律 gélǜ	gōngzuòrì	公众 gōngzhòng	共振 gòngzhèn	谷物 gǔwù
格言 géyán	公案 gōng'àn	公转 gōngzhuàn	供奉 gòngfèng	股东 gǔdōng
隔断 géduàn	公报 gōngbào	公子 gōngzǐ	供养 gòngyǎng	股份 gǔfèn
隔阂 géhé	公差 gōngchāi	功臣 gōngchén	勾画 gōuhuà	股金 gǔjīn
隔绝 géjué	公道 gōngdào	功德 gōngdé	勾勒 gōulè	股息 gǔxī
隔膜 gémó	公法 gōngfǎ	功绩 gōngjì	勾引 gōuyǐn	骨灰 gǔhuī
各别 gèbié	公费 gōngfèi	功力 gōnglì	沟谷 gōugǔ	骨架 gǔjià
根除 gēnchú	公告 gōnggào	功利 gōnglì	沟渠 gōuqú	骨盆 gǔpén
根基 gēnjī	公关 gōngguān	功名 gōngmíng	篝火 gōuhuǒ	骨气 gǔqì
根深蒂固	公馆 gōngguǎn	功效 gōngxiào	苟且 gǒuqiě	骨肉 gǔròu
gēnshēn-dìgù	公海 gōnghǎi	功勋 gōngxūn	狗熊 gǒuxióng	骨髓 gǔsuǐ

骨折 gǔzhé	关税 guānshuì	光束 guāngshù	桂花 guìhuā	过场 guòchǎng
鼓动 gǔdòng	关头 guāntóu	光速 guāngsù	桂圆 guìyuán	过错 guòcuò
鼓膜 gǔmó	关押 guānyā	光阴 guāngyīn	滚动 gǔndòng	过道 guòdào
鼓掌 gǔzhǎng	关照 guānzhào	广博 guǎngbó	滚烫 gǔntàng	过冬 guòdōng
固守 gùshǒu	观光 guānguāng	广度 guǎngdù	棍棒 gùnbàng	过关 guòguān
固态 gùtài	观摩 guānmó	广袤 guǎngmào	锅炉 guōlú	过火 guòhuǒ
故此 gùcǐ	观赏 guānshǎng	广漠 guǎngmò	锅台 guōtái	过境 guòjìng
故而 gù'ér	观望 guānwàng	归队 guīduì	国策 guócè	过量 guòliàng
故宫 gùgōng	官办 guānbàn	归附 guīfù	国产 guóchǎn	过路 guòlù
故国 gùguó	官场 guānchǎng	归还 guīhuán	国度 guódù	过滤 guòlǜ
故土 gùtǔ	官方 guānfāng	归侨 guīqiáo	国法 guófǎ	过敏 guòmǐn
故障 gùzhàng	官府 guānfǔ	归属 guīshǔ	国歌 guógē	过热 guòrè
顾及 gùjí	官职 guānzhí	归宿 guīsù	国画 guóhuà	过人 guòrén
顾忌 gùjì	管家 guǎnjiā	归途 guītú	国货 guóhuò	过剩 guòshèng
顾名思义	管教 guǎnjiào	归于 guīyú	国籍 guójí	过失 guòshī
gùmíng-sīyì	管事 guǎnshì	规程 guīchéng	国界 guójiè	过时 guòshí
顾盼 gùpàn	管弦乐	规范化	国境 guójìng	过头 guòtóu
雇工 gùgōng	guǎnxiányuè	guīfànhuà	国君 guójūn	过往 guòwǎng
雇佣 gùyōng	管用 guǎnyòng	规劝 guīquàn	国库 guókù	过问 guòwèn
雇用 gùyòng	管制 guǎnzhì	规章 guīzhāng	国力 guólì	过夜 guòyè
雇员 gùyuán	贯通 guàntōng	皈依 guīyī	国立 guólì	过瘾 guòyǐn
雇主 gùzhǔ	惯例 guànlì	瑰丽 guīlì	国难 guónàn	过硬 guòyìng
瓜分 guāfēn	惯用 guànyòng	轨迹 guǐjì	国旗 guóqí	哈密瓜 hāmìguā
瓜子 guāzǐ	灌木 guànmù	诡辩 guǐbiàn	国庆 guóqìng	孩提 háití
挂钩 guàgōu	灌区 guànqū	诡秘 guǐmì	国人 guórén	海岸线
挂念 guàniàn	灌输 guànshū	鬼魂 guǐhún	国事 guóshì	hǎi'ànxiàn
挂帅 guàshuài	灌注 guànzhù	鬼脸 guǐliǎn	国势 guóshì	海报 hǎibào
拐棍 guǎigùn	光波 guāngbō	鬼神 guǐshén	国体 guótǐ	海滨 hǎibīn
拐弯 guǎiwān	光度 guāngdù	柜台 guìtái	国务 guówù	海潮 hǎicháo
拐杖 guǎizhàng	光复 guāngfù	贵宾 guìbīn	国语 guóyǔ	海岛 hǎidǎo
怪事 guàishì	光顾 guānggù	贵妃 guìfēi	果木 guǒmù	海盗 hǎidào
怪异 guàiyì	光环 guānghuán	贵贱 guìjiàn	果皮 guǒpí	海防 hǎifáng
关口 guānkǒu	光洁 guāngjié	贵人 guìrén	果品 guǒpǐn	海风 hǎifēng
关门 guānmén	光临 guānglín	贵姓 guìxìng	果肉 guǒròu	海港 hǎigǎng
关卡 guānqiǎ	光能 guāngnéng	贵重 guìzhòng	果园 guǒyuán	海口 hǎikǒu
关切 guānqiè	光年 guāngnián	桂冠 guìguān	果真 guǒzhēn	海里 hǎilǐ

海流 hǎiliú	汗流浃背	好意 hǎoyì	河山 héshān	红木 hóngmù
海轮 hǎilún	hànliú-jiābèi	号称 hàochēng	河滩 hétān	红娘 Hóngniáng
海绵 hǎimián	汗毛 hànmáo	号角 hàojiǎo	河豚 hétún	红润 hóngrùn
海参 hǎishēn	汗衫 hànshān	号令 hàolìng	核定 hédìng	红烧 hóngshāo
海市蜃楼	旱地 hàndì	号码 hàomǎ	核对 héduì	红外线
hǎishì-shènlóu	旱烟 hànyān	好客 hàokè	核能 hénéng	hóngwàixiàn
海滩 hǎitān	旱灾 hànzāi	好恶 hàowù	核实 héshí	红星 hóngxīng
海棠 hǎitáng	捍卫 hànwèi	耗资 hàozī	核准 hézhǔn	红叶 hóngyè
海豚 hǎitún	悍然 hànrán	浩大 hàodà	核子 hézǐ	红晕 hóngyùn
海峡 hǎixiá	焊接 hànjiē	浩劫 hàojié	贺喜 hèxǐ	宏大 hóngdà
海啸 hǎixiào	行会 hánghuì	呵斥 hēchì	喝彩 hècǎi	洪亮 hóngliàng
海员 hǎiyuán	行情 hángqíng	合唱 héchàng	赫然 hèrán	洪流 hóngliú
海运 hǎiyùn	航程 hángchéng	合伙 héhuǒ	黑白 hēibái	鸿沟 hónggōu
海蜇 hǎizhé	航船 hángchuán	合击 héjī	黑板 hēibǎn	喉舌 hóushé
害羞 hàixiū	航道 hángdào	合计 héjì	黑洞 hēidòng	吼叫 hǒujiào
酣睡 hānshuì	航路 hánglù	合流 héliú	黑体 hēitǐ	吼声 hǒushēng
憨厚 hānhòu	航天 hángtiān	合算 hésuàn	狠心 hěnxīn	后备 hòubèi
鼾声 hānshēng	航线 hángxiàn	合体 hétǐ	恒定 héngdìng	后盾 hòudùn
含混 hánhùn	航运 hángyùn	合营 héyíng	恒温 héngwēn	后顾之忧
含笑 hánxiào	巷道 hàngdào	合影 héyǐng	恒心 héngxīn	hòugùzhīyōu
含蓄 hánxù	豪放 háofàng	合用 héyòng	横渡 héngdù	后继 hòujì
含意 hányì	豪华 háohuá	合资 hézī	横亘 hénggèn	后劲 hòujìn
函授 hánshòu	豪迈 háomài	合奏 hézòu	横贯 héngguàn	后门 hòumén
涵义 hányì	豪情 háoqíng	何尝 hécháng	横扫 héngsǎo	后台 hòutái
寒潮 háncháo	豪爽 háoshuǎng	何苦 hékǔ	横行 héngxíng	后退 hòutuì
寒带 hándài	壕沟 háogōu	何止 hézhǐ	轰动 hōngdòng	后卫 hòuwèi
寒假 hánjià	嚎啕 háotáo	和蔼 hé'ǎi	轰击 hōngjī	后续 hòuxù
寒噤 hánjìn	好歹 hǎodǎi	和缓 héhuǎn	轰鸣 hōngmíng	后裔 hòuyì
寒流 hánliú	好感 hǎogǎn	和解 héjiě	轰然 hōngrán	后院 hòuyuàn
寒气 hánqì	好汉 gǎohàn	和睦 hémù	轰响 hōngxiǎn	厚薄 hòubó
寒热 hánrè	好评 gǎopíng	和声 héshēng	轰炸 hōngzhà	候补 hòubǔ
寒暑 hánshǔ	好受 hǎoshòu	和约 héyuē	烘托 hōngtuō	候鸟 hòuniǎo
寒暄 hánxuān	好说 hǎoshuō	河床 héchuáng	弘扬 hóngyáng	候审 hòushěn
寒意 hányì	好似 hǎosì	河道 hédào	红利 hónglì	呼号 hūháo
寒颤 hánzhàn	好笑 hǎoxiào	河谷 hégǔ	红领巾	呼叫 hūjiào
喊叫 hǎnjiào	好心 hǎoxīn	河口 hékǒu	hónglǐngjīn	呼救 hūjiù

呼声 hūshēng	花坛 huātán	坏蛋 huàidàn	荒凉 huāngliáng	灰暗 huī'àn
呼啸 hūxiào	花厅 huātīng	坏事 huàishì	荒谬 huāngmiù	灰白 huībái
呼应 hūyìng	花样 huāyàng	坏死 huàisǐ	荒漠 huāngmò	灰烬 buījìn
忽而 hū'ér	华贵 huáguì	欢呼 huānhū	荒僻 huāngpì	灰心 huīxīn
狐疑 húyí	华丽 huálì	欢快 huānkuài	荒芜 huāngwú	诙谐 huīxié
弧光 húguāng	华美 huáměi	欢送 huānsòng	荒野 huāngyě	挥动 huīdòng
胡乱 húluàn	华人 huárén	欢腾 huānténg	荒原 huāngyuán	挥发 huīfā
胡闹 húnào	华夏 huáxià	欢笑 huānxiào	慌乱 huāngluàn	挥霍 huīhuò
胡须 húxū	哗然 huárán	欢心 huānxīn	慌忙	挥手 huīshǒu
互利 hùlì	滑轮 huálún	欢欣 huānxīn	huāngmáng	挥舞 huīwǔ
户主 hùzhǔ	滑行 huáxíng	还击 huánjī	慌张	辉映 huīyìng
护理 hùlǐ	滑雪 huáxuě	环抱 huánbào	huāngzhāng	回报 huíbào
护送 hùsòng	化脓 huànóng	环顾 huángù	皇宫 huánggōng	回荡 huídàng
护照 hùzhào	化身 huàshēn	环球 huánqiú	皇冠 huángguān	回复 huífù
花白 huābái	化纤 huàxiān	环绕 huánrào	皇后 huánghòu	回归线
花瓣 huābàn	化验 huàyàn	环视 huánshì	皇家 huángjiā	huíguīxiàn
花边 huābiān	化妆 huàzhuāng	环形 huánxíng	皇权 huángquán	回合 huíhé
花草 huācǎo	化妆品	缓冲 huǎnchōng	皇室 huángshì	回话 huíhuà
花丛 huācóng	huàzhuāngpǐn	缓解 huǎnjiě	黄疸 huángdǎn	回环 huíhuán
花旦 huādàn	化装 huàzhuāng	缓刑 huǎnxíng	黄澄澄	回击 huíjī
花萼 huā'è	画报 huàbào	幻灯 huàndēng	huángdēngdēng	回敬 huíjìng
花岗岩	画笔 huàbǐ	幻象 huànxiàng	黄帝 Huángdì	回流 huíliú
huāgāngyán	画册 huàcè	幻影 huànyǐng	黄豆 huángdòu	回路 huílù
花冠 huāguān	画卷 huàjuàn	宦官 huànguān	黄花 huánghuā	回身 huíshēn
花卉 guāhuì	画廊 huàláng	换取 huànqǔ	黄连 huánglián	回升 huíshēng
花轿 huājiào	画片 huàpiàn	换算 huànsuàn	黄鼠狼	回声 huíshēng
花蕾 huālěi	画师 huàshī	唤醒 huànxǐng	huángshǔláng	回师 huíshī
花脸 huāliǎn	画室 huàshì	涣散 huànsàn	黄莺 huángyīng	回收 huíshōu
花蜜 huāmì	画坛 huàtán	患难 huànnàn	惶惑 huánghuò	回首 huíshǒu
花木 huāmù	画图 huàtú	焕发 huànfā	惶恐 huángkǒng	回味 huíwèi
花鸟 huāniǎo	画外音	焕然一新	蝗虫	回响 huíxiǎng
花瓶 huāpíng	huàwàiyīn	huànrán-yīxīn	huángchóng	回想 huíxiǎng
花圃 huāpǔ	画院 huàyuàn	豢养 huànyǎng	恍然 huǎngrán	回信 huíxìn
花期 huāqī	画展 huàzhǎn	荒诞 huāngdàn	谎话 huǎnghuà	回旋 huíxuán
花圈 huāquān	话音 huàyīn	荒地 huāngdì	谎言 huǎngyán	回忆录 huíyìlù
花蕊 huāruǐ	怀孕 huáiyùn	荒废 huāngfèi	晃动 huàngdòng	回音 huíyīn

回应 huíyìng	魂魄 húnpò	货车 huòchē	积蓄 jīxù	急促 jícù
回转 huízhuǎn	混沌 hùndùn	货款 huòkuǎn	基本功	急救 jíjiù
洄游 huíyóu	混合物 hùnhéwù	货轮 huòlún	jīběngōng	急遽 jíjù
蛔虫 huíchóng	混凝土	货色 huòsè	基调 jīdiào	急流 jíliú
悔改 huǐgǎi	hùnníngtǔ	货源 huòyuán	基石 jīshí	急迫 jípò
悔恨 huǐhèn	混同 hùntóng	货运 huòyùn	基数 jīshù	急切 jíqiè
毁坏 huǐhuài	混杂 hùnzá	获悉 huòxī	激昂 jī'áng	急事 jíshì
汇编 huìbiān	混战 hùnzhàn	霍乱 huòluàn	激荡 jīdàng	急速 jísù
汇合 huìhé	混浊 hùnzhuó	豁免 huòmiǎn	激愤 jīfèn	急中生智
汇集 huìjí	豁口 huōkǒu	几率 jīlǜ	激化 jīhuà	jízhōng-shēngzhì
汇率 huìlǜ	活命 huómìng	讥讽 jīfěng	激活 jīhuó	疾驰 jíchí
汇总 huìzǒng	活期 huóqī	讥笑 jīxiào	激进 jījìn	疾患 jíhuàn
会合 huìhé	活塞 huósāi	击败 jībài	激流 jīliú	疾苦 jíkǔ
会话 huìhuà	活体 huótǐ	击毙 jībì	激怒 jīnù	棘手 jíshǒu
会聚 huìjù	活捉 huózhuō	击毁 jīhuǐ	激增 jīzēng	集成 jíchéng
会面 huìmiàn	火把 huǒbǎ	击落 jīluò	激战 jīzhàn	集结 jíjié
会师 huìshī	火海 huǒhǎi	机舱 jīcāng	羁绊 jībàn	集聚 jíjù
会谈 huìtán	火红 huǒhóng	机床 jīchuáng	及格 jígé	集权 jíquán
会堂 huìtáng	火花 huǒhuā	机电 jīdiàn	及早 jízǎo	集市 jíshì
会晤 huìwù	火化 huǒhuà	机动 jīdòng	吉利 jílì	集训 jíxùn
会心 huìxīn	火炬 huǒjù	机井 jījǐng	吉普车 jípǔchē	集邮 jíyóu
会意 huìyì	火坑 huǒkēng	机警 jījǐng	吉他 jítā	集约 jíyuē
会战 huìzhàn	火力 huǒlì	机理 jīlǐ	吉祥 jíxiáng	集镇 jízhèn
讳言 huìyán	火炉 huǒlú	机密 jīmì	汲取 jíqǔ	集装箱
荟萃 huìcuì	火苗 huǒmiáo	机敏 jīmǐn	级别 jíbié	jízhuāngxiāng
绘制 huìzhì	火炮 huǒpào	机枪 jīqiāng	级差 jíchā	嫉妒 jídù
贿赂 huìlù	火器 huǒqì	机遇 jīyù	极地 jídì	几经 jǐjīng
彗星 huìxīng	火热 huǒrè	机缘 jīyuán	极点 jídiǎn	几时 jǐshí
昏暗 hūn'àn	火速 huǒsù	机智 jīzhì	极度 jídù	给养 jǐyǎng
昏黄 hūnhuáng	火线 huǒxiàn	机组 jīzǔ	极限 jíxiàn	脊背 jǐbèi
昏迷 hūnmí	火药 huǒyào	肌肤 jīfū	即便 jíbiàn	脊髓 jǐsuǐ
昏睡 hūnshuì	火灾 huǒzāi	肌腱 jījiàn	即刻 jíkè	脊柱 jǐzhù
婚配 hūnpèi	火葬 huǒzàng	肌体 jītǐ	即日 jírì	脊椎 jǐzhuī
婚事 hūnshì	火种 huǒzhǒng	积存 jīcún	即时 jíshí	计价 jìjià
浑厚 húnhòu	伙房 huǒfáng	积分 jīfēn	即位 jíwèi	计较 jìjiào
浑浊 húnzhuó	货场 huòchǎng	积聚 jījù	即兴 jíxìng	计量 jìliàng

计数 jìshù	佳作 jiāzuò	尖端 jiānduān	减低 jiǎndī	健身 jiànshēn
记事 jìshì	枷锁 jiāsuǒ	尖利 jiānlì	减免 jiǎnmiǎn	舰队 jiànduì
记述 jìshù	家产 jiāchǎn	奸商 jiānshāng	减速 jiǎnsù	舰艇 jiàntǐng
记性 jìxìng	家常 jiācháng	坚韧 jiānrèn	减退 jiǎntuì	渐变 jiànbiàn
记忆力 jìyìlì	家访 jiāfǎng	坚守 jiānshǒu	剪裁 jiǎncái	渐次 jiàncì
伎俩 jìliǎng	家教 jiājiào	坚信 jiānxìn	剪刀 jiǎndāo	渐进 jiànjìn
纪年 jìnián	家境 jiājìng	坚毅 jiānyì	剪纸 jiǎnzhǐ	践踏 jiàntà
纪实 jìshí	家眷 jiājuàn	坚贞 jiānzhēn	简便 jiǎnbiàn	鉴赏 jiànshǎng
纪要 jìyào	家禽 jiāqín	肩负 jiānfù	简短 jiǎnduǎn	鉴于 jiànyú
技法 jìfǎ	家业 jiāyè	肩胛 jiānjiǎ	简洁 jiǎnjié	箭头 jiàntóu
技工 jìgōng	家用 jiāyòng	肩头 jiāntóu	简介 jiǎnjiè	江湖 jiānghú
技师 jìshī	家喻户晓	间距 jiānjù	简练 jiǎnliàn	江山 jiāngshān
妓女 jìnǚ	jiāyù-hùxiǎo	艰险 jiānxiǎn	简陋 jiǎnlòu	僵化 jiānghuà
季度 jìdù	家园 jiāyuán	艰辛 jiānxīn	简略 jiǎnlüè	僵死 jiāngsǐ
剂量 jìliàng	嘉奖 jiājiǎng	监测 jiāncè	简明 jiǎnmíng	疆域 jiāngyù
迹象 jìxiàng	甲虫 jiǎchóng	监察 jiānchá	简朴 jiǎnpǔ	讲解 jiǎngjiě
继承权	甲骨文	监工 jiāngōng	简要 jiǎnyào	讲理 jiǎnglǐ
jìchéngquán	jiǎgǔwén	监管 jiānguǎn	简易 jiǎnyì	讲求 jiǎngqiú
继而 jì'ér	甲壳 jiǎqiào	监禁 jiānjìn	见长 jiàncháng	讲师 jiǎngshī
继母 jìmǔ	甲鱼 jiǎyú	监牢 jiānláo	见地 jiàndì	讲授 jiǎngshòu
继任 jìrèn	甲状腺	兼备 jiānbèi	见闻 jiànwén	讲台 jiǎngtái
祭礼 jìlǐ	jiǎzhuàngxiàn	兼并 jiānbìng	见效 jiànxiào	讲坛 jiǎngtán
祭坛 jìtán	钾肥 jiǎféi	兼顾 jiāngù	见于 jiànyú	讲学 jiǎngxué
寄居 jìjū	假借 jiǎjiè	兼任 jiānrèn	见证 jiànzhèng	讲演 jiǎngyǎn
寄予 jìyǔ	假冒 jiǎmào	兼职 jiānzhí	间谍 jiàndié	讲义 jiǎngyì
加班 jiābān	假若 jiǎruò	缄默 jiānmò	间断 jiànduàn	讲座 jiǎngzuò
加倍 jiābèi	假想 jiǎxiǎng	煎熬 jiān'áo	间或 jiànhuò	奖惩 jiǎngchéng
加法 jiāfǎ	假象 jiǎxiàng	检测 jiǎncè	间隙 jiànxì	奖品 jiǎngpǐn
加固 jiāgù	假意 jiǎyì	检察 jiǎnchá	间歇 jiànxiē	奖券 jiǎngquàn
加油 jiāyóu	假装 jiǎzhuāng	检举 jiǎnjǔ	间作 jiànzuò	奖赏 jiǎngshǎng
夹攻 jiāgōng	驾驭 jiàyù	检索 jiǎnsuǒ	建材 jiàncái	奖章 jiǎngzhāng
夹击 jiājī	架空 jiàkōng	检讨 jiǎntǎo	建交 jiànjiāo	奖状
夹杂 jiāzá	架设 jiàshè	检修 jiǎnxiū	建树 jiànshù	jiǎngzhuàng
佳话 jiāhuà	假期 jiàqī	检疫 jiǎnyì	建制 jiànzhì	降价 jiàngjià
佳节 jiājié	假日 jiàrì	检阅 jiǎnyuè	健将 jiànjiàng	降临 jiànglín
佳肴 jiāyáo	尖刀 jiāndāo	减产 jiǎnchǎn	健美 jiànměi	降生 jiàngshēng

降温 jiàngwēn	焦躁 jiāozào	教规 jiàoguī	节制 jiézhì	界定 jièdìng
将领 jiànglǐng	焦灼 jiāozhuó	教化 jiàohuà	劫持 jiéchí	界面 jièmiàn
将士 jiàngshì	礁石 jiāoshí	教皇 jiàohuáng	杰作 jiézuò	界线 jièxiàn
酱油 jiàngyóu	角膜 jiǎomó	教诲 jiàohuì	洁净 jiéjìng	借贷 jièdài
交待 jiāodài	角质 jiǎozhì	教科书	结伴 jiébàn	借以 jièyǐ
交道 jiāodào	狡猾 jiǎohuá	jiàokēshū	结核 jiéhé	借重 jièzhòng
交点 jiāodiǎn	矫健 jiǎojiàn	教士 jiàoshì	结集 jiéjí	金刚 Jīngāng
交锋 jiāofēng	矫揉造作	教条 jiàotiáo	结膜 jiémó	金龟子 jīnguīzǐ
交付 jiāofù	jiǎoróu-zàozuò	教徒 jiàotú	结社 jiéshè	金黄 jīnhuáng
交互 jiāohù	矫正 jiǎozhèng	教务 jiàowù	结石 jiéshí	金库 jīnkù
交还 jiāohuán	矫治 jiǎozhì	教益 jiàoyì	结识 jiéshí	金石 jīnshí
交汇 jiāohuì	皎洁 jiǎojié	酵母 jiàomǔ	结尾 jiéwěi	金丝猴 jīnsīhóu
交加 jiāojiā	脚背 jiǎobèi	阶梯 jiētī	结业 jiéyè	金文 jīnwén
交接 jiāojiē	脚跟 jiǎogēn	接管 jiēguǎn	结余 jiéyú	金星 jīnxīng
交界 jiāojiè	脚尖 jiǎojiān	接合 jiēhé	捷报 jiébào	金鱼 jīnyú
交纳 jiāonà	脚手架	接济 jiējì	捷径 jiéjìng	金字塔 jīnzìtǎ
交配 jiāopèi	jiǎoshǒujià	接见 jiējiàn	睫毛 jiémáo	津贴 jīntiē
交融 jiāoróng	脚掌 jiǎozhǎng	接纳 jiēnà	截断 jiéduàn	津液 jīnyè
交涉 jiāoshè	脚趾 jiǎozhǐ	接洽 jiēqià	截面 jiémiàn	矜持 jīnchí
交尾 jiāowěi	搅拌 jiǎobàn	接壤 jiērǎng	截取 jiéqǔ	筋骨 jīngǔ
交响乐	搅动 jiǎodòng	接生 jiēshēng	截然 jiérán	尽早 jǐnzǎo
jiāoxiǎngyuè	缴获 jiǎohuò	接替 jiētì	截止 jiézhǐ	紧凑 jǐncòu
交易所	缴纳 jiǎonà	接头 jiētóu	截至 jiézhì	紧迫 jǐnpò
jiāoyìsuǒ	叫喊 jiàohǎn	接吻 jiēwěn	解冻 jiědòng	紧俏 jǐnqiào
交战 jiāozhàn	叫好 jiàohǎo	接线 jiēxiàn	解毒 jiědú	紧缺 jǐnquē
郊外 jiāowài	叫卖 jiàomài	接种 jiēzhòng	解雇 jiěgù	紧缩 jǐnsuō
郊野 jiāoyě	叫嚷 jiàorǎng	秸秆 jiēgǎn	解救 jiějiù	紧要 jǐnyào
浇灌 jiāoguàn	叫嚣 jiàoxiāo	揭穿 jiēchuān	解渴 jiěkě	锦旗 jǐnqí
娇嫩 jiāonèn	校对 jiàoduì	揭发 jiēfā	解说 jiěshuō	锦绣 jǐnxiù
娇艳 jiāoyàn	校样 jiàoyàng	揭晓 jiēxiǎo	解体 jiětǐ	尽情 jìnqíng
胶布 jiāobù	校正 jiàozhèng	街市 jiēshì	介入 jièrù	尽头 jìntóu
胶片 jiāopiàn	轿车 jiàochē	节俭 jiéjiǎn	介意 jièyì	尽心 jìnxīn
教书 jiāoshū	较量 jiàoliàng	节律 jiélǜ	戒备 jièbèi	进逼 jìnbī
焦距 jiāojù	教案 jiào'àn	节能 jiénéng	戒律 jièlǜ	进餐 jìncān
焦虑 jiāolǜ	教程 jiàochéng	节拍 jiépāi	戒严 jièyán	进出 jìnchū
焦炭 jiāotàn	教官 jiàoguān	节余 jiéyú	届时 jièshí	进度 jìndù

进发 jìnfā	经书 jīngshū	精英 jīngyīng	镜框 jìngkuàng	拘谨 jūjǐn
进犯 jìnfàn	经线 jīngxiàn	精湛 jīngzhàn	镜片 jìngpiàn	拘留 jūliú
进贡 jìngòng	经销 jīngxiāo	精制 jīngzhì	炯炯 jiǒngjiǒng	拘泥 jūnì
进货 jìnhuò	经由 jīngyóu	精致 jīngzhì	窘迫 jiǒngpò	拘束 jūshù
进食 jìnshí	荆棘 jīngjí	颈椎 jǐngzhuī	纠缠 jiūchán	居留 jūliú
进退 jìntuì	惊诧 jīngchà	景观 jǐngguān	纠葛 jiūgé	居室 jūshì
进位 jìnwèi	惊动 jīngdòng	景况 jǐngkuàng	纠集 jiūjí	鞠躬 jūgōng
进行曲 jìnxíngqǔ	惊愕 jīng'è	景致 jǐngzhì	久远 jiǔyuǎn	鞠躬尽瘁
进修 jìnxiū	惊骇 jīnghài	警报 jǐngbào	韭菜 jiǔcài	jūgōng-jìncuì
进驻 jìnzhù	惊慌 jīnghuāng	警备 jǐngbèi	酒吧 jiǔbā	局促 júcù
近海 jìnhǎi	惊惶 jīnghuáng	警车 jǐngchē	酒店 jiǔdiàn	沮丧 jǔsàng
近郊 jìnjiāo	惊恐 jīngkǒng	警官 jǐngguān	酒会 jiǔhuì	矩形 jǔxíng
近邻 jìnlín	惊扰 jīngrǎo	警戒 jǐngjiè	酒家 jiǔjiā	举例 jǔlì
近旁 jìnpáng	惊叹 jīngtàn	警觉 jǐngjué	酒席 jiǔxí	举目 jǔmù
近期 jìnqī	惊吓 jīngxià	警犬 jǐngquǎn	旧历 jiùlì	举止 jǔzhǐ
近亲 jìnqīn	惊险 jīngxiǎn	警卫 jǐngwèi	旧式 jiùshì	举重 jǔzhòng
劲头 jìntóu	惊疑 jīngyí	劲旅 jìnglǚ	旧址 jiùzhǐ	举足轻重
晋级 jìnjí	晶莹 jīngyíng	径直 jìngzhí	臼齿 jiùchǐ	jǔzú-qīngzhòng
晋升 jìnshēng	精彩 jīngcǎi	净土 jìngtǔ	救护 jiùhù	巨额 jù'é
浸泡 jìnpào	精干 jīnggàn	竞技 jìngjì	救火 jiùhuǒ	巨人 jùrén
浸润 jìnrùn	精光 jīngguāng	竞相 jìngxiāng	救命 jiùmìng	巨星 jùxīng
浸透 jìntòu	精华 jīnghuá	竞选 jìngxuǎn	救亡 jiùwáng	巨著 jùzhù
禁锢 jìngù	精简 jīngjiǎn	敬爱 jìng'ài	救援 jiùyuán	句法 jùfǎ
禁忌 jìnjì	精炼 jīngliàn	敬礼 jìnglǐ	救灾 jiùzāi	俱乐部 jùlèbù
禁令 jìnlìng	精灵 jīnglíng	敬佩 jìngpèi	救助 jiùzhù	剧变 jùbiàn
禁区 jìnqū	精美 jīngměi	敬畏 jìngwèi	就餐 jiùcān	剧目 jùmù
京城 jīngchéng	精明 jīngmíng	敬仰 jìngyǎng	就此 jiùcǐ	剧情 jùqíng
京师 jīngshī	精辟 jīngpì	敬意 jìngyì	就地 jiùdì	剧院 jùyuàn
京戏 jīngxì	精品 jīngpǐn	敬重 jìngzhòng	就读 jiùdú	据悉 jùxī
经度 jīngdù	精巧 jīngqiǎo	静电 jìngdiàn	就近 jiùjìn	惧怕 jùpà
经纪人 jīngjìrén	精锐 jīngruì	静谧 jìngmì	就任 jiùrèn	锯齿 jùchǐ
经久 jīngjiǔ	精髓 jīngsuǐ	静默 jìngmò	就绪 jiùxù	聚变 jùbiàn
经络 jīngluò	精通 jīngtōng	静穆 jìngmù	就学 jiùxué	聚餐 jùcān
经脉 jīngmài	精微 jīngwēi	静态 jìngtài	就职 jiùzhí	聚合 jùhé
经贸 jīngmào	精益求精	境况 jìngkuàng	就坐 jiùzuò	聚会 jùhuì
经商 jīngshāng	jīngyì-qiújīng	境遇 jìngyù	舅妈 jiùmā	聚积 jùjī

聚居 jùjū	军礼 jūnlǐ	开炮 kāipào	康复 kāngfù	可恨 kěhèn
捐款 juānkuǎn	军粮 jūnliáng	开启 kāiqǐ	慷慨 kāngkǎi	可口 kěkǒu
捐税 juānshuì	军属 jūnshǔ	开窍 kāiqiào	亢奋 kàngfèn	可取 kěqǔ
捐赠 juānzèng	军务 jūnwù	开山 kāishān	亢进 kàngjìn	可恶 kěwù
卷烟 juǎnyān	军校 jūnxiào	开庭 kāitíng	抗旱 kànghàn	可喜 kěxǐ
眷恋 juànliàn	军需 jūnxū	开通 kāitōng	抗衡 kànghéng	可行 kěxíng
决断 juéduàn	军训 jūnxùn	开脱 kāituō	抗击 kàngjī	可疑 kěyí
决裂 juéliè	军医 jūnyī	开外 kāiwài	抗拒 kàngjù	渴求 kěqiú
决赛 juésài	军营 jūnyíng	开销 kāixiāo	抗体 kàngtǐ	克己 kèjǐ
决死 juésǐ	军用 jūnyòng	开心 kāixīn	抗原 kàngyuán	克制 kèzhì
决算 juésuàn	军装 jūnzhuāng	开学 kāixué	抗灾 kàngzāi	刻板 kèbǎn
决意 juéyì	均等 jūnděng	开业 kāiyè	抗争 kàngzhēng	刻薄 kèbó
决战 juézhàn	君权 jūnquán	开凿 kāizáo	考查 kǎochá	刻不容缓
诀别 juébié	君子 jūnzǐ	开战 kāizhàn	考场 kǎochǎng	kèbùrónghuǎn
诀窍 juéqiào	俊美 jùnměi	开张 kāizhāng	考据 kǎojù	恪守 kèshǒu
抉择 juézé	俊俏 jùnqiào	凯歌 kǎigē	考取 kǎoqǔ	客车 kèchē
角逐 juézhú	骏马 jùnmǎ	凯旋 kǎixuán	考生 kǎoshēng	客房 kèfáng
觉醒 juéxǐng	竣工 jùngōng	慨然 kǎirán	考问 kǎowèn	客户 kèhù
绝迹 juéjì	卡车 kǎchē	慨叹 kǎitàn	考证 kǎozhèng	客机 kèjī
绝技 juéjì	卡片 kǎpiàn	楷模 kǎimó	烤火 kǎohuǒ	客轮 kèlún
绝境 juéjìng	开场 kāichǎng	刊载 kānzǎi	靠拢 kàolǒng	客商 kèshāng
绝妙 juémiào	开车 kāichē	看管 kānguǎn	靠山 kàoshān	客运 kèyùn
绝食 juéshí	开春 kāichūn	看护 kānhù	苛刻 kēkè	课外 kèwài
绝缘 juéyuán	开刀 kāidāo	看守 kānshǒu	苛求 kēqiú	课文 kèwén
倔强 juéjiàng	开导 kāidǎo	勘测 kāncè	科班 kēbān	课余 kèyú
崛起 juéqǐ	开动 kāidòng	勘察 kānchá	科举 kējǔ	垦荒 kěnhuāng
爵士 juéshì	开端 kāiduān	坎坷 kǎnkě	科目 kēmù	恳切 kěnqiè
爵士乐	开饭 kāifàn	砍伐 kǎnfá	科普 kēpǔ	恳求 kěnqiú
juéshìyuè	开赴 kāifù	看病 kànbìng	科室 kēshì	坑道 kēngdào
攫取 juéqǔ	开工 kāigōng	看穿 kànchuān	磕头 kētóu	吭声 kēngshēng
军备 jūnbèi	开荒 kāihuāng	看好 kànhǎo	瞌睡 kēshuì	铿锵 kēngqiāng
军费 jūnfèi	开火 kāihuǒ	看台 kàntái	蝌蚪 kēdǒu	空洞 kōngdòng
军服 jūnfú	开机 kāijī	看透 kàntòu	可悲 kěbēi	空话 kōnghuà
军工 jūngōng	开掘 kāijué	看中 kànzhòng	可耻 kěchǐ	空旷 kōngkuàng
军火 jūnhuǒ	开朗 kāilǎng	看重 kànzhòng	可观 kěguān	空谈 kōngtán
军机 jūnjī	开明 kāimíng	看做 kànzuò	可贵 kěguì	空投 kōngtóu

空袭 kōngxí	苦果 kǔguǒ	宽裕 kuānyù	扩充 kuòchōng	浪涛 làngtāo
空想 kōngxiǎng	苦力 kǔlì	款待 kuǎndài	扩建 kuòjiàn	劳工 láogōng
空心 kōngxīn	苦闷 kǔmèn	款式 kuǎnshì	括号 kuòhào	劳驾 láojià
孔洞 kǒngdòng	苦涩 kǔsè	款项 kuǎnxiàng	拉力 lālì	劳教 làojiào
孔隙 kǒngxì	苦痛 kǔtòng	狂奔 kuángbēn	腊梅 làméi	劳苦 láokǔ
恐吓 kǒnghè	苦笑 kǔxiào	狂风 kuángfēng	腊月 làyuè	劳累 láolèi
恐龙 kǒnglóng	苦心 kǔxīn	狂欢 kuánghuān	来宾 láibīn	劳模 láomó
空地 kòngdì	苦于 kǔyú	狂热 kuángrè	来电 láidiàn	劳务 láowù
空隙 kòngxì	苦战 kǔzhàn	狂妄	来访 láifǎng	劳役 láoyì
空闲 kòngxián	苦衷 kǔzhōng	kuángwàng	来客 láikè	劳资 láozī
控告 kònggào	库房 kùfáng	狂喜 kuángxǐ	来历 láilì	劳作 láozuò
控诉 kòngsù	裤脚 kùjiǎo	狂笑 kuángxiào	来龙去脉	牢房 láofáng
口岸 kǒu'àn	裤腿 kùtuǐ	旷工 kuànggōng	láilóng-qùmài	牢记 láojì
口服 kǒufú	酷爱 kù'ài	旷野 kuàngyě	来年 láinián	牢笼 láolóng
口角 kǒujiǎo	酷热 kùrè	矿藏 kuàngcáng	来去 láiqù	牢狱 láoyù
口径 kǒujìng	酷暑 kùshǔ	矿床	来世 láishì	老伯 lǎobó
口诀 kǒujué	酷似 kùsì	kuàngchuáng	来势 láishì	老化 lǎohuà
口粮 kǒuliáng	夸大 kuādà	矿工 kuànggōng	来意 láiyì	老家 lǎojiā
口令 kǒulìng	夸奖 kuājiǎng	矿井 kuàngjǐng	来者 láizhě	老练 lǎoliàn
口琴 kǒuqín	夸耀 kuāyào	矿区 kuàngqū	兰花 lánhuā	老少 lǎoshào
口哨 kǒushào	垮台 kuǎtái	矿山 kuàngshān	拦截 lánjié	老生 lǎoshēng
口水 kǒushuǐ	挎包 kuàbāo	矿石 kuàngshí	拦腰 lányāo	老式 lǎoshì
口味 kǒuwèi	跨度 kuàdù	矿业 kuàngyè	拦阻 lánzǔ	老天爷
口吻 kǒuwěn	跨越 kuàyuè	框架 kuàngjià	栏杆 lángān	lǎotiānyé
口音 kǒuyīn	快感 kuàigǎn	亏本 kuīběn	蓝图 lántú	老鹰 lǎoyīng
口罩 kǒuzhào	快慢 kuàimàn	窥见 kuījiàn	篮球 lánqiú	老者 lǎozhě
叩头 kòutóu	快艇 kuàitǐng	窥探 kuītàn	懒惰 lǎnduò	老总 lǎozǒng
扣除 kòuchú	快意 kuàiyì	葵花 kuíhuā	懒汉 lǎnhàn	烙印 làoyìn
扣留 kòuliú	脍炙人口	傀儡 kuǐlěi	懒散 lǎnsǎn	乐趣 lèqù
扣押 kòuyā	kuàizhì-rénkǒu	匮乏 kuìfá	烂泥 lànní	乐意 lèyì
枯黄 kūhuáng	宽度 kuāndù	溃烂 kuìlàn	滥用 lànyòng	乐于 lèyú
枯竭 kūjié	宽广 kuānguǎng	溃疡 kuìyáng	狼狈 lángbèi	乐园 lèyuán
枯萎 kūwěi	宽厚 kuānhòu	昆曲 kūnqǔ	朗读 lǎngdú	勒令 lèlìng
枯燥 kūzào	宽容 kuānróng	困惑 kùnhuò	朗诵 lǎngsòng	勒索 lèsuǒ
哭泣 kūqì	宽恕 kuānshù	困苦 kùnkǔ	浪潮 làngcháo	雷暴 léibào
哭诉 kūsù	宽慰 kuānwèi	困扰 kùnrǎo	浪漫 làngmàn	雷电 léidiàn

雷鸣 léimíng	离心力 líxīnlì	立案 lì'àn	联名 liánmíng	踉跄 liàngqiàng
雷同 léitóng	离休 líxiū	立方 lìfāng	联赛 liánsài	疗程 liáochéng
雷雨 léiyǔ	离异 líyì	立功 lìgōng	联姻 liányīn	疗效 liáoxiào
累积 lěijī	离职 lízhí	立国 lìguó	廉洁 liánjié	疗养 liáoyǎng
累及 lěijí	梨园 líyuán	立论 lìlùn	镰刀 liándāo	疗养院
累计 lěijì	黎明 límíng	立宪 lìxiàn	脸红 liǎnhóng	liáoyǎngyuàn
肋骨 lèigǔ	礼拜 lǐbài	立意 lìyì	脸颊 liǎnjiá	嘹亮 liáoliàng
泪痕 lèihén	礼法 lǐfǎ	立正 lìzhèng	脸面 liǎnmiàn	潦倒 liáodǎo
泪花 lèihuā	礼教 lǐjiào	立志 lìzhì	脸庞 liǎnpáng	缭绕 liáorào
泪眼 lèiyǎn	礼节 lǐjié	立足 lìzú	脸皮 liǎnpí	了结 liǎojié
泪珠 lèizhū	礼品 lǐpǐn	利弊 lìbì	脸谱 liǎnpǔ	了然 liǎorán
类比 lèibǐ	礼让 lǐràng	利尿 lìniào	练兵 liànbīng	了如指掌
类别 lèibié	礼堂 lǐtáng	沥青 lìqīng	练功 liàngōng	liǎorúzhǐzhǎng
类群 lèiqún	礼仪 lǐyí	例证 lìzhèng	练武 liànwǔ	料理 liàolǐ
类推 lèituī	里程 lǐchéng	隶属 lìshǔ	恋人 liànrén	料想 liàoxiǎng
棱角 léngjiǎo	里程碑	荔枝 lìzhī	链条 liàntiáo	瞭望 liàowàng
棱镜 léngjìng	lǐchéngbēi	砾石 lìshí	良机 liángjī	列强 lièqiáng
冷藏 lěngcáng	理财 lǐcái	连带 liándài	良久 liángjiǔ	列席 lièxí
冷淡 lěngdàn	理睬 lǐcǎi	连贯 liánguàn	良田 liángtián	劣等 lièděng
冷冻 lěngdòng	理发 lǐfà	连环 liánhuán	良性 liángxìng	劣势 lièshì
冷风 lěngfēng	理会 lǐhuì	连环画	凉爽	劣质 lièzhì
冷汗 lěnghàn	理科 lǐkē	liánhuánhuà	liángshuǎng	烈火 lièhuǒ
冷峻 lěngjùn	理应 lǐyīng	连绵 liánmián	凉水 liángshuǐ	烈日 lièrì
冷酷 lěngkù	理直气壮	连年 liánnián	凉鞋 liángxié	烈性 lièxìng
冷落 lěngluò	lǐzhí-qìzhuàng	连日 liánrì	粮仓 liángcāng	烈焰 lièyàn
冷漠 lěngmò	力度 lìdù	连声 liánshēng	两栖 liǎngqī	猎狗 liègǒu
冷凝 lěngníng	力争 lìzhēng	连锁 liánsuǒ	两性 liǎngxìng	猎枪 lièqiāng
冷暖 lěngnuǎn	历程 lìchéng	连通 liántōng	两样 liǎngyàng	猎取 lièqǔ
冷气 lěngqì	历次 lìcì	连夜 liánycì	两翼 liǎngyì	猎犬 lièquǎn
冷眼 lěngyǎn	历法 lìfǎ	连衣裙	亮度 liàngdù	猎人 lièrén
冷饮 lěngyǐn	历届 lìjiè	liányīqún	亮光 liàngguāng	猎手 lièshǒu
冷遇 lěngyù	历尽 lìjìn	怜悯 liánmǐn	亮相 liàngxiàng	猎物 lièwù
离别 líbié	历经 lìjīng	莲花 liánhuā	谅解 liàngjiě	裂变 lièbiàn
离奇 líqí	历年 lìnián	涟漪 liányī	量变 liàngbiàn	裂缝 lièfèng
离散 lísàn	历书 lìshū	联欢 liánhuān	量词 liàngcí	裂痕 lièhén
离心 líxīn	厉声 lìshēng	联接 liánjiē	量刑 liàngxíng	裂纹 lièwén

裂隙 lièxì	聆听 língtīng	流程 liúchéng	炉灶 lúzào	孪生 luánshēng
邻里 línlǐ	菱形 língxíng	流毒 liúdú	卤水 lǔshuǐ	卵石 luǎnshí
邻舍 línshè	羚羊 língyáng	流放 liúfàng	卤素 lǔsù	卵子 luǎnzǐ
林带 líndài	零点 língdiǎn	流浪 liúlàng	鲁莽 lǔmǎng	略微 lüèwēi
林地 líndì	零乱 língluàn	流利 liúlì	陆路 lùlù	沦陷 lúnxiàn
林立 línlì	零散 língsǎn	流量 liúliàng	录取 lùqǔ	轮班 lúnbān
林阴道	零碎 língsuì	流落 liúluò	录像 lùxiàng	轮番 lúnfān
línyīndào	零星 língxīng	流失 liúshī	录像机 lùxiàngjī	轮换 lúnhuàn
临别 línbié	领带 língdài	流逝 liúshì	录音 lùyīn	轮回 lúnhuí
临到 líndào	领地 lǐngdì	流水线	录音机 lùyīnjī	轮胎 lúntāi
临界 línjiè	领队 lǐngduì	liúshuǐxiàn	录用 lùyòng	轮椅 lúnyǐ
临近 línjìn	领海 lǐnghǎi	流速 liúsù	录制 lùzhì	论调 lùndiào
临摹 línmó	领教 lǐngjiào	流淌 liútǎng	绿林 lùlín	论断 lùnduàn
临终 línzhōng	领口 lǐngkǒu	流亡 liúwáng	路标 lùbiāo	论据 lùnjù
淋巴结 línbājié	领略 lǐnglüè	流星 liúxīng	路灯 lùdēng	论理 lùnlǐ
淋漓 línlí	领取 lǐngqǔ	流言 liúyán	路费 lùfèi	论说 lùnshuō
淋漓尽致	领事馆	流转 liúzhuǎn	路径 lùjìng	论坛 lùntán
línlí-jìnzhì	lǐngshìguǎn	硫磺 liúhuáng	路口 lùkǒu	论战 lùnzhàn
琳琅满目	领受 lǐngshòu	龙船 lóngchuán	路面 lùmiàn	论著 lùnzhù
línláng-mǎnmù	领头 lǐngtóu	龙灯 lóngdēng	路人 lùrén	罗汉 luóhàn
嶙峋 línxún	领悟 lǐngwù	龙骨 lónggǔ	路途 lùtú	罗列 luóliè
磷肥 línféi	领先 lǐngxiān	龙卷风	露骨 lùgǔ	罗盘 luópán
磷脂 línzhī	领主 lǐngzhǔ	lóngjuǎnfēng	露天 lùtiān	锣鼓 luógǔ
鳞片 línpiàn	另行 lìngxíng	龙王 Lóngwáng	露珠 lùzhū	箩筐 luókuāng
吝啬 lìnsè	浏览 liúlǎn	龙眼 lóngyǎn	旅伴 lǚbàn	螺丝 luósī
灵巧 língqiǎo	留成 liúchéng	隆冬 lóngdōng	旅程 lǚchéng	螺旋桨
灵堂 língtáng	留存 liúcún	隆重 lóngzhòng	旅店 lǚdiàn	luóxuánjiǎng
灵通 língtōng	留恋 liúliàn	笼络 lǒngluò	旅途 lǚtú	裸露 luǒlù
灵性 língxìng	留神 liúshén	笼统 lǒngtǒng	屡次 lǚcì	裸体 luǒtǐ
灵芝 língzhī	留声机	楼阁 lóugé	屡见不鲜	落差 luòchā
玲珑 línglóng	liúshēngjī	楼台 lóutái	lǚjiàn-bùxiān	落成 luòchéng
凌晨 língchén	留守 liúshǒu	楼梯 lóutī	绿灯 lùdēng	落户 luòhù
凌空 língkōng	留心 liúxīn	漏洞 lòudòng	绿地 lùdì	落脚 luòjiǎo
凌乱 língluàn	留意 liúyì	漏斗 lòudǒu	绿豆 lùdòu	落空 luòkōng
陵墓 língmù	流产 liúchǎn	芦笙 lúshēng	绿肥 lùféi	落日 luòrì
陵园 língyuán	流畅 liúchàng	芦苇 lúwěi	绿洲 lùzhōu	落水 luòshuǐ

落伍 luòwǔ	满腹 mǎnfù	毛皮 máopí	美人 měirén	梦呓 mèngyì
抹布 mābù	满怀 mǎnhuái	毛毯 máotǎn	美容 měiróng	弥散 mísàn
麻痹 mábì	满口 mǎnkǒu	毛线 máoxiàn	美谈 měitán	迷宫 mígōng
麻袋 mádài	满面 mǎnmiàn	毛衣 máoyī	美味 měiwèi	迷惑 míhuò
麻将 májiàng	满目 mǎnmù	矛头 máotóu	美育 měiyù	迷离 mílí
麻木 mámù	满腔 mǎnqiāng	茅草 máocǎo	闷热 mēnrè	迷恋 míliàn
麻雀 máquè	满心 mǎnxīn	茅屋 máowū	门板 ménbǎn	迷路 mílù
麻疹 mázhěn	满月 mǎnyuè	茂密 màomì	门第 méndì	迷茫 mímáng
马达 mǎdá	满载 mǎnzài	茂盛 màoshèng	门户 ménhù	迷蒙 míméng
马灯 mǎdēng	满嘴 mǎnzuǐ	冒充 màochōng	门槛 ménkǎn	迷失 míshī
马褂 mǎguà	谩骂 mànmà	冒火 màohuǒ	门框 ménkuàng	迷惘 míwǎng
马力 mǎlì	蔓延 mànyán	冒昧 màomèi	门类 ménlèi	迷雾 míwù
马铃薯	漫不经心	贸然 màorán	门帘 ménlián	猕猴 míhóu
mǎlíngshǔ	mànbùjīngxīn	貌似 màosì	门铃 ménlíng	糜烂 mílàn
马匹 mǎpǐ	漫步 mànbù	没劲 méijìn	门票 ménpiào	米饭 mǐfàn
马蹄 mǎtí	漫画 mànhuà	没命 méimìng	门生 ménshēng	秘诀 mìjué
马桶 mǎtǒng	漫天 màntiān	没趣 méiqù	门徒 méntú	密闭 mìbì
马戏 mǎxì	漫游 mànyóu	眉飞色舞	门牙 ményá	密布 mìbù
玛瑙 mǎnǎo	慢条斯理	méifēi-sèwǔ	门诊 ménzhěn	密封 mìfēng
埋藏 máicáng	màntiáo-sīlǐ	眉开眼笑	萌动 méngdòng	密码 mìmǎ
埋没 máimò	忙乱 mánluàn	méikāi-yǎnxiào	萌生	蜜月 mìyuè
埋头 máitóu	盲肠	眉眼 méiyǎn	méngshēng	绵延 miányán
埋葬 máizàng	mángcháng	眉宇 méiyǔ	蒙蔽 méngbì	绵羊 miányáng
买主 mǎizhǔ	盲从 mángcóng	梅花 méihuā	蒙昧 méngmèi	棉布 miánbù
迈步 màibù	盲流 mángliú	梅雨 méiyǔ	蒙受 méngshòu	棉纱 miánshā
迈进 màijìn	盲人 mángrén	煤气 méiqì	盟国 méngguó	棉田 miántián
麦收 màishōu	猫头鹰	煤油 méiyóu	猛然 měngrán	棉絮 miánxù
卖国 màiguó	māotóuyīng	霉菌 méijūn	猛兽 měngshòu	免除 miǎnchú
卖力 màilì	毛笔 máobǐ	霉烂 méilàn	蒙古包	免费 miǎnfèi
卖命 màimìng	毛虫 máochóng	美德 měidé	měnggǔbāo	免税 miǎnshuì
卖主 màizhǔ	毛发 máofà	美观 měiguān	梦幻 mènghuàn	勉励 miǎnlì
脉搏 màibó	毛骨悚然	美景 měijǐng	梦境 mèngjìng	缅怀 miǎnhuái
脉冲 màichōng	máogǔ-sǒngrán	美酒 měijiǔ	梦寐以求	面额 miàn'é
脉络 màiluò	毛料 máoliào	美满 měimǎn	mèngmèiyǐqiú	面粉 miànfěn
蛮干 mángàn	毛驴 máolú	美貌 měimào	梦乡 mèngxiāng	面颊 miànjiá
蛮横 mánhèng	毛囊 máonáng	美女 měinǚ	梦想 mèngxiǎng	面具 miànjù

面庞 miànpáng	名额 míng'é	铭文 míngwén	模板 múbǎn	暮色 mùsè
面容 miànróng	名副其实	命脉 mìngmài	母爱 mǔ'ài	穆斯林 mùsīlín
面色 miànsè	míngfùqíshí	命中 mìngzhòng	母本 mǔběn	纳粹 Nàcuì
面纱 miànshā	名贵 míngguì	谬论 miùlùn	母系 mǔxì	奶粉 nǎifěn
面谈 miàntán	名家 míngjiā	谬误 miùwù	母校 mǔxiào	奶牛 nǎiniú
苗木 miáomù	名利 mínglì	摩登 módēng	母语 mǔyǔ	奶油 nǎiyóu
苗圃 miáopǔ	名列前茅	摩托 mótuō	牡蛎 mǔlì	奈何 nàihé
描画 miáohuà	mínglièqiánmáo	磨擦 mócā	拇指 mǔzhǐ	耐力 nàilì
描摹 miáomó	名流 míngliú	磨炼 móliàn	木本 mùběn	耐用 nàiyòng
瞄准 miáozhǔn	名目 míngmù	磨难 mónàn	木柴 mùchái	男方 nánfāng
渺茫 miǎománg	名牌 míngpái	磨损 mósǔn	木耳 mù'ěr	男生 nánshēng
渺小 miǎoxiǎo	名片 míngpiàn	魔法 mófǎ	木筏 mùfá	南半球
藐视 miǎoshì	名气 míngqì	魔鬼 móguǐ	木工 mùgōng	nánbànqiú
庙会 miàohuì	名人 míngrén	魔力 mólì	木刻 mùkè	南洋 Nányáng
庙宇 miàoyǔ	名山 míngshān	魔术 móshù	木料 mùliào	难保 nánbǎo
灭火 mièhuǒ	名声 míngshēng	魔王 mówáng	木偶 mù'ǒu	难产 nánchǎn
灭绝 mièjué	名胜 míngshèng	魔爪 mózhǎo	木炭 mùtàn	难点 nándiǎn
蔑视 mièshì	名师 míngshī	抹杀 mǒshā	木星 mùxīng	难度 nándù
民办 mínbàn	名望 míngwàng	末日 mòrì	目不转睛	难关 nánguān
民法 mínfǎ	名下 míngxià	末梢 mòshāo	mùbùzhuǎnjīng	难堪 nánkān
民房 mínfáng	名言 míngyán	末尾 mòwěi	目瞪口呆	难看 nánkàn
民工 míngōng	名誉 míngyù	莫大 mòdà	mùdèng-kǒudāi	难说 nánshuō
民航 mínháng	名著 míngzhù	莫非 mòfēi	目睹 mùdǔ	难听 nántīng
民警 mínjǐng	明矾 míngfán	蓦然 mòrán	目录 mùlù	难为情
民情 mínqíng	明净 míngjìng	漠然 mòrán	目送 mùsòng	nánwéiqíng
民权 mínquán	明镜 míngjìng	漠视 mòshì	沐浴 mùyù	难民 nànmín
民生 mínshēng	明快 míngkuài	墨水 mòshuǐ	牧草 mùcǎo	难友 nànyǒu
民心 mínxīn	明朗 mínglǎng	默念 mòniàn	牧场 mùchǎng	囊括 nángkuò
民谣 mínyáo	明了 míngliǎo	默契 mòqì	牧民 mùmín	恼火 nǎohuǒ
民意 mínyì	明媚 míngmèi	默然 mòrán	牧区 mùqū	恼怒 nǎonù
民营 mínyíng	明日 míngrì	谋害 móuhài	募捐 mùjuān	脑海 nǎohǎi
民用 mínyòng	明晰 míngxī	谋略 móulüè	墓碑 mùbēi	脑际 nǎojì
民政 mínzhèng	明星 míngxīng	谋求 móuqiú	墓地 mùdì	脑筋 nǎojīn
泯灭 mǐnmiè	明珠 míngzhū	谋取 móuqǔ	墓室 mùshì	脑力 nǎolì
名次 míngcì	鸣叫 míngjiào	谋杀 móushā	墓葬 mùzàng	脑髓 nǎosuǐ
名单 míngdān	冥想 míngxiǎng	谋生 móushēng	幕后 mùhòu	闹市 nàoshì

闹事 nàoshì	霓虹灯	牛仔裤 niúzǎikù	暖气 nuǎnqì	盘问 pánwèn
闹钟 nàozhōng	níhóngdēng	扭曲 niǔqū	虐待 nüèdài	盘旋 pánxuán
内阁 nèigé	拟订 nǐdìng	纽带 niǔdài	挪用 nuóyòng	判别 pànbié
内海 nèihǎi	拟定 nǐdìng	纽扣 niǔkòu	诺言 nuòyán	判决书
内行 nèiháng	拟人 nǐrén	农夫 nóngfū	懦弱 nuòruò	pànjuéshū
内疚 nèijiù	逆差 nìchā	农妇 nóngfù	糯米 nuòmǐ	判明 pànmíng
内科 nèikē	逆境 nìjìng	农耕 nónggēng	讴歌 ōugē	判刑 pànxíng
内力 nèilì	逆流 nìliú	农机 nóngjī	殴打 ōudǎ	叛变 pànbiàn
内陆 nèilù	逆向 nìxiàng	农家 nóngjiā	呕吐 ǒutù	叛乱 pànluàn
内乱 nèiluàn	逆转 nìzhuǎn	农垦 nóngkěn	偶像 ǒuxiàng	叛逆 pànnì
内幕 nèimù	溺爱 nì'ài	农历 nónglì	爬行 páxíng	叛徒 pàntú
内情 nèiqíng	年份 niánfèn	农忙 nóngmáng	拍板 pāibǎn	旁白 pángbái
内燃机	年华 niánhuá	农事 nóngshì	拍卖 pāimài	旁人 pángrén
nèiránjī	年画 niánhuà	农闲 nóngxián	拍手 pāishǒu	旁听 pángtīng
内伤 nèishāng	年会 niánhuì	浓淡 nóngdàn	拍照 pāizhào	膀胱 pángguāng
内务 nèiwù	年景 niánjǐng	浓烈 nóngliè	排队 páiduì	磅礴 pángbó
内线 nèixiàn	年轮 niánlún	浓眉 nóngméi	排挤 páijǐ	咆哮 páoxiào
内向 nèixiàng	年迈 niánmài	浓密 nóngmì	排练 páiliàn	跑步 pǎobù
内销 nèixiāo	年岁 niánsuì	浓缩 nóngsuō	排卵 páiluǎn	跑道 pǎodào
内省 nèixǐng	年限 niánxiàn	浓郁 nóngyù	排球 páiqiú	泡菜 pàocài
内衣 nèiyī	年终 niánzhōng	浓重 nóngzhòng	排戏 páixì	泡沫 pàomò
内因 nèiyīn	念白 niànbái	弄虚作假	排泄 páixiè	炮兵 pàobīng
内政 nèizhèng	鸟瞰 niǎokàn	nòngxū-zuòjiǎ	排演 páiyǎn	炮火 pàohuǒ
嫩绿 nènlǜ	袅袅 niǎoniǎo	奴仆 núpú	排忧解难	炮击 pàojī
能干 néngàn	尿布 niàobù	怒放 nùfàng	páiyōu-jiěnàn	炮楼 pàolóu
能人 néngrén	尿素 niàosù	怒吼 nùhǒu	牌价 páijià	炮台 pàotái
能事 néngshì	捏造 niēzào	怒火 nùhuǒ	派别 pàibié	炮制 páozhì
能手 néngshǒu	涅槃 nièpán	怒气 nùqì	派生 pàishēng	胚芽 pēiyá
尼姑 nígū	狞笑 níngxiào	女方 nǚfāng	派头 pàitóu	陪伴 péibàn
尼龙 nílóng	凝神 níngshén	女皇 nǚhuáng	派系 pàixì	陪衬 péichèn
呢绒 níróng	凝望 níngwàng	女郎 nǚláng	派性 pàixìng	陪同 péitóng
泥浆 níjiāng	宁可 nìngkě	女神 nǚshén	攀登 pāndēng	培土 péitǔ
泥坑 níkēng	宁肯 nìngkěn	女生 nǚshēng	攀谈 pāntán	培植 péizhí
泥泞 nínìng	宁愿 nìngyuàn	女王 nǚwáng	攀援 pānyuán	赔款 péikuǎn
泥塑 nísù	牛犊 niúdú	暖流 nuǎnliú	盘剥 pánbō	赔钱 péiqián
泥炭 nítàn	牛皮 niúpí	暖瓶 nuǎnpíng	盘踞 pánjù	佩戴 pèidài

配备 pèibèi	皮球 píqiú	飘然 piāorán	平滑 pínghuá	破获 pòhuò
配对 pèiduì	皮肉 píròu	飘散 piāosàn	平缓 pínghuǎn	破旧 pòjiù
配方 pèifāng	毗邻 pílín	飘扬 piāoyáng	平价 píngjià	破烂 pòlàn
配件 pèijiàn	疲惫 píbèi	飘逸 piāoyì	平米 píngmǐ	破例 pòlì
配角 pèijué	疲乏 pífá	漂白粉	平生 píngshēng	破灭 pòmiè
配偶 pèi'ǒu	啤酒 píjiǔ	piǎobáifěn	平素 píngsù	破碎 pòsuì
配伍 pèiwǔ	脾胃 píwèi	票据 piàojù	平台 píngtái	剖析 pōuxī
配制 pèizhì	脾脏 pízàng	瞥见 piējiàn	平稳 píngwěn	扑鼻 pūbí
配种 pèizhǒng	匹配 pǐpèi	拼搏 pīnbó	平息 píngxī	扑克 pūkè
喷发 pēnfā	媲美 pìměi	拼凑 pīncòu	平移 píngyí	扑灭 pūmiè
喷泉 pēnquán	僻静 pìjìng	拼死 pīnsǐ	平庸 píngyōng	铺设 pūshè
喷洒 pēnsǎ	偏爱 piān'ài	拼音 pīnyīn	平整 píngzhěng	仆人 púrén
喷射 pēnshè	偏差 piānchā	贫乏 pínfá	评比 píngbǐ	仆役 púyì
喷涂 pēntú	偏激 piānjī	贫寒 pínhán	评定 píngdìng	匍匐 púfú
盆景 pénjǐng	偏离 piānlí	贫瘠 pínjí	评分 píngfēn	蒲公英
盆栽 pénzāi	偏旁 piānpáng	贫苦 pínkǔ	评估 pínggū	púgōngyīng
抨击 pēngjī	偏僻 piānpì	贫民 pínmín	评奖 píngjiǎng	蒲扇 púshàn
烹饪 pēngrèn	偏颇 piānpō	贫血 pínxuè	评剧 píngjù	朴实 pǔshí
烹调 pēngtiáo	偏心 piānxīn	频道 píndào	评判 píngpàn	普查 pǔchá
蓬乱 péngluàn	偏重 piānzhòng	品尝 pǐncháng	评审 píngshěn	普法 pǔfǎ
蓬松 péngsōng	篇章 piānzhāng	品格 pǐngé	评述 píngshù	普选 pǔxuǎn
膨大 péngdà	片段 piànduàn	品评 pǐnpíng	评弹 píngtán	谱写 pǔxiě
碰巧 pèngqiǎo	片断 piànduàn	品位 pǐnwèi	评议 píngyì	瀑布 pùbù
碰头 pèngtóu	骗局 piànjú	品味 pǐnwèi	评语 píngyǔ	栖息 qīxī
碰撞	骗取 piànqǔ	品行 pǐnxíng	凭吊 píngdiào	凄惨 qīcǎn
pèngzhuàng	漂泊 piāobó	聘请 pìnqǐng	凭空 píngkōng	凄楚 qīchǔ
批驳 pībó	漂浮 piāofú	平安 píng'ān	凭证 píngzhèng	凄厉 qīlì
批量 pīliàng	漂流 piāoliú	平板 píngbǎn	屏风 píngfēng	凄然 qīrán
批示 pīshì	漂移 piāoyí	平淡 píngdàn	屏障 píngzhàng	期刊 qīkān
披露 pīlù	飘带 piāodài	平地 píngdì	坡地 pōdì	欺凌 qīlíng
霹雳 pīlì	飘荡 piāodàng	平定 píngdìng	坡度 pōdù	欺侮 qīwǔ
皮包 píbāo	飘动 piāodòng	平反 píngfǎn	迫不及待	欺压 qīyā
皮层 pícéng	飘浮 piāofú	平方 píngfāng	pòbùjídài	欺诈 qīzhà
皮带 pídài	飘忽 piāohū	平房 píngfáng	破案 pò'àn	漆黑 qīhēi
皮革 pígé	飘零 piāolíng	平衡木	破除 pòchú	漆器 qīqì
皮毛 pímáo	飘落 piāoluò	pínghéngmù	破格 pògé	齐备 qíbèi

齐名 qímíng	起见 qǐjiàn	汽化 qìhuà	签字 qiānzì	谴责 qiǎnzé
齐全 qíquán	起劲 qǐjìn	汽水 qìshuǐ	前辈 qiánbèi	欠缺 qiànquē
齐整 qízhěng	起居 qǐjū	汽艇 qìtǐng	前臂 qiánbì	歉收 qiànshōu
奇观 qíguān	起立 qǐlì	契机 qìjī	前程 qiánchéng	歉意 qiànyì
奇妙 qímiào	起落 qǐluò	器件 qìjiàn	前额 qián'é	枪毙 qiāngbì
奇闻 qíwén	起事 qǐshì	器具 qìjù	前锋 qiánfēng	枪弹 qiāngdàn
歧视 qíshì	起诉 qǐsù	器皿 qìmǐn	前列 qiánliè	枪杀 qiāngshā
歧途 qítú	起先 qǐxiān	器物 qìwù	前年 qiánnián	枪支 qiāngzhī
歧义 qíyì	起因 qǐyīn	器械 qìxiè	前仆后继	腔调 qiāngdiào
祈祷 qídǎo	绮丽 qǐlì	器乐 qìyuè	qiánpū-hòujì	强渡 qiángdù
祈求 qíqiú	气喘 qìchuǎn	器重 qìzhòng	前哨 qiánshào	强攻 qiánggōng
崎岖 qíqū	气垫 qìdiàn	洽谈 qiàtán	前身 qiánshēn	强国 qiángguó
骑兵 qíbīng	气度 qìdù	恰巧 qiàqiǎo	前世 qiánshì	强加 qiángjiā
棋盘 qípán	气概 qìgài	恰如 qiàrú	前天 qiántiān	强健 qiángjiàn
棋子 pízǐ	气功 qìgōng	恰似 qiàsì	前卫 qiánwèi	强劲 qiángjìng
旗号 qíhào	气管 qìguǎn	千古 qiāngǔ	前沿 qiányán	强力 qiánglì
旗袍 qípáo	气急 qìjí	千金 qiānjīn	前夜 qiányè	强盛
乞丐 qǐgài	气节 qìjié	千钧一发	前肢 qiánzhī	qiángshèng
乞求 qǐqiú	气孔 qìkǒng	qiānjūn-yīfà	前奏 qiánzòu	强行 qiángxíng
乞讨 qǐtǎo	气力 qìlì	千卡 qiānkǎ	虔诚 qiánchéng	强硬 qiángyìng
岂有此理	气囊 qìnáng	千瓦 qiānwǎ	钱包 qiánbāo	强占 qiángzhàn
qǐyǒucǐlǐ	气恼 qìnǎo	迁就 qiānjiù	钱币 qiánbì	强壮
企鹅 qǐ'é	气馁 qìněi	迁居 qiānjū	钱财 qiáncái	qiángzhuàng
启程 qǐchéng	气派 qìpài	牵动 qiāndòng	钳工 qiángōng	墙根 qiánggēn
启迪 qǐdí	气泡 qìpào	牵挂 qiānguà	乾坤 qiánkūn	墙角 qiángjiǎo
启动 qǐdòng	气魄 qìpò	牵连 qiānlián	潜藏 qiáncáng	墙头 qiángtóu
启蒙 qǐméng	气球 qìqiú	牵涉 qiānshè	潜伏 qiánfú	抢夺 qiǎngduó
启事 qǐshì	气色 qìsè	牵引 qiānyǐn	潜入 qiánrù	抢购 qiǎnggòu
起兵 qǐbīng	气势 qìshì	牵制 qiānzhì	潜水 qiánshuǐ	抢劫 qiǎngjié
起步 qǐbù	气态 qìtài	谦虚 qiānxū	潜艇 qiántǐng	抢先 qiǎngxiān
起草 qǐcǎo	气虚 qìxū	谦逊 qiānxùn	潜移默化	抢险 qiǎngxiǎn
起床 qǐchuáng	气旋 qìxuán	签发 qiānfā	qiányí-mòhuà	抢修 qiǎngxiū
起飞 qǐfēi	气焰 qìyàn	签名 qiānmíng	浅薄 qiǎnbó	抢占 qiǎngzhàn
起哄 qǐhòng	迄今 qìjīn	签署 qiānshǔ	浅海 qiǎnhǎi	强求 qiǎngqiú
起火 qǐhuǒ	汽笛 qìdí	签约 qiānyuē	浅滩 qiǎntān	乔木 qiáomù
起家 qǐjiā	汽缸 qìgāng	签证 qiānzhèng	浅显 qiǎnxiǎn	侨胞 qiáobāo

侨眷 qiáojuàn	亲生 qīnshēng	轻盈 qīngyíng	清真寺	求爱 qiú'ài
侨民 qiáomín	亲手 qīnshǒu	氢弹 qīngdàn	qīngzhēnsì	求婚 qiúhūn
侨务 qiáowù	亲王 qīnwáng	倾倒 qīngdǎo	蜻蜓 qīngtíng	求救 qiújiù
桥头 qiáotóu	亲吻 qīnwěn	倾角 qīngjiǎo	情不自禁	求解 qiújiě
巧合 qiǎohé	亲信 qīnxìn	倾诉 qīngsù	qíngbùzìjīn	求教 qiújiào
悄然 qiǎorán	亲缘 qīnyuán	倾吐 qīngtǔ	情调 qíngdiào	求人 qiúrén
悄声 qiǎoshēng	亲子 qīnzǐ	倾销 qīngxiāo	情怀 qínghuái	求生 qiúshēng
峭壁 qiàobì	禽兽 qínshòu	倾泻 qīngxiè	情理 qínglǐ	求实 qiúshí
窍门 qiàomén	勤奋 qínfèn	倾心 qīngxīn	情侣 qínglǚ	求学 qiúxué
切除 qiēchú	勤俭 qínjiǎn	倾注 qīngzhù	情人 qíngrén	求援 qiúyuán
切磋 qiēcuō	寝室 qǐnshì	清白 qīngbái	情势 qíngshì	求知 qiúzhī
切点 qiēdiǎn	青菜 qīngcài	清查 qīngchá	情书 qíngshū	求助 qiúzhù
切割 qiēgē	青草 qīngcǎo	清偿 qīngcháng	情思 qíngsī	球场 qiúchǎng
切口 qiēkǒu	青翠 qīngcuì	清澈 qīngchè	情态 qíngtài	球迷 qiúmí
切面 qiēmiàn	青稞 qīngkē	清脆 qīngcuì	情谊 qíngyì	球面 qiúmiàn
切片 qiēpiàn	青睐 qīnglài	清单 qīngdān	情意 qíngyì	球赛 qiúsài
切线 qiēxiàn	青霉素	清淡 qīngdàn	情欲 qíngyù	球体 qiútǐ
切合 qièhé	qīngméisù	清风 qīngfēng	情愿 qíngyuàn	裘皮 qiúpí
切忌 qièjì	青苔 qīngtái	清高 qīnggāo	晴空 qíngkōng	区划 qūhuà
切身 qièshēn	青天 qīngtiān	清官 qīngguān	晴朗 qínglǎng	区间 qūjiān
怯懦 qiènuò	青铜 qīngtóng	清净 qīngjìng	顷刻 qǐngkè	曲解 qūjiě
窃取 qièqǔ	青衣 qīngyī	清静 qīngjìng	请假 qǐngjià	曲面 qūmiàn
惬意 qièyì	轻便 qīngbiàn	清冷 qīnglěng	请教 qǐngjiào	曲轴 qūzhóu
钦差 qīnchāi	轻而易举	清凉 qīngliáng	请客 qǐngkè	驱车 qūchē
钦佩 qīnpèi	qīng'éryìjǔ	清明 qīngmíng	请愿 qǐngyuàn	驱除 qūchú
侵害 qīnhài	轻浮 qīngfú	清扫 qīngsǎo	庆贺 qìnghè	驱赶 qūgǎn
侵吞 qīntūn	轻快 qīngkuài	清瘦 qīngshòu	庆幸 qìngxìng	驱散 qūsàn
侵袭 qīnxí	轻描淡写	清爽	穷尽 qióngjìn	驱使 qūshǐ
亲爱 qīn'ài	qīngmiáo-dànxiě	qīngshuǎng	穷苦 qióngkǔ	屈从 qūcóng
亲笔 qīnbǐ	轻蔑 qīngmiè	清算 qīngsuàn	穷困 qióngkùn	屈辱 qūrǔ
亲近 qīnjìn	轻骑 qīngqí	清洗 qīngxǐ	丘陵 qiūlíng	躯干 qūgàn
亲口 qīnkǒu	轻柔 qīngróu	清闲 qīngxián	秋风 qiūfēng	躯壳 qūqiào
亲临 qīnlín	轻率 qīngshuài	清香 qīngxiāng	秋收 qiūshōu	躯体 qūtǐ
亲昵 qīnnì	轻信 qīngxìn	清新 qīngxīn	囚犯 qiúfàn	曲调 qǔdiào
亲朋 qīnpéng	轻音乐	清秀 qīngxiù	囚禁 qiújìn	曲目 qǔmù
亲身 qīnshēn	qīngyīnyuè	清早 qīngzǎo	囚徒 qiútú	曲牌 qǔpái

曲艺 qǔyì	劝慰 quànwèi	人道 réndào	任期 rènqī	柔弱 róuruò
取材 qǔcái	劝阻 quànzǔ	人丁 réndīng	任性 rènxìng	柔顺 róushùn
取缔 qǔdì	缺德 quēdé	人和 rénhé	任用 rènyòng	蹂躏 róulìn
取经 qǔjīng	缺憾 quēhàn	人际 rénjì	任职 rènzhí	肉食 ròushí
取乐 qǔlè	缺口 quēkǒu	人迹 rénjì	韧带 rèndài	肉眼 ròuyǎn
取暖 qǔnuǎn	缺损 quēsǔn	人流 rénliú	韧性 rènxìng	肉质 ròuzhì
取舍 qǔshě	确信 quèxìn	人伦 rénlún	妊娠 rènshēn	如期 rúqī
取胜 qǔshèng	确证 quèzhèng	人马 rénmǎ	日程 rìchéng	如实 rúshí
取笑 qǔxiào	确凿 quèzáo	人命 rénmìng	日光 rìguāng	如释重负
取样 qǔyàng	（quèzuò）	人品 rénpǐn	日后 rìhòu	rúshìzhòngfù
取悦 qǔyuè	群岛 qúndǎo	人情 rénqíng	日见 rìjiàn	如意 rúyì
去路 qùlù	群居 qúnjū	人权 rénquán	日渐 rìjiàn	儒学 rúxué
去向 qùxiàng	冉冉 rǎnrǎn	人参 rénshēn	日历 rìlì	蠕动 rúdòng
圈套 quāntào	染料 rǎnliào	人声 rénshēng	日食 rìshí	乳白 rǔbái
权贵 quánguì	让步 ràngbù	人世 rénshì	日用 rìyòng	乳房 rǔfáng
权衡 quánhéng	让位 ràngwèi	人手 rénshǒu	荣获 rónghuò	乳牛 rǔniú
权势 quánshì	饶恕 ráoshù	人文 rénwén	荣幸 róngxìng	乳汁 rǔzhī
权限 quánxiàn	绕道 ràodào	人像 rénxiàng	荣耀 róngyào	入股 rùgǔ
全集 quánjí	热潮 rècháo	人行道	绒毛 róngmáo	入境 rùjìng
全力 quánlì	热忱 rèchén	rénxíngdào	绒线 róngxiàn	入口 rùkǒu
全貌 quánmào	热诚 rèchéng	人选 rénxuǎn	容积 róngjī	入门 rùmén
全能 quánnéng	热度 rèdù	人烟 rényān	容貌 róngmào	入迷 rùmí
全盘 quánpán	热浪 rèlàng	人中 rénzhōng	容忍 róngrěn	入睡 rùshuì
全权 quánquán	热泪 rèlèi	人种 rénzhǒng	容许 róngxǔ	入伍 rùwǔ
全文 quánwén	热力 rèlì	仁慈 réncí	容颜 róngyán	入夜 rùyè
全线 quánxiàn	热恋 rèliàn	仁义 rényì	溶洞 róngdòng	入座 rùzuò
泉水 quánshuǐ	热流 rèliú	忍痛 rěntòng	溶化 rónghuà	软骨 ruǎngǔ
泉源 quányuán	热门 rèmén	忍心 rěnxīn	溶血 róngxuè	软化 ruǎnhuà
拳击 quánjī	热气 rèqì	认错 rèncuò	熔化 rónghuà	软件 ruǎnjiàn
痊愈 quányù	热切 rèqiè	认购 rèngòu	融化 rónghuà	软禁 ruǎnjìn
蜷缩 quánsuō	热望 rèwàng	认可 rènkě	融洽 róngqià	软弱 ruǎnruò
犬齿 quǎnchǐ	热血 rèxuè	认同 rèntóng	融资 róngzī	锐角 ruìjiǎo
劝导 quàndǎo	热源 rèyuán	认罪 rènzuì	冗长 rǒngcháng	锐利 ruìlì
劝告 quàngào	人材 réncái	任教 rènjiào	柔道 róudào	润滑 rùnhuá
劝解 quànjiě	人称 rénchēng	任免 rènmiǎn	柔美 róuměi	若无其事
劝说 quànshuō	人次 réncì	任凭 rènpíng	柔情 róuqíng	ruòwúqíshì

弱小 ruòxiǎo	森严 sēnyán	山楂 shānzhā	赏识 shǎngshí	烧瓶 shāopíng
撒谎 sāhuǎng	僧尼 sēngní	珊瑚 shānhú	上报 shàngbào	烧伤 shāoshāng
撒娇 sājiāo	杀菌 shājūn	扇动 shāndòng	上臂 shàngbì	烧香 shāoxiāng
撒手 sāshǒu	杀戮 shālù	煽动 shāndòng	上场	少见 shǎojiàn
赛场 sàichǎng	杀伤 shāshāng	闪现 shǎnxiàn	shàngchǎng	少儿 shào'ér
赛跑 sàipǎo	杉木 shāmù	闪耀 shǎnyào	上当 shàngdàng	少妇 shàofù
赛事 sàishì	沙丘 shāqiū	扇贝 shànbèi	上等 shàngděng	少将 shàojiàng
三角洲	沙土 shātǔ	善后 shànhòu	上吊 shàngdiào	哨兵 shàobīng
sānjiǎozhōu	沙哑 shāyǎ	善意 shànyì	上风 shàngfēng	哨所 shàosuǒ
三轮车	纱布 shābù	善战 shànzhàn	上工 shànggōng	奢侈 shēchǐ
sānlúnchē	纱锭 shādìng	擅长 shàncháng	上古 shànggǔ	舌苔 shétāi
散漫 sǎnmàn	刹车 shāchē	擅自 shànzì	上好 shànghǎo	舍弃 shěqì
散场 sànchǎng	傻瓜 shǎguā	膳食 shànshí	上将 shàngjiàng	舍身 shěshēn
散会 sànhuì	霎时 shàshí	赡养 shànyǎng	上缴 shàngjiǎo	设防 shèfáng
散伙 sànhuǒ	筛选 shāixuǎn	伤疤 shāngbā	上进 shàngjìn	社交 shèjiāo
散落 sànluò	山坳 shān'ào	伤感 shānggǎn	上列 shàngliè	社论 shèlùn
散失 sànshī	山茶 shānchá	伤寒 shānghán	上流 shàngliú	社区 shèqū
丧事 sāngshì	山川 shānchuān	伤痕 shānghén	上路 shànglù	社团 shètuán
丧葬 sāngzàng	山村 shāncūn	伤势 shāngshì	上马 shàngmǎ	射程 shèchéng
嗓音 sǎngyīn	山歌 shāngē	伤亡	上门 shàngmén	射箭 shèjiàn
丧气 sàngqì	山沟 shāngōu	shāngwáng	上品 shàngpǐn	射门 shèmén
骚动 sāodòng	山河 shānhé	商场	上任 shàngrèn	射手 shèshǒu
骚扰 sāorǎo	山洪 shānhóng	shāngchǎng	上身 shàngshēn	涉外 shèwài
扫除 sǎochú	山涧 shānjiàn	商船	上书 shàngshū	涉足 shèzú
扫地 sǎodì	山脚 shānjiǎo	shāngchuán	上台 shàngtái	赦免 shèmiǎn
扫盲 sǎománg	山梁 shānliáng	商定 shāngdìng	上行 shàngxíng	摄取 shèqǔ
扫描 sǎomiáo	山岭 shānlǐng	商贩 shāngfàn	上旬 shàngxún	摄食 shèshí
扫射 sǎoshè	山麓 shānlù	商贾 shānggǔ	上演 shàngyǎn	摄制 shèzhì
扫视 sǎoshì	山峦 shānluán	商会 shānghuì	上阵 shàngzhèn	申报 shēnbào
扫兴 sǎoxìng	山门 shānmén	商检 shāngjiǎn	上肢 shàngzhī	申明 shēnmíng
色调 sèdiào	山系 shānxì	商榷 shāngquè	上座 shàngzuò	申诉 shēnsù
色光 sèguāng	山崖 shānyá	商谈 shāngtán	尚且 shàngqiě	伸缩 shēnsuō
色盲 sèmáng	山羊 shānyáng	商讨 shāngtǎo	烧杯 shāobēi	伸展 shēnzhǎn
色情 sèqíng	山腰 shānyāo	商务 shāngwù	烧毁 shāohuǐ	伸张 shēnzhāng
色素 sèsù	山野 shānyě	商议 shāngyì	烧火 shāohuǒ	身长 shēncháng
色泽 sèzé	山岳 shānyuè	赏赐 shǎngcì	烧酒 shāojiǔ	身段 shēnduàn

身高 shēngāo	审核 shěnhé	声称	盛况	诗集 shījí
身价 shēnjià	审理 shěnlǐ	shēngchēng	shèngkuàng	诗句 shījù
身世 shēnshì	审批 shěnpī	声带 shēngdài	盛名 shèngmíng	诗篇 shīpiān
呻吟 shēnyín	审慎 shěnshèn	声浪 shēnglàng	盛怒 shèngnù	施放 shīfàng
绅士 shēnshì	审视 shěnshì	声名 shēngmíng	盛夏 shèngxià	施加 shījiā
深奥 shēn'ào	审问 shěnwèn	声势 shēngshì	盛装	施舍 shīshě
深层 shēncéng	审讯 shěnxùn	声速 shēngsù	shèngzhuāng	施展 shīzhǎn
深海 shēnhǎi	审议 shěnyì	声望	尸骨 shīgǔ	施政 shīzhèng
深浅 shēnqiǎn	肾脏 shènzàng	shēngwàng	失常 shīcháng	湿热 shīrè
深切 shēnqiè	甚而 shèn'ér	声息 shēngxī	失传 shīchuán	十足 shízú
深秋 shēnqiū	渗入 shènrù	声学 shēngxué	失地 shīdì	石板 shíbǎn
深山 shēnshān	升华 shēnghuá	声言 shēngyán	失火 shīhuǒ	石雕 shídiāo
深思 shēnsī	升级 shēngjí	声誉 shēngyù	失控 shīkòng	石膏 shígāo
深邃 shēnsuì	升降 shēngjiàng	声援 shēngyuán	失礼 shīlǐ	石刻 shíkè
深信 shēnxìn	升任 shēngrèn	声乐 shēngyuè	失利 shīlì	石窟 shíkū
深渊 shēnyuān	升腾 shēngténg	绳索 shéngsuǒ	失恋 shīliàn	石料 shíliào
深造 shēnzào	升学 shēngxué	省城	失灵 shīlíng	石棉 shímián
深重 shēnzhòng	生病 shēngbìng	shěngchéng	失落 shīluò	石墨 shímò
神采 shéncǎi	生发 shēngfā	省份 shěngfèn	失眠 shīmián	石笋 shísǔn
神化 shénhuà	生根 shēnggēn	省会 shěnghuì	失明 shīmíng	石英 shíyīng
神经病	生机 shēngjī	省略 shěnglüè	失散 shīsàn	时分 shífēn
shénjīngbìng	生计 shēngjì	省事 shěngshì	失神 shīshén	时光 shíguāng
神经质	生路 shēnglù	圣诞节	失声 shīshēng	时局 shíjú
shénjīngzhì	生怕 shēngpà	Shèngdàn Jié	失实 shīshí	时区 shíqū
神龛 shénkān	生平 shēngpíng	圣地 shèngdì	失守 shīshǒu	时日 shírì
神灵 shénlíng	生疏 shēngshū	圣母 shèngmǔ	失陷 shīxiàn	时尚 shíshàng
神明 shénmíng	生死 shēngsǐ	圣人 shèngrén	失效 shīxiào	时事 shíshì
神速 shénsù	生息 shēngxī	圣旨 shèngzhǐ	失血 shīxuè	时势 shíshì
神通 shéntōng	生肖 shēngxiào	胜地 shèngdì	失意 shīyì	时务 shíwù
神童 shéntóng	生效 shēngxiào	胜任 shèngrèn	失真 shīzhēn	时效 shíxiào
神往 shénwǎng	生性 shēngxìng	胜仗	失职 shīzhí	时兴 shíxīng
神像 shénxiàng	生涯 shēngyá	shèngzhàng	失重 shīzhòng	时针 shízhēn
神韵 shényùn	生硬 shēngyìng	盛产 shèngchǎn	失踪 shīzōng	时钟 shízhōng
神志 shénzhì	生字 shēngzì	盛大 shèngdà	失足 shīzú	时装 shízhuāng
神州 shénzhōu	声波 shēngbō	盛会 shènghuì	师母 shīmǔ	识破 shípò
审定 shěndìng	声部 shēngbù	盛开 shèngkāi	师资 shīzī	实测 shícè

实地 shídì	示弱 shìruò	试纸 shìzhǐ	手套 shǒutào	受热 shòurè
实话 shíhuà	示意 shìyì	视察 shìchá	手腕 shǒuwàn	受训 shòuxùn
实惠 shíhuì	示众 shìzhòng	视角 shìjiǎo	手下 shǒuxià	受益 shòuyì
实况 shíkuàng	世道 shìdào	视力 shìlì	手心 shǒuxīn	受灾 shòuzāi
实情 shíqíng	世故 shìgù	视图 shìtú	手艺 shǒuyì	受制 shòuzhì
实权 shíquán	世家 shìjiā	视网膜	手杖 shǒuzhàng	受阻 shòuzǔ
实事 shíshì	世间 shìjiān	shìwǎngmó	手足 shǒuzú	受罪 shòuzuì
实数 shíshù	世面 shìmiàn	适度 shìdù	守备 shǒubèi	授粉 shòufěn
实习 shíxí	世人 shìrén	适量 shìliàng	守法 shǒufǎ	授课 shòukè
实效 shíxiào	世事 shìshì	适时 shìshí	守候 shǒuhòu	授权 shòuquán
实心 shíxīn	世俗 shìsú	适中 shìzhōng	守护 shǒuhù	授予 shòuyǔ
实业 shíyè	世袭 shìxí	嗜好 shìhào	守旧 shǒujiù	兽医 shòuyī
实战 shízhàn	市价 shìjià	誓言 shìyán	守卫 shǒuwèi	瘦弱 shòuruò
实证 shízhèng	市郊 shìjiāo	收藏 shōucáng	守则 shǒuzé	瘦小 shòuxiǎo
食道 shídào	市面 shìmiān	收场 shōuchǎng	首创	书法 shūfǎ
食管 shíguǎn	市镇 shìzhèn	收发 shōufā	shǒuchuàng	书房 shūfáng
食粮 shíliáng	市政 shìzhèng	收复 shōufù	首府 shǒufǔ	书画 shūhuà
食谱 shípǔ	式样 shìyàng	收割 shōugē	首届 shǒujiè	书架 shūjià
食物链	事理 shìlǐ	收工 shōugōng	首脑 shǒunǎo	书局 shūjú
shíwùliàn	事态 shìtài	收缴 shōujiǎo	首尾 shǒuwěi	书卷 shūjuàn
食性 shíxìng	事项 shìxiàng	收看 shōukàn	首席 shǒuxí	书刊 shūkān
食欲 shíyù	事宜 shìyí	收敛 shōuliǎn	首相 shǒuxiàng	书目 shūmù
食指 shízhǐ	侍从 shìcóng	收留 shōuliú	受挫 shòucuò	书生 shūshēng
史册 shǐcè	侍奉 shìfèng	收录 shōulù	受害 shòuhài	书信 shūxìn
史籍 shǐjí	侍候 shìhòu	收买 shōumǎi	受贿 shòuhuì	书院 shūyuàn
史料 shǐliào	侍卫 shìwèi	收取 shōuqǔ	受奖 shòujiǎng	书桌 shūzhuō
史前 shǐqián	试点 shìdiǎn	收容 shōuróng	受戒 shòujiè	抒发 shūfā
史诗 shǐshī	试剂 shìjì	收听 shōutīng	受惊 shòujīng	枢纽 shūniǔ
史实 shǐshí	试卷 shìjuàn	收效 shōuxiào	受苦 shòukǔ	倏然 shūrán
史书 shǐshū	试看 shìkàn	收养 shōuyǎng	受累 shòulěi	梳理 shūlǐ
使馆 shǐguǎn	试探 shìtàn	手背 shǒubèi	受累 shòulèi	舒畅 shūchàng
使节 shǐjié	试题 shìtí	手册 shǒucè	受理 shòulǐ	舒展 shūzhǎn
使者 shǐzhě	试问 shìwèn	手稿 shǒugǎo	受命 shòumìng	舒张 shūzhāng
始祖 shǐzǔ	试想 shìxiǎng	手铐 shǒukào	受难 shòunàn	疏导 shūdǎo
士气 shìqì	试行 shìxíng	手帕 shǒupà	受骗 shòupiàn	疏散 shūsàn
士族 shìzú	试用 shìyòng	手软 shǒuruǎn	受气 shòuqì	疏松 shūsōng

疏通 shūtōng	双语 shuāngyǔ	水运 shuǐyùn	私法 sīfǎ	松动 sōngdòng
疏远 shūyuǎn	霜冻	水灾 shuǐzāi	私立 sīlì	松软 sōngruǎn
赎罪 shúzuì	shuāngdòng	水闸 shuǐzhá	私利 sīlì	松散 sōngsǎn
熟人 shúrén	霜期 shuāngqī	水质 shuǐzhì	私事 sīshì	松手 sōngshǒu
熟睡 shúshuì	爽朗	水肿 shuǐzhǒng	私塾 sīshú	松鼠 sōngshǔ
熟知 shúzhī	shuǎnglǎng	水准 shuǐzhǔn	私下 sīxià	松懈 sōngxiè
暑假 shǔjià	水泵 shuǐbèng	税额 shuì'é	私心 sīxīn	怂恿 sǒngyǒng
署名 shǔmíng	水兵 shuǐbīng	税法 shuìfǎ	私语 sīyǔ	耸立 sǒnglì
曙光 shǔguāng	水波 shuǐbō	税利 shuìlì	私自 sīzì	送别 sòngbié
述评 shùpíng	水草 shuǐcǎo	税率 shuìlǜ	思辨 sībiàn	送礼 sònglǐ
述说 shùshuō	水产 shuǐchǎn	税务 shuìwù	思忖 sīcǔn	送气 sòngqì
树丛 shùcóng	水车 shuǐchē	睡梦 shuìmèng	思虑 sīlǜ	送行 sòngxíng
树冠 shùguān	水花 shuǐhuā	睡意 shuìyì	思念 sīniàn	送葬 sòngzàng
树苗 shùmiáo	水火 shuǐhuǒ	顺便 shùnbiàn	思绪 sīxù	诵读 sòngdú
树脂 shùzhī	水晶 shuǐjīng	顺从 shùncóng	斯文 sīwén	颂扬 sòngyáng
竖立 shùlì	水井 shuǐjǐng	顺风 shùnfēng	厮杀 sīshā	搜捕 sōubǔ
庶民 shùmín	水力 shuǐlì	顺口 shùnkǒu	撕毁 sīhuǐ	搜查 sōuchá
数额 shù'é	水龙头	顺势 shùnshì	嘶哑 sīyǎ	搜刮 sōuguā
数码 shùmǎ	shuǐlóngtóu	顺心 shùnxīn	死板 sǐbǎn	搜罗 sōuluó
刷新 shuāxīn	水陆 shuǐlù	顺眼 shùnyǎn	死活 sǐhuó	搜索 sōusuǒ
衰败 shuāibài	水路 shuǐlù	顺应 shùnyìng	死寂 sǐjì	搜寻 sōuxún
衰减 shuāijiǎn	水鸟 shuǐniǎo	瞬时 shùnshí	死伤 sǐshāng	苏醒 sūxǐng
衰竭 shuāijié	水牛 shuǐniú	说唱 shuōchàng	死神 sǐshén	俗话 súhuà
衰落 shuāiluò	水情 shuǐqíng	说穿 shuōchuān	死守 sǐshǒu	俗名 súmíng
衰弱 shuāiruò	水渠 shuǐqú	说谎 shuōhuǎng	四季 sìjì	俗人 súrén
衰退 shuāituì	水势 shuǐshì	说教 shuōjiào	四散 sìsàn	俗语 súyǔ
衰亡 shuāiwáng	水塔 shuǐtǎ	说理 shuōlǐ	四时 sìshí	诉苦 sùkǔ
摔跤 shuāijiāo	水獭 shuǐtǎ	说笑 shuōxiào	四外 sìwài	诉说 sùshuō
率先 shuàixiān	水土 shuǐtǔ	硕大 shuòdà	四围 sìwéi	肃穆 sùmù
双边	水系 shuǐxì	硕士 shuòshì	寺庙 sìmiào	肃清 sùqīng
shuāngbiān	水仙 shuǐxiān	司空见惯	似是而非	素来 sùlái
双重	水乡 shuǐxiāng	sīkōng-jiànguàn	sìshì'érfēi	素描 sùmiáo
shuāngchóng	水箱 shuǐxiāng	丝绸 sīchóu	伺机 sìjī	素养 sùyǎng
双亲 shuāngqīn	水星 shuǐxīng	丝绒 sīróng	肆无忌惮	速成 sùchéng
双向	水性 shuǐxìng	丝线 sīxiàn	sìwújìdàn	速写 sùxiě
shuāngxiàng	水域 shuǐyù	私产 sīchǎn	肆意 sìyì	宿营 sùyíng

塑像 sùxiàng	泰山 tàishān	螳螂 tángláng	疼爱 téng'ài	体型 tǐxíng
酸痛 suāntòng	坍塌 tāntā	倘使 tǎngshǐ	腾飞 téngfēi	体液 tǐyè
酸雨 suānyǔ	贪婪 tānlán	烫伤 tàngshāng	腾空 téngkōng	体育场
酸枣 suānzǎo	贪图 tāntú	绦虫 tāochóng	藤萝 téngluó	tǐyùchǎng
算命 suànmìng	贪污 tānwū	滔滔 tāotāo	剔除 tīchú	体育馆 tǐyùguǎn
算术 suànshù	摊贩 tānfàn	逃兵 táobīng	梯田 tītián	体征 tǐzhēng
算账 suànzhàng	摊派 tānpài	逃窜 táocuàn	梯形 tīxíng	剃头 tìtóu
随处 suíchù	滩涂 tāntú	逃荒 táohuāng	提案 tí'àn	天边 tiānbiān
随从 suícóng	瘫痪 tānhuàn	逃命 táomìng	提包 tíbāo	天窗 tiānchuāng
随军 suíjūn	谈天 tántiān	逃难 táonàn	提成 tíchéng	天敌 tiāndí
随身 suíshēn	谈吐 tántǔ	逃脱 táotuō	提纯 tíchún	天赋 tiānfù
随同 suítóng	谈心 tánxīn	逃亡 táowáng	提纲 tígāng	天国 tiānguó
随心所欲	弹劾 tánhé	逃学 táoxué	提货 tíhuò	天花 tiānhuā
suíxīnsuǒyù	弹力 tánlì	桃李 táolǐ	提交 tíjiāo	天花板
隧道 suìdào	弹跳 tántiào	陶瓷 táocí	提留 tíliú	tiānhuābǎn
损坏 sǔnhuài	坦白 tǎnbái	陶器 táoqì	提名 tímíng	天际 tiānjì
唆使 suōshǐ	坦然 tǎnrán	陶醉 táozuì	提琴 tíqín	天经地义
蓑衣 suōyī	坦率 tǎnshuài	淘气 táoqì	提请 tíqǐng	tiānjīng-dìyì
缩减 suōjiǎn	叹气 tànqì	讨伐 tǎofá	提升 tíshēng	天井 tiānjǐng
缩影 suōyǐng	探究 tànjiū	讨饭 tǎofàn	提示 tíshì	天理 tiānlǐ
索取 suǒqǔ	探亲 tànqīn	讨好 tǎohǎo	提问 tíwèn	天亮 tiānliàng
索性 suǒxìng	探求 tànqiú	套用 tàoyòng	提携 tíxié	天明 tiānmíng
琐事 suǒshì	探视 tànshì	特产 tèchǎn	提早 tízǎo	天命 tiānmìng
琐碎 suǒsuì	探听 tàntīng	特长 tècháng	啼哭 tíkū	天幕 tiānmù
锁链 suǒliàn	探头 tàntóu	特技 tèjì	啼笑皆非	天平 tiānpíng
他乡 tāxiāng	探望 tànwàng	特例 tèlì	tíxiào-jiēfēi	天色 tiānsè
踏步 tàbù	探问 tànwèn	特派 tèpài	题词 tící	天时 tiānshí
胎盘 tāipán	探险 tànxiǎn	特区 tèqū	体察 tǐchá	天使 tiānshǐ
胎生 tāishēng	探寻 tànxún	特赦 tèshè	体罚 tǐfá	天书 tiānshū
台词 táicí	探询 tànxún	特写 tèxiě	体格 tǐgé	天堂 tiāntáng
台灯 táidēng	堂皇 tánghuáng	特许 tèxǔ	体检 tǐjiǎn	天外 tiānwài
台阶 táijiē	搪瓷 tángcí	特异 tèyì	体魄 tǐpò	天线 tiānxiàn
抬升 táishēng	搪塞 tángsè	特约 tèyuē	体态 tǐtài	天象 tiānxiàng
太后 tàihòu	糖果 tángguǒ	特制 tèzhì	体贴 tǐtiē	天性 tiānxìng
太子 tàizǐ	糖尿病	特质 tèzhì	体味 tǐwèi	天涯 tiānyá
态势 tàishì	tángniàobìng	特种 tèzhǒng	体形 tǐxíng	天灾 tiānzāi

天职 tiānzhí	铁道 tiědào	通风 tōngfēng	统称 tǒngchēng	投靠 tóukào
天资 tiānzī	铁轨 tiěguǐ	通告 tōnggào	统筹 tǒngchóu	投票 tóupiào
天子 tiānzǐ	铁青 tiěqīng	通航 tōngháng	统购 tǒnggòu	投射 tóushè
添置 tiānzhì	铁丝 tiěsī	通话 tōnghuà	统领 tǒnglǐng	投身 tóushēn
田赋 tiánfù	铁索 tiěsuǒ	通婚 tōnghūn	统帅 tǒngshuài	投诉 tóusù
田埂 tiángěng	铁蹄 tiětí	通货 tōnghuò	统率 tǒngshuài	投影 tóuyǐng
田亩 tiánmǔ	铁锨 tiěxiān	通令 tōnglìng	统辖 tǒngxiá	投掷 tóuzhì
田鼠 tiánshǔ	厅堂 tīngtáng	通路 tōnglù	统一体 tǒngyītǐ	透彻 tòuchè
田园 tiányuán	听从 tīngcóng	通气 tōngqì	统制 tǒngzhì	透气 tòuqì
恬静 tiánjìng	听候 tīnghòu	通商 tōngshāng	痛斥 tòngchì	透视 tòushì
甜菜 tiáncài	听讲 tīngjiǎng	通俗 tōngsú	痛楚 tòngchǔ	秃顶 tūdǐng
甜美 tiánměi	听课 tīngkè	通宵 tōngxiāo	痛恨 tònghèn	突起 tūqǐ
甜蜜 tiánmì	听任 tīngrèn	通晓 tōngxiǎo	痛觉 tòngjué	突围 tūwéi
填补 tiánbǔ	听筒 tīngtǒng	通行 tōngxíng	痛哭 tòngkū	突袭 tūxí
填充 tiánchōng	听信 tīngxìn	通则 tōngzé	痛心 tòngxīn	图表 túbiǎo
填空 tiánkòng	庭审 tíngshěn	同班 tóngbān	偷懒 tōulǎn	图解 tújiě
填塞 tiánsè	庭院 tíngyuàn	同辈 tóngbèi	偷窃 tōuqiè	图景 tújǐng
填写 tiánxiě	停办 tíngbàn	同步 tóngbù	偷袭 tōuxí	图谋 túmóu
条理 tiáolǐ	停泊 tíngbó	同感 tónggǎn	头等 tóuděng	图片 túpiàn
条文 tiáowén	停车 tíngchē	同居 tóngjū	头骨 tóugǔ	图腾 túténg
调剂 tiáojì	停放 tíngfàng	同龄 tónglíng	头号 tóuhào	图像 túxiàng
调价 tiáojià	停刊 tíngkān	同盟 tóngméng	头巾 tóujīn	图样 túyàng
调控 tiáokòng	停息 tíngxī	同名 tóngmíng	头盔 tóukuī	徒步 túbù
调配 tiáopèi	停歇 tíngxiē	同位素	头颅 tóulú	徒工 túgōng
调皮 tiáopí	停业 tíngyè	tóngwèisù	头目 tóumù	徒然 túrán
调试 tiáoshì	停战 tíngzhàn	同乡 tóngxiāng	头疼 tóuténg	徒手 túshǒu
调停 tiáotíng	停滞 tíngzhì	同心 tóngxīn	头痛 tóutòng	徒刑 túxíng
调制 tiáozhì	挺拔 tǐngbá	同性 tóngxìng	头衔 tóuxián	涂料 túliào
挑拨 tiǎobō	挺进 tǐngjìn	同姓 tóngxìng	头绪 tóuxù	涂抹 túmǒ
挑衅 tiǎoxìn	挺立 tǐnglì	铜板 tóngbǎn	投案 tóu'àn	屠刀 túdāo
眺望 tiàowàng	挺身 tǐngshēn	铜臭 tóngxiù	投保 tóubǎo	屠宰 túzǎi
跳板 tiàobǎn	通报 tōngbào	铜钱 tóngqián	投奔 tóubèn	土产 tǔchǎn
跳高 tiàogāo	通畅 tōngchàng	童工 tónggōng	投标 tóubiāo	土豆 tǔdòu
跳水 tiàoshuǐ	通车 tōngchē	童心 tóngxīn	投递 tóudì	土星 tǔxīng
贴近 tiējìn	通称 tōngchēng	童子 tóngzǐ	投放 tóufàng	土语 tǔyǔ
贴切 tiēqiè	通达 tōngdá	瞳孔 tóngkǒng	投考 tóukǎo	土质 tǔzhì

土著 tǔzhù	退位 tuìwèi	瓦斯 wǎsī	完结 wánjié	网点 wǎngdiǎn
吐露 tǔlù	退伍 tuìwǔ	外币 wàibì	完满 wánmǎn	网罗 wǎngluó
吐血 tùxiě	退学 tuìxué	外宾 wàibīn	玩弄 wánnòng	网球 wǎngqiú
湍急 tuānjí	蜕变 tuìbiàn	外出 wàichū	玩赏 wánshǎng	往常
团队 tuánduì	蜕化 tuìhuà	外感 wàigǎn	玩耍 wánshuǎ	wǎngcháng
团伙 tuánhuǒ	蜕皮 tuìpí	外公 wàigōng	玩味 wánwèi	往返 wǎngfǎn
团聚 tuánjù	吞并 tūnbìng	外观 wàiguān	玩物 wánwù	往复 wǎngfù
团圆 tuányuán	吞没 tūnmò	外海 wàihǎi	顽固 wángù	往年 wǎngnián
推迟 tuīchí	吞食 tūnshí	外行 wàiháng	顽皮 wánpí	往日 wǎngrì
推崇 tuīchóng	吞噬 tūnshì	外号 wàihào	宛如 wǎnrú	往事 wǎngshì
推辞 tuīcí	吞吐 tūntǔ	外籍 wàijí	挽回 wǎnhuí	往昔 wǎngxī
推导 tuīdǎo	吞咽 tūnyàn	外加 wàijiā	挽救 wǎnjiù	妄图 wàngtú
推倒 tuīdǎo	囤积 túnjī	外流 wàiliú	挽留 wǎnliú	妄想 wàngxiǎng
推定 tuīdìng	拖车 tuōchē	外露 wàilù	晚报 wǎnbào	忘恩负义
推断 tuīduàn	拖累 tuōlěi	外貌 wàimào	晚辈 wǎnbèi	wàng'ēn-fùyì
推举 tuījǔ	拖欠 tuōqiàn	外婆 wàipó	晚会 wǎnhuì	忘怀 wànghuái
推力 tuīlì	拖鞋 tuōxié	外人 wàirén	晚婚 wǎnhūn	忘情 wàngqíng
推敲 tuīqiāo	拖延 tuōyán	外伤 wàishāng	晚年 wǎnnián	忘却 wàngquè
推算 tuīsuàn	托管 tuōguǎn	外省 wàishěng	晚霞 wǎnxiá	忘我 wàngwǒ
推想 tuīxiǎng	托盘 tuōpán	外事 wàishì	惋惜 wǎnxī	旺季 wàngjì
推卸 tuīxiè	脱节 tuōjié	外套 wàitào	婉转 wǎnzhuǎn	危及 wēijí
推选 tuīxuǎn	脱口 tuōkǒu	外围 wàiwéi	万恶 wàn'è	危急 wēijí
推演 tuīyǎn	脱身 tuōshēn	外文 wàiwén	万国 wànguó	危难 wēinàn
推移 tuīyí	脱水 tuōshuǐ	外线 wàixiàn	万能 wànnéng	危亡 wēiwáng
颓废 tuífèi	脱胎 tuōtāi	外销 wàixiāo	万岁 wànsuì	威风 wēifēng
颓然 tuírán	脱险 tuōxiǎn	外延 wàiyán	万紫千红	威吓 wēihè
颓丧 tuísàng	脱销 tuōxiāo	外衣 wàiyī	wànzǐ-qiānhóng	威望 wēiwàng
腿脚 tuǐjiǎo	陀螺 tuóluó	外因 wàiyīn	汪洋 wāngyáng	威武 wēiwǔ
退步 tuìbù	驼背 tuóbèi	外债 wàizhài	亡灵 wánglíng	威严 wēiyán
退还 tuìhuán	妥善 tuǒshàn	外长 wàizhǎng	王府 wángfǔ	微波 wēibō
退回 tuìhuí	椭圆 tuǒyuán	外族 wàizú	王宫 wánggōng	微风 wēifēng
退路 tuìlù	唾液 tuòyè	外祖父 wàizǔfù	王冠 wángguān	微机 wēijī
退却 tuìquè	挖潜 wāqián	外祖母 wàizǔmǔ	王后 wánghòu	微妙 wēimiào
退让 tuìràng	洼地 wādì	弯路 wānlù	王室 wángshì	微细 wēixì
退守 tuìshǒu	瓦解 wǎjiě	完工 wángōng	王位 wángwèi	微型 wēixíng
退缩 tuìsuō	瓦砾 wǎlì	完好 wánhǎo	王子 wángzǐ	巍峨 wēi'é

为害 wéihài	味觉 wèijué	文选 wénxuǎn	诬蔑 wūmiè	五脏 wǔzàng
违犯 wéifàn	畏惧 wèijù	文雅 wényǎ	诬陷 wūxiàn	午餐 wǔcān
违抗 wéikàng	畏缩 wèisuō	文言 wényán	屋脊 wūjǐ	午饭 wǔfàn
违心 wéixīn	胃口 wèikǒu	文娱 wényú	屋檐 wūyán	午睡 wǔshuì
违约 wéiyuē	胃液 wèiyè	纹理 wénlǐ	无边 wúbiān	午夜 wǔyè
违章 wéizhāng	谓语 wèiyǔ	纹饰 wénshì	无常 wúcháng	武打 wǔdǎ
围攻 wéigōng	喂养 wèiyǎng	闻名 wénmíng	无偿 wúcháng	武断 wǔduàn
围观 wéiguān	蔚蓝 wèilán	蚊虫 wénchóng	无耻 wúchǐ	武功 wǔgōng
围巾 wéijīn	慰藉 wèijiè	蚊帐 wénzhàng	无端 wúduān	武生 wǔshēng
围困 wéikùn	慰劳 wèiláo	吻合 wěnhé	无辜 wúgū	武士 wǔshì
围棋 wéiqí	慰问 wèiwèn	紊乱 wěnluàn	无故 wúgù	武术 wǔshù
围墙 wéiqiáng	温饱 wēnbǎo	稳步 wěnbù	无尽 wújìn	武艺 wǔyì
桅杆 wéigān	温差 wēnchā	稳产 wěnchǎn	无赖 wúlài	舞弊 wǔbì
帷幕 wéimù	温存 wēncún	稳固 wěngù	无理 wúlǐ	舞步 wǔbù
唯恐 wéikǒng	温情 wēnqíng	稳健 wěnjiàn	无量 wúliàng	舞场 wǔchǎng
唯一 wéiyī	温泉 wēnquán	稳妥 wěntuǒ	无聊 wúliáo	舞动 wǔdòng
唯有 wéiyǒu	温室 wēnshì	稳重 wěnzhòng	无奈 wúnài	舞会 wǔhuì
维系 wéixì	温顺 wēnshùn	问答 wèndá	无能 wúnéng	舞女 wǔnǚ
伟人 wěirén	温馨 wēnxīn	问号 wènhào	无视 wúshì	舞曲 wǔqǔ
伪善 wěishàn	瘟疫 wēnyì	问候 wènhòu	无私 wúsī	舞厅 wǔtīng
伪造 wěizào	文本 wénběn	问卷 wènjuàn	无损 wúsǔn	舞姿 wǔzī
伪装 wěizhuāng	文笔 wénbǐ	涡流 wōliú	无望 wúwàng	务必 wùbì
尾声 wěishēng	文法 wénfǎ	窝头 wōtóu	无畏 wúwèi	务农 wùnóng
尾随 wěisuí	文风 wénfēng	蜗牛 wōniú	无谓 wúwèi	物产 wùchǎn
纬线 wěixiàn	文官 wénguān	卧床 wòchuáng	无误 wúwù	物件 wùjiàn
委派 wěipài	文集 wénjí	乌黑 wūhēi	无暇 wúxiá	物象 wùxiàng
委任 wěirèn	文教 wénjiào	乌鸦 wūyā	无心 wúxīn	悟性 wùxìng
委婉 wěiwǎn	文静 wénjìng	乌云 wūyún	无须 wúxū	雾气 wùqì
萎缩 wěisuō	文具 wénjù	乌贼 wūzéi	无需 wúxū	夕阳 xīyáng
卫兵 wèibīng	文科 wénkē	污秽 wūhuì	无遗 wúyí	西服 xīfú
卫队 wèiduì	文盲 wénmáng	污蔑 wūmiè	无益 wúyì	西红柿
卫士 wèishì	文凭 wénpíng	污辱 wūrǔ	无垠 wúyín	xīhóngshì
未尝 wèicháng	文书 wénshū	污浊 wūzhuó	无缘 wúyuán	西天 xītiān
未免 wèimiǎn	文坛 wéntán	巫师 wūshī	梧桐 wútóng	西医 xīyī
未遂 wèisuì	文体 wéntǐ	呜咽 wūyè	五谷 wǔgǔ	西域 xīyù
位能 wèinéng	文武 wénwǔ	诬告 wūgào	五行 wǔxíng	西装 xīzhuāng

吸毒 xīdú	戏院 xìyuàn	先驱 xiānqū	限期 xiànqī	香甜 xiāngtián
吸盘 xīpán	细胞核 xìbāohé	先人 xiānrén	宪兵 xiànbīng	厢房 xiāngfáng
吸食 xīshí	细密 xìmì	先行 xiānxíng	宪章 xiànzhāng	镶嵌 xiāngqiàn
吸吮 xīshǔn	细腻 xìnì	先知 xiānzhī	宪政 xiànzhèng	详尽 xiángjìn
希冀 xījì	细弱 xìruò	纤毛 xiānmáo	陷害 xiànhài	详情 xiángqíng
昔日 xīrì	细碎 xìsuì	纤细 xiānxì	陷阱 xiànjǐng	享福 xiǎngfú
析出 xīchū	细微 xìwēi	鲜红 xiānhóng	陷落 xiànluò	享乐 xiǎnglè
唏嘘 xīxū	细则 xìzé	鲜美 xiānměi	乡间 xiāngjiān	享用 xiǎngyòng
奚落 xīluò	峡谷 xiágǔ	鲜嫩 xiānnèn	乡里 xiānglǐ	响动 xiǎngdòng
稀薄 xībó	狭长 xiácháng	闲话 xiánhuà	乡亲 xiāngqīn	响亮 xiǎngliàng
稀饭 xīfàn	狭小 xiáxiǎo	闲人 xiánrén	乡土 xiāngtǔ	想必 xiǎngbì
稀奇 xīqí	遐想 xiáxiǎng	闲散 xiánsǎn	乡音 xiāngyīn	想见 xiǎngjiàn
稀释 xīshì	辖区 xiáqū	闲谈 xiántán	乡镇 xiāngzhèn	想来 xiǎnglái
稀疏 xīshū	下笔 xiàbǐ	闲暇 xiánxiá	相称 xiāngchèn	想念 xiǎngniàn
稀有 xīyǒu	下等 xiàděng	闲置 xiánzhì	相持 xiāngchí	向导 xiàngdǎo
犀利 xīlì	下跌 xiàdiē	咸菜 xiáncài	相处 xiāngchǔ	向日葵
溪流 xīliú	下海 xiàhǎi	娴熟 xiánshú	相传	xiàngrìkuí
蜥蜴 xīyì	下课 xiàkè	衔接 xiánjiē	xiāngchuán	向阳 xiàngyáng
熄灯 xīdēng	下流 xiàliú	舷窗	相得益彰	项链 xiàngliàn
嬉戏 xīxì	下马 xiàmǎ	xiánchuāng	xiāngdé-yìzhāng	相机 xiàngjī
习气 xíqì	下手 xiàshǒu	嫌弃 xiánqì	相仿 xiāngfǎng	相貌 xiàngmào
习题 xítí	下台 xiàtái	嫌疑 xiányí	相逢 xiāngféng	相片 xiàngpiàn
习作 xízuò	下文 xiàwén	显赫 xiǎnhè	相符 xiāngfú	象棋 xiàngqí
席卷 xíjuǎn	下行 xiàxíng	显明 xiǎnmíng	相干 xiānggān	象形 xiàngxíng
席位 xíwèi	下野 xiàyě	显眼 xiǎnyǎn	相隔 xiānggé	象牙 xiàngyá
洗涤 xǐdí	下肢 xiàzhī	险恶 xiǎn'è	相间 xiāngjiàn	像样 xiàngyàng
洗礼 xǐlǐ	吓人 xiàrén	险峻 xiǎnjùn	相距 xiāngjù	逍遥 xiāoyáo
洗刷 xǐshuā	夏令 xiàlìng	险情 xiǎnqíng	相识 xiāngshí	消沉 xiāochén
喜好 xǐhào	仙鹤 xiānhè	险要 xiǎnyào	相思 xiāngsī	消防 xiāofáng
喜庆 xǐqìng	仙境 xiānjìng	现成 xiànchéng	相宜 xiāngyí	消磨 xiāomó
喜人 xǐrén	仙女 xiānnǚ	现货 xiànhuò	相约 xiāngyuē	消遣 xiāoqiǎn
喜事 xǐshì	仙人 xiānrén	现款 xiànkuǎn	香火 xiānghuǒ	消融 xiāoróng
喜讯 xǐxùn	先辈 xiānbèi	现任 xiànrèn	香蕉 xiāngjiāo	消散 xiāosàn
戏弄 xìnòng	先导 xiāndǎo	现役 xiànyì	香料 xiāngliào	消逝 xiāoshì
戏台 xìtái	先锋 xiānfēng	限定 xiàndìng	香炉 xiānglú	消瘦 xiāoshòu
戏谑 xìxuè	先例 xiānlì	限额 xiàn'é	香水 xiāngshuǐ	消退 xiāotuì

消长 xiāozhǎng	肖像 xiàoxiàng	械斗 xièdòu	心虚 xīnxū	信誉 xìnyù
萧条 xiāotiáo	校风 xiàofēng	亵渎 xièdú	心绪 xīnxù	信纸 xìnzhǐ
硝烟 xiāoyān	校舍 xiàoshè	谢绝 xièjué	心意 xīnyì	兴办 xīngbàn
销毁 xiāohuǐ	校园 xiàoyuán	心爱 xīn'ài	心愿 xīnyuàn	兴盛 xīngshèng
销路 xiāolù	哮喘 xiàochuǎn	心病 xīnbìng	辛辣 xīnlà	兴衰 xīngshuāi
潇洒 xiāosǎ	笑脸 xiàoliǎn	心不在焉	辛劳 xīnláo	兴亡 xīngwáng
嚣张 xiāozhāng	笑语 xiàoyǔ	xīnbùzàiyān	辛酸 xīnsuān	兴旺 xīngwàng
小便 xiǎobiàn	效法 xiàofǎ	心肠 xīncháng	欣然 xīnrán	兴修 xīngxiū
小菜 xiǎocài	效劳 xiàoláo	心得 xīndé	欣慰 xīnwèi	星辰 xīngchén
小肠 xiǎocháng	效能 xiàonéng	心地 xīndì	欣喜 xīnxǐ	星光 xīngguāng
小车 xiǎochē	效验 xiàoyàn	心烦 xīnfán	新潮 xīncháo	星空 xīngkōng
小吃 xiǎochī	效用 xiàoyòng	心房 xīnfáng	新房 xīnfáng	星体 xīngtǐ
小丑 xiǎochǒu	效忠 xiàozhōng	心肝 xīngān	新婚 xīnhūn	星座 xīngzuò
小调 xiǎodiào	歇脚 xiējiǎo	心慌 xīnhuāng	新近 xīnjìn	刑场 xíngchǎng
小贩 xiǎofàn	协和 xiéhé	心急 xīnjí	新居 xīnjū	刑期 xíngqī
小褂 xiǎoguà	协力 xiélì	心计 xīnjì	新郎 xīnláng	刑侦 xíngzhēn
小鬼 xiǎoguǐ	协约 xiéyuē	心悸 xīnjì	新年 xīnnián	行车 xíngchē
小节 xiǎojié	协奏曲	心境 xīnjìng	新诗 xīnshī	行程 xíngchéng
小结 xiǎojié	xiézòuqǔ	心坎 xīnkǎn	新书 xīnshū	行船 xíngchuán
小看 xiǎokàn	邪恶 xié'è	心口 xīnkǒu	新星 xīnxīng	行将 xíngjiāng
小米 xiǎomǐ	邪路 xiélù	心旷神怡	新秀 xīnxiù	行进 xíngjìn
小脑 xiǎonǎo	邪气 xiéqì	xīnkuàng-shényí	新学 xīnxué	行径 xíngjìng
小品 xiǎopǐn	胁迫 xiépò	心力 xīnlì	新意 xīnyì	行礼 xínglǐ
小巧 xiǎoqiǎo	斜面 xiémiàn	心律 xīnlǜ	新月 xīnyuè	行文 xíngwén
小区 xiǎoqū	斜坡 xiépō	心率 xīnlǜ	薪金 xīnjīn	行销 xíngxiāo
小人 xiǎorén	谐调 xiétiáo	心切 xīnqiè	信步 xìnbù	行凶 xíngxiōng
小生 xiǎoshēng	携手 xiéshǒu	心神 xīnshén	信风 xìnfēng	行医 xíngyī
小数 xiǎoshù	写法 xiěfǎ	心声 xīnshēng	信封 xìnfēng	行装
小偷 xiǎotōu	写生 xiěshēng	心室 xīnshì	信奉 xìnfèng	xíngzhuāng
小腿 xiǎotuǐ	写实 xiěshí	心酸 xīnsuān	信服 xìnfú	形容词
小雪 xiǎoxuě	写意 xiěyì	心态 xīntài	信函 xìnhán	xíngróngcí
小夜曲	写照 xiězhào	心疼 xīnténg	信件 xìnjiàn	型号 xínghào
xiǎoyèqǔ	写字台 xiězìtái	心田 xīntián	信赖 xìnlài	醒目 xǐngmù
孝敬 xiàojìng	泄漏 xièlòu	心跳 xīntiào	信使 xìnshǐ	醒悟 xǐngwù
孝顺 xiàoshùn	泄露 xièlòu	心弦 xīnxián	信条 xìntiáo	兴高采烈
孝子 xiàozǐ	泄气 xièqì	心胸 xīnxiōng	信托 xìntuō	xìnggāo-cǎiliè

兴致 xìngzhì	雄壮	虚拟 xūnǐ	悬念 xuánniàn	雪片 xuěpiàn
杏仁 xìngrén	xióngzhuàng	虚弱 xūruò	悬殊 xuánshū	雪山 xuěshān
幸存 xìngcún	雄姿 xióngzī	虚实 xūshí	悬崖 xuányá	雪线 xuěxiàn
幸而 xìng'ér	熊猫 xióngmāo	虚妄 xūwàng	旋即 xuánjí	雪原 xuěyuán
幸好 xìnghǎo	休假 xiūjià	虚伪 xūwěi	旋涡 xuánwō	血汗 xuèhàn
幸亏 xìngkuī	休想 xiūxiǎng	虚无 xūwú	选集 xuǎnjí	血红 xuèhóng
幸免 xìngmiǎn	休养 xiūyǎng	虚线 xūxiàn	选民 xuǎnmín	血迹 xuèjì
幸运 xìngyùn	休整 xiūzhěng	虚心 xūxīn	选派 xuǎnpài	血浆 xuèjiāng
性爱 xìng'ài	休止 xiūzhǐ	许久 xǔjiǔ	选票 xuǎnpiào	血泪 xuèlèi
性病 xìngbìng	修补 xiūbǔ	许诺 xǔnuò	选取 xuǎnqǔ	血脉 xuèmài
性急 xìngjí	修长 xiūcháng	许愿 xǔyuàn	选送 xuǎnsòng	血泊 xuèpō
性命 xìngmìng	修订 xiūdìng	旭日 xùrì	选种 xuǎnzhǒng	血气 xuèqì
姓氏 xìngshì	修好 xiūhǎo	序列 xùliè	炫耀 xuànyào	血亲 xuèqīn
凶残 xiōngcán	修剪 xiūjiǎn	序幕 xùmù	绚丽 xuànlì	血清 xuèqīng
凶恶 xiōng'è	修配 xiūpèi	序曲 xùqǔ	眩晕 xuànyùn	血肉 xuèròu
凶犯 xiōngfàn	修缮 xiūshàn	序数 xùshù	旋风 xuànfēng	血色 xuèsè
凶狠 xiōnghěn	修饰 xiūshì	序言 xùyán	渲染 xuànrǎn	血糖 xuètáng
凶猛	修整 xiūzhěng	叙事 xùshì	削价 xuējià	血统 xuètǒng
xiōngměng	修筑 xiūzhù	叙说 xùshuō	削减 xuējiǎn	血腥 xuèxīng
凶手 xiōngshǒu	羞耻 xiūchǐ	畜牧 xùmù	穴位 xuéwèi	血型 xuèxíng
匈奴 Xiōngnú	羞愧 xiūkuì	蓄电池	学报 xuébào	血压 xuèyā
汹涌 xiōngyǒng	羞怯 xiūqiè	xùdiànchí	学费 xuéfèi	血缘 xuèyuán
胸骨 xiōnggǔ	羞辱 xiūrǔ	蓄积 xùjī	学风 xuéfēng	勋章 xūnzhāng
胸怀 xiōnghuái	羞涩 xiūsè	蓄意 xùyì	学府 xuéfǔ	熏陶 xūntáo
胸襟 xiōngjīn	秀丽 xiùlì	宣称 xuānchēng	学界 xuéjiè	寻常 xúncháng
胸口 xiōngkǒu	秀美 xiùměi	宣读 xuāndú	学历 xuélì	寻根 xúngēn
胸腔 xiōngqiāng	袖口 xiùkǒu	宣讲 xuānjiǎng	学龄 xuélíng	寻觅 xúnmì
胸膛 xiōngtáng	袖珍 xiùzhēn	宣誓 xuānshì	学年 xuénián	巡回 xúnhuí
胸有成竹	绣花 xiùhuā	宣泄 xuānxiè	学期 xuéqī	巡警 xúnjǐng
xiōngyǒuchéngzhú	嗅觉 xiùjué	宣战 xuānzhàn	学识 xuéshí	巡逻 xúnluó
雄辩 xióngbiàn	须要 xūyào	喧哗 xuānhuá	学士 xuéshì	巡视 xúnshì
雄厚 xiónghòu	须臾 xūyú	喧闹 xuānnào	学位 xuéwèi	训斥 xùnchì
雄浑 xiónghún	须知 xūzhī	喧嚷 xuānrǎng	学业 xuéyè	训话 xùnhuà
雄蕊 xióngruǐ	虚构 xūgòu	喧嚣 xuānxiāo	学制 xuézhì	讯号 xùnhào
雄心 xióngxīn	虚幻 xūhuàn	悬浮 xuánfú	雪茄 xuějiā	汛期 xùnqī
雄性 xióngxìng	虚假 xūjiǎ	悬空 xuánkōng	雪亮 xuěliàng	迅猛 xùnměng

驯服 xùnfú	延期 yánqī	掩映 yǎnyìng	羊羔 yánggāo	要道 yàodào
驯化 xùnhuà	延误 yánwù	眼底 yǎndǐ	阳历 yánglì	要地 yàodì
驯鹿 xùnlù	严惩 yánchéng	眼红 yǎnhóng	阳台 yángtái	要点 yàodiǎn
驯养 xùnyǎng	严冬 yándōng	眼花 yǎnhuā	阳性 yángxìng	要害 yàohài
逊色 xùnsè	严谨 yánjǐn	眼睑 yǎnjiǎn	杨柳 yángliǔ	要好 yàohǎo
压倒 yādǎo	严禁 yánjìn	眼见 yǎnjiàn	杨梅 yángméi	要件 yàojiàn
压低 yādī	严酷 yánkù	眼角 yǎnjiǎo	洋葱 yángcōng	要领 yàolǐng
压榨 yāzhà	严守 yánshǒu	眼界 yǎnjiè	洋流 yángliú	要命 yàomìng
押送 yāsòng	严正 yánzhèng	眼眶 yǎnkuàng	洋溢 yángyì	要人 yàorén
押韵 yāyùn	言传 yánchuán	眼力 yǎnlì	仰慕 yǎngmù	要职 yàozhí
牙膏 yágāo	言辞 yáncí	眼帘 yǎnlián	仰望 yǎngwàng	耀眼 yàoyǎn
牙关 yáguān	言谈 yántán	眼皮 yǎnpí	养病 yǎngbìng	野菜 yěcài
牙刷 yáshuā	岩层 yáncéng	眼球 yǎnqiú	养护 yǎnghù	野地 yědì
牙龈 yáyín	岩洞 yándòng	眼圈 yǎnquān	养老 yǎnglǎo	野心 yěxīn
蚜虫 yáchóng	岩浆 yánjiāng	眼色 yǎnsè	养生 yǎngshēng	野性 yěxìng
哑剧 yǎjù	炎热 yánrè	眼窝 yǎnwō	养育 yǎngyù	业绩 yèjì
雅致 yǎzhì	炎症 yánzhèng	演技 yǎnjì	样板 yàngbǎn	业已 yèyǐ
亚军 yàjūn	沿路 yánlù	演进 yǎnjìn	夭折 yāozhé	业主 yèzhǔ
亚麻 yàmá	沿途 yántú	演示 yǎnshì	要挟 yāoxié	叶柄 yèbǐng
亚热带 yàrèdài	沿袭 yánxí	演算 yǎnsuàn	腰带 yāodài	叶绿素 yèlǜsù
咽喉 yānhóu	沿线 yánxiàn	演习 yǎnxí	腰身 yāoshēn	叶脉 yèmài
殷红 yānhóng	沿用 yányòng	演戏 yǎnxì	窑洞 yáodòng	夜班 yèbān
烟草 yāncǎo	研读 yándú	演义 yǎnyì	谣言 yáoyán	夜空 yèkōng
烟尘 yānchén	研究员	厌烦 yànfán	摇摆 yáobǎi	夜幕 yèmù
烟袋 yāndài	yánjiūyuán	厌倦 yànjuàn	摇动 yáodòng	夜色 yèsè
烟斗 yāndǒu	研讨 yántǎo	厌世 yànshì	摇篮 yáolán	夜市 yèshì
烟花 yānhuā	盐场 yánchǎng	艳丽 yànlì	摇曳 yáoyè	夜校 yèxiào
烟灰 yānhuī	盐分 yánfèn	宴席 yànxí	徭役 yáoyì	液化 yèhuà
烟火 yānhuǒ	盐田 yántián	验收 yànshōu	遥控 yáokòng	液晶 yèjīng
烟幕 yānmù	筵席 yánxí	谚语 yànyǔ	遥望 yáowàng	一筹莫展
烟雾 yānwù	颜料 yánliào	燕麦 yànmài	窈窕 yǎotiǎo	yīchóu-mòzhǎn
烟叶 yānyè	颜面 yánmiàn	央求 yāngqiú	药材 yàocái	一帆风顺
淹没 yānmò	俨然 yǎnrán	秧苗 yāngmiáo	药店 yàodiàn	yīfān-fēngshùn
湮没 yānmò	掩蔽 yǎnbì	秧田 yāngtián	药方 yàofāng	一概 yīgài
延迟 yánchí	掩埋 yǎnmái	扬弃 yángqì	药剂 yàojì	一举 yījǔ
延缓 yánhuǎn	掩饰 yǎnshì	扬言 yángyán	药水 yàoshuǐ	一流 yīliú

一目了然 yīmù-liǎorán	遗体 yítǐ	抑郁 yìyù	音符 yīnfú	印染 yìnrǎn
一瞥 yīpiē	遗忘 yíwàng	役使 yìshǐ	音高 yīngāo	印行 yìnxíng
一气 yīqì	遗物 yíwù	译本 yìběn	音量 yīnliàng	印章 yìnzhāng
一瞬 yīshùn	遗像 yíxiàng	译文 yìwén	音律 yīnlǜ	印证 yìnzhèng
一丝不苟 yīsī-bùgǒu	遗言 yíyán	驿站 yìzhàn	音色 yīnsè	荫庇 yìnbì
衣襟 yījīn	疑虑 yílǜ	疫苗 yìmiáo	音讯 yīnxùn	应届 yīngjiè
衣料 yīliào	疑难 yínán	益虫 yìchóng	音译 yīnyì	应允 yīngyǔn
衣衫 yīshān	疑团 yítuán	翌日 yìrì	音韵 yīnyùn	英镑 yīngbàng
衣食 yīshí	疑心 yíxīn	意会 yìhuì	姻缘 yīnyuán	英俊 yīngjùn
衣物 yīwù	已然 yǐrán	意料 yìliào	殷切 yīnqiè	英明 yīngmíng
衣着 yīzhuó	已往 yǐwǎng	意念 yìniàn	殷勤 yīnqín	英武 yīngwǔ
医师 yīshī	倚靠 yǐkào	意想 yìxiǎng	银河 yínhé	樱花 yīnghuā
医务 yīwù	艺人 yìrén	意向 yìxiàng	银幕 yínmù	鹦鹉 yīngwǔ
医治 yīzhì	议案 yì'àn	意愿 yìyuàn	银杏 yínxìng	迎风 yíngfēng
依存 yīcún	议程 yìchéng	意蕴 yìyùn	银元 yínyuán	迎合 yínghé
依恋 yīliàn	议定 yìdìng	意旨 yìzhǐ	淫秽 yínhuì	迎面 yíngmiàn
依托 yītuō	议价 yìjià	毅力 yìlì	引发 yǐnfā	迎亲 yíngqīn
依偎 yīwēi	议决 yìjué	熠熠 yìyì	引路 yǐnlù	迎头 yíngtóu
依稀 yīxī	议题 yìtí	臆造 yìzào	引擎 yǐnqíng	迎战 yíngzhàn
依仗 yīzhàng	屹立 yìlì	因袭 yīnxí	引申 yǐnshēn	荧光 yíngguāng
仪表 yíbiǎo	异彩 yìcǎi	阴暗 yīn'àn	引水 yǐnshuǐ	荧屏 yíngpíng
宜人 yírén	异端 yìduān	阴沉 yīnchén	引文 yǐnwén	盈亏 yíngkuī
贻误 yíwù	异国 yìguó	阴极 yīnjí	引诱 yǐnyòu	盈余 yíngyú
姨妈 yímā	异化 yìhuà	阴间 yīnjiān	引证 yǐnzhèng	营地 yíngdì
胰岛素 yídǎosù	异己 yìjǐ	阴冷 yīnlěng	饮料 yǐnliào	营房 yíngfáng
胰腺 yíxiàn	异体 yìtǐ	阴历 yīnlì	饮水 yǐnshuǐ	营救 yíngjiù
移交 yíjiāo	异同 yìtóng	阴凉 yīnliáng	隐患 yǐnhuàn	营垒 yínglěi
移居 yíjū	异物 yìwù	阴霾 yīnmái	隐居 yǐnjū	营造 yíngzào
遗存 yícún	异乡 yìxiāng	阴森 yīnsēn	隐瞒 yǐnmán	萦绕 yíngrào
遗风 yífēng	异性 yìxìng	阴险 yīnxiǎn	隐秘 yǐnmì	赢利 yínglì
遗迹 yíjì	异样 yìyàng	阴性 yīnxìng	隐没 yǐnmò	影射 yǐngshè
遗漏 yílòu	异议 yìyì	阴雨 yīnyǔ	隐士 yǐnshì	影像 yǐngxiàng
遗弃 yíqì	异族 yìzú	阴郁 yīnyù	隐约 yǐnyuē	影院 yǐngyuàn
遗失 yíshī	抑或 yìhuò	阴云 yīnyún	印发 yìnfā	应变 yìngbiàn
	抑扬顿挫 yìyáng-dùncuò	音标 yīnbiāo	印花 yìnhuā	应对 yìngduì
		音程 yīnchéng	印记 yìnjì	应急 yìngjí

应考 yìngkǎo	优雅 yōuyǎ	游览 yóulǎn	余粮 yúliáng	育苗 yùmiáo
应邀 yìngyāo	优异 yōuyì	游乐 yóulè	余年 yúnián	浴场 yùchǎng
应战 yìngzhàn	忧愁 yōuchóu	游离 yóulí	鱼雷 yúléi	浴池 yùchí
应征 yìngzhēng	忧虑 yōulǜ	游历 yóulì	鱼鳞 yúlín	浴室 yùshì
映照 yìngzhào	忧伤 yōushāng	游牧 yóumù	鱼苗 yúmiáo	预感 yùgǎn
硬币 yìngbì	幽暗 yōu'àn	游人 yóurén	鱼网 yúwǎng	预见 yùjiàn
硬度 yìngdù	幽静 yōujìng	游玩 yóuwán	渔场 yúchǎng	预示 yùshì
硬化 yìnghuà	幽灵 yōulíng	游艺 yóuyì	渔船 yúchuán	预想 yùxiǎng
硬件 yìngjiàn	幽深 yōushēn	游子 yóuzǐ	渔村 yúcūn	预约 yùyuē
硬性 yìngxìng	幽雅 yōuyǎ	友爱 yǒu'ài	渔夫 yúfū	预兆 yùzhào
拥抱 yōngbào	悠长 yōucháng	友邦 yǒubāng	渔民 yúmín	预知 yùzhī
拥戴 yōngdài	悠然 yōurán	友情 yǒuqíng	逾期 yúqī	欲念 yùniàn
庸俗 yōngsú	悠闲 yōuxián	有偿 yǒucháng	逾越 yúyuè	遇难 yùnàn
臃肿 yōngzhǒng	悠扬 yōuyáng	有待 yǒudài	愉悦 yúyuè	愈合 yùhé
永别 yǒngbié	由来 yóulái	有的放矢	愚蠢 yúchǔn	愈加 yùjiā
永生 yǒngshēng	由衷 yóuzhōng	yǒudì-fàngshǐ	愚昧 yúmèi	愈益 yùyì
甬道 yǒngdào	邮电 yóudiàn	有理 yǒulǐ	愚弄 yúnòng	寓所 yùsuǒ
咏叹调	邮寄 yóujì	有心 yǒuxīn	与日俱增	寓言 yùyán
yǒngtàndiào	邮件 yóujiàn	有形 yǒuxíng	yǔrìjùzēng	寓意 yùyì
勇猛 yǒngměng	邮局 yóujú	有幸 yǒuxìng	宇航 yǔháng	寓于 yùyú
勇士 yǒngshì	邮政 yóuzhèng	有余 yǒuyú	羽毛球	冤案 yuān'àn
踊跃 yǒngyuè	犹疑 yóuyí	黝黑 yǒuhēi	yǔmáoqiú	渊博 yuānbó
用场 yòngchǎng	油菜 yóucài	右倾 yòuqīng	羽绒 yǔróng	渊源 yuānyuán
用法 yòngfǎ	油茶 yóuchá	右翼 yòuyì	雨季 yǔjì	元宝 yuánbǎo
用工 yònggōng	油井 yóujǐng	幼儿园	雨量 yǔliàng	元旦 Yuándàn
用功 yònggōng	油轮 yóulún	yòu'éryuán	雨伞 yǔsǎn	元件 yuánjiàn
用劲 yòngjìn	油门 yóumén	幼体 yòutǐ	雨衣 yǔyī	元老 yuánlǎo
用具 yòngjù	油墨 yóumò	幼小 yòuxiǎo	语词 yǔcí	元气 yuánqì
用心 yòngxīn	油腻 yóunì	幼稚 yòuzhì	语调 yǔdiào	元首 yuánshǒu
用意 yòngyì	油漆 yóuqī	诱发 yòufā	语汇 yǔhuì	元帅 yuánshuài
佣金 yòngjīn	油条 yóutiáo	诱惑 yòuhuò	语录 yǔlù	元宵 yuánxiāo
优待 yōudài	油污 yóuwū	诱因 yòuyīn	语重心长	元音 yuányīn
优厚 yōuhòu	油脂 yóuzhī	迂回 yūhuí	yǔzhòng-xīncháng	元月 yuányuè
优化 yōuhuà	游荡 yóudàng	淤积 yūjī	与会 yùhuì	园地 yuándì
优生 yōushēng	游记 yóujì	淤泥 yūní	郁闷 yùmèn	园丁 yuándīng
优胜 yōushèng	游客 yóukè	余额 yú'é	育才 yùcái	园林 yuánlín

园艺 yuányì	远程 yuǎnchéng	云海 yúnhǎi	宰相 zǎixiàng	早熟 zǎoshú
员工 yuángōng	远大 yuǎndà	云集 yúnjí	再度 zàidù	早晚 zǎowǎn
原本 yuánběn	远古 yuǎngǔ	云雾 yúnwù	再会 zàihuì	早先 zǎoxiān
原稿 yuángǎo	远航 yuǎnháng	云游 yúnyóu	再婚 zàihūn	造反 zàofǎn
原告 yuángào	远见 yuǎnjiàn	陨石 yǔnshí	再造 zàizào	造福 zàofú
原故 yuángù	远近 yuǎnjìn	孕妇 yùnfù	在行 zàiháng	造价 zàojià
原籍 yuánjí	远景 yuǎnjǐng	孕育 yùnyù	在世 zàishì	造句 zàojù
原价 yuánjià	远洋 yuǎnyáng	运筹 yùnchóu	在望 zàiwàng	造谣 zàoyáo
原煤 yuánméi	远征 yuǎnzhēng	运费 yùnfèi	在位 zàiwèi	造诣 zàoyì
原文 yuánwén	怨恨 yuànhèn	运河 yùnhé	在意 zàiyì	噪声 zàoshēng
原形 yuánxíng	怨气 yuànqì	运送 yùnsòng	在职 zàizhí	噪音 zàoyīn
原型 yuánxíng	怨言 yuànyán	运销 yùnxiāo	在座 zàizuò	责备 zébèi
原样 yuányàng	院落 yuànluò	运载 yùnzài	载体 zàitǐ	责成 zéchéng
原野 yuányě	院士 yuànshì	运作 yùnzuò	载重 zàizhòng	责怪 zéguài
原意 yuányì	约定 yuēdìng	酝酿 yùnniàng	暂且 zànqiě	责令 zélìng
原油 yuányóu	约法 yuēfǎ	韵律 yùnlǜ	暂行 zànxíng	责骂 zémà
原著 yuánzhù	约会 yuēhuì	韵味 yùnwèi	赞歌 zàngē	责难 zénàn
原状	月刊 yuèkān	蕴含 yùnhán	赞赏 zànshǎng	责问 zéwèn
yuánzhuàng	月色 yuèsè	蕴涵 yùnhán	赞颂 zànsòng	择优 zéyōu
原作 yuánzuò	月食 yuèshí	杂费 záfèi	赞同 zàntóng	啧啧 zézé
圆场 yuánchǎng	月夜 yuèyè	杂技 zájì	赞许 zànxǔ	增补 zēngbǔ
圆满 yuánmǎn	乐谱 yuèpǔ	杂居 zájū	赞誉 zànyù	增设 zēngshè
圆圈 yuánquān	乐师 yuèshī	杂剧 zájù	赞助 zànzhù	增生 zēngshēng
圆润 yuánrùn	乐团 yuètuán	杂粮 záliáng	脏腑 zàngfǔ	增收 zēngshōu
圆舞曲	乐音 yuèyīn	杂乱 záluàn	葬礼 zànglǐ	增援 zēngyuán
yuánwǔqǔ	乐章 yuèzhāng	杂事 záshì	葬身 zàngshēn	增值 zēngzhí
圆周 yuánzhōu	岳父 yuèfù	杂文 záwén	葬送 zàngsòng	憎恨 zēnghèn
圆柱 yuánzhù	岳母 yuèmǔ	杂音 záyīn	遭殃 zāoyāng	憎恶 zēngwù
圆锥 yuánzhuī	阅兵 yuèbīng	灾害 zāihài	糟糕 zāogāo	赠送 zèngsòng
圆桌 yuánzhuō	阅历 yuèlì	灾荒 zāihuāng	糟粕 zāopò	扎根 zhāgēn
援兵 yuánbīng	悦耳 yuè'ěr	灾祸 zāihuò	早春 zǎochūn	闸门 zhámén
缘由 yuányóu	越发 yuèfā	灾民 zāimín	早稻 zǎodào	眨眼 zhǎyǎn
猿猴 yuánhóu	越轨 yuèguǐ	灾情 zāiqíng	早点 zǎodiǎn	诈骗 zhàpiàn
猿人 yuánrén	云层 yúncéng	栽植 zāizhí	早饭 zǎofàn	炸药 zhàyào
源流 yuánliú	云端 yúnduān	栽种 zāizhòng	早婚 zǎohūn	榨取 zhàqǔ
源头 yuántóu	云朵 yúnduǒ	宰割 zǎigē	早年 zǎonián	蚱蜢 zhàměng

摘除 zhāichú	长老 zhǎnglǎo	照会 zhàohuì	真丝 zhēnsī	征询 zhēngxún
择菜 zháicài	长者 zhǎngzhě	照旧 zhàojiù	真相 zhēnxiàng	征兆 zhēngzhào
债权 zhàiquán	涨潮 zhǎngcháo	照看 zhàokàn	真心 zhēnxīn	症结 zhēngjié
债券 zhàiquàn	掌舵 zhǎngduò	照料 zhàoliào	真知 zhēnzhī	蒸馏 zhēngliú
占卜 zhānbǔ	掌管 zhǎngguǎn	肇事 zhàoshì	真挚 zhēnzhì	蒸馏水
沾染 zhānrǎn	掌权 zhǎngquán	遮蔽 zhēbì	斟酌 zhēnzhuó	zhēngliúshuǐ
粘连 zhānlián	掌心 zhǎngxīn	遮挡 zhēdǎng	诊所 zhěnsuǒ	蒸汽 zhēngqì
瞻仰 zhānyǎng	丈量 zhàngliáng	遮盖 zhēgài	诊治 zhěnzhì	蒸腾 zhēngténg
展翅 zhǎnchì	账本 zhàngběn	遮掩 zhēyǎn	阵容 zhènróng	拯救 zhěngjiù
展望 zhǎnwàng	账房 zhàngfáng	折叠 zhédié	阵亡 zhènwáng	整编 zhěngbiān
展销 zhǎnxiāo	账目 zhàngmù	折光 zhéguāng	阵线 zhènxiàn	整风 zhěngfēng
辗转 zhǎnzhuǎn	招标 zhāobiāo	折合 zhéhé	阵营 zhènyíng	整洁 zhěngjié
战败 zhànbài	招考 zhāokǎo	折旧 zhéjiù	振作 zhènzuò	整数 zhěngshù
战备 zhànbèi	招徕 zhāolái	折扣 zhékòu	震颤 zhènchàn	整形 zhěngxíng
战地 zhàndì	招募 zhāomù	折算 zhésuàn	震荡 zhèndàng	整修 zhěngxiū
战犯 zhànfàn	招聘 zhāopìn	折中 zhézhōng	震耳欲聋	整治 zhěngzhì
战俘 zhànfú	招收 zhāoshōu	哲理 zhélǐ	zhèn'ěryùlóng	正比 zhèngbǐ
战功 zhàngōng	招手 zhāoshǒu	哲人 zhérén	震撼 zhènhàn	正比例
战壕 zhànháo	招致 zhāozhì	褶皱 zhězhòu	镇定 zhèndìng	zhèngbǐlì
战火 zhànhuǒ	朝气 zhāoqì	蔗糖 zhètáng	镇静 zhènjìng	正步 zhèngbù
战绩 zhànjì	朝夕 zhāoxī	贞操 zhēncāo	镇守 zhènshǒu	正道 zhèngdào
战局 zhànjú	朝霞 zhāoxiá	针头 zhēntóu	正月 zhēngyuè	正轨 zhèngguǐ
战栗 zhànlì	朝阳 zhāoyáng	侦破 zhēnpò	争辩 zhēngbiàn	正极 zhèngjí
战乱 zhànluàn	着火 zháohuǒ	侦探 zhēntàn	争吵 zhēngchǎo	正门 zhèngmén
战区 zhànqū	着迷 zháomí	珍宝 zhēnbǎo	争斗 zhēngdòu	正派 zhèngpài
战事 zhànshì	爪牙 zhǎoyá	珍藏 zhēncáng	争端 zhēngduān	正气 zhèngqì
站岗 zhàngǎng	找寻 zhǎoxún	珍品 zhēnpǐn	争光	正巧 zhèngqiǎo
站立 zhànlì	沼气 zhǎoqì	珍视 zhēnshì	zhēngguāng	正视 zhèngshì
站台 zhàntái	沼泽 zhǎozé	珍惜 zhēnxī	争鸣 zhēngmíng	正统 zhèngtǒng
张贴 zhāngtiē	召唤 zhàohuàn	珍稀 zhēnxī	争气 zhēngqì	正文 zhèngwén
张望	召见 zhàojiàn	珍重 zhēnzhòng	争议 zhēngyì	正午 zhèngwǔ
zhāngwàng	诏书 zhàoshū	真迹 zhēnjì	争执 zhēngzhí	正直 zhèngzhí
章法 zhāngfǎ	照搬 zhàobān	真菌 zhēnjūn	征购 zhēnggòu	正中
章节 zhāngjié	照办 zhàobàn	真皮 zhēnpí	征集 zhēngjí	zhèngzhōng
樟脑 zhāngnǎo	照常 zhàocháng	真切 zhēnqiè	征途 zhēngtú	正宗 zhèngzōng
长辈 zhǎngbèi	照管 zhàoguǎn	真情 zhēnqíng	征文 zhēngwén	证件 zhèngjiàn

证券 zhèngquàn	执政 zhízhèng	志趣 zhìqù	中途 zhōngtú	种地 zhòngdì
郑重	执着 zhízhuó	志向 zhìxiàng	中文 zhōngwén	种田 zhòngtián
zhèngzhòng	直播 zhíbō	志愿 zhìyuàn	中西 zhōngxī	重兵 zhòngbīng
政变 zhèngbiàn	直肠 zhícháng	志愿军	中线 zhōngxiàn	重担 zhòngdàn
政法 zhèngfǎ	直达 zhídá	zhìyuànjūn	中药 zhōngyào	重金 zhòngjīn
政界 zhèngjiè	直属 zhíshǔ	制备 zhìbèi	中庸 zhōngyōng	重任 zhòngrèn
政局 zhèngjú	直率 zhíshuài	制裁 zhìcái	中用 zhōngyòng	重伤
政客 zhèngkè	直爽 zhíshuǎng	制服 zhìfú	中游 zhōngyóu	zhòngshāng
政论 zhènglùn	值勤 zhíqín	制剂 zhìjì	中止 zhōngzhǐ	重心 zhòngxīn
政事 zhèngshì	值日 zhírì	制图 zhìtú	中转	重型 zhòngxíng
政体 zhèngtǐ	职称 zhíchēng	质地 zhìdì	zhōngzhuǎn	重音 zhòngyīn
政务 zhèngwù	职位 zhíwèi	质朴 zhìpǔ	忠厚 zhōnghòu	重用 zhòngyòng
支架 zhījià	植被 zhíbèi	质问 zhìwèn	忠于 zhōngyú	周报 zhōubào
支流 zhīliú	止步 zhǐbù	治水 zhìshuǐ	忠贞 zhōngzhēn	周而复始
支票 zhīpiào	只管 zhǐguǎn	治学 zhìxué	终点 zhōngdiǎn	zhōu'érfùshǐ
支取 zhīqǔ	只消 zhǐxiāo	致敬 zhìjìng	终端 zhōngduān	周刊 zhōukān
支柱 zhīzhù	旨意 zhǐyì	致密 zhìmì	终归 zhōngguī	周末 zhōumò
只身 zhīshēn	纸板 zhǐbǎn	致命 zhìmìng	终极 zhōngjí	周身 zhōushēn
汁液 zhīyè	纸币 zhǐbì	致死 zhìsǐ	终结 zhōngjié	周岁 zhōusuì
知己 zhījǐ	纸浆 zhǐjiāng	致意 zhìyì	终了 zhōngliǎo	周旋 zhōuxuán
知了 zhīliǎo	纸烟 zhǐyān	桎梏 zhìgù	终日 zhōngrì	周延 zhōuyán
知名 zhīmíng	纸张 zhǐzhāng	窒息 zhìxī	终生	周折 zhōuzhé
知情 zhīqíng	指点 zhǐdiǎn	智育 zhìyù	zhōngshēng	轴线 zhóuxiàn
知晓 zhīxiǎo	指控 zhǐkòng	滞留 zhìliú	终止 zhōngzhǐ	咒骂 zhòumà
知心 zhīxīn	指南 zhǐnán	滞销 zhìxiāo	钟表 zhōngbiǎo	皱纹 zhòuwén
知音 zhīyīn	指南针	置换 zhìhuàn	钟点 zhōngdiǎn	骤然 zhòurán
肢体 zhītǐ	zhǐnánzhēn	置身 zhìshēn	衷心 zhōngxīn	珠宝 zhūbǎo
织物 zhīwù	指派 zhǐpài	稚嫩 zhìnèn	肿胀	株连 zhūlián
脂粉 zhīfěn	指使 zhǐshǐ	稚气 zhìqì	zhǒngzhàng	诸侯 zhūhóu
执笔 zhíbǐ	指望 zhǐwàng	中层 zhōngcéng	种姓 zhǒngxìng	诸如此类
执法 zhífǎ	指纹 zhǐwén	中级 zhōngjí	中风 zhòngfēng	zhūrúcǐlèi
执教 zhíjiào	指引 zhǐyǐn	中间人	中肯 zhòngkěn	诸位 zhūwèi
执拗 zhíniù	指摘 zhǐzhāi	zhōngjiānrén	中意 zhòngyì	蛛网 zhūwǎng
执勤 zhíqín	指针 zhǐzhēn	中介 zhōngjiè	仲裁 zhòngcái	竹竿 zhúgān
执意 zhíyì	至多 zhìduō	中立 zhōnglì	众生	竹笋 zhúsǔn
执照 zhízhào	至上 zhìshàng	中秋 Zhōngqiū	zhòngshēng	主办 zhǔbàn

主次 zhǔcì	注解 zhùjiě	专著 zhuānzhù	装修 zhuāngxiū	茁壮
主峰 zhǔfēng	注目 zhùmù	砖头 zhuāntóu	装运 zhuāngyùn	zhuózhuàng
主干 zhǔgàn	注射器 zhùshèqì	转播 zhuǎnbō	装载 zhuāngzài	卓著 zhuózhù
主根 zhǔgēn	注释 zhùshì	转产 zhuǎnchǎn	壮丁	着力 zhuólì
主攻 zhǔgōng	注销 zhùxiāo	转达 zhuǎndá	zhuàngdīng	着陆 zhuólù
主顾 zhǔgù	注音 zhùyīn	转告 zhuǎngào	壮观	着落 zhuóluò
主机 zhǔjī	驻地 zhùdì	转机 zhuǎnjī	zhuàngguān	着实 zhuóshí
主见 zhǔjiàn	驻防 zhùfáng	转嫁 zhuǎnjià	壮举 zhuàngjǔ	着想 zhuóxiǎng
主将 zhǔjiàng	驻军 zhùjūn	转交 zhuǎnjiāo	壮丽 zhuànglì	着眼 zhuóyǎn
主角 zhǔjué	驻守 zhùshǒu	转脸 zhuǎnliǎn	壮烈 zhuàngliè	着意 zhuóyì
主考 zhǔkǎo	驻扎 zhùzhā	转念 zhuǎnniàn	壮年	资财 zīcái
主流 zhǔliú	祝福 zhùfú	转让 zhuǎnràng	zhuàngnián	资方 zīfāng
主人翁	祝愿 zhùyuàn	转手 zhuǎnshǒu	壮士 zhuàngshì	资历 zīlì
zhǔrénwēng	著称 zhùchēng	转瞬 zhuǎnshùn	壮志 zhuàngzhì	资助 zīzhù
主食 zhǔshí	著述 zhùshù	转弯 zhuǎnwān	状语 zhuàngyǔ	滋补 zībǔ
主事 zhǔshì	著者 zhùzhě	转眼 zhuǎnyǎn	撞击 zhuàngjī	滋润 zīrùn
主线 zhǔxiàn	铸造 zhùzào	转业 zhuǎnyè	追捕 zhuībǔ	滋生 zīshēng
主演 zhǔyǎn	抓获 zhuāhuò	转运 zhuǎnyùn	追查 zhuīchá	滋养 zīyǎng
主宰 zhǔzǎi	专长	转战 zhuǎnzhàn	追悼 zhuīdào	滋长 zīzhǎng
主旨 zhǔzhǐ	zhuāncháng	转折 zhuǎnzhé	追肥 zhuīféi	紫菜 zǐcài
嘱托 zhǔtuō	专车 zhuānchē	传记 zhuànjì	追赶 zhuīgǎn	紫外线
瞩目 zhǔmù	专程	转速 zhuànsù	追击 zhuījī	zǐwàixiàn
伫立 zhùlì	zhuānchéng	转轴 zhuànzhóu	追加 zhuījiā	自卑 zìbēi
助教 zhùjiào	专断 zhuānduàn	撰写 zhuànxiě	追溯 zhuīsù	自大 zìdà
助理 zhùlǐ	专横 zhuānhèng	篆刻 zhuànkè	追随 zhuīsuí	自得 zìdé
助长 zhùzhǎng	专科 zhuānkē	庄园	追问 zhuīwèn	自费 zìfèi
住址 zhùzhǐ	专款 zhuānkuǎn	zhuāngyuán	追寻 zhuīxún	自封 zìfēng
住户 zhùhù	专栏 zhuānlán	庄重	追忆 zhuīyì	自负 zìfù
住家 zhùjiā	专卖 zhuānmài	zhuāngzhòng	追踪 zhuīzōng	自给 zìjǐ
住宿 zhùsù	专区 zhuānqū	装扮 zhuāngbàn	坠落 zhuìluò	自家 zìjiā
住所 zhùsuǒ	专人 zhuānrén	装点	赘述 zhuìshù	自尽 zìjìn
住院 zhùyuàn	专心 zhuānxīn	zhuāngdiǎn	准绳 zhǔnshéng	自救 zìjiù
住址 zhùzhǐ	专一 zhuānyī	装潢 zhuānghuáng	准时 zhǔnshí	自居 zìjū
贮备 zhùbèi	专员 zhuānyuán	装配 zhuāngpèi	准许 zhǔnxǔ	自来水 zìláishuǐ
注册 zhùcè	专职 zhuānzhí	装束 zhuāngshù	捉拿 zhuōná	自理 zìlǐ
注定 zhùdìng	专注 zhuānzhù	装卸 zhuāngxiè	灼热 zhuórè	自立 zìlì

自流 zìliú	字体 zìtǐ	纵容 zòngróng	阻拦 zǔlán	遵照 zūnzhào
自律 zìlǜ	字条 zìtiáo	纵身 zòngshēn	阻挠 zǔnáo	左倾 zuǒqīng
自满 zìmǎn	字形 zìxíng	纵深 zòngshēn	阻塞 zǔsè	左翼 zuǒyì
自强 zìqiáng	字义 zìyì	纵使 zòngshǐ	组建 zǔjiàn	作案 zuò'àn
自如 zìrú	字音 zìyīn	纵向 zòngxiàng	组装 zǔzhuāng	作对 zuòduì
自始至终	宗法 zōngfǎ	走动 zǒudòng	祖传 zǔchuán	作恶 zuò'è
zìshǐ-zhìzhōng	宗派 zōngpài	走访 zǒufǎng	钻探 zuāntàn	作怪 zuòguài
自首 zìshǒu	宗室 zōngshì	走私 zǒusī	钻石 zuànshí	作价 zuòjià
自述 zìshù	棕榈 zōnglǘ	奏鸣曲	钻头 zuàntóu	作客 zuòkè
自私 zìsī	棕色 zōngsè	zòumíngqǔ	嘴脸 zuǐliǎn	作祟 zuòsuì
自修 zìxiū	踪迹 zōngjì	奏效 zòuxiào	罪过 zuìguò	作文 zuòwén
自学 zìxué	踪影 zōngyǐng	奏章 zòuzhāng	罪名 zuìmíng	坐落 zuòluò
自以为是	总称 zǒngchēng	租借 zūjiè	罪孽 zuìniè	坐镇 zuòzhèn
zìyǐwéishì	总得 zǒngděi	租金 zūjīn	罪人 zuìrén	座舱 zuòcāng
自制 zìzhì	总队 zǒngduì	租赁 zūlìn	罪证 zuìzhèng	座谈 zuòtán
自重 zìzhòng	总共 zǒnggòng	租用 zūyòng	罪状 zuìzhuàng	做工 zuògōng
自传 zìzhuàn	总管 zǒngguǎn	足迹 zújì	醉人 zuìrén	做功 zuògōng
自尊 zìzūn	总归 zǒngguī	足见 zújiàn	醉心 zuìxīn	做人 zuòrén
字典 zìdiǎn	总计 zǒngjì	诅咒 zǔzhòu	尊称 zūnchēng	做声 zuòshēng
字画 zìhuà	总务 zǒngwù	阻挡 zǔdǎng	尊贵 zūnguì	做戏 zuòxì
字迹 zìjì	纵横 zònghéng	阻隔 zǔgé	遵从 zūncóng	做主 zuòzhǔ
字句 zìjù	纵然 zòngrán	阻击 zǔjī		

（3）普通话水平测试用必读轻声词语

爱人 àiren	膀子 bǎngzi	鼻子 bízi	不由得 bùyóude	场子 chǎngzi
案子 ànzi	棒槌 bàngchui	比方 bǐfang	不在乎 bùzàihu	车子 chēzi
巴掌 bāzhang	棒子 bàngzi	鞭子 biānzi	步子 bùzi	称呼 chēnghu
把子 bǎzi	包袱 bāofu	扁担 biǎndan	部分 bùfen	池子 chízi
把子 bàzi	包涵 bāohan	辫子 biànzi	裁缝 cáifeng	尺子 chǐzi
爸爸 bàba	包子 bāozi	别扭 bièniu	财主 cáizhu	虫子 chóngzi
白净 báijing	豹子 bàozi	饼子 bǐngzi	苍蝇 cāngying	绸子 chóuzi
班子 bānzi	杯子 bēizi	拨弄 bōnong	差事 chāishi	除了 chúle
板子 bǎnzi	被子 bèizi	脖子 bózi	柴火 cháihuo	锄头 chútou
帮手 bāngshou	本事 běnshi	簸箕 bòji	肠子 chángzi	畜生 chùsheng
梆子 bāngzi	本子 běnzi	补丁 bǔding	厂子 chǎngzi	窗户 chuānghu

窗子 chuāngzi	钉子 dīngzi	哥哥 gēge	合同 hétong	叫唤 jiàohuan
锤子 chuízi	东家 dōngjia	胳膊 gēbo	和尚 héshang	轿子 jiàozi
刺猬 cìwei	东西 dōngxi	鸽子 gēzi	核桃 hétao	结实 jiēshi
凑合 còuhe	动静 dòngjing	格子 gézi	盒子 hézi	街坊 jiēfang
村子 cūnzi	动弹 dòngtan	个子 gèzi	红火 hónghuo	姐夫 jiěfu
奔拉 dāla	豆腐 dòufu	根子 gēnzi	猴子 hóuzi	姐姐 jiějie
答应 dāying	豆子 dòuzi	跟头 gēntou	后头 hòutou	戒指 jièzhi
打扮 dǎban	嘟囔 dūnang	工夫 gōngfu	厚道 hòudao	金子 jīnzi
打点 dǎdian	肚子 dǔzi	弓子 gōngzi	狐狸 húli	精神 jīngshen
打发 dǎfa	肚子 dùzi	公公 gōnggong	胡琴 húqin	镜子 jìngzi
打量 dǎliang	缎子 duànzi	功夫 gōngfu	糊涂 hútu	舅舅 jiùjiu
打算 dǎsuan	对付 duìfu	钩子 gōuzi	皇上	橘子 júzi
打听 dǎting	对头 duìtou	姑姑 gūgu	huángshang	句子 jùzi
大方 dàfang	队伍 duìwu	姑娘 gūniang	幌子 huǎngzi	卷子 juànzi
大爷 dàye	多么 duōme	谷子 gǔzi	胡萝卜 húluóbo	咳嗽 késou
大夫 dàifu	蛾子 ézi	骨头 gǔtou	活泼 huópo	客气 kèqi
带子 dàizi	儿子 érzi	故事 gùshi	火候 huǒhou	空子 kòngzi
袋子 dàizi	耳朵 ěrduo	寡妇 guǎfu	伙计 huǒji	口袋 kǒudai
耽搁 dānge	贩子 fànzi	褂子 guàzi	护士 hùshi	口子 kǒuzi
耽误 dānwu	房子 fángzi	怪物 guàiwu	机灵 jīling	扣子 kòuzi
单子 dānzi	份子 fènzi	关系 guānxi	脊梁 jǐliang	窟窿 kūlong
胆子 dǎnzi	风筝 fēngzheng	官司 guānsi	记号 jìhao	裤子 kùzi
担子 dànzi	疯子 fēngzi	罐头 guàntou	记性 jìxing	快活 kuàihuo
刀子 dāozi	福气 fúqi	罐子 guànzi	夹子 jiāzi	筷子 kuàizi
道士 dàoshi	斧子 fǔzi	规矩 guīju	家伙 jiāhuo	框子 kuàngzi
稻子 dàozi	盖子 gàizi	闺女 guīnü	架势 jiàshi	困难 kùnnan
灯笼 dēnglong	甘蔗 gānzhe	鬼子 guǐzi	架子 jiàzi	阔气 kuòqi
提防 dīfang	杆子 gānzi	柜子 guìzi	嫁妆 jiàzhuang	喇叭 lǎba
笛子 dízi	杆子 gǎnzi	棍子 gùnzi	尖子 jiānzi	喇嘛 lǎma
底子 dǐzi	干事 gànshi	锅子 guōzi	茧子 jiǎnzi	篮子 lánzi
地道 dìdào	杠子 gàngzi	果子 guǒzi	剪子 jiǎnzi	懒得 lǎnde
地方 dìfang	高粱 gāoliang	蛤蟆 háma	见识 jiànshi	浪头 làngtou
弟弟 dìdi	膏药 gāoyao	孩子 háizi	毽子 jiànzi	老婆 lǎopo
弟兄 dìxiong	稿子 gǎozi	含糊 hánhu	将就 jiāngjiu	老实 lǎoshi
点心 diǎnxin	告诉 gàosu	汉子 hànzi	交情 jiāoqing	老太太 lǎotàitai
调子 diàozi	疙瘩 gēda	行当 hángdang	饺子 jiǎozi	老头子 lǎotóuzi

老爷 lǎoye	马虎 mǎhu	女婿 nǚxu	圈子 quānzi	石头 shítou
老子 lǎozi	码头 mǎtou	暖和 nuǎnhuo	拳头 quántou	时候 shíhou
姥姥 lǎolao	买卖 mǎimai	疟疾 nüèji	裙子 qúnzi	实在 shízai
累赘 léizhui	麦子 màizi	拍子 pāizi	热闹 rènao	拾掇 shíduo
篱笆 líba	馒头 mántou	牌楼 páilou	人家 rénjia	使唤 shǐhuan
里头 lǐtou	忙活 mánghuo	牌子 páizi	人们 rénmen	世故 shìgu
力气 lìqi	冒失 màoshi	盘算 pánsuan	认识 rènshi	似的 shìde
厉害 lìhai	帽子 màozi	盘子 pánzi	日子 rìzi	事情 shìqing
利落 lìluo	眉毛 méimao	胖子 pàngzi	褥子 rùzi	柿子 shìzi
利索 lìsuo	媒人 méiren	狍子 páozi	塞子 sāizi	收成 shōucheng
例子 lìzi	妹妹 mèimei	盆子 pénzi	嗓子 sǎngzi	收拾 shōushi
栗子 lìzi	门道 méndao	朋友 péngyou	嫂子 sǎozi	首饰 shǒushi
痢疾 lìji	眯缝 mīfeng	棚子 péngzi	扫帚 sàozhou	叔叔 shūshu
连累 liánlei	迷糊 míhu	脾气 píqi	沙子 shāzi	梳子 shūzi
帘子 liánzi	面子 miànzi	皮子 pízi	傻子 shǎzi	舒服 shūfu
凉快 liángkuai	苗条 miáotiao	痞子 pǐzi	扇子 shànzi	舒坦 shūtan
粮食 liángshi	苗头 miáotou	屁股 pìgu	商量 shāngliang	疏忽 shūhu
两口子	名堂 míngtang	片子 piānzi	上司 shàngsi	爽快
liǎngkǒuzi	名字 míngzi	便宜 piányi	上头 shàngtou	shuǎngkuai
料子 liàozi	明白 míngbai	骗子 piànzi	烧饼 shāobing	思量 sīliang
林子 línzi	蘑菇 mógu	票子 piàozi	勺子 sháozi	算计 suànji
翎子 língzi	模糊 móhu	漂亮 piàoliang	少爷 shàoye	岁数 suìshu
领子 lǐngzi	木匠 mùjiang	瓶子 píngzi	哨子 shàozi	孙子 sūnzi
溜达 liūda	木头 mùtou	婆家 pójia	舌头 shétou	他们 tāmen
聋子 lóngzi	那么 nàme	婆婆 pópo	身子 shēnzi	它们 tāmen
笼子 lóngzi	奶奶 nǎinai	铺盖 pūgai	什么 shénme	她们 tāmen
炉子 lúzi	难为 nánwei	欺负 qīfu	婶子 shěnzi	台子 táizi
路子 lùzi	脑袋 nǎodai	旗子 qízi	生意 shēngyi	太太 tàitai
轮子 lúnzi	脑子 nǎozi	前头 qiántou	牲口 shēngkou	摊子 tānzi
萝卜 luóbo	能耐 néngnai	钳子 qiánzi	绳子 shéngzi	坛子 tánzi
骡子 luózi	你们 nǐmen	茄子 qiézi	师父 shīfu	毯子 tǎnzi
骆驼 luòtuo	念叨 niàndao	亲戚 qīnqi	师傅 shīfu	桃子 táozi
妈妈 māma	念头 niàntou	勤快 qínkuai	虱子 shīzi	特务 tèwu
麻烦 máfan	娘家 niángjia	清楚 qīngchu	狮子 shīzi	梯子 tīzi
麻利 máli	镊子 nièzi	亲家 qìngjia	石匠 shíjiang	蹄子 tízi
麻子 mázi	奴才 núcai	曲子 qǔzi	石榴 shíliu	挑剔 tiāoti

挑子 tiāozi	下巴 xiàba	鸭子 yāzi	月饼 yuèbing	侄子 zhízi
条子 tiáozi	吓唬 xiàhu	衙门 yámen	月亮 yuèliang	指甲
跳蚤 tiàozao	先生 xiānsheng	哑巴 yǎba	云彩 yúncai	zhǐjia (zhijia)
铁匠 tiějiang	乡下 xiāngxia	胭脂 yānzhi	运气 yùnqi	指头
亭子 tíngzi	箱子 xiāngzi	烟筒 yāntong	在乎 zàihu	zhǐtou (zhitou)
头发 tóufa	相声	眼睛 yǎnjing	咱们 zánmen	种子 zhǒngzi
头子 tóuzi	xiàngsheng	燕子 yànzi	早上 zǎoshang	珠子 zhūzi
兔子 tùzi	消息 xiāoxi	秧歌 yāngge	怎么 zěnme	竹子 zhúzi
妥当 tuǒdang	小伙子	养活 yǎnghuo	扎实 zhāshi	主意
唾沫 tuòmo	xiǎohuǒzi	样子 yàngzi	眨巴 zhǎba	zhǔyi (zhúyi)
挖苦 wāku	小气 xiǎoqi	吆喝 yāohe	栅栏 zhàlan	主子 zhǔzi
娃娃 wáwa	小子 xiǎozi	妖精 yāojing	宅子 zháizi	柱子 zhùzi
袜子 wàzi	笑话 xiàohua	钥匙 yàoshi	寨子 zhàizi	爪子 zhuǎzi
晚上 wǎnshang	谢谢 xièxie	椰子 yēzi	张罗 zhāngluo	转悠 zhuànyou
尾巴 wěiba	心思 xīnsi	爷爷 yéye	丈夫 zhàngfu	庄稼 zhuāngjia
委屈 wěiqu	星星 xīngxing	叶子 yèzi	帐篷	庄子 zhuāngzi
为了 wèile	猩猩 xīngxing	一辈子 yībèizi	zhàngpeng	壮实 zhuàngshi
位置 wèizhi	行李 xíngli	衣服 yīfu	丈人 zhàngren	状元
位子 wèizi	性子 xìngzi	衣裳 yīshang	帐子 zhàngzi	zhuàngyuan
蚊子 wénzi	兄弟 xiōngdi	椅子 yǐzi	招呼 zhāohu	锥子 zhuīzi
稳当 wěndang	休息 xiūxi	意思 yìsi	招牌 zhāopai	桌子 zhuōzi
我们 wǒmen	秀才 xiùcai	银子 yínzi	折腾 zhēteng	字号 zìhao
屋子 wūzi	秀气 xiùqi	影子 yǐngzi	这个 zhège	自在 zìzai
稀罕 xīhan	袖子 xiùzi	应酬 yìngchou	这么 zhème	粽子 zòngzi
席子 xízi	靴子 xuēzi	柚子 yòuzi	枕头 zhěntou	祖宗 zǔzong
媳妇 xífu	学生 xuésheng	冤枉	镇子 zhènzi	嘴巴 zuǐba
喜欢 xǐhuan	学问 xuéwen	yuānwang	芝麻 zhīma	作坊 zuōfang
瞎子 xiāzi	丫头 yātou	院子 yuànzi	知识 zhīshi	琢磨 zuómo
匣子 xiázi				

(4)普通话水平测试用重次轻格式词语

把手 bǎ•shǒu	摆设 bǎi•shè	报应 bào•yìng	鼻涕 bí•tì	不见得 bùjiàn•dé
白天 bái•tiān	褒贬 bāo•biǎn	抱怨 bào•yuàn	别人 bié•rén	残疾 cán•jí
摆布 bǎi•bù	报酬 bào•chóu	北边 běi•biān	别致 bié•zhì	差不多
摆弄 bǎi•nòng	报复 bào•fù	本钱 běn•qián	玻璃 bō•lí	chà•bù duō

长处 cháng·chù	分寸 fēn·cùn	滑稽 huá·jī	会计 kuài·jì	母亲 mǔ·qīn
成分 chéng·fèn	分量 fèn·liàng	荒唐	宽敞	牡丹 mǔ·dān
诚实 chéng·shí	风水 fēng·shuǐ	huāng·táng	kuān·chǎng	哪里 nǎ·lǐ
吃不消	凤凰	黄瓜 huáng·guā	魁梧 kuí·wú	那里 nà·lǐ
chī·bùxiāo	fèng·huáng	恍惚 huǎng·hū	拉拢 lā·lǒng	南边 nán·biān
尺寸 chǐ·cùn	夫人 fū·rén	回来 huí·lái	来不及 lái·bù jí	难处 nán·chù
抽屉 chōu·ti	扶手 fú·shǒu	回去 huí·qù	牢骚 láo·sāo	南瓜 nán·guā
出来 chū·lái	服侍 fú·shì	晦气 huì·qì	老人家	南面 nán·miàn
出去 chū·qù	斧头 fǔ·tóu	活动 huó·dòng	lǎo·rén jiā	泥鳅 ní·qiū
刺激 cì·jī	父亲 fù·qīn	火气 huǒ·qì	老鼠 lǎo·shǔ	挪动 nuó·dòng
聪明 cōng·míng	干净 gān·jìng	伙食 huǒ·shí	冷不防	排场 pái·chǎng
错误 cuò·wù	干粮 gān·liáng	祸害 huò·hài	lěng·bùfáng	牌坊 pái·fāng
搭讪 dā·shàn	感激 gǎn·jī	机会 jī·huì	冷清 lěng·qīng	佩服 pèi·fú
答复 dá·fù	告示 gào·shì	机器 jī·qì	里边 lǐ·biān	喷嚏 pēn·tì
打交道	格式 gé·shì	机器人 jī·qìrén	里面 lǐ·miàn	碰见 pèng·jiàn
dǎjiāo·dào	跟前 gēn·qián	记得 jì·dé	理事 lǐ·shì	琵琶 pí·pá
大不了	公家 gōng·jiā	忌讳 jì·huì	力量 lì·liàng	篇幅 piān·fú
dà·bùliǎo	功劳 gōng·láo	家具 jiā·jù	了不得	撇开 piē·kāi
当铺 dàng·pù	公平 gōng·píng	价钱 jià·qián	liǎo·bù dé	泼辣 pō·là
道理 dào·lǐ	工钱 gōng·qián	讲究 jiǎng·jiū	了不起	破绽 pò·zhàn
得罪 dé·zuì	工人 gōng·rén	缰绳	liǎo·bùqǐ	魄力 pò·lì
底细 dǐ·xì	恭维 gōng·wéi	jiāng·shéng	邻居 lín·jū	菩萨 pú·sà
底下 dǐ·xia	勾当 gòu·dàng	禁不住	伶俐 líng·lì	葡萄 pú·táo
地下 dì·xia	估量 gū·liáng	jīn·bùzhù	琉璃 liú·lí	葡萄酒
点缀 diǎn·zhuì	固执 gù·zhí	进来 jìn·lái	露水 lù·shuǐ	pú·táojiǔ
惦记 diàn·jì	过来 guò·lái	进去 jìn·qù	逻辑 luó·jí	葡萄糖
东边 dōng·biān	过去 guò·qù	近视 jìn·shì	埋伏 mái·fú	pú·táotáng
懂得 dǒng·dé	好处 hǎo·chù	觉得 jué·dé	卖弄 mài·nòng	妻子 qī·zǐ
短处 duǎn·chù	害处 hài·chù	看不起	毛病 máo·bìng	起来 qǐ·lái
对不起	行家 háng·jiā	kàn·bùqǐ	玫瑰 méi·guī	气氛 qì·fēn
duì·bù qǐ	和气 hé·qi	看见 kàn·jiàn	眉目 méi·mù	前边 qián·biān
多少 duō·shǎo	荷包 hé·bāo	考究 kǎo·jiū	没有 méi·yǒu	前面 qián·miàn
多数 duō·shù	喉咙 hóu·lóng	靠不住	门面 mén·miàn	敲打 qiāo·dǎ
翻腾 fān·téng	后边 hòu·biān	kào·bùzhù	棉花 mián·huā	瞧见 qiáo·jiàn
反正 fǎn·zhèng	后面 hòu·miàn	客人 kè·rén	免得 miǎn·dé	俏皮 qiào·pí
费用 fèi·yòng	花费 huā·fèi	苦头 kǔ·tóu	摸索 mō·suǒ	亲事 qīn·shì

轻巧 qīng·qiǎo	使得 shǐ·dé	外边 wài·biān	妖怪 yāo·guài	早晨 zǎo·chén
情形 qíng·xíng	势力 shì·lì	外面 wài·miàn	摇晃 yáo·huàng	渣滓 zhā·zǐ
情绪 qíng·xù	势头 shì·tóu	围裙 wéi·qún	夜里 yè·lǐ	照顾 zhào·gù
去处 qù·chù	手巾 shǒu·jīn	味道 wèi·dào	已经 yǐ·jīng	照应 zhào·yìng
任务 rèn·wù	书记 shū·jì	西瓜 xī·guā	益处 yì·chù	折磨 zhé·mó
容易 róng·yì	熟悉 shú·xī	喜鹊 xǐ·què	意见 yì·jiàn	这里 zhè·lǐ
洒脱 sǎ·tuō	说法 shuō·fǎ	下边 xià·biān	义气 yì·qì	阵势 zhèn·shì
上边	算盘 suàn·pán	下来 xià·lái	意识 yì·shí	证人 zhèng·rén
shàng·biān	孙女 sūn·nǚ	下面 xià·miàn	因为 yīn·wèi	知道 zhī·dào
上来 shàng·lái	态度 tài·dù	下去 xià·qù	樱桃 yīng·táo	值得 zhí·dé
上面	太阳 tài·yáng	显得 xiǎn·dé	应付 yìng·fù	侄女 zhí·nǚ
shàng·miàn	太监 tài·jiàn	想法 xiǎng·fǎ	用处 yòng·chù	志气 zhì·qì
上去 shàng·qù	提拔 tí·bá	晓得 xiǎo·dé	右边 yòu·biān	周到 zhōu·dào
舍不得	体谅 tǐ·liàng	小姐 xiǎo·jiě	右面 yòu·miàn	嘱咐 zhǔ·fù
shě·bù·dé	体面 tǐ·miàn	小心 xiǎo·xīn	遇见 yù·jiàn	主人 zhǔ·rén
身份 shēn·fèn	替换 tì·huàn	心里 xīn·lǐ	鸳鸯 yuān·yāng	住处 zhù·chù
神气 shén·qì	听见 tīng·jiàn	薪水 xīn·shuǐ	愿意 yuàn·yì	资格 zī·gé
神仙 shén·xiān	通融 tōng·róng	新鲜 xīn·xiān	月季 yuè·jì	左边 zuǒ·biān
生日 shēng·rì	痛快 tòng·kuài	修行 xiū·xíng	匀称 yún·chèn	左面 zuǒ·miàn
尸首 shī·shǒu	透亮 tòu·liàng	烟囱 yān·cōng	糟蹋 zāo·tà	坐位 zuò·wèi

(5)普通话水平测试用儿化词语

刀把儿 dāobàr	老伴儿 lǎobànr	瓜瓤儿	聊天儿 liáotiānr	笑话儿 xiàohuar
号码儿 hàomǎr	蒜瓣儿 suànbànr	guārángr	拉链儿 lāliànr	牙刷儿 yáshuār
戏法儿 xìfǎr	脸盘儿 liǎnpánr	掉价儿 diàojiàr	冒尖儿 màojiānr	一块儿 yīkuàir
在哪儿 zàinǎr	脸蛋儿 liǎndànr	一下儿 yīxiàr	坎肩儿 kǎnjiānr	茶馆儿 cháguǎnr
找茬儿 zhǎochár	收摊儿 shōutānr	豆芽儿 dòuyár	牙签儿 yáqiānr	饭馆儿 fànguǎnr
打杂儿 dǎzár	栅栏儿 zhàlanr	小辫儿 xiǎobiànr	露馅儿 lòuxiànr	火罐儿 huǒguànr
板擦儿 bǎncār	包干儿 bāogānr	照片儿	心眼儿 xīnyǎnr	落款儿 luòkuǎnr
名牌儿 míngpáir	笔杆儿 bǐgǎnr	zhàopiānr	鼻梁儿 bíliángr	打转儿 dǎzhuànr
鞋带儿 xiédàir	门槛儿 ménkǎnr	扇面儿	透亮儿 tòuliàngr	拐弯儿 guǎiwānr
壶盖儿 húgàir	药方儿 yàofāngr	shànmiànr	花样儿 huāyàngr	好玩儿 hǎowánr
小孩儿 xiǎoháir	赶趟儿 gǎntàngr	差点儿 chàdiǎnr	脑瓜儿 nǎoguār	大腕儿 dàwànr
加塞儿 jiāsāir	香肠儿	一点儿 yīdiǎnr	大褂儿 dàguàr	蛋黄儿
快板儿 kuàibǎnr	xiāngchángr	雨点儿 yǔdiǎnr	麻花儿 máhuār	dànhuángr

打晃儿	杏仁儿 xìngrénr	锯齿儿 jùchǐr	儿媳妇儿 érxífur	火苗儿
dǎhuàngr	刀刃儿 dāorènr	记事儿 jìshìr	梨核儿 líhúr	huǒmiáor
天窗儿	钢镚儿	针鼻儿 zhēnbír	泪珠儿 lèizhūr	跑调儿
tiānchuāngr	gāngbèngr	垫底儿 diàndǐr	有数儿 yǒushùr	pǎodiào
烟卷儿 yānjuǎnr	夹缝儿 jiāfèngr	肚脐儿 dùqír	果冻儿	面条儿
手绢儿	脖颈儿 bógěngr	玩意儿 wányìr	guǒdòngr	miàntiáor
shǒujuànr	提成儿 tíchéngr	有劲儿 yǒujìnr	门洞儿	豆角儿 dòujiǎor
出圈儿	半截儿 bànjiér	送信儿 sòngxìnr	méndòngr	开窍儿 kāiqiào
chūquānr	小鞋儿 xiǎoxiér	脚印儿 jiǎoyìnr	胡同儿 hútòngr	衣兜儿 yīdōur
包圆儿	旦角儿 dànjuér	花瓶儿 huāpíngr	抽空儿	老头儿 lǎotóur
bāoyuánr	主角儿 zhǔjuér	打鸣儿 dǎmíngr	chōukòngr	年头儿 niántóur
人缘儿 rényuánr	跑腿儿 pǎotuǐr	图钉儿 túdīngr	酒盅儿	小偷儿 xiǎotōur
绕远儿 ràoyuǎnr	一会儿 yīhuìr	门铃儿 ménlíngr	jiǔzhōngr	门口儿 ménkǒur
杂院儿 záyuànr	耳垂儿 ěrchuír	眼镜儿 yǎnjìngr	小葱儿	纽扣儿 niǔkòur
刀背儿 dāobèir	墨水儿 mòshuǐr	蛋清儿	xiǎocōngr	线轴儿
摸黑儿 mōhēir	围嘴儿 wéizuǐr	dànqīngr	小熊儿	xiànzhóur
老本儿 lǎoběnr	走味儿 zǒuwèir	火星儿 huǒxīngr	xiǎoxióngr	小丑儿
花盆儿 huāpénr	打盹儿 dǎdǔnr	人影儿 rényǐngr	红包儿	xiǎochǒur
嗓门儿	胖墩儿	毛驴儿 máolǘr	hóngbāor	加油儿 jiāyóur
sǎngménr	pàngdūnr	小曲儿 xiǎoqǔr	灯泡儿	顶牛儿 dǐngniúr
把门儿 bǎménr	砂轮儿 shālúnr	痰盂儿 tányúr	dēngpàor	抓阄儿 zhuājiūr
哥们儿 gēmenr	冰棍儿 bīnggùnr	合群儿 héqúnr	半道儿 bàndàor	棉球儿 miánqiúr
纳闷儿 nàmènr	没准儿	模特儿 mótèr	手套儿 shǒutàor	火锅儿 huǒguōr
后跟儿 hòugēnr	méizhǔnr	逗乐儿 dòulèr	跳高儿 tiàogāor	做活儿 zuòhuór
高跟儿鞋	开春儿 kāichūnr	唱歌儿	叫好儿 jiàohǎor	大伙儿 dàhuǒr
gāogēnrxié	小瓮儿	chànggēr	口罩儿	邮戳儿
别针儿 biézhēnr	xiǎowèngr	挨个儿 āigèr	kǒuzhàor	yóuchuōr
一阵儿 yīzhènr	瓜子儿 guāzǐr	打嗝儿 dǎgér	绝着儿 juézhāor	小说儿
走神儿 zǒushénr	石子儿 shízǐr	饭盒儿 fànhér	口哨儿	xiǎoshuōr
大婶儿 dàshěnr	没词儿 méicír	在这儿 zàizhèr	kǒushàor	被窝儿 bèiwōr
小人儿书	挑刺儿 tiāocìr	碎步儿 suìbùr	蜜枣儿 mìzǎor	耳膜儿 ěrmór
xiǎorénrshū	墨汁儿 mòzhīr	没谱儿 méipǔr	鱼漂儿 yúpiāor	粉末儿 fěnmòr

2. 普通话水平测试朗读材料

【作品 1 号】

那是力争上游的一种树,笔直的干,笔直的枝。它的干通常是丈把高,像是加以人工似的,一丈以内,绝无旁枝;它所有的桠枝呢,一律向上,而且紧紧靠拢,也像加以人工似的,成为一束,绝不旁逸斜出;它的宽大的叶子也是片片向上,几乎没有斜生的,更不用说倒垂了;它的皮,光滑而有银色的晕圈,微微泛出淡青色。这是虽在北方的风雪的压迫下却保持着倔强挺立的一种树!哪怕只有碗来粗细罢,它却努力向上发展,高到丈许,两丈,参天耸立,不折不挠,对抗着西北风。

这就是白杨树,西北极普通的一种树,然而决不是平凡的树!

它没有婆娑的姿态,没有屈曲盘旋的虬枝,也许你要说它不美丽,——如果美是专指"婆娑"或"旁逸斜出"之类而言,那么,白杨树算不得树中的好女子;但是它却是伟岸,正直,朴质,严肃,也不缺乏温和,更不用提它的坚强不屈与挺拔,它是树中的伟丈夫!当你在积雪初融的高原上走过,看见平坦的大地上傲然挺立这么一株或一排白杨树,难道你就觉得树只是树,难道你就不想到它的朴质,严肃,坚强不屈,至少也象征了北方的农民;难道你竟一点儿也不联想到,在敌后的广大土//地上,到处有坚强不屈,就像这白杨树一样傲然挺立的守卫他们家乡的哨兵!难道你又不更远一点想到这样枝枝叶叶靠紧团结,力求上进的白杨树,宛然象征了今天在华北平原纵横决荡,用血写出新中国历史的那种精神和意志。

(节选自茅盾《白杨礼赞》)

【作品 2 号】

我常常遗憾我家门前的那块丑石:它黑黝黝地卧在那里,牛似的模样;谁也不知道是什么时候留在这里的,谁也不去理会它。只是麦收时节,门前摊了麦子,奶奶总是要说:这块丑石,多占地面呀,抽空把它搬走吧。

它不像汉白玉那样的细腻,可以刻字雕花,也不像大青石那样的光滑,可以供来浣纱捶布。它静静地卧在那里,院边的槐荫没有庇覆它,花儿也不再在它身边生长。荒草便繁衍出来,枝蔓上下,慢慢地,它竟锈上了绿苔、黑斑。我们这些做孩子的,也讨厌起它来,曾合伙要搬走它,但力气又不足;虽时时咒骂它,嫌弃它,也无可奈何,只好任它留在那里了。

终有一日,村子里来了一个天文学家。他在我家门前路过,突然发现了这块石头,眼光立即就拉直了。他再没有离开,就住了下来;以后又来了好些人,都说这是一块陨石,从天上落下来已经有二三百年了,是一件了不起的东西。不久便来了车,小心翼翼地将它运走了。

这使我们都很惊奇,这又怪又丑的石头,原来是天上的啊!它补过天,在天上发过热、闪过光,我们的先祖或许仰望过它,它给了他们光明、向往、憧憬;而它落下来了,在污土里,荒草里,一躺就//是几百年了!

我感到自己的无知,也感到了丑石的伟大,我甚至怨恨它这么多年竟会默默地忍受着这一切!而我又立即深深地感到它那种不屈于误解、寂寞的生存的伟大。

(节选自贾平凹《丑石》)

【作品 3 号】

在达瑞八岁的时候,有一天他想去看电影。因为没有钱,他想是向爸妈要钱,还是自己挣钱。最后他选择了后者。他自己调制了一种汽水,向过路的行人出售。可那时正是寒冷的冬天,没有人买,只有两个人例外——他的爸爸和妈妈。

他偶然有一个和非常成功的商人谈话的机会。当他对商人讲述了自己的"破产史"后,商人给了他两个重要的建议:一是尝试为别人解决一个难题;二是把精力集中在你知道的、你会的和你拥有的东西上。

这两个建议很关键。因为对于一个八岁的孩子而言,他不会做的事情很多。于是他穿过大街小巷,不停地思考:人们会有什么难题,他又如何利用这个机会?

一天,吃早饭时父亲让达瑞去取报纸。美国的送报员总是把报纸从花园篱笆的一个特制的管子里塞进来。假如你想穿着睡衣舒舒服服地吃早饭和看报纸,就必须离开温暖的房间,冒着寒风,到花园去取。虽然路短,但十分麻烦。

当达瑞为父亲取报纸的时候,一个主意诞生了。当天他就按响邻居的门铃,对他们说,每个月只需付给他一美元,他就每天早上把报纸塞到他们的房门底下。大多数人都同意了,很快他有//了七十多个顾客。一个月后,当他拿到自己赚的钱时,觉得自己简直是飞上了天。

很快他又有了新的机会,他让他的顾客每天把垃圾袋放在门前,然后由他早上运到垃圾桶里,每个月加一美元。之后他还想出了许多孩子赚钱的办法,并把它集结成书,书名为《儿童挣钱的二百五十个主意》。为此,达瑞十二岁时就成了畅销书作家,十五岁有了自己的谈话节目,十七岁就拥有了几百万美元。

(节选自[德]博多·舍费尔《达瑞的故事》,刘志明译)

【作品 4 号】

这是入冬以来,胶东半岛上第一场雪。

雪纷纷扬扬,下得很大。开始还伴着一阵儿小雨,不久就只见大片大片的雪花,从彤云密布的天空中飘落下来。地面上一会儿就白了。冬天的山村,到了夜里就万籁俱寂,只听得雪花簌簌地不断往下落,树木的枯枝被雪压断了,偶尔咯吱一声响。

大雪整整下了一夜。今天早晨，天放晴了，太阳出来了。推开门一看，嗬！好大的雪啊！山川、河流、树木、房屋，全都罩上了一层厚厚的雪，万里江山，变成了粉妆玉砌的世界。落光了叶子的柳树上挂满了毛茸茸亮晶晶的银条儿；而那些冬夏常青的松树和柏树上，则挂满了蓬松松沉甸甸的雪球儿。一阵风吹来，树枝轻轻地摇晃，美丽的银条儿和雪球儿簌簌地落下来，玉屑似的雪末儿随风飘扬，映着清晨的阳光，显出一道道五光十色的彩虹。

大街上的积雪足有一尺多深，人踩上去，脚底下发出咯吱咯吱的响声。一群群孩子在雪地里堆雪人，掷雪球儿。那欢乐的叫喊声，把树枝上的雪都震落下来了。

俗话说，"瑞雪兆丰年"。这个话有充分的科学根据，并不是一句迷信的成语。寒冬大雪，可以冻死一部分越冬的害虫；融化了的水渗进土层深处，又能供应//庄稼生长的需要。我相信这一场十分及时的大雪，一定会促进明年春季作物，尤其是小麦的丰收。有经验的老农把雪比做是"麦子的棉被"。冬天"棉被"盖得越厚，明春麦子就长得越好，所以又有这样一句谚语："冬天麦盖三层被，来年枕着馒头睡。"

我想，这就是人们为什么把及时的大雪称为"瑞雪"的道理吧。

（节选自峻青《第一场雪》）

【作品5号】

我常想读书人是世间幸福人，因为他除了拥有现实的世界之外，还拥有另一个更为浩瀚也更为丰富的世界。现实的世界是人人都有的，而后一个世界却为读书人所独有。由此我又想，那些失去阅读机会或不能阅读的人是多么的不幸，他们的丧失是不可补偿的。世间有诸多的不平等，如财富的不平等，权利的不平等，而阅读能力的拥有或丧失却体现为精神的不平等。

一个人的一生，只能经历自己拥有的那一份欣悦，那一份苦难，也许再加上他亲自闻知的那一些关于自身以外的经历和经验，然而，人们通过阅读，却能进入不同时空的诸多他人的世界。这样，具有阅读能力的人，无形间获得了超越有限生命的无限可能性。阅读不仅使他多识了草木虫鱼之名，而且可以上溯远古下及未来，饱览存在的与非存在的奇风异俗。

更为重要的是，读书加惠于人们的不仅是知识的增广，而且，还在于精神的感化与陶冶。人们从读书学做人，从那些往哲先贤以及当代才俊的著述中学得他们的人格。人们从《论语》中学得智慧的思考，从《史记》学得严肃的历史精神，从《正气歌》中学得人格的刚烈，从马克思学得人世//的激情，从鲁迅学得批判精神，从托尔斯泰学得道德的执著。歌德的诗句刻写着智慧的人生，拜伦的诗句呼唤着奋斗的热情。一个读书人,是一个有机会拥有超乎个人生命体验的幸运人。

(节选自谢冕《读书人是幸福人》)

【作品 6 号】

一天,爸爸下班回到家已经很晚了,他很累也有点儿烦,他发现五岁的儿子靠在门旁正等着他。

"爸,我可以问您一个问题吗?"

"什么问题?""爸,您一小时可以赚多少钱?""这与你无关,你为什么问这个问题?"父亲生气地说。

"我只是想知道,请告诉我,您一小时赚多少钱?"小孩儿哀求道。"假如你一定要知道的话,我一小时赚二十美金。"

"哦,"小孩儿低下了头,接着又说,"爸,可以借我十美金吗?"父亲发怒了:"如果你只是要借钱去买毫无意义的玩具的话,给我回到你的房间睡觉去。好好想想为什么你会那么自私。我每天辛苦工作,没时间和你玩儿小孩子的游戏。"

小孩儿默默地回到自己的房间关上门。

父亲坐下来还在生气。后来,他平静下来了。心想他可能对孩子太凶了——或许孩子真的很想买什么东西,再说他平时很少要过钱。

父亲走进孩子的房间:"你睡了吗?""爸,还没有,我还醒着。"孩子回答。

"我刚才可能对你太凶了,"父亲说,"我不应该发那么大的火儿——这是你要的十美金。""爸,谢谢您。"孩子高兴地从枕头下拿出一些被弄皱的钞票,慢慢地数着。

"为什么你已经有钱了还要?"父亲不解地问。

"因为原来不够,但现在凑够了。"孩子回答:"爸,我现在有 // 二十美金了,我可以向您买一个小时的时间吗? 明天请早一点儿回家——我想和您一起吃晚餐。"

(节选自《二十美金的价值》,唐继柳编译)

【作品 7 号】

我爱月夜,但我也爱星天。从前在家乡七八月的夜晚在庭院里纳凉的时候,我最爱看天上密密麻麻的繁星。望着星天,我就会忘记一切,仿佛回到了母亲的怀里似的。

三年前在南京我住的地方有一道后门,每晚我打开后门,便看见一个静寂的夜。下面是一片菜园,上面是星群密布的蓝天。星光在我们的肉眼里虽然微小,然而它使我们觉得光明无处不在。那时候我正在读一些关于天文学的书,也认得一些星星,好像它们就是我的朋友,它们常常在和我谈话一样。

如今在海上,每晚和繁星相对,我把它们认得很熟了。我躺在舱面上,仰望天空。深蓝色的天空里悬着无数半明半昧的星。船在动,星也在动,它们是这样低,真是摇摇欲坠呢!渐渐地我的眼睛模糊了,我好像看见无数萤火虫在我的周围飞舞。海上的夜是柔和的,是静寂的,是梦幻的。我望着那许多认识的星,我仿佛看见它们在对我眨眼,我仿佛听见它们在小声说话。这时我忘记了一切。在星的怀抱中我微笑着,我沉睡着。我觉得自己是一个小孩子,现在睡在母亲的怀里了。

有一夜,那个在哥伦波上船的英国人指给我看天上的巨人。他用手指着://那四颗明亮的星是头,下面的几颗是身子,这几颗是手,那几颗是腿和脚,还有三颗星算是腰带。经他这一番指点,我果然看清楚了那个天上的巨人。看,那个巨人还在跑呢!

(节选自巴金《繁星》)

【作品8号】

爸不懂得怎样表达爱,使我们一家人融洽相处的是我妈。他只是每天上班下班,而妈则把我们做过的错事开列清单,然后由他来责骂我们。

有一次我偷了一块糖果,他要我把它送回去,告诉卖糖的说是我偷来的,说我愿意替他拆箱卸货作为赔偿。但妈妈却明白我只是个孩子。

我在运动场上打秋千跌断了腿,在前往医院途中一直抱着我的,是我妈。爸把汽车停在急诊室门口,他们叫他驶开,说那空位是留给紧急车辆停放的。爸听了便叫嚷道:"你以为这是什么车?旅游车?"

在我生日会上,爸总是显得有些不大相称。他只是忙于吹气球,布置餐桌,做杂务。把插着蜡烛的蛋糕推过来让我吹的,是我妈。

我翻阅照相册时,人们总是问:"你爸爸是什么样子的?"天晓得!他老是忙着替别人拍照。妈和我笑容可掬地一起拍的照片,多得不可胜数。

我记得妈有一次叫他教我骑自行车。我叫他别放手,但他却说是应该放手的时候了。我摔倒之后,妈跑过来扶我,爸却挥手要她走开。我当时生气极了,决心要给他点颜色看。于是我马上爬上自行车,而且自己骑给他看。他只是微笑。

我念大学时,所有的家信都是妈写的。他//除了寄支票外,还寄过一封短柬给我,说因为我不在草坪上踢足球了,所以他的草坪长得很美。

每次我打电话回家,他似乎都想跟我说话,但结果总是说:"我叫你妈来接。"

我结婚时,掉眼泪的是我妈。他只是大声擤了一下鼻子,便走出房间。

我从小到大都听他说:"你到哪里去?什么时候回家?汽车有没有汽油?不,不准去。"爸完全不知道怎样表达爱。除非……

会不会是他已经表达了而我却未能察觉?

（节选自[美]艾尔玛·邦贝克《父亲的爱》）

【作品 9 号】

一个大问题一直盘踞在我脑袋里:

世界杯怎么会有如此巨大的吸引力?除去足球本身的魅力之外,还有什么超乎其上而更伟大的东西?

近来观看世界杯,忽然从中得到了答案:是由于一种无上崇高的精神情感——国家荣誉感!

地球上的人都会有国家的概念,但未必时时都有国家的感情。往往人到异国,思念家乡,心怀故国,这国家概念就变得有血有肉,爱国之情来得非常具体。而现代社会,科技昌达,信息快捷,事事上网,世界真是太小太小,国家的界限似乎也不那么清晰了。再说足球正在快速世界化,平日里各国球员频繁转会,往来随意,致使越来越多的国家联赛都具有国际的因素。球员们不论国籍,只效力于自己的俱乐部,他们比赛时的激情中完全没有爱国主义的因子。

然而,到了世界杯大赛,天下大变。各国球员都回国效力,穿上与光荣的国旗同样色彩的服装。在每一场比赛前,还高唱国歌以宣誓对自己祖国的挚爱与忠诚。一种血缘情感开始在全身的血管里燃烧起来,而且立刻热血沸腾。

在历史时代,国家间经常发生对抗,好男儿戎装卫国。国家的荣誉往往需要以自己的生命去∥换取。但在和平时代,唯有这种国家之间大规模对抗性的大赛,才可以唤起那种遥远而神圣的情感,那就是:为祖国而战!

（节选自冯骥才《国家荣誉感》）

【作品 10 号】

夕阳落山不久,西方的天空,还燃烧着一片橘红色的晚霞。大海,也被这霞光染成了红色,而且比天空的景色更要壮观。因为它是活动的,每当一排排波浪涌起的时候,那映照在浪峰上的霞光,又红又亮,简直就像一片片霍霍燃烧着的火焰,闪烁着,消失了。而后面的一排,又闪烁着,滚动着,涌了过来。

天空的霞光渐渐地淡下去了,深红的颜色变成了绯红,绯红又变为浅红。最后,当这一切红光都消失了的时候,那突然显得高而远了的天空,则呈现出一片肃穆的神色。最早出现的启明星,在这蓝色的天幕上闪烁起来了。它是那么大,那么亮,整个广漠的天幕上只有它在那里放射着令人注目的光辉,活像一盏悬挂在高空的明灯。

夜色加浓,苍空中的"明灯"越来越多了。而城市各处的真的灯火也次第亮了起来,尤其是围绕在海港周围山坡上的那一片灯光,从半空倒映在乌蓝的海面上,随着波浪,晃动着,闪烁着,像一串流动着的珍珠,和那一片片密布在苍穹里的星斗互相辉映,煞是好看。

在这幽美的夜色中,我踏着软绵绵的沙滩,沿着海边,慢慢地向前走去。海水,轻轻地抚摸着细软的沙滩,发出温柔的 // 刷刷声。晚来的海风,清新而又凉爽。我的心里,有着说不出的兴奋和愉快。

夜风轻飘飘地吹拂着,空气中飘荡着一种大海和田禾相混合的香味儿,柔软的沙滩上还残留着白天太阳炙晒的余温。那些在各个工作岗位上劳动了一天的人们,三三两两地来到这软绵绵的沙滩上,他们浴着凉爽的海风,望着那缀满了星星的夜空,尽情地说笑,尽情地休憩。

(节选自峻青《海滨仲夏夜》)

【作品 11 号】

生命在海洋里诞生绝不是偶然的,海洋的物理和化学性质,使它成为孕育原始生命的摇篮。

我们知道,水是生物的重要组成部分,许多动物组织的含水量在百分之八十以上,而一些海洋生物的含水量高达百分之九十五。水是新陈代谢的重要媒介,没有它,体内的一系列生理和生物化学反应就无法进行,生命也就停止。因此,在短时期内动物缺水要比缺少食物更加危险。水对今天的生命是如此重要,它对脆弱的原始生命,更是举足轻重了。生命在海洋里诞生,就不会有缺水之忧。

水是一种良好的溶剂。海洋中含有许多生命所必需的无机盐,如氯化钠、氯化钾、碳酸盐、磷酸盐,还有溶解氧,原始生命可以毫不费力地从中吸取它所需要的元素。

水具有很高的热容量,加之海洋浩大,任凭夏季烈日曝晒,冬季寒风扫荡,它的温度变化却比较小。因此,巨大的海洋就像是天然的"温箱"。是孕育原始生命的温床。

阳光虽然为生命所必需,但是阳光中的紫外线却有扼杀原始生命的危险。水能有效地吸收紫外线,因而又为原始生命提供了天然的"屏障"。

这一切都是原始生命得以产生和发展的必要条件。//

(节选自童裳亮《海洋与生命》)

【作品 12 号】

读小学的时候,我的外祖母去世了。外祖母生前最疼爱我,我无法排除自己的忧伤,每天在学校的操场上一圈儿又一圈儿地跑着,跑得累倒在地上,扑在草坪上痛哭。

那哀痛的日子,断断续续持续了很久,爸爸妈妈也不知道如何安慰我。他们知道与其欺骗我说外祖母睡着了,还不如对我说实话:外祖母永远不会回来了。

"什么是永远不会回来呢?"我问着。

"所有时间里的事物,都永远不会回来。你的昨天过去,它就永远变成昨天,你不能再回到昨天。爸爸以前也和你一样小,现在也不能回到你这么小的童年了;有一天你会长大,你会像外祖母一样老;有一天你度过了你的时间,就永远不会回来了。"爸爸说。

爸爸等于给我一个谜语,这谜语比课本上的"日历挂在墙壁,一天撕去一页,使我心里着急"和"一寸光阴一寸金,寸金难买寸光阴"还让我感到可怕;也比作文本上的"光阴似箭,日月如梭"更让我觉得有一种说不出的滋味。

时间过得飞快,使我的小心眼儿里不只是着急,还有悲伤。有一天我放学回家,看到太阳快落山了,就下决心说:"我要比太阳更快地回家。"我狂奔回去,站在庭院前喘气的时候,看到太阳 // 还露着半边脸,我高兴地跳起来。那一天我跑赢了太阳。以后我就时常做那样的游戏,有时和太阳赛跑,有时和西北风比快,有时一个暑假才能做完的作业,我十天就做完了。那时我三年级,常常把哥哥五年级的作业拿来做。每一次比赛胜过时间,我就快乐得不知道怎么形容。

如果将来我有什么要教给我的孩子,我会告诉他:假若你一直和时间比赛,你就可以成功!

（节选自（台湾）林清玄《和时间赛跑》）

【作品 13 号】

三十年代初,胡适在北京大学任教授。讲课时他常常对白话文大加称赞,引起一些只喜欢文言文而不喜欢白话文的学生的不满。

一次,胡适正讲得得意的时候,一位姓魏的学生突然站了起来,生气地问:"胡先生,难道说白话文就毫无缺点吗?"胡适微笑着回答说:"没有。"那位学生更加激动了:"肯定有!白话文废话太多,打电报用字多,花钱多。"胡适的目光顿时变亮了。轻声地解释说:"不一定吧!前几天有位朋友给我打来电报,请我去政府部门工作,我决定不去,就回电拒绝了。复电是用白话写的,看来也很省字。请同学们根据我这个意思,用文言文写一个回电,看看究竟是白话文省字,还是文言文省字?"胡教授刚说完,同学们立刻认真地写了起来。

十五分钟过去,胡适让同学举手,报告用字的数目,然后挑了一份用字最少的文言电报稿,电文是这样写的:"才疏学浅,恐难胜任,不堪从命。"白话文的意思是:学问不深,恐怕很难担任这个工作,不能服从安排。

胡适说,这份写得确实不错,仅用了十二个字。但我的白话电报却只用了五个字:

"干不了,谢谢!"

胡适又解释说:"干不了"就有才疏学浅、恐难胜任的意思;"谢谢"既 // 对朋友的介绍表示感谢,又有拒绝的意思。所以,废话多不多,并不看它是文言文还是白话文,只要注意选用字词,白话文是可以比文言文更省字的。

(节选自《胡适的白话电报》,陈灼主编《实用汉语中级教程》(上))

【作品 14 号】

对于一个在北平住惯的人,像我,冬天要是不刮风,便觉得是奇迹;济南的冬天是没有风声的。对于一个刚由伦敦回来的人,像我,冬天要能看得见日光,便觉得是怪事;济南的冬天是响晴的。自然,在热带的地方,日光是永远那么毒,响亮的天气,反有点叫人害怕。可是,在北中国的冬天,而能有温晴的天气,济南真得算个宝地。

设若单单是有阳光,那也算不了出奇。请闭上眼睛想:一个老城,有山有水,全在天底下晒着阳光,暖和安适地睡着,只等春风来把它们唤醒,这是不是理想的境界?小山整把济南围了个圈儿,只有北边缺着点口儿。这一圈小山在冬天特别可爱,好像是把济南放在一个小摇篮里,它们安静不动地低声地说:"你们放心吧,这儿准保暖和。"真的,济南的人们在冬天是面上含笑的。他们一看那些小山,心中便觉得有了着落,有了依靠。他们由天上看到山上,便不知不觉地想起:"明天也许就是春天了吧?这样的温暖,今天夜里山草也许就绿起来了吧?"就是这点儿幻想不能一时实现,他们也并不着急,因为这样慈善的冬天,干什么还希望别的呢!

最妙的是下点儿小雪呀。看吧,山上的矮松越发的青黑,树尖上顶 // 着一髻儿白花,好像日本看护妇。山尖全白了,给蓝天镶上一道银边。山坡上,有的地方雪厚点儿,有的地方草色还露着;这样,一道儿白,一道儿暗黄,给山们穿上一件带水纹儿的花衣;看着看着,这件花衣好像被风儿吹动,叫你希望看见一点儿更美的山的肌肤。等到快日落的时候,微黄的阳光斜射在山腰上,那点薄雪好像忽然害羞,微微露出点儿粉色。就是下小雪吧,济南是受不住大雪的,那些小山太秀气。

(节选自老舍《济南的冬天》)

【作品 15 号】

纯朴的家乡村边有一条河,曲曲弯弯,河中架一弯石桥,弓样的小桥横跨两岸。

每天,不管是鸡鸣晓月,日丽中天,还是月华泻地,小桥都印下串串足迹,洒落串串汗珠。那是乡亲为了追求多棱的希望,兑现美好的遐想。弯弯小桥,不时荡过轻吟低唱,不时露出舒心的笑容。

因而,我稚小的心灵,曾将心声献给小桥:你是一弯银色的新月,给人间普照光辉;你是一把闪亮的镰刀,割刈着欢笑的花果;你是一根晃悠悠的扁担,挑起了彩色的明天!哦,小桥走进我的梦中。

我在漂泊他乡的岁月,心中总涌动着故乡的河水,梦中总看到弓样的小桥。当我访南疆探北国,眼帘闯进座座雄伟的长桥时,我的梦变得丰满了,增添了赤橙黄绿青蓝紫。

三十多年过去,我戴着满头霜花回到故乡,第一紧要的便是去看望小桥。

啊!小桥呢?它躲起来了?河中一道长虹,浴着朝霞熠熠闪光。哦,雄浑的大桥敞开胸怀,汽车的呼啸、摩托的笛音、自行车的叮铃,合奏着进行交响乐;南来的钢筋、花布、北往的柑橙、家禽,绘出交流欢悦图……

啊!蜕变的桥,传递了家乡进步的消息,透露了家乡富裕的声音。时代的春风,美好的追求,我蓦地记起儿时唱//给小桥的歌,哦,明艳艳的太阳照耀了,芳香甜蜜的花果捧来了,五彩斑斓的岁月拉开了!

我心中涌动的河水,激荡起甜美的浪花。我仰望一碧蓝天,心底轻声呼喊:家乡的桥啊,我梦中的桥!

(节选自郑莹《家乡的桥》)

【作品 16 号】

三百多年前,建筑设计师莱伊恩受命设计了英国温泽市政府大厅。他运用工程力学的知识,依据自己多年的实践,巧妙地设计了只用一根柱子支撑的大厅天花板。一年以后,市政府权威人士进行工程验收时,却说只用一根柱子支撑天花板太危险,要求莱伊恩再多加几根柱子。

莱伊恩自信只要一根坚固的柱子足以保证大厅安全,他的"固执"惹恼了市政府官员,险些被送上法庭。莱伊恩非常苦恼,坚持自己原先的主张吧,市政官员肯定会另找人修改设计;不坚持吧,又有悖于自己为人的准则。矛盾了很长一段时间,莱伊恩终于想出了一条妙计,他在大厅里增加了四根柱子,不过这些柱子并未与天花板接触,只不过是装装样子。

三百多年过去了,这个秘密始终没有被人发现。直到前两年,市政府准备修缮大厅的天花板,才发现莱伊恩当年的"弄虚作假"。消息传出后,世界各国的建筑家和游客云集,当地政府对此也不加掩饰,在新世纪到来之际,特意将大厅作为一个旅游景点对外开放,旨在引导人们崇尚和相信科学。

作为一名建筑师,莱伊恩并不是最出色的。但作为一个人,他无疑非常伟大,这种//伟大表现在他始终恪守着自己的原则,给高贵的心灵一个美丽的住所：哪怕是遭遇到再大的的阻力，也要想办法抵达胜利。

（节选自游宇明《坚守的高贵》）

【作品 17 号】

自从传言有人在萨文河畔散步时无意发现了金子后，这里便常有来自四面八方的淘金者。他们都想成为富翁，于是寻遍了整个河床，还在河床上挖出很多大坑，希望借助它们找到更多的金子。的确，有一些人找到了，但另外一些人因为一无所得而只好扫兴归去。

也有不甘心落空的，便驻扎在这里，继续寻找。彼得·弗雷特就是其中一员。他在河床附近买了一块没人要的土地，一个人默默地工作。他为了找金子，已把所有的钱都押在这块土地上。他埋头苦干了几个月，直到土地全变成了坑坑洼洼，他失望了——他翻遍了整块土地，但连一丁点儿金子都没看见。

六个月后，他连买面包的钱都没有了。于是他准备离开这儿到别处去谋生。

就在他即将离去的前一个晚上，天下起了倾盆大雨，并且一下就是三天三夜。雨终于停了，彼得走出小木屋，发现眼前的土地看上去好像和以前不一样：坑坑洼洼已被大水冲刷平整，松软的土地上长出一层绿茸茸的小草。

"这里没找到金子，"彼得忽有所悟地说，"但这土地很肥沃，我可以用来种花，并且拿到镇上去卖给那些富人，他们一定会买些花装扮他们华丽的 // 客厅。如果真是这样的话，那么我一定会赚许多钱。有朝一日我也会成为富人……"

于是他留了下来。彼得花了不少精力培育花苗，不久田地里长满了美丽娇艳的各色鲜花。

五年以后，彼得终于实现了他的梦想——成了一个富翁。"我是唯一的一个找到真金的人！"他时常不无骄傲地告诉别人，"别人在这儿找不到金子后便远远地离开，而我的'金子'是在这块土地里，只有诚实的人用勤劳才能采集到。"

（节选自《金子》，陶猛译）

【作品 18 号】

我在加拿大学习期间遇到过两次募捐，那情景至今使我难以忘怀。

一天，我在渥太华的街上被两个男孩子拦住去路。他们十来岁，穿得整整齐齐，每人头上戴着个做工精巧、色彩鲜艳的纸帽，上面写着"为帮助患小儿麻痹的伙伴募捐"。其中的一个，不由分说就坐在小凳上给我擦起皮鞋来，另一个则彬彬有礼地发问："小姐，您是哪国人？喜欢渥太华吗？""小姐，在你们国家有没有小孩儿患小儿麻痹？谁给他们医疗费？"一连串的问题，使我这个有生以来头一次在众目睽睽之下让别人擦鞋的异乡人，从近乎狼狈的窘态中解脱出来。

我们像朋友一样聊起天来……

几个月之后，也是在街上。一些十字路口处或车站坐着几位老人。他们满头银发，身穿各种老式军装，上面布满了大大小小形形色色的徽章、奖章，每人手捧一大束鲜花，有水仙、石竹、玫瑰及叫不出名字的，一色雪白。匆匆过往的行人纷纷止步，把钱投进这些老人身旁的白色木箱内，然后向他们微微鞠躬，从他们手中接过一朵花。我看了一会儿，有人投一两元，有人投几百元，还有人掏出支票填好后投进木箱。那些老军人毫不注意人们捐多少钱，一直不 // 停地向人们低声道谢。同行的朋友告诉我，这是为纪念二次大战中参战的勇士，募捐救济残废军人和烈士遗孀，每年一次；认捐的人可谓踊跃，而且秩序井然，气氛庄严。有些地方，人们还耐心地排着队。我想，这是因为他们都知道：正是这些老人们的流血牺牲换来了包括他们信仰自由在内的许许多多。

我两次把那微不足道的一点儿钱捧给他们，只想对他们说声"谢谢"。

（节选自青白《捐诚》）

【作品 19 号】

没有一片绿叶，没有一缕炊烟，没有一粒泥土，没有一丝花香，只有水的世界，云的海洋。

一阵台风袭过，一只孤单的小鸟无家可归，落到被卷到洋里的木板上，乘流而下，姗姗而来，近了，近了！……

忽然，小鸟张开翅膀，在人们头顶盘旋了几圈儿，"噗啦"一声落到了船上。许是累了？还是发现了"新大陆"？水手撵它它不走，抓它，它乖乖地落在掌心。可爱的小鸟和善良的水手结成了朋友。

瞧，它多美丽，娇巧的小嘴，啄理着绿色的羽毛，鸭子样的扁脚，呈现出春草的鹅黄。水手们把它带到舱里，给它"搭铺"，让它在船上安家落户，每天，把分到一塑料筒淡水匀给它喝，把从祖国带来的鲜美的鱼肉分给它吃，天长日久，小鸟和水手的感情日趋笃厚。清晨，当第一束阳光射进舷窗时，它便敞开美丽的歌喉，唱啊唱，嘤嘤有韵，宛如春水淙淙。人类给它以生命，它毫不悭吝地把自己的艺术青春奉献给了哺育它的人。可能都是这样？艺术家们的青春只会献给尊敬他们的人。

小鸟给远航生活蒙上了一层浪漫色调。返航时，人们爱不释手，恋恋不舍地想把它带到异乡。可小鸟憔悴了，给水，不喝！喂肉，不吃！油亮的羽毛失去了光泽。是啊，我 // 们有自己的祖国，小鸟也有它的归宿，人和动物都是一样啊，哪儿也不如故乡好！

慈爱的水手们决定放开它，让它回到大海的摇篮去，回到蓝色的故乡去。离别前，这个大自然的朋友与水手们留影纪念。它站在许多人的头上，肩上，掌上,胳膊上,与喂养过它的人们,一起融进那蓝色的画面……

（节选自王文杰《可爱的小鸟》）

【作品 20 号】

纽约的冬天常有大风雪,扑面的雪花不但令人难以睁开眼睛,甚至呼吸都会吸入冰冷的雪花。有时前一天晚上还是一片晴朗,第二天拉开窗帘,却已经积雪盈尺,连门都推不开了。

遇到这样的情况,公司、商店常会停止上班,学校也通过广播,宣布停课。但令人不解的是,惟有公立小学,仍然开放。只见黄色的校车,艰难地在路边接孩子,老师则一大早就口中喷着热气,铲去车子前后的积雪,小心翼翼地开车去学校。

据统计,十年来纽约的公立小学只因为超级暴风雪停过七次课。这是多么令人惊讶的事。犯得着在大人都无须上班的时候让孩子去学校吗？小学的老师也太倒霉了吧？

于是,每逢大雪而小学不停课时,都有家长打电话去骂。妙的是,每个打电话的人,反应全一样——先是怒气冲冲地责问,然后满口道歉,最后笑容满面地挂上电话。原因是,学校告诉家长：

在纽约有许多百万富翁,但也有不少贫困的家庭。后者白天开不起暖气,供不起午餐,孩子的营养全靠学校里免费的中饭,甚至可以多拿些回家当晚餐。学校停课一天,穷孩子就受一天冻,挨一天饿,所以老师们宁愿自己苦一点儿,也不能停课。//

或许有家长会说：何不让富裕的孩子在家里,让贫穷的孩子去学校享受暖气和营养午餐呢？

学校的答复是：我们不愿让那些穷苦的孩子感到他们是在接受救济,因为施舍的最高原则是保持受施者的尊严。

（节选自（台湾）刘墉《课不能停》）

【作品 21 号】

我打猎归来,沿着花园的林阴路走着。狗跑在我前边。

突然,狗放慢脚步,蹑足潜行,好像嗅到了前边有什么野物。

我顺着林阴路望去,看见了一只嘴边还带黄色、头上生着柔毛的小麻雀。风猛烈地吹打着林阴路上的白桦树,麻雀从巢里跌落下来,呆呆地伏在地上,孤立无援地张开两只羽毛还未丰满的小翅膀。

我的狗慢慢向它靠近。忽然,从附近一棵树上飞下一只黑胸脯的老麻雀,像一颗石子似的落到狗的跟前。老麻雀全身倒竖着羽毛,惊恐万状,发出绝望、凄惨的叫声,接着向露出牙齿、大张着的狗嘴扑去。

老麻雀是猛扑下来救护幼雀的。他用身体掩护着自己的幼儿……但它整个小小的身体因恐怖而战栗着,它小小的声音也变得粗暴嘶哑,它在牺牲自己!

在它看来,狗该是多么庞大的怪物啊!然而,它还不能站在自己高高的、安全的树枝上……一种比它的理智更强烈的力量,使它从那儿扑下身来。

我的狗站住了,向后退了退……看来,它也感到了这种力量。

我赶紧唤住惊慌失措的狗,然后我怀着崇敬的心情,走开了。

是啊,请不要见笑。我崇敬那只小小的、英勇的鸟儿,我崇敬它那种爱的冲动和力量。

爱,我想,比//死和死的恐惧更强大。只有依靠它,依靠这种爱,生命才能维持下去,发展下去。

（节选自［俄］屠格涅夫《麻雀》,巴金译）

【作品22号】

那年我六岁。离我家仅一箭之遥的小山坡旁,有一个早被废弃的采石场,双亲从来不准我去那儿,其实那儿风景十分迷人。

一个夏季的下午,我随着一群小伙伴偷偷上那儿去了。就在我们穿越了一条孤寂的小路后,他们却把我一个人留在原地,然后奔向"更危险的地带"了。

等他们走后,我惊慌失措地发现,再也找不到要回家的那条孤寂的小道了。像只无头的苍蝇,我到处乱钻,衣裤上挂满了芒刺。太阳已经落山,而此时此刻,家里一定开始吃晚餐了,双亲正盼着我回家……想着想着,我不由得背靠着一棵树,伤心地呜呜大哭起来……

突然,不远处传来了声声柳笛。我像找到了救星,急忙循声走去。一条小道边的树桩上坐着一位吹笛人,手里还正削着什么。走近细看,他不就是被大家称为"乡巴佬"的卡廷吗?

"你好,小家伙,"卡廷说,"看天气多美,你是出来散步的吧?"

我怯生生地点点头,答道:"我要回家了。"

"请耐心等上几分钟,"卡廷说,"瞧,我正在削一支柳笛,差不多就要做好了,完工后就送给你吧!"

卡廷边削边不时把尚未成形的柳笛放在嘴里试吹一下。没过多久,一支柳笛便递到我手中。我俩在一阵阵清脆悦耳的笛音//中,踏上了归途……

当时,我心中只充满感激,而今天,当我自己也成了祖父时,却突然领悟到他用心之良苦!那天当他听到我的哭声时,便判定我一定迷了路,但他并不想在孩子面前扮演"救星"的角色,于是吹响柳笛以便让我能发现他,并跟着他走出困境!卡廷先生以乡下人的纯朴,保护了一个小男孩强烈的自尊。

（节选自《迷途笛音》,唐若水译）

【作品 23 号】

森林涵养水源,保持水土,防止水旱灾害的作用非常大。据专家测算,一片十万亩面积的森林,相当于一个两百万立方米的水库,这正如农谚所说的:"山上多栽树,等于修水库。雨多它能吞,雨少它能吐。"

说起森林的功劳,那还多得很。它除了为人类提供木材及许多种生产、生活的原料之外,在维护生态环境方面也是功劳卓著,它用另一种"能吞能吐"的特殊功能孕育了人类。因为地球在形成之初,大气中的二氧化碳含量很高,氧气很少,气温也高,生物是难以生存的。大约在四亿年之前,陆地才产生了森林。森林慢慢将大气中的二氧化碳吸收,同时吐出新鲜氧气,调节气温:这才具备了人类生存的条件,地球上才最终有了人类。

森林,是地球生态系统的主体,是大自然的总调度室,是地球的绿色之肺。森林维护地球生态环境的这种"能吞能吐"的特殊功能是其他任何物体都不能取代的。然而,由于地球上的燃烧物增多,二氧化碳的排放量急剧增加,使得地球生态环境急剧恶化,主要表现为全球气候变暖,水分蒸发加快,改变了气流的循环,使气候变化加剧,从而引发热浪、飓风、暴雨、洪涝及干旱。

为了//使地球的这个"能吞能吐"的绿色之肺恢复健壮,以改善生态环境,抑制全球变暖,减少水旱等自然灾害,我们应该大力造林、护林,使每一座荒山都绿起来。

（节选自《"能吞能吐"的森林》,《中考语文课外阅读试题精选》）

【作品 24 号】

朋友即将远行。

暮春时节,又邀了几位朋友在家小聚。虽然都是极熟的朋友,却是终年难得一见,偶尔电话里相遇,也无非是几句寻常话。一锅小米稀饭,一碟大头菜,一盘自家酿制的泡菜,一只巷口买回的烤鸭。简简单单,不像请客,倒像家人团聚。

其实,友情也好,爱情也好,久而久之都会转化为亲情。

说也奇怪,和新朋友会谈文学、谈哲学、谈人生道理等等,和老朋友却只话家常,柴米油盐,细细碎碎,种种琐事。很多时候,心灵的契合已经不需要太多的言语来表达。

朋友新烫了个头,不敢回家见母亲,恐怕惊骇了老人家,却欢天喜地来见我们,老朋友颇能以一种趣味性的眼光欣赏这个改变。

年少的时候,我们差不多都在为别人而活,为苦口婆心的父母活,为循循善诱的师长活,为许多观念、许多传统的约束力而活。年岁逐增,渐渐挣脱外在的限制与束缚,开始懂得为自己活,照自己的方式做一些自己喜欢的事,不在乎别人的批评意见,不在乎别人的诋毁流言,只在乎那一份随心所欲的舒坦自然。偶尔,也能够纵容自己放浪一下,并且有一种恶作剧的窃喜。

就让生命顺其自然,水到渠成吧,犹如窗前的 // 乌桕,自生自落之间,自有一份圆融丰满的喜悦。春雨轻轻落着,没有诗,没有酒,有的只是一份相知相属的自在自得。

夜色在笑语中渐渐沉落,朋友起身告辞,没有挽留,没有送别,甚至也没有问归期。

已经过了大喜大悲的岁月,已经过了伤感流泪的年华,知道了聚散原来是这样的自然和顺理成章,懂得这点,便懂得珍惜每一次相聚的温馨,离别便也欢喜。

（节选自（台湾）杏林子《朋友和其他》）

【作品 25 号】

我们在田野散步:我,我的母亲,我的妻子和儿子。

母亲本不愿出来的。她老了,身体不好,走远一点儿就觉得很累。我说,正因为如此,才应该多走走。母亲信服地点点头,便去拿外套。她现在很听我的话,就像我小时候很听她的话一样。

这南方初春的田野,大块小块的新绿随意地铺着,有的浓,有的淡,树上的嫩芽也密了,田里的冬水也咕咕地起着水泡。这一切都使人想着一样东西——生命。

我和母亲走在前面,我的妻子和儿子走在后面。小家伙突然叫起来:"前面是妈妈和儿子,后面也是妈妈和儿子。"我们都笑了。

后来发生了分歧:母亲要走大路,大路平顺;我的儿子要走小路,小路有意思。不过,一切都取决于我。我的母亲老了,她早已习惯听从她强壮的儿子;我的儿子还小,他还习惯听从他高大的父亲;妻子呢,在外面,她总是听我的。一霎时我感到了责任的重大。我想找一个两全的办法,找不出;我想拆散一家人,分成两路,各得其所,终不愿意。我决定委屈儿子,因为我伴他的时日还长。我说:"走大路。"

但是母亲摸摸孙儿的小脑瓜,变了主意:"还是走小路吧。"她的眼随小路望去:那里有金色的菜花,两行整齐的桑树,// 尽头一口水波粼粼的鱼塘。"我走不过去的地方,你就背着我。"母亲对我说。

这样,我们在阳光下,向着那菜花、桑树和鱼塘走去。到了一处,我蹲下来,背起了母亲;妻子也蹲下来,背起了儿子。我和妻子都是慢慢地,稳稳地,走得很仔细,好像我背上的同她背上的加起来,就是整个世界。

（节选自莫怀戚《散步》）

【作品 26 号】

地球上是否真的存在"无底洞"？按说地球是圆的，由地壳、地幔和地核三层组成，真正的"无底洞"是不应存在的，我们所看到的各种山洞、裂口、裂缝，甚至火山口也都只是地壳浅部的一种现象。然而中国一些古籍却多次提到海外有个深奥莫测的无底洞。事实上地球上确实有这样一个"无底洞"。

它位于希腊亚各斯古城的海滨。由于濒临大海，大涨潮时，汹涌的海水便会排山倒海般地涌入洞中，形成一股湍湍的急流。据测，每天流入洞内的海水量达三万多吨。奇怪的是，如此大量的海水灌入洞中，却从来没有把洞灌满。曾有人怀疑，这个"无底洞"，会不会就像石灰岩地区的漏斗、竖井、落水洞一类的地形。然而从二十世纪三十年代以来，人们就做了多种努力企图寻找它的出口，却都是枉费心机。

为了揭开这个秘密，一九五八年美国地理学会派出一支考察队，他们把一种经久不变的带色染料溶解在海水中，观察染料是如何随着海水一起沉下去。接着又察看了附近海面以及岛上的各条河、湖，满怀希望地寻找这种带颜色的水，结果令人失望。难道是海水量太大把有色水稀释得太淡，以致无法发现？//

至今谁也不知道为什么这里的海水会没完没了地"漏"下去，这个"无底洞"的出口又在哪里，每天大量的海水究竟都流到哪里去了？

（节选自罗伯特·罗威尔《神秘的"无底洞"》）

【作品 27 号】

我国的建筑，从古代的宫殿到近代的一般住房，绝大部分是对称的，左边怎么样，右边就怎么样。苏州园林可绝不讲究对称，好像故意避免似的。东边有了一个亭子或者一道回廊，西边绝不会来一个同样的亭子或者一道同样的回廊。这是为什么？我想，用图画来比方，对称的建筑是图案画，不是美术画，而园林是美术画，美术画要求自然之趣，是不讲究对称的。

苏州园林里都有假山和池沼。

假山的堆叠，可以说是一项艺术而不仅是技术。或者是重峦叠嶂，或者是几座小山配合着竹子花木，全在乎设计者和匠师们生平多阅历，胸中有丘壑，才能使游览者攀登的时候忘却苏州城市，只觉得身在山间。

至于池沼，大多引用活水。有些园林池沼宽敞，就把池沼作为全园的中心，其他景物配合着布置。水面假如成河道模样，往往安排桥梁。假如安排两座以上的桥梁，那就一座一个样，决不雷同。

池沼或河道的边沿很少砌齐整的石岸，总是高低屈曲任其自然。还在那儿布置几块玲珑的石头，或者种些花草。这也是为了取得从各个角度看都成一幅画的效果。池沼里养着金鱼或各色鲤鱼,夏秋季节荷花或睡莲开 // 放,游览者看"鱼戏莲叶间",又是入画的一景。

(节选自叶圣陶《苏州园林》)

【作品 28 号】

　　一位访美中国女作家,在纽约遇到一位卖花的老太太。老太太穿着破旧,身体虚弱,但脸上的神情却是那样祥和兴奋。女作家挑了一朵花说:"看起来,你很高兴。"老太太面带微笑地说:"是的,一切都这么美好,我为什么不高兴呢?""对烦恼,你倒真能看得开。"女作家又说了一句。没料到,老太太的回答更令女作家大吃一惊:"耶稣在星期五被钉上十字架时,是全世界最糟糕的一天,可三天后就是复活节。所以,当我遇到不幸时,就会等待三天,这样一切就恢复正常了。"

　　"等待三天",多么富于哲学的话语,多么乐观的生活方式。它把烦恼和痛苦抛下,全力去收获快乐。

　　沈从文在"文革"期间,陷入了非人的境地。可他毫不在意,他在咸宁时给他的表侄、画家黄永玉写信说:"这里的荷花真好,你若来……"身陷苦难却仍为荷花的盛开欣喜赞叹不已,这是一种趋于澄明的境界,一种旷达洒脱的胸襟,一种面临磨难坦荡从容的气度,一种对生活童子般的热爱和对美好事物无限向往的生命情感。

　　由此可见,影响一个人快乐的,有时并不是困境及磨难,而是一个人的心态。如果把自己浸泡在积极、乐观、向上的心态中,快乐必然会 // 占据你的每一天。

(节选自《态度创造快乐》)

【作品 29 号】

　　泰山极顶看日出,历来被描绘成十分壮观的奇景。有人说:登泰山而看不到日出,就像一出大戏没有戏眼,味儿终究有点儿寡淡。

　　我去爬山那天,正赶上个难得的好天,万里长空,云彩丝儿都看不见。素常,烟雾腾腾的山头,显得眉目分明。同伴们都欣喜地说:"明天早晨准可以看见日出了。"我也是抱着这种想头,爬上山去。

　　一路从山脚往上爬,细看山景,我觉得挂在眼前的不是五岳独尊的泰山,却像一幅规模惊人的青绿山水画,从下面倒展开来。在画卷中最先露出的是山根底那座明朝建筑岱宗坊,慢慢地便现出王母池、斗母宫、经石峪。山是一层比一层深,一叠比一叠奇,层层叠叠,不知还会有多深多奇。万山丛中,时而点染着极其工细的人物。王母池旁的吕祖殿里有不少尊明塑,塑着吕洞宾等一些人,姿态神情是那样有生气,你看了,不禁会脱口赞叹说:"活啦。"

画卷继续展开,绿阴森森的柏洞露面不太久,便来到对松山。两面奇峰对峙着,满山峰都是奇形怪状的老松,年纪怕都有上千岁了,颜色竟那么浓,浓得好像要流下来似的。来到这儿,你不妨权当一次画里的写意人物,坐在路旁的对松亭里,看看山色,听听流//水和松涛。

一时间,我又觉得自己不仅是在看画卷,却又像是在零零乱乱翻着一卷历史稿本。

(节选自杨朔《泰山极顶》)

【作品 30 号】

育才小学校长陶行知在校园看到学生王友用泥块砸自己班上的同学,陶行知当即喝止了他,并令他放学后到校长室去。无疑,陶行知是要好好教育这个"顽皮"的学生。那么他是如何教育的呢?

放学后,陶行知来到校长室,王友已经等在门口准备挨训了。可一见面,陶行知却掏出一块糖果送给王友,并说:"这是奖给你的,因为你按时来到这里,而我却迟到了。"王友惊疑地接过糖果。

随后,陶行知又掏出一块糖果放到他手里,说:"这第二块糖果也是奖给你的,因为当我不让你再打人时,你立即就住手了,这说明你很尊重我,我应该奖你。"王友更惊疑了,他眼睛睁得大大的。

陶行知又掏出第三块糖果塞到王友手里,说:"我调查过了,你用泥块砸那些男生,是因为他们不守游戏规则,欺负女生;你砸他们,说明你很正直善良,且有批评不良行为的勇气,应该奖励你啊!"王友感动极了,他流着眼泪后悔地喊道:"陶……陶校长你打我两下吧! 我砸的不是坏人,而是自己的同学啊……"

陶行知满意地笑了,他随即掏出第四块糖果递给王友,说:"为你正确地认识错误,我再奖给你一块糖果,只可惜我只有这一块糖果了。我的糖果//没有了,我看我们的谈话也该结束了吧!"说完,就走出了校长室。

(节选自《陶行知的"四块糖果"》,《教师博览·百期精华》)

【作品 31 号】

记得我十三岁时,和母亲住在法国东南部的耐斯城。母亲没有丈夫,也没有亲戚,够清苦的,但她经常能拿出令人吃惊的东西,摆在我面前。她从来不吃肉,一再说自己是素食者。然而有一天,我发现母亲正仔细地用一小块碎面包擦那给我煎牛排用的油锅。我明白了她称自己为素食者的真正原因。

我十六岁时,母亲成了耐斯市美蒙旅馆的女经理。这时,她更忙碌了。一天,她瘫在椅子上,脸色苍白,嘴唇发灰。马上找来医生,做出诊断:她摄取了过多的胰岛素。直到这时我才知道母亲多年一直对我隐瞒的疾痛——糖尿病。

她的头歪向枕头一边,痛苦地用手抓挠胸口。床架上方,则挂着一枚我一九三二年赢得耐斯市少年乒乓球冠军的银质奖章。

啊，是对我的美好前途的憧憬支撑着她活下去，为了给她那荒唐的梦至少加一点真实的色彩，我只能继续努力，与时间竞争，直至一九三八年我被征入空军。巴黎很快失陷，我辗转调到英国皇家空军。刚到英国就接到了母亲的来信。这些信是由在瑞士的一个朋友秘密地转到伦敦，送到我手中的。

现在我要回家了，胸前佩带着醒目的绿黑两色的解放十字绶 // 带，上面挂着五六枚我终身难忘的勋章，肩上还佩带着军官肩章。到达旅馆时，没有一个人跟我打招呼。原来，我母亲在三年半以前就已经离开人间了。

在她死前的几天中，她写了近二百五十封信，把这些交给她在瑞士的朋友，请这个朋友定时寄给我。就这样，在母亲死后的三年半的时间里，我一直从她身上吸取着力量和勇气——这使我能够继续战斗到胜利那一天。

（节选自［法］罗曼•加里《我的母亲独一无二》）

【作品 32 号】

生活对于任何人都非易事，我们必须有坚忍不拔的精神。最要紧的，还是我们自己要有信心。我们必须相信，我们对每一件事情都具有天赋的才能，并且，无论付出任何代价，都要把这件事完成。当事情结束的时候，你要能问心无愧地说："我已经尽我所能了。"

有一年的春天，我因病被迫在家里休息数周。我注视着我的女儿们所养的蚕正在结茧，这使我很感兴趣。望着这些蚕执著地、勤奋地工作，我感到我和它们非常相似。像它们一样，我总是耐心地把自己的努力集中在一个目标上。我之所以如此，或许是因为有某种力量在鞭策着我——正如蚕被鞭策着去结茧一般。

近五十年来，我致力于科学研究，而研究，就是对真理的探讨。我有许多美好快乐的记忆。少女时期我在巴黎大学，孤独地过着求学的岁月；在后来献身科学的整个时期，我丈夫和我专心致志，像在梦幻中一般，坐在简陋的书房里艰辛地研究，后来我们就在那里发现了镭。

我永远追求安静的工作和简单的家庭生活。为了实现这个理想，我竭力保持宁静的环境，以免受人事的干扰和盛名的拖累。

我深信，在科学方面我们有对事业而不是 // 对财富的兴趣。我的唯一奢望是在一个自由国家中，以一个自由学者的身份从事研究工作。

我一直沉醉于世界的优美之中，我所热爱的科学也不断增加它崭新的远景。我认定科学本身就具有伟大的美。

（节选自［波兰］玛丽•居里《我的信念》，剑捷译）

【作品 33 号】

高兴,这是一种具体的被看得到摸得着的事物所唤起的情绪。它是心理的,更是生理的。它容易来也容易去,谁也不应该对它视而不见失之交臂,谁也不应该总是做那些使自己不高兴也使旁人不高兴的事。让我们说一件最容易做也最令人高兴的事吧,尊重你自己,也尊重别人,这是每一个人的权利,我还要说这是每一个人的义务。

快乐,它是一种富有概括性的生存状态、工作状态。它几乎是先验的,它来自生命本身的活力,来自宇宙、地球和人间的吸引,它是世界的丰富、绚丽、阔大、悠久的体现。快乐还是一种力量,是埋在地下的根脉。消灭一个人的快乐比挖掘掉一棵大树的根要难得多。

欢欣,这是一种青春、诗意的情感。它来自面向着未来伸开双臂奔跑的冲力,它来自一种轻松而又神秘、朦胧而又隐秘的激动,它是激情即将到来的预兆,它又是大雨过后的比下雨还要美妙得多也久远得多的回味……

喜悦,它又是一种带有形而上色彩的修养和境界。与其说它是一种情绪,不如说它是一种智慧,一种超拔,一种悲天悯人的宽容和理解,一种饱经沧桑的充实和自信,一种光明的理性,一种坚定的 // 成熟,一种战胜了烦恼和庸俗的清明澄澈。它是一潭清水,它是一抹朝霞,它是无边的平原,它是沉默的地平线。多一点儿、再多一点儿喜悦吧,它是翅膀,也是归巢。它是一杯美酒,也是一朵永远开不败的莲花。

(节选自王蒙《喜悦》)

【作品 34 号】

在湾仔,香港最热闹的地方,有一棵榕树,它是最贵的一棵树,不光在香港,在全世界,都是最贵的。

树,活的树,又不卖何言其贵?只因它老,它粗,是香港百年沧桑的活见证,香港人不忍看着它被砍伐,或者被移走,便跟要占用这片山坡的建筑者谈条件:可以在这儿建大楼盖商厦,但一不准砍树,二不准挪树,必须把它原地精心养起来,成为香港闹市中的一景。太古大厦的建设者最后签了合同,占用这个大山坡建豪华商厦的先决条件是同意保护这棵老树。

树长在半山坡上,计划将树下面的成千上万吨山石全部掏空取走,腾出地方来盖楼,把树架在大楼上面,仿佛它原本是长在楼顶上似的。

建设者就地造了一个直径十八米、深十米的大花盆,先固定好这棵老树,再在大花盆底下盖楼。光这一项就花了两千三百八十九万港币,堪称是最昂贵的保护措施了。

太古大厦落成之后,人们可以乘滚动扶梯一次到位,来到太古大厦的顶层,出后门,那儿是一片自然景色。一棵大树出现在人们面前,树干有一米半粗,树冠直径足有二十多米,独木成林,非常壮观,形成一座以它为中心的小公园,取名叫"榕圃"。树前面//插着铜牌,说明原由。此情此景,如不看铜牌的说明,绝对想不到巨树根底下还有一座宏伟的现代大楼。

(节选自舒乙《香港:最贵的一棵树》)

【作品35号】

我们的船渐渐地逼近榕树了。我有机会看清它的真面目:是一棵大树,有数不清的丫枝,枝上又生根,有许多根一直垂到地上,伸进泥土里。一部分树枝垂到水面,从远处看,就像一棵大树斜躺在水面上一样。

现在正是枝繁叶茂的时节。这棵榕树好像在把它的全部生命力展示给我们看。那么多的绿叶,一簇堆在另一簇的上面,不留一点儿缝隙。翠绿的颜色明亮地在我们的眼前闪耀,似乎每一片树叶上都有一个新的生命在颤动,这美丽的南国的树!

船在树下泊了片刻,岸上很湿,我们没有上去。朋友说这里是"鸟的天堂",有许多鸟在这棵树上做窝,农民不许人去捉它们。我仿佛听见几只鸟扑翅的声音,但是等到我的眼睛注意地看那里时,我却看不见一只鸟的影子。只有无数的树根立在地上,像许多根木桩。地是湿的,大概涨潮时河水常常冲上岸去。"鸟的天堂"里没有一只鸟,我这样想到。船开了,一个朋友拨着船,缓缓地流到河中间去。

第二天,我们划着船到一个朋友的家乡去,就是那个有山有塔的地方。从学校出发,我们又经过那"鸟的天堂"。

这一次是在早晨,阳光照在水面上,也照在树梢上。一切都//显得非常光明。我们的船也在树下泊了片刻。

起初四周围非常清静。后来忽然起了一声鸟叫。我们把手一拍,便看见一只大鸟飞了起来,接着又看见第二只,第三只。我们继续拍掌,很快地这个树林就变得很热闹了。到处都是鸟声,到处都是鸟影。大的,小的,花的,黑的,有的站在枝上叫,有的飞起来,在扑翅膀。

(节选自巴金《小鸟的天堂》)

【作品36号】

有个塌鼻子的小男孩儿,因为两岁时得过脑炎,智力受损,学习起来很吃力。打个比方,别人写作文能写二三百字,他却只能写三五行,但即便这样的作文,他同样能写得很动人。

那是一次作文课,题目是《愿望》。他极其认真地想了半天,然后极认真地写,那作文极短。只有三句话:我有两个愿望,第一个是,妈妈天天笑眯眯地看着我说:"你真聪明。"第二个是,老师天天笑眯眯地看着我说:"你一点儿也不笨。"

于是,就是这篇作文,深深地打动了他的老师,那位妈妈式的老师不仅给了他最高分,在班上带感情地朗读了这篇作文,还一笔一画地批道:你很聪明,你的作文写得非常感人,请放心,妈妈肯定会格外喜欢你的,老师肯定会格外喜欢你的,大家肯定会格外喜欢你的。

捧着作文本,他笑了,蹦蹦跳跳地回家了,像只喜鹊。但他并没有把作文本拿给妈妈看,他是在等待,等待着一个美好的时刻。

那个时刻终于到了,是妈妈的生日——一个阳光灿烂的星期天:那天,他起得特别早,把作文本装在一个亲手做的美丽的大信封里,等着妈妈醒来。妈妈刚刚睁眼醒来,他就笑眯眯地走到妈妈跟前说:"妈妈,今天是您的生日,我要 // 送给您一件礼物"。

果然,看着这篇作文,妈妈甜甜地涌出了两行热泪,一把搂住小男孩儿,搂得很紧很紧。

是的,智力可以受损,但爱永远不会。

(节选自张玉庭《一个美丽的故事》)

【作品 37 号】

小学的时候,有一次我们去海边远足,妈妈没有做便饭,给了我十块钱买午餐。好像走了很久,很久,终于到海边了,大家坐下来便吃饭。荒凉的海边没有商店,我一个人跑到防风林外面去,级任老师要大家把吃剩的饭菜分给我一点儿。有两三个男生留下一点儿给我,还有一个女生,她的米饭拌了酱油,很香。我吃完的时候,她笑眯眯地看着我,短头发,脸圆圆的。

她的名字叫翁香玉。

每天放学的时候,她走的是经过我们家的一条小路,带着一位比她小的男孩儿,可能是弟弟。小路边是一条清澈见底的小溪,两旁竹阴覆盖,我总是远远地跟随在她后面,夏日的午后特别炎热,走到半路她会停下来,拿手帕在溪水里浸湿,为小男孩儿擦脸。我也在后面停下来,把肮脏的手帕弄湿了擦脸,再一路远远跟着她回家。

后来我们家搬到镇上去了,过了几年我也上了中学。有一天放学回家,在火车上,看见斜对面一位短头发、圆圆脸的女孩儿,一身素净的白衣黑裙。我想她一定不认识我了。火车很快到站了,我随着人群挤向门口,她也走近了,叫我的名字。这是她第一次和我说话。

她笑眯眯的,和我一起走过月台。以后就没有再见过 // 她了。

这篇文章收在我出版的《少年心事》这本书里。

书出版后半年,有一天我忽然收到出版社转来的一封信,信封上是陌生的字迹,但清楚地写着我的本名。

信里面说她看到了这篇文章心里非常激动,没想到在离开家乡,漂泊异地这么久之后,会看见自己仍然在一个人的记忆里,她自己也深深记得这其中的每一幕,只是没想到越过遥远的时空,竟然另一个人也深深记得。

(节选自苦伶《永远的记忆》)

【作品 38 号】

在繁华的巴黎大街的路旁,站着一个衣衫褴褛、头发斑白、双目失明的老人。他不像其他乞丐那样伸手向过路行人乞讨,而是在身旁立一块木牌,上面写着:"我什么也看不见!"街上过往的行人很多,看了木牌上的字都无动于衷,有的还淡淡一笑,便姗姗而去了。

这天中午,法国著名诗人让·彼浩勒也经过这里,他看看木牌上的字,问盲老人:"老人家,今天上午有人给你钱吗?"

盲老人叹息着回答:"我,我什么也没有得到。"说着,脸上的神情非常悲伤。

让·彼浩勒听了,拿起笔悄悄地在那行字的前面添上了"春天到了,可是"几个字,就匆匆地离开了。

晚上,让·彼浩勒又经过这里,问那个盲老人下午的情况。盲老人笑着回答说:"先生,不知为什么,下午给我钱的人多极了!"让·彼浩勒听了,摸着胡子满意地笑了。

"春天到了,可是我什么也看不见!"这富有诗意的语言,产生这么大的作用,就在于它有非常浓厚的感情色彩。是的,春天是美好的,那蓝天白云,那绿树红花,那莺歌燕舞,那流水人家,怎么不叫人陶醉呢?但这良辰美景,对于一个双目失明的人来说,只是一片漆黑。当人们想到这个盲老人,一生中竟连万紫千红的春天 // 都不曾看到,怎能能不对他产生同情之心呢?

(节选自《语言的魅力》,小学《语文》第六册)

【作品 39 号】

人活着,最要紧的是寻觅到那片代表着生命绿色和人类希望的丛林,然后选一高高的枝头站在那里观览人生,消化痛苦,孕育歌声,愉悦世界!

这可真是一种潇洒的人生态度,这可真是一种心境爽朗的情感风貌。

站在历史的枝头微笑,可以减免许多烦恼。在那里,你可以从众生相所包含的甜酸苦辣、百味人生中寻找你自己,你境遇中的那点苦痛,也许相比之下,再也难以占据一席之地,你会较容易地获得从不悦中解脱灵魂的力量,使之不致变得灰色。

人站得高些,不但能有幸早些领略到希望的曙光,还能有幸发现生命的立体的诗篇。每一个人的人生,都是这诗篇中的一个词、一个句子或者一个标点。你可能没有成为一个美丽的词,一个引人注目的句子,一个惊叹号,但你依然是这生命的立体诗篇中的一个音节、一个停顿、一个必不可少的组成部分。这足以使你放弃前嫌,萌生为人类孕育新的歌声的兴致,为世界带来更多的诗意。

最可怕的人生见解,是把多维的生存图景看成平面。因为那平面上刻下的大多是凝固了的历史——过去的遗迹;但活着的人们,活得却是充满着新生智慧的,由 // 不断逝去的"现在"组成的未来。人生不能像某些鱼类躺着游,人生也不能像某些兽类爬着走,而应该站着向前行,这才是人类应有的生存姿态。

(节选自[美]本杰明·拉什《站在历史的枝头微笑》)

【作品 40 号】

在一次名人访问中,被问及上个世纪最重要的发明是什么时,有人说是电脑,有人说是汽车,等等。但新加坡的一位知名人士却说是冷气机。他解释,如果没有冷气,热带地区如东南亚国家,就不可能有很高的生产力,就不可能达到今天的生活水准。他的回答实事求是,有理有据。

看了上述报道,我突发奇想:为什么没有记者问:"二十世纪最糟糕的发明是什么?"其实二〇〇二年十月中旬,英国的一家报纸就评出了"人类最糟糕的发明"。获此"殊荣"的,就是人们每天大量使用的塑料袋。

诞生于上个世纪三十年代的塑料袋,其家族包括用塑料制成的快餐饭盒、包装纸、餐用杯盘、饮料瓶、酸奶杯、雪糕杯等等。这些废弃物形成的垃圾,数量多、体积大、重量轻、不降解,给治理工作带来很多技术难题和社会问题。

比如,散落在田间、路边及草丛中的塑料餐盒,一旦被牲畜吞食,就会危及健康甚至导致死亡。填埋废弃塑料袋、塑料餐盒的土地,不能生长庄稼和树木,造成土地板结,而焚烧处理这些塑料垃圾,则会释放出多种化学有毒气体,其中一种称为二噁英的化合物,毒性极大。

此外,在生产塑料袋、塑料餐盒的 // 过程中使用的氟利昂,对人体免疫系统和生态环境造成的破坏也极为严重。

(节选自林光如《最糟糕的发明》)

3.普通话水平测试说话题目

(1)我的学习生活　　　　　(2)我的业余生活
(3)我的假日生活　　　　　(4)我的朋友
(5)我尊敬的人　　　　　　(6)我的成长之路
(7)我的愿望(或理想)　　　(8)我的家乡(或熟悉的地方)
(9)我喜爱的动物(或植物)　(10)我喜爱的职业
(11)我喜爱的文学(或其他)艺术形式　(12)我喜欢的季节(或天气)

(13)我喜欢的节日　　　　　　　(14)我喜欢的明星(或其他知名人士)

(15)我喜爱的书刊　　　　　　　(16)我知道的风俗

(17)我所在的集体(学校、机关、公司等)　(18)我向往的地方

(19)我和体育　　　　　　　　　(20)谈谈服饰

(21)谈谈科技发展与社会生活　　(22)谈谈美食

(23)谈谈社会公德(或职业道德)　(24)谈谈个人修养

(25)谈谈对环境保护的认识　　　(26)谈谈卫生与健康

(27)童年的记忆　　　　　　　　(28)难忘的旅行

(29)学习普通话的体会　　　　　(30)购物(消费)的感受

(五)普通话水平测试模拟卷

模拟卷 1

被测人姓名：＿＿＿＿＿＿＿＿＿＿

一、读单音节字词(100 个音节)

白	法	八	床	怎	丝	雷	蔫	锚	感	侵	娘	审	筒	坪
碍	堂	端	纬	疼	因	梅	瞥	语	助	坤	窨	列	姜	陵
寡	政	玄	此	缩	耳	搭	甩	抓	黄	麦	丑	道	拢	澈
塌	内	瞟	咱	曰	赚	纺	辖	拗	菊	怪	沾	热	倪	波
旗	鸟	谬	枫	裙	栓	袜	存	破	也	鞋	歪	扰	酸	池
亩	绒	驱	抬	肯	第	孤	遣	蕴	凶	靠	戳	日	租	回
倦	我	后	雪	商	弥	嫁	裹	最	吊					

二、读多音节词语(100 个音节)

鲁莽	扩散	恩情	爽快	轰响	毛驴儿	麻利	贫穷
叙述	东欧	春天	落款儿	富翁	电压	客厅	稳产
恰巧	在这儿	分化	从而	医院	军人	男女	跳高儿
队伍	磁场	随便	全体	决策	自来水	诈骗	寻找
佛教	反射	废旧	小朋友	怀抱	灯光	夸张	紧缺
钢铁	别扭	装备	瘦弱	洗澡	适用	柔软	能量
竞赛							

三、朗读短文　作品＿＿＿＿＿号

四、命题说话　话题＿＿＿＿＿＿＿＿＿＿＿＿

模拟卷 2

被测人姓名：_____

一、读单音节字词（100 个音节）

若 咏 砌 族 哑 尤 券 矮 献 砂 铁 真 破 巫 两
钓 允 邻 赏 吹 我 输 溃 纺 怀 割 道 川 伐 绘
毛 抓 童 热 陈 虑 伞 渠 状 左 丝 债 闯 辨 找
迟 帮 劳 枪 伴 头 倾 谜 窘 粗 暗 婶 碰 蕨 废
拈 莫 黑 玩 狗 眠 闰 宣 此 爬 溺 谋 港 腥 奶
夸 雪 惯 葱 荚 块 雷 孙 伪 枫 颌 居 扭 津 二
旬 逼 食 艇 音 软 碟 摺 奏 表

二、读多音节词语（100 个音节）

稳妥　　大伙儿　　少女　　外国　　富翁　　新娘　　盎然　　壶盖儿

差别　　专政　　日子　　穷人　　英雄　　广播　　夏季　　没词儿

佛像　　色彩　　成年　　遵守　　恶劣　　内脏　　荒谬　　领土

漂白粉　而且　　眷恋　　群体　　支援　　品德　　研究生　战略

赔偿　　小丑　　冲刷　　纯粹　　口袋　　窟窿　　挂帅　　恰好

琐碎　　确定　　天经地义

三、朗读短文　作品_____号

四、命题说话　话题_____

模拟卷 3

被测人姓名：_____

一、读单音节字词（100 个音节）

矩 歪 领 欧 鸟 前 越 僧 奖 敲 儿 氛 迭 硕 封
崖 九 客 推 跛 徐 信 裁 耍 错 标 垒 捏 牢 疏
桂 麻 周 毒 胸 念 披 贼 起 棉 汪 尼 倦 夸 瘤
扑 狠 润 甜 纺 惯 垄 墙 颇 指 龚 砍 牛 愿 乳
革 窘 疤 丝 旬 搬 簧 握 撅 庆 自 运 峡 太 彻 躺
茶 乖 碳 绳 坏 脏 吹 洒 鬃 底 运 峡 太 饶 梦
袄 困 苍 掉 齿 盆 灭 毁

二、读多音节词语(100 个音节)

侵略	休息	健全	亏本	肺活量	红军	完美	群众
随后	村民	超额	开水	定律	帮忙	特色	手绢儿
妇女	繁杂	遭受	症状	石头	快速	佛典	照样
飘忽	穷人	层次	兴衰	融洽	创作	金子	虐待
动画片	为难	小瓮儿	理解	告别	打算	笔杆儿	应用
体温	宁肯	宣布	日夜	挂钩	冷暖	漫长	拍摄
耳膜儿							

三、朗读短文 作品_____号

四、命题说话 话题_____

模拟卷 4

被测人姓名:_____

一、读单音节字词(100 个音节)

括	均	恰	草	臣	寡	洋	法	勿	买	胸	舔	翔	矢	连
搜	反	啃	抠	赃	霞	许	氨	用	堵	门	偏	绒	蜂	根
波	日	版	锈	软	踢	螯	拟	吊	词	唤	流	涮	情	怪
整	群	搓	抬	弓	北	弥	聚	抓	册	戳	内	肿	贼	漏
光	而	闯	丝	恨	远	庞	倦	引	队	挺	速	袍	柯	取
撅	房	孙	蝶	彻	碱	蹬	吮	猴	鲁	义	兵	瘸	辉	您
耕	劳	标	伟	条	骂	歪	牛	莫	咱					

二、读多音节词语(100 个音节)

规律	火罐儿	参与	花生	云彩	教训	非常	茶馆儿
窘迫	支持	千瓦	佛寺	宣布	完全	汗水	加油儿
妇女	夸耀	荒谬	撇开	柔和	谷穗	快活	没准儿
贫穷	聪明	大量	罪恶	转眼	必然性	侵略	脑筋
钢铁	收缩	配套	主人翁	包子	狂笑	镇压	顶点
技能	儿童	虐待	农村	增多	新娘	里头	率领
崇尚							

三、朗读短文 作品_____号

四、命题说话 话题_____

模拟卷 5

被测人姓名：_____

一、读单音节字词（100 个音节）

峡 构 活 踹 聊 瑟 盯 此 用 谨 昂 柳 袜 肥 饼
而 桩 另 瞥 喂 波 舜 巢 滤 仿 辛 桶 瓣 驶 悦
腔 循 驾 泥 蒸 跪 歪 胁 抓 仍 擦 袋 披 存 砍
盆 洒 该 怎 材 嘘 愁 允 旁 啃 兽 北 僧 偶 捐
舔 债 孔 亭 主 翁 鸟 穷 党 泽 取 书 算 拖 凤
膜 屋 恨 蕊 刀 犬 缩 码 官 闹 满 隔 自 烘 酿
诀 日 鸡 水 床 东 遗 谬 炉 雁

二、读多音节词语（100 个音节）

盼望　提成儿　修养　明白　英雄　军阀　深化　拉链儿
爱国　的确　爽快　局面　钢铁　传说　人群　逗乐儿
挫折　篱笆　报答　随后　公民　从中　暖瓶　灯泡儿
难怪　温柔　内在　调和　总得　螺旋桨　佛寺　照相
亲切　返青　耻辱　幼儿园　恰好　完善　眉头　夸张
学习　窘迫　毽子　摧毁　典雅　妇女　标准　不速之客

三、朗读短文　作品_____号

四、命题说话　话题_____

模拟卷 6

被测人姓名：_____

一、读单音节字词（100 个音节）

融 纠 体 遭 邻 夸 这 疯 悔 资 谬 含 绞 搏 齿
钡 专 梧 掉 恒 钩 萍 香 绢 松 雌 官 艇 贤 怕
铝 囊 快 昂 坐 扔 恰 薛 咱 屑 急 股 农 怎 军
鹅 准 测 奶 霞 串 妻 从 低 尔 神 碎 墙 辨 买
规 辰 党 坝 渺 琼 牵 布 楼 反 初 允 潮 爽 面
垒 翁 滑 日 胎 墨 迁 蔡 妆 品 愿 闪 阀 涌 扣
贴 拐 略 酸 尚 因 酿 锁 绕 吻

二、读多音节词语（100 个音节）

冲刷	挨个儿	佛典	虐待	率领	苍白	上层	后跟儿
亏损	整理	扩张	似的	宾主	人群	黄瓜	红包儿
民众	小姐	增高	月球	减轻	分散	窘迫	名牌儿
纳税	钾肥	按钮	养活	国王	自治区	创办	逃窜
差别	也许	颜色	螺旋桨	儿童	完全	漂亮	让位
豆腐	遵守	四周	胸脯	培训	外科	压倒	一目了然

三、朗读短文　作品_____号

四、命题说话　话题_____

第二讲　科学的发声

一、科学发声的含义

声音是口头语言的物质形态,在口头表达中具有十分重要的作用。在现实生活中,只要我们稍加留意就会发现,有的人说话时声音明净、流畅、甜润、响亮,听起来舒服、悦耳,有很强的表现力和感染力;而有的人说话时却会吐字不清,声音呆滞、干涩,有时还拿腔拿调,不能给人以美感。许多人都十分迷恋电影、电视和歌唱明星,其实,从影视表演到现实生活,从高雅的艺术形式到日常口语、教师授课、领导讲话、律师辩护、政治谈判乃至商业营销,无一能离得开嗓音的运用。还有诸如歌唱、朗诵、播音、主持、演讲、解说、配音等职业已成为当代社会备受人们推崇青睐的热门工作和素质技能。看来拥有响亮动听的嗓音,不仅能增强表达的魅力,还将对我们的工作、生活甚至求职择业带来巨大的帮助。但是由于人们并不了解正确的发声方法,在演讲、朗诵或论辩等活动中,非但没有充分地发挥自身嗓音的特点,而且还因为不正确的发声状态造成了嗓音沙哑、容易疲劳,甚至喉咙疼痛,长此以往,还会发生咽喉炎,甚至于产生咽喉病变。因此,要想使我们的口语表达具有表现力和感染力,就应当懂得一些人体发声原理,学会科学用声方法,进行严格科学的发声训练,从而使我们的声音在先天的条件基础上得到一定程度的改善和美化。作为大学生,从生理角度说,发音器官已经逐步发育成熟,所以,我们可以采用科学的方法来练习发声,以使我们的音色更悦耳、响亮些,也能更好地保护我们的发音器官。

二、科学发声的学习

科学发声技巧的学习主要是指气息控制、共鸣控制和吐字归音几方面的内容。

（一）气息控制

讲话发声靠的是声带的振动。声带怎么会振动的？靠的是我们体内的气息。这样，我们就可以把人体比作一个手风琴那样的乐器，如果呼吸器官没有提供足够的气息，那么，相当于号角的声带是不会发出声音的。所以说，气息是发声的原动力。著名演员李默然有一句经验之谈："练声先练气，气足声才亮。"

1. 呼吸

气息指呼出吸入的气流。我们无时不在呼吸，这种呼吸属生理本能的自然呼吸。日常生活中人们说话时用胸式呼吸法（女性为多，声音细而飘）或腹式呼吸法（男性居多，音质闷、暗而空）即可。而在较大空间里、较长时间说话时，气流量需要大，就应采用"胸腹联合呼吸法"。这种呼吸法的好处是，吸气量充足，而且可以自如地调整气息，即可以随时换气、补气和储气。在这种弱控制状态下说话，听感上不会有上气不接下气的感觉，而且对发声也很有好处。

什么是"胸腹联合呼吸法"呢？

人的自然呼吸是在中枢神经控制下，由呼气肌肉群和吸气肌肉群有节奏地交替运动进行的。"胸腹联合呼吸法"则是变"交替运动"为"同时运动"，即呼气肌肉群在工作时，吸气肌肉群仍在继续工作。下面按吸气和呼气两部分来说明其要领。

（1）吸气。吸气时，两肩放松、胸稍内含、腰部挺直，吸气以鼻腔为主。吸气过程的感觉：两肋打开，横膈下降，小腹微收。开始吸气时，要让气往下沉，吸足吸满，使胸腔和大腹同时向外扩展鼓起，而小腹则应向后退缩，使胸腔的容积逐渐增大，从而吸入大量气息。同时，利用小腹收缩的力量控制住气息，使之不外流。

（2）呼气。呼气是气息控制的关键所在。如果一开始就立即使吸气肌肉群体放松，两肋迅速下塌，横膈迅速回弹到原位，气息很冲很快地放出，气息就不能为用声提供很好的动力，就会出现"句头重，句尾轻"的现象，就不能适应感情表达的需要。胸腹联合呼吸法的特点在于，当呼气肌肉群体工作时，吸气肌肉群体仍继续工作，也就是仍保持吸气状态，尽力控制住气息，使之不会很快泄掉，使气息在说话人的有目的的控制下均匀、持续、平稳、柔和地吐出。呼气时均匀平缓，收紧小腹，控制声门，注意调节气息输出。一言以蔽之：发音时保持"胛胸收腹"的状态。

要注意两点：第一，不要"端肩"。因为胸廓的第一对肋骨是呼吸动作的支点，吸气时有意无意地易形成两肩耸起，第一对肋骨位置上移，胸腔内部会感到空虚，发声就虚软无力，姿态也不好看。第二，不要有"喝气"声。喝气声主要是以口吸气形成的。这样做会引起口腔舌面干燥,吸入的冷空气直接刺激声带,使声带湿润度降低,影响声音质量。呼气也不可过猛,一猛,补气时会本能地用力吸,也会出现喝气声。

2.换气

换气的原则:

(1)句首换气,否则会破坏句子间的感情转换,并给人以急促感。

(2)换气到位,不能因换气而改变呼吸方式。

(3)留有余地,吸气适度。吸气并非越多越好,一般情况下吸到七八分满就可以了,吸气过满会导致僵持。使用中的气息应有所储存,即使到该换气时,体内还应留有部分余气,如果等用完了再吸,就会使人感到声嘶力竭。

(4)无声换气。若在麦克风前说话呼吸发出声音,扩音器会放大你的换气声,把它直接送到听众的耳朵里。当然,我们的口语表达并不一定都发生在麦克风前,有时也会与交流对象直接面对,这样则出声地换气也会给人造成你说话时上气不接下气的感觉。所以,换气出声显然不利于我们的表达,并且多少会影响我们的形象。换气时,小腹保持控制状态,胸腔形成一个有弹性的橡皮球,这样气息一有欠缺,便会在语言的顿挫中,得到"自动"、及时、无声的补充。

正确的呼吸是"开气息之源",而对气息的控制使用则是"节气息之流"。不"开源"也不"节流"自然不好;只"开源"不"节流",吸入再多的气息也会感到底气仍不足。所以,气息训练的重点和难点应该是在提高控气能力方面。我们可以通过多种训练提高这方面的能力。

(二)共鸣控制

以口语为主要工作形式尤其是常常需要较大声地说话的职业人群容易发生咽喉疾患这已是不争的事实,而这种现象的形成与发音者未能正确地掌握科学发声方法是不无关系的。科学的发声方法,除了我们上面所说的"胸腹联合呼吸法"外,在这一部分,我们来说明口语表达中的共鸣技巧。

如果我们留心观察一下就会发现,有的人说话喜欢高声大嗓,比如演讲时,没什么经验的人,从"各位评委、各位领导……"开始就把声音提得高高的,这样,中途和结尾就肯定一直下不来,达到某些高潮时甚至脖筋暴胀;有的人挤气出声,尖声尖气;也有的人敛气收声,语音纤弱;有的人压喉卡嗓,鼻音浓重;甚至有的人因为不满意自己的声音,以为来个"技术处理"就好听了,结果别人听了很不舒服。其实,任何人的发声生理机制都不可能是十全十美的。只要我们坚持运用我们的本色音,并运用正确的发声方法,就不仅可以保护自己的嗓子,而且还可能获得较好听的声音。著名配音演员邱岳峰生来嗓音干沙,声音滞涩,但他以独特的本色音表达出众多的角色的语言神韵,给人们留下难忘的印象。京剧大师周信芳的本色音也暗哑粗沙,但他却创造出刚健苍劲的唱念风格。他们能扬长避短,运用技巧,方法科学,所以声音优化了,而且嗓音的艺术生命也相应延长了。

人在发声时首先是肺重点气流冲击声带,使声带振动发出初始的原音,这种声音很小,也不优美。原音在沿着声道向外传送时,经过口腔这一咬字器官的活动形成语音,并经由人体共鸣腔的共振,使音量扩大;由于共鸣时产生了一系列的泛音,这些泛音与声带发出的声音组成复音,使声音得到美化。说到共鸣,其实我们所发出的一般的声音和我们所听到的一般的声音都是使用了共鸣的,但那属于无意识的共鸣,一般共鸣方法不够准确,所以发出的音色也不一定响亮优美。运用有意识的共鸣,声音才会有响度、亮度和色彩,而且发声不觉得吃力,嗓子不易疲劳。

1. 共鸣腔

说话发声的共鸣腔主要是口腔、鼻腔和喉腔(即咽腔)。混合共鸣是位口腔为主的头腔、胸腔、口腔共同产生的共鸣形成的。

头腔共鸣,指软腭以上部分,属于高频泛音区,其共鸣效果是:声音高亢、清脆、响亮。

胸腔,指喉腔以下部分,属于低频泛音区,其共鸣效果是:声音浑厚、低沉。

口腔,指硬腭以下胸腔以上各共鸣体,属于中频泛音区,其共鸣效果是:声音带有丰满、圆润和庄重的色彩。

2. 共鸣技巧的要领

(1)口张。口的开合直接关系着声音的质量。口张不开,发声挤在口腔的前部或前鼻音区,共鸣区相对缩小,声音就阻滞、尖细而单薄,而且气息量会大量涌入鼻腔,形成鼻音。如果将口张大一些,口腔内的空间扩张了,发声部位就会后移,就会获得比较响亮、圆润的口腔共鸣效果。

(2)喉松。这里的"松"是指适度放松。有些人喜欢昂着头、低着头或僵着脖子说话,这就影响了咽腔共鸣效果。头昂着,喉部过于松弛,声音就偏窄;头低着,喉管僵直,失去弹性,气息流动不顺畅,只能听到挤出的喉音了。如果头部端正,颈部放松一些,声道通畅了,就能形成良好的共鸣效果。

(3)鼻通。鼻腔也是重要的共鸣器官。有的人说话时鼻音很重,瓮声瓮气,这是由于说话时习惯性地升软腭,阻挡了喉腔与鼻腔的通道造成的。纠正的方法,除了说话时将口张开一些外,要特别留心包含 m、n、ng 这几个音素的音节的发音,发这样的音时,软腭下垂,舌根放松,让气流从鼻腔内流出,而不是阻塞鼻腔让气流从口腔内流出。

我们一般的口语表达中高音共鸣和低音共鸣都不多用,使用最多的是中音共鸣,所以我们的共鸣训练以口腔共鸣训练为主。运用口腔共鸣时,口腔要自然打开,并保持一定的张力,使口腔壁、咽腔壁的肌肉处于积极状态,笑肌提起,下腭自然放下,上腭有上提的感觉。这样,声带发出的声波随着气流的推进,离开咽部流畅向前,在口腔的前上部引起振动,形成共鸣效果。比如,当你用自然音高发 a 的长音时,你会感到有一条富有弹性的声束,由小腹向上抽出,经过咽喉,沿上腭中线前行,直冲硬腭前部,在那里反射后透出口外。如果发 a 的高长音时手抚脸颊,会感到脸部振动,这是口腔共鸣。以上这些感觉越明显,共鸣效果越好,声音也越洪亮、圆润。

共鸣器官人人都有,但不是人人都会运用它们、人人都能控制它们。在日常生活中,人们无意识取得的共鸣,远不能满足主要是靠语言工作的人们的特殊需要。因此,就需要有意识地取得共鸣。

(三)吐字归音

吐字归音是说唱艺术特有的一种发声方法。我们大概都听过曲艺节目诸如京韵大鼓、相声、山东快书等,对艺术家的字正腔圆的表演有很深刻的印象。他们大都接受严格的基础训练,所以,发音准确清晰,力度大,传得远,听来有一种回肠荡气的感觉。特别是天津骆玉笙老人为《四世同堂》所唱的主题歌《重整河山待后生》,让人惊叹这位古稀老人的深厚艺术功力。我们在口语表达中可以借鉴这种发声艺术的方法来提高自己的表达力。学习一些吐字归音的技巧,可以使自己的口齿更清晰,语音更圆润、悦耳。

吐字归音是根据汉语语音的音节特点设计的训练法,把一个音节(即一个字)分作字头、字腹和字尾,分别提出训练要求、原则和标准。吐字是对字头发音的要求,归音是对字尾发音的要求。三个部分的总要求是:咬准字头,发响字腹,收全字尾。达到"准确、清晰、圆润、集中、流畅",也就是"字正腔圆"的总标准。具体训练如下:

1.咬准字头

字头是字音的开始阶段,指声母和介音。发音时注意发音部位要有力、发音部位要准确,利用开始阶段的爆发力量带动字腹和字尾的响度,使发出的音有种"弹出"的感觉。

2.发响字腹

字腹即韵腹,是音节中最需要发得清晰响亮的音素部分,只有把韵腹发好了,整个音节听上去才会更饱满。发音时要有意识地强调韵腹,发音可适当延长,并更响亮。气息足,共鸣正确,才能达到发响字腹的要求。

3.收全字尾

字尾即韵尾,是音节的收尾部分,其音质多含糊不定,容易读"丢"、读"无"了。所以,须注意归音到位,即调节发音器官有一个向韵尾音素部位明显滑动的过程,使之确实到位。收得干净利落,既不拖泥带水,又不草草收场,做到声虽止而韵无穷。

字头、字腹、字尾是一个音节的前中后三部分,实际发音时是一个不可分割的整体。练习时要将三者联系起来,掌握滑动,从字头滑到字腹,再从字腹滑到字尾,其间没有明显界限,是个枣核形整体。当然,我们将字音分解为流线形的枣核形态,孤立地看是一个结构整体,但是在起伏的、连续不断的言语流中,它的独立性就不那么明显,否则就会语不成句了。但是,吐字归音对每个字都是毫不含糊的。要使自己的语音字正腔圆,掷地有声,就必须要求自己力争做到:吐字有力,收音到家,全字清亮,字音远传。

三、科学发声自练

(一)气息控制练习

1.吸气练习

(1)仿佛你面前有一盆桂花,你试着闻花香……

(2)先想象或模仿搬重物前的最后一刹那的情景(吸气最后一刻的感觉)。

(3)用半打呵欠找感觉。

注意:吸气时小腹与两边的肋骨向外微微扩张,吸气后小腹略用力把气息控制住。

2.呼气练习

(1)吸气后用小腹控制 2 秒,然后轻轻地发普通话声母 s,呼气尽量均匀且尽量把 s 发得长些……

(2)先想象你眼前有一张书桌,书桌上有一层尘土。吸气后用小腹控制 2秒,然后你轻轻地吹书桌上的尘土,气息要均匀,时间尽量长……

(3)吸气后用小腹控制 2 秒,然后用均匀的气息发元音 ɑ,尽量发得长些。

注意:练习中还可以采用慢吸慢呼或快吸慢呼的方法交替进行。

3.呼吸练习

(1)吸气后停 1、2 秒,读绕口令《打枣》,第一遍是中间换气后读完,接着练习一口气读完:

出东门过大桥大桥底下一树枣儿拿着杆子去打枣儿青的多红的少一个枣儿两个三个枣儿四个枣儿五个枣儿六个枣儿七个枣儿八个枣儿九个枣儿十个枣儿十个枣儿九个枣儿八个枣儿七个枣儿六个枣儿五个枣儿四个枣儿三个枣儿两个枣儿一个枣儿。

(2)数数,吐字要清晰,轻重要均匀,一口气数到 100 的为良好;一口气数到 110 以上的为优秀。

(二)共鸣训练

1.口半张,打开后牙槽,下巴稍后缩,发"ɑ——"

2.慢速,找出最佳共鸣状态,发音适当偏后一些,使声音洪亮、浑厚,并夸张声调,朗读下列词语和短句:

兵强马壮　千锤百炼　畅所欲言　破釜沉舟　春暖花开　山清水秀
富丽堂皇　乘风破浪　才高意广　海枯石烂　初露锋芒　流芳百世
大发雷霆　触景生情
红旗飘　军号响
百转千回,绕梁三日。
兵马未动,粮草先行。
长江后浪推前浪。
白日依山尽,黄河入海流。

3.在一空阔地带距离自己 100 米处放置一录音机录音,然后远距离进行共鸣练习。练习时可以把录音机当作一个接受你语言信息的对象,发音内容可以是向它大声呼告一件简单的事情,也可以高声朗诵一首自己喜欢的简短的诗词。以录音效果清晰的为好。

(三)吐字归音练习

1.吐字练习

朗读绕口令《标兵和炮兵》、《巴老爷》、《扁担和板凳》、《吃葡萄》、《炖冻豆腐》,注意发音部位要用力:

(1)《标兵和炮兵》
八百标兵奔北坡,
北坡炮兵并排坐。
标兵怕碰炮兵炮,
炮兵怕把标兵碰。
注意:多次出现的含声母 b、p 的音节,如"八、百、标、兵、本、北、坡、炮、并、排、怕、碰、把"的发音,应双唇较为用力,发音清晰。

(2)《巴老爷》

巴老爷有八十八棵芭蕉树,

来了八十八个把式要在巴老爷的八十八棵芭蕉树下住。

巴老爷拔了八十八棵芭蕉树,

不让八十八个把式在八十八棵芭蕉树下住。

八十八个把式烧了八十八棵芭蕉树,

巴老爷在八十八棵芭蕉树上哭。

注意:多次出现的含声母 b 的音节如"巴、八、芭、把、拔"的发音,应双唇较为用力,发音清晰。

(3)《扁担和板凳》

扁担长,板凳宽。

板凳没有扁担长,

扁担没有板凳宽。

扁担要把扁担绑在板凳上,

板凳不让扁担绑在板凳上,

扁担偏要把扁担绑在板凳上。

注意:多次出现的含声母 b、d 的音节,如发"扁、绑、板"时双唇要较为用力;发"担、凳"等音节时舌尖要用力,努力使发音清晰。

(4)《吃葡萄》

吃葡萄不吐葡萄皮儿,

不吃葡萄倒吐葡萄皮儿。

吃吐鲁番葡萄不吐吐鲁番葡萄皮儿,

不吃吐鲁番葡萄倒吐吐鲁番葡萄皮儿。

注意:多次出现的含声母 p、d、t 的音节如"葡、萄、不、吐、皮、倒"的发音,应尽量注意发音部位较为用力(发 p 应双唇用力,发 d、t 应舌尖用力),发音清晰。

(5)《炖冻豆腐》

会炖你的炖冻豆腐,

就炖你的炖冻豆腐。

不会炖你的炖冻豆腐,

就别炖你的炖冻豆腐,

要是冒充会炖你的炖冻豆腐,

弄坏了你的炖冻豆腐,

就吃不成你的炖冻豆腐。

注意:多次出现的含声母 d 的音节如"炖、冻、豆"的发音,应舌尖较为用力地与上齿龈碰触,发音清晰。

2.归韵练习

朗读绕口令《白石塔》、《白庙、白猫和白帽》、《槐树槐》、《铜铃》,注意发响韵腹,收全韵尾。

(1)《白石塔》

白石塔,白石搭,

白石搭白塔,

白塔白石搭,

搭好白石塔,

石塔白又大。

注意韵腹 a 的响亮发音,并要收全韵尾 i。

(2)《白庙、白猫和白帽》

白庙外蹲者一只白猫,

白庙里有一顶白帽。

白庙外的白猫看见了白庙里的白帽,

叼着白庙里的白帽跑出了白庙。

注意:韵腹 a 的响亮发音,并要收全韵尾 i、o(其实是 u)。

(3)《槐树槐》

槐树槐,槐树槐,

槐树底下搭戏台。

人家的姑娘都来了,

我家的姑娘还不来。

说着说着就来了,

骑着驴,打着伞,

歪着脑袋上戏台。

(4)《铜铃》

东洞庭,西洞庭,

洞庭山上一条藤,

藤条顶上挂铜铃。

风吹藤动铜铃动,

风停藤停铜铃停。

注意:收全韵尾 ng。

3.吐字归音练习

正确、清晰、响亮地朗读下列词语：

爸爸	辨别	包办	被迫	爆破	背叛	排队	庞大	平淡	攀登
达到	大胆	冬天	特点	跳动	道德	断定	停顿	淘汰	贪图
可靠	宽阔	赶快	公开	概况	客观	开关	控告	凯歌	困苦
摆布	百般	排骨	海外	干净	检验	探亲	甘甜	搞好	小巧
东风	英雄	兴旺	想象	空中	辉煌	光环	玲珑	刚强	旁观

第三讲　语调的技巧

一、语调技巧的含义

在平时学习、生活中进行口头表达时，由于表达者对事物的态度不同，表达的意思和感情不同，就会使语句带上一定的调子。调子有重有轻，有高有低，有快有慢。我们把这种在句子中用来表情达意的抑扬顿挫的调子叫做语调。不过这里，我们首先要辨清两个概念，就是"语调"和"声调"，它们是不同的。声调是指汉语单个音节的高低升降，它的作用在于区别音节的意义。语调呢，则是整个句子的抑扬顿挫，它的作用在于表达语义和感情以及区别句型。比如我们讲同样一句话，由于说话时的语调不同，所产生的效果也就不一样。

语调的概念可有广义与狭义两种理解，广义的语调，其内容比较复杂，一般说来，构成语调变化的最重要的因素是重音、停顿、句调和语速。而考虑到本书朗诵与朗读部分已经涉及了广义语调的几个元素，故本讲仅限于讨论狭义语调即句调的内容。语调的轻重音、停延和语速节奏等请参阅本书第四讲"诵读的技巧"，为统一体例，本讲将"句调"称作"语调"。

有这么一个故事：

> 意大利的一位悲剧明星罗西应邀参加一个欢迎外宾的宴会。席间，许多客人要求他表演一段悲剧。于是，他用意大利语念了一段"台词"，尽管外宾们听不懂，却被他那凄凉的声调和悲切的表情所打动，在座的许多听众都不由得流下同情的眼泪。可是罗西的一位朋友却忍俊不禁，跑出厅外大笑不止。原来，这位悲剧明星朗诵的是宴会上的菜谱。

罗西之所以成功，最主要的在于那浸透着悲伤情感的语调。内容可以不懂，但喜怒哀乐是共通的。可见，语调是传达情感的重要手段，语调使用得是否得当对交际效果的影响是显而易见的。那么什么是语调呢？语调也叫句调，是指贯穿于整个句子的高低升降的变化，这种变化主要表现在句末的音节上。同样一句话，句子结构相同，如果运用的语调不同，表达的意义也会大不一样。例如：

他走了。平直调，表示一般的陈述。

他走了？高升调，表示疑问。

他走了。降抑调，表示毋庸置疑。

他走了。曲折调，表示惊异、意外等。

可见，把握好语调在我们的日常言语交际中是非常重要的。

二、语调技巧的学习

语调的基本形式有以下四种。

(一)平直调

句子始终保持平稳，起伏不大，句子首尾高度基本一致。常用于表示庄严、悲痛、冷淡、深思、追忆等句子，不带特殊感情的叙述和说明，能引人回味的格言、警句等也用平直调。例如：

①一个宋朝的园林，能够一代代传下来，到今天还依然有名，也许只有绍兴的沈园了。→

②西红柿怎样从南美洲来到欧洲，传说不一。→

以上两句只是客观的叙述，用平稳的调子读出来即可。

③这正如地上的路，其实地上本没有路，走的人多了，也就成了路。→

④是的，智力可以受损，但爱永远不会。→

以上两句话给人们留下思考、回味，宜用平而缓的调子读出来。

⑤烈士们的英名和业绩将永垂不朽。→

这句话表达了庄严的气氛，饱含追忆的感情，应读得沉重而平稳。

(二)高升调

句子语势由低到高，尤其表现在句子末尾的音节上。常用于表示疑问、反问、号召、鼓动、惊讶、命令、申斥、呼唤等句子。高升调的句子往往表示的感情较为强烈。

①你找谁？↗

有疑而问，句尾的音节"谁"上扬。一般来讲，有疑而句的疑问句要读高升调。

②难道说白话文就毫无缺点吗？↗

无疑而问，也即反问句，反问句表达的感情较为强烈，往往用高升调。

③爸听了便叫嚷道："你以为这是什么车？↗旅游车？↗↗"

这句是语气更为强烈的质问，其上扬的势头比反问还要明显。

④……这是胜利的预言家在叫喊：——让暴风雨来得更猛烈些吧！↗

这是带有呼唤、号召意义的句子，第二句要逐渐提高，尤其是"更猛烈"这三个音节是这句话的高潮。

⑤反动派，↗你看见一个倒下去，可也看得见千万个继起的！↗

正义是杀不完的，因为真理永远存在！↗

历史赋予昆明的任务是争取民主和平，我们昆明的青年必须完成这任务！

我们不怕死，↗我们有牺牲的精神！我们随时像李先生一样，前脚跨出大门，后脚就不准备再跨进大门！↗

这段话选自《最后一次的讲演》，闻一多1946年7月15日在追悼李公朴的大会上做了这一次讲演。整个讲演义正词严，慷慨激昂，与听众上下呼应，群情激愤，气氛极为热烈，有极强的感染力。

（三）降抑调

句子先高后低，"降"的同时要"抑"，句子的末尾要低而短，不拖泥带水。降抑调常用于表示肯定、坚决、自信、恳求、感叹、赞扬、祝愿、心情沉重等的句子。例如：

①他一定会来的。↘

表示确信无疑。

②王木匠可真是一把好手啊！↘

表示由衷的赞美。

③我们的理想一定能实现。↘

④假若你一直和时间比赛，你就可以成功！↘

表示坚决、自信。

⑤请帮我解决这个问题吧。↘

表示请求。

⑥周总理，我们的好总理，→你在哪里呵，→你在哪里？↘你可知道，→我们想念你。↘

人们沉痛悼念周总理，这段话中的两个疑问句，由高升调也变为降抑调。

祈使句一般用于表达自己的愿望，请求别人帮助或命令别人做某事，句末用下抑的降调。例如：

⑦请帮我一下好吗？ ↘

虽然句末用了问号，但仍是祈使句，句尾稍抑。

⑧快点进来！ ↘

祈使语气明显，句尾下抑。

有些反诘语气，表示肯定的意义，通常也用降抑调。如：

⑨不就是这么回事吗！ ↘

⑩谁说他不来了！ ↘

⑪这件事谁不知道！ ↘

感叹句表达某种强烈的感情，通常也用降抑调。如：

⑫多么动听的音乐啊！ ↘

⑬他们玩得多开心哪！ ↘

（四）曲折调

全句语调弯曲，或先升后降，或先降后升，往往把句子中某些特殊的音节特别加重加高或拖长，从而使全句表现出一种高低起伏的语势来。曲折调中加以强调的音节往往根据需要，出现在句子不同的位置上，不像其他句调多表现在句末。曲折调常用于表示双关、幽默、讽刺、嘲笑、反语、有意夸张等复杂的情绪或隐晦的感情等。例如：

①好个国民党的友邦人士！ ↗是些什么东西！ ↘ 。

②你好，↗你好，↗你比谁都好。 ↗↘

③这次分房，我分了顶层，顶天立地，↗好啊。 ↘

这三句都是反语，反话正说。

④多么美的花纹，↗多么美的色彩！ ↗这真是一套贵重的衣服。 ↗↘

这一句话选自《皇帝的新衣》，带有明显的夸张色彩。

⑤觉慧：睡吧，不要再来了。

鸣凤：不来了，这次走了，真走了。 ↗↘

这句对话选自巴金的《家》，"走了，真走了"是句语义双关的句子，表面上是鸣凤回答觉慧的话，是离开的意思，实际上，鸣凤此时死意已决，表达自己要以"死"抗争。又如：

⑥匪副官长：（装腔作势）可不是吗，我也当真是共军来了呢。

杨子荣：来了好啊，↗我这儿正等着他呢。 ↗↘

这段话选自京剧《智取威虎山》，杨子荣冒充胡彪取得了座山雕的信任，"来了好啊""正等着他呢"表面上是说给敌人听的，实际上是指当同志们一来，里应外合,一举歼灭座山雕。这一句也是语义双关。

此外,在表示意外和惊奇时,也常常使用曲折调。如:

⑦啊,↗怎么会有这种事↗↘

⑧啊,↘↗原来是这样啊!↗↘

从上面的例句可以看出,曲折调的句子往往表现的是一种言外之意,如果按正常的语调来读,这种言外之意就无法表达出来。如"你好,你好,你比谁都好。"这句话,三句都是陈述句,如果都读成平直调,是肯定了"他好"的意思,与原意相反。所以,曲折调往往要加重或加高或拉长某些重要音节,从而形成整句话的高低起伏。

实际上,在具体的的言语交际中,语调的变化是非常丰富的,我们上面提到的四种类型也只能算是个大致的分类,或者说这只是语调的基础,我们不能把其奉为圭臬。我们还要把其与语言学中的语调分开。在语言学中,根据语气把句子分成陈述句、疑问句、祈使句、感叹句四类,陈述句用平直调,疑问句用高升调,祈使句、感叹句用降抑调,与我们本章所讨论言语交际中的语调有简单的对应关系,但这只是对没有特定的语境或情感的句子作的概括分析,我们在学习语调的时候不能把二者简单地等同起来,否则是无法通过声音表现出复杂的情感的。可以说,语调无定法,语调的高低变化主要取决于语句所体现意义和表达的情感。因而,读者的理解欣赏能力和对字词的领悟处理能力就显得尤为重要。这也给我们提出一个要求:要想把话语说得引人入胜、打动人心,就要提高自己的文学欣赏能力。

三、语调技巧自练

1. 毛泽东《沁园春·雪》

北国风光,	平直调
千里冰封,	稍升"冰封"稍高
万里雪飘。	稍降"万里"稍高,"雪飘"稍低
望长城内外,	平直调
惟徐莽莽	平直调
大河上下,	平直调
顿失滔滔。	平直调
山舞银蛇,	稍高
原驰蜡象,	稍高
欲与天公试比高。	高升调,"试比高"达到最高

须晴日，	音调降低，平而缓
看红妆素裹，	平直
分外妖娆。	平而缓
江山如此多娇，	平直调
引无数英雄竞折腰。	降抑调
惜秦皇汉武，略输文采；	平直调
唐宗宋祖，稍逊风骚。	平直调
一代天骄，成吉思汗，	高升调
只识弯弓射大雕。	降稍抑，"射"拖长，带有笑意，体现出嘲讽的意味
俱往矣，	降抑调，坚定
数风流人物，	高升调，"人物"达到最高
还看今朝。	高升调，整首词的最高潮。

2. 海明威作品《老人与海》片段

（女）那老人再一次扛起他的桨，朝海边走去。（平直调）

（男）已经八十五天了，（平直调，"已经"稍停顿，"八十五"拖长兼重读）一条鱼也没有打到。（平直调，"一条鱼"重读）我好像已经老了，开始背运了。（平直调）可我的胳膊倒还是有着劲儿的。（曲折调，"倒还是"高，"劲儿"重读，突出老人不服老的心理）

（女）他慢慢地升起那张补过的旧帆。（平直调）那帆看上去就像一面永不失败的旗帜。（平直稍抑，"永不言败"重读）

（男）太阳升起来了，（平直调）耀眼的阳光已经把我的眼睛刺痛了一辈子（降抑调，"一辈子"重读）。我感到我有点儿力不从心了，（降抑调）可年轻的时候我曾经是个好的水手啊。（曲折调）

（女）船划得久了，（平而缓）汗珠从脊背上一滴滴流淌下来。（平而缓）老人想——（平而缓）

（男）我可以任船漂流，打一个盹儿或者系个绳扣，把鱼绳拴在脚趾上。（句尾稍高，语速稍快，体现出老人的头脑中瞬间闪现的念头）

（女）他没有那样做，（降抑调，坚决）他相信，那条大鱼就藏在附近的什么地方。（降抑调）不知过了多久，老人发现，那绿色浮杆急速地往水里沉去，他拉了拉鱼绳，感到了沉重的分量。（降抑调，"急速""沉重"重读，语速稍快）

（男）我钩住的是一条什么样的鱼啊，（曲折调，惊奇）我还从来没见过鱼有这么大的劲儿呢，（曲折调，惊奇）它只要一跳，或者往前一窜，也许会要了我的命。（降抑调，语速快，句间不停顿，"也许"后停顿，以突出处境的危险）

（女）老人全身心地等待着他和那条大鱼的最后搏斗。他想，他这辈子再不会遇到这么大的鱼了，（降抑调）他要最后再赢一次。（降抑调，语速稍快，"赢"重读）

（女）太阳落下去了，夜晚来临。（平直调）那鱼拖着他的小船在海上游了一夜，（平直调）他没想到等待一场搏斗需要那么长的时间。（平直调，较缓）

（男）我已经感到了你的力量，（平直调）让我们面对面地斗一斗吧。（稍升）我和你谁也没有帮手，（降抑调）这很公平，（降抑调）来吧（稍扬），我早已做好了准备（高升调），我不会后悔，（高升调）死在一条金枪鱼的手里。（高升调，语速快）

（女）夜幕再次降临，老人筋疲力尽。（平直调，语速较快）

（男）它不会有那么大，不会的！（降抑调）

（女）它就是那么大，大得出乎老人的意料。（曲折调，较缓，意外）

（男）我只有一次机会，这是生死决斗。（稍扬，"一次"重读）不是我叉死它，（高升调）就是它撕碎我。（高升调）

（女）老人觉得自己快要撑不住了。（降抑调，"撑不住"重读）他用绵软的双手努力握紧他的鱼叉。（平直调）将鱼叉举过头顶，（稍扬）他把鱼叉举到了不可能再高的高度。（高升调，"再高的高度"重读，语速较快）

（男）来吧，（高升调）冲着这儿来吧，（高升调）让我们作一次临死前的最后的决斗吧！（高升调）我老了，（降抑调）没什么力气了，（降抑调）我跟你磨了三天，（平直调）我等了你一辈子。（高升调）老兄，（高升调）我是从来没见过比你更大、更美、更沉着的鱼呢。（高升调）来吧，（高升调）让我们看看究竟，（高升调）谁杀死谁！（高升调，高潮，语速快）

（女）那条大鱼挣扎着向老人的小船冲过来。（降抑调）老人拼尽他最后的生命，（平直调，"拼尽"重读）将鱼叉扎进了大鱼胸鳍后面的鱼腰里。（平直调，"扎进"重读）那鳍挺在空中，（平直调）高过老人的胸膛，（稍扬）老人扎中了大鱼的心脏！（高升调，"扎中"重读，语速较快）那鱼生气勃勃地做了一次最后挣扎（平直调，"生气勃勃"重读），而后，轰隆一声落入水中。（平直调，"轰隆一声"重读，停顿，语速放慢）啊……老人赢了，（平直调，"老人"后停顿，"赢"重读）他战胜了自己，（降抑调，语速放慢）战胜了那条大鱼。（降抑调，语速放慢）他没有发现一群无所畏惧的鲨鱼正嗅着血迹向这里涌来。（高升调，危急，语速加快）

（男）你们这群厚颜无耻的家伙，（降抑调）真会选择时机。（降抑调）但我不怕你们，（高升调）不怕你们！（高升调）人，并不是生来就要给你们打败的。（高升调）你可以消灭他，（降抑调）可就是打不败他，（高升调，"打不败"重读）你们打不败他！（高升调，"打不败"重读，高潮，语速快）

（女）成群结队的鲨鱼向船边的大鱼发起猛攻,（平直调）那撕咬鱼肉的声音,使老人再一次站立起来。（平直调）他决心捍卫自己的战利品,（降抑调）就像捍卫他的荣誉。（降抑调,"捍卫"后停顿,"荣誉"重读）

（女）当老人终于回到他出海的那个港口,（平而缓）天空第三次黑暗下来。（平而缓）

（男）人,并不是生来就要给你们打败的。（平而缓）你可以消灭他,（降抑调）可就是打不败他。（降抑调）打不败他……（降抑调,语速慢）

（女）老人在船上睡着了。（平而缓）

他梦见年轻时的非洲。（平而缓）他梦见了——狮子。（平而缓）

第四讲　诵读的技巧

一、朗读与朗诵的含义与比较

(一)什么是朗读

朗读是一种有声语言艺术。它是自觉地运用语言技巧,对书面语言进行加工,把视觉形象(文字),变做听觉形象(语音),准确生动地再现作者所表达的思想感情的手段。

(二)什么是朗诵

朗诵是把文学作品内容清晰、感情丰富地表达出来的一种语言艺术活动。它以文艺性为其特征,可辅以适当的表情或动作,为观众或听众进行引人入胜的表演。

(三)朗读与朗诵的联系与区别

1.朗读与朗诵的相同之处

东汉许慎《说文解字》对"读"和"诵"的释义是:诵,读也;读,诵也。读与诵都是依据文字作品来进行言语表达,在将文字语言转变为有声语言的过程中,从对文字作品的分析理解到表达技巧的运用两者都具有相同的基本属性,都运用停顿、重音、语速、语调等语言表达技巧,对文字作品进行再创作。

此外,朗读和朗诵与日常的生活口语不同,它们都属于艺术语言范畴,要使用以北京语音为标准音的、规范的现代汉民族共同语——普通话,读准每一个字的声母、韵母、声调以及轻声、儿化、变调等语流音变,还要精心准备、反复试读,做到不加字、不掉字、不结巴、不重复,自然流畅,一般情况下不能使用方言进行朗读或朗诵。

2.朗读与朗诵的不同之处

（1）目的不同

朗读以育己和汲取知识为目的，它不追求情节性和趣味性，而注重语言的规范、语句的完整、语意的精确、感情的真挚，要求将文字作品准确、清晰地转换为有声语言，使听众获得全面、准确、理性的理解。

朗诵是一种口语艺术的表演形式，它是在朗读基础上进行的深入理解、细致体验和艺术的再加工、再创造，它以育人和精神给予为目的，重在表演，追求的是入耳、入心、入情的艺术感染力，这就绝对不同于一般的朗读。要根据文学作品的内容以及朗诵者自身的体验，进行处理安排，用抑扬顿挫、缓急有致、停连得当、起伏自如、流畅通达、连贯无阻，既有高山又有平原，既有暴风骤雨又有和风丽日的富有节奏感的声音形式表现出来，使作品内容与表达者的情感融为一体。

（2）材料选取不同

朗读是选材范围非常广泛，凡是文字作品都可以拿来朗读，无论是诗歌、散文、小说、剧本，还是议论文、说明文、社论、书信、广告、便条无一不可。

朗诵是一种艺术表演形式，具有较强的文学性，适用的范围比较窄，只限于诗歌、散文、童话、小说等文学作品，而且只有具备较强的思想性和较高审美价值的词美、意美、脍炙人口的文学精品才适合朗诵。消息、通讯、评论、文告、说明文、学术论文等就不适宜拿来朗诵。

（3）声音的表达方式不同

朗读对声音的要求是生活化、自然化、本色化，是生活语言的艺术化，艺术语言的生活化。它不夸张使用技巧，无须改变音色，可以依照作品边看边读，语言朴实、平易、自然。停顿主要依据文字作品中的标点符号，词与词相连所构成的言语链条之间的距离也几乎是相等的，声势上没有很大起伏，抑扬顿挫也表现不那么明显，声音一般平直舒缓。

朗诵是表演艺术的一个门类，具有艺术语言的特点，对声音的要求是个性化、风格化、戏剧化，具有审美价值。语言具有音高、音强、音长、音色等多层次、多侧面的变化，是一个流动的、灵活的、立体的系统。语流起伏明显、节奏感强，讲究旋律、节拍、发声技巧，追求韵味，语气语势的变化，具有明显的表演痕迹。朗诵者要通过欣赏"进入"作品，深深地被作品所感染、所打动，达到一种"忘我"的境界。朗诵要在忠于书面文本的基础上进行艺术的再加工、再创造，虽然也受标点符号的制约，但为了表现出某种强烈的情绪，又可以灵活调整。要把蕴含着深邃思想、鲜明形象的书面文字，用明朗恰当的音质、音量以及艺术的语调、语气，化为富有情感色彩的口语声流，给作品插上翅膀，让它飞向听众、观众的耳目,扑向人们的心灵,引起听观者的情感共鸣。由于表演环境的要求,朗诵的音量要比朗读大,音调也要高一些,语调的轻重强弱更具伸缩性。要在本色声音的基础上,加大气息量,充分利用共鸣、拓宽音域、扩大音量、美化音色,做到字音饱满、声音圆润、音色优美,并有适当的艺术夸张。

(4)情感的表达方式不同

朗读和朗诵都需要感情投入,只是两者在情感的强弱上略有差别。朗读是学习知识、掌握知识的一种手段,是一种读书的方式,是一种教学手段。朗读的发声表达是自然朴素的,要求声音准确、清晰、响亮。随着对思想内容的认识、理解,也会有情感的流露,但这情感是自然平淡的,一般没有渲染和夸张,自始至终趋于平稳,在外在形态上也没有明显的态势语辅助。我们可以从电台、电视台播音员的播音,以及学术会议代表宣读论文,单位传达文件等朗读的过程中感受到。当然某些朗读也具有一定的吸引力,也会使人受到感染,使人陶醉,但这往往是朗读者的自我感染、自我陶醉,是由于作品对朗读者影响的结果,并非表达的需要。

朗诵的情感变化就比较大,它总是以美妙动听的有声语言,以鲜明生动的典型形象,以真挚热烈的感情表达,将观众引入朗诵主体所描绘的艺术天地之中。它不仅要求语言准确、清晰、响亮,而且要求优美的音色,以及高于生活的艺术夸张。语调纵横跌宕、波浪起伏,富有浓烈的情感色彩。语言还要有明确的动感性,完全把作者创作过程中的喜怒哀乐言于表、形于色。充分运用声音和神态感染听众、观众,引起他们的联想,让他们仿佛看到、听到,甚至触摸到活生生的人物、事件、场景,完全置身于朗诵者所勾画的意境之中,得到赏心、悦耳、怡神的美的享受和情操的陶冶。

(5)对体态语的要求不同

朗读一般是"念读"式,不脱离书面材料,拿着书本或文章大声地念。注重语音的规范和语义的准确,对眼神、表情、动作、形体等方面均无明确的要求,是按照作品的文字边看、边想、边读,可以边走动边读,也可以坐着读、躺着读。

朗诵艺术是表演艺术中的一种,是独立存在的当众表演的一种艺术样式,必然具备着表演艺术的可视性和可听性。朗诵是以口语表达为主,以神色姿态表演为辅的言情、叙事、抒志的有声语言艺术,要求"熟读成诵"。朗诵者应脱离作品的文字边想边诵,把原作的文字熟记于心,化成内心视像,使"想"和"诵"交织在一起。在以听为主的朗诵中要面对观众,借助眼神、表情、手势等体态语言辅助表达,抒发感情。手持文稿不利于形体、态势与朗诵内容的协调配合,过多地看稿还会限制朗诵者与听众的交流,影响表达的效果。还可以运用音乐、灯光、服装等多种辅助手段为演员的表演创造某种可以感觉到的外部环境,这环境可以具有物质的实感也可以只是一种精神性、情绪性的氛围,从形式上把朗诵者带入规定情境中去,同时又给观众以真实感,让他们也产生身临其境的感觉,以增强声音的感染力,引起听众的情感共鸣,使欣赏者得到听觉美和视觉美的双重愉悦。

二、朗读与朗诵的学习

(一)朗读与朗诵的基本要求

1. 准确熟练地运用普通话

普通话朗读和朗诵时除了要求忠于作品原貌,不添字、漏字、改字外,还要求在声母、韵母、声调、轻声、儿化、音变以及语句的表达方式等方面都符合普通话语音的规范。

(1)注意普通话与方言在语音上的差异

普通话与方言在语音上的差异,大多数情况下是有规律的。这种规律又有大的规律和小的规律,规律之中往往又包含一些例外,这些都要靠自己去总结。单是总结还不够,还要多查字典和词典,加强记忆,反复练习。在练习中,不仅要注意声、韵、调方面的差异,还要注意轻声词和儿化韵的学习。

(2)注意多音字的读音

一字多音是容易产生误读的重要原因之一。多音字要从两个方面去注意:第一是意义不相同的多音字。要着重弄清它的各个不同的意义,从各个不同的意义去记住它的不同的读音。第二是意义相同的多音字。要着重弄清它的不同的使用场合。这类多音字大多数情况是一个音使用场合"宽",一个音使用场合"窄",只要记住"窄"的就行。

(3)注意形声字的读音

80%以上的汉字是形声字,形声字是把表音、表意两部分合起来造成的汉字,表音部分叫做声旁,表意部分叫做形旁。由偏旁本身的读音或者由偏旁组成的较常用的字的读音,去类推一个生字的读音而引起的误读,也很常见。

(4)注意异读词的读音

普通话词汇中,有一部分词(或词中的语素),意义相同或基本相同,但在习惯上有两个或几个不同的读法。这些被称为"异读词"。1985年,国家公布了《普通话异读词审音表》,要求全国文教、出版、广播及其他部门、行业所涉及的普通话异读词的读音、标音,均以这个新的审音表为准。在使用《审音表》的时候,最好是对照着工具书(如《新华字典》、《现代汉语词典》等)来看。先看某个字的全部读音、义项和用例,然后再看审音表中的读音和用例。比较以后,如发现两者有不合之处,一律以审音表为准,这样就达到了读音规范的目的。

(5)注意语流音变

朗读和朗诵都是一个音节一个音节连续进行的。这些音节连续发出来时,音素或者声调就可能互相影响,产生语音变化,这种变化就是语流音变。因此,应注意上声的变调,"一"、"不"的变调,轻声、儿化,要注意重叠形容词的变调,语气词"啊"的音变等。

2.准确把握作品的基调

基调是指作品的基本情调,即作品的总的情感、色彩和分量。任何一篇作品,都会有一个统一完整的基调。朗读和朗诵作品必须把握住作品的基调,因为作品的基调是一个整体概念,是层次、段落、语句中具体思想感情的综合表露。要把握好基调,必须深入分析、理解作品的思想内容,力求从作品的体裁、作品的主题、作品的结构、作品的语言,以及综合各种要素而形成的风格等方面入手,进行认真、充分和有效的解析。

抒情性的作品应着重熟悉其抒情的线索。对于叙事性的作品应着重熟悉作品的情节和人物性格。对于议论性的作品需要通过逐段分析理解,抓住中心论点,明确文章的论据和论证方法。说明性的文章应明确说明的次序和方法。在此基础上才能产生出真实的感情、鲜明的态度,产生出内在的、急于要表达的律动。只有经历这样一个复杂的过程,作品的思想才能成为朗读者的思想,作品的感情才能成为朗读者的感情,作品的语言表达才能成为朗读者要说的话。也只有经历这样一个复杂的过程,朗读者才能从作品思想内容出发把握住基调。

(二)朗读与朗诵的基本技巧

1.停顿

停顿是指句子当中、句子之间、层次之间、段落之间的间歇。朗读时,有些句子较短,按书面标点停顿就可以。有些句子较长,结构也较复杂,句中虽没有标点符号,但为了表达清楚意思,中途也可以作些短暂的停顿。但如果停顿不当就会破坏句子的结构,这就叫读破句。

(1)标点符号停顿

标点符号是书面语言的停顿符号,也是朗读和朗诵作品时语言停顿的重要依据。标点符号的停顿规律一般是:句号、问号、感叹号、省略号停顿略长于分号、破折号、连接号;分号、破折号、连接号的停顿时间又长于逗号、冒号;逗号、冒号的停顿时间又长于顿号、间隔号。另外,在作品上的段落之间,停顿的时间要比一般的句号时间长些。

（2）语法停顿

语法停顿是句子中间的自然停顿。它往往是为了强调、突出句子中主语、谓语、宾语、定语、状语或补语而作的短暂停顿。学习语法有助于我们在朗读中正确地停顿断句，不读破句，正确地表达作品的思想内容。例如：

①深蓝色的天空里/悬着无数半明半昧的星。

②从那些往哲先贤/以及当代才俊的著述中/学得他们的人格。

（3）感情停顿

感情停顿不受书面标点和句子语法关系的制约，完全是根据感情或心理的需要而作的停顿处理，它受感情支配，根据感情的需要决定停与不停。它的特点是声断而情不断，也就是声断情连。例如：

①为什么你已经有钱了/还要？

②可小鸟憔悴了，给水，/不喝！喂肉，/不吃！

2.重音

重音是指那些在表情达意上起重要作用的字、词或短语在朗读时要加以强调的技巧。重音是通过声音的强调来突出意义的，能给色彩鲜明、形象生动的词增加分量。重音有以下几种情况：

（1）语法重音

语法重音是按语言习惯自然重读的音节。这些重读的音节大都是按照平时的语言规律确定的。一般说，语法重音不带特别强调的色彩。语法重音的常见规律是：

①句子里的谓语部分常读重音。例如：

他去上海了。

②定、状语部分读重音。例如：

他是一位非常负责的医生。

③表结果或程度的补语读重音。例如：

毛衣织得很漂亮。

④表疑问或指示的代词读重音。例如：

这件事情是谁干的？

（2）强调重音

强调重音不受语法制约，它是根据语句所要表达的重点决定的，在句中的位置不固定。强调重音的作用在于表达语言的内在含义。由于表达目的不同，强调重音就会落在不同的词语上，所表达的含义也就不相同，表达的效果也不一样。例如：

　　我喜欢游泳。（谁喜欢游泳？）

　　我喜欢游泳。（你喜不喜欢游泳？）

　　我喜欢游泳。（各项体育运动你喜欢什么？）

　　(3)感情重音

　　感情重音可以使朗读的作品色彩丰富，充满生气，有较强的感染力。感情重音大部分出现在表现内心情感强烈，情绪激动的情况。例如：

　　这个仇我不能不报！

　　3.语速

　　语速是口头语言的快慢变化，它是使语言富有表现力的一种重要手段。语速须与作品的情境相适应，根据作品的思想内容、故事情节、人物个性、环境背景、感情语气、语言特色来处理。一般说来，热烈、欢快、兴奋、紧张的内容速度快一些，平静、庄重、悲伤、沉重、追忆的内容速度慢一些，而一般的叙述、说明、议论则用中速。例如：

　　　　忽然，小鸟张开翅膀，在人们头顶盘旋了几圈儿，"噗啦"一声落到了船上（稍快）。许是累了？还是发现了"新大陆"？水手撵它它不走，抓它，它乖乖地落在掌心（中速）。可爱的小鸟和善良的水手结成了朋友（慢速）。

　　4.句调

　　句调指语句里声音高、低、升、降的变化，它能表现出朗读和朗诵者的感情色彩。语调的变化以结尾的升降变化最为重要，一般是和句子的语气紧密结合的。如能注意句调的升降变化，语音就有了动听的腔调，听起来便具有音乐美，也就能够更细致地表达不同的思想感情。

　　(1)高升调

　　高升调多用在疑问句、反诘句、短促的命令句，或者是表示愤怒、紧张、警告、号召的句子里使用。注意前低后高、语气上扬。例如：

　　　　让我们的生命发出最大的能量，让我们像从地核释放出来似的，极大地撑开光的翅膀，在无限广阔的宇宙中飞翔。

　　(2)降抑调

　　降抑调一般用在感叹句、祈使句或表示坚决、自信、赞扬、祝愿等感情的句子里。表达沉痛、悲愤的感情，一般也用这种语调。注意调子逐渐由高降低，末字低而短。例如：

　　　　二黑，你不要糊涂了！这是你一辈子的事！

（3）平直调

平直调一般多用在叙述、说明或表示迟疑、思索、冷淡、追忆、悼念等的句子里。语调始终平直舒缓,没有显著的高低变化。例如:

> 我想:希望是本无所谓有,无所谓无的。这正如地上的路,其实地上本没有路,走的人多了,也便成了路。

（4）曲折调

曲折调用于表示特殊的感情,如讽刺、讥笑、夸张、强调、双关、特别惊异等句子里,由高而低后又高,把句子中某些特殊的音节特别加平加高或拖长,形成一种升降曲折的变化。例如:

> 有人劝这位老倌不立继,开导他说:"你有七亩好地,饱子饱药,百年之后还怕没得人送你还山?"

5.体态语

朗读与朗诵在有声语言的表现技巧方面,要求基本是一致的。在语言训练方面,朗读是基础,朗诵与朗读的主要区别在于朗诵具有表演性。由于表演的需要,朗诵除了有声语言的高度表现力以外,还需要手势、眼神等体态语言的配合。此外,朗诵还可借配乐、化妆和灯光、布景来增强表演效果。使用体态语要仪态端庄,大方洒脱,感情饱满,鲜明有力,恰到好处。

例如,李白《将进酒》的前两句:

> 君不见黄河之水天上来,
> 奔流到海不复回。

朗诵开始时,目光可以投向高远处,在朗诵到"天"字时,可以侧举胳膊,展开手掌,然后随着语流的行进挥动,眼神也相应地跟上。这一体态语地运用,可以使黄河之水由上游奔流到海的过程更加形象化,同时在体态语的配合下,河水奔流的气势也得以增强。

又如,艾青的诗歌《我爱这土地》结尾两句:

> 为什么我的眼里常含泪水?
> 因为我对这土地爱得深沉……

在朗诵完第一句以后,朗诵者可以稍作停顿,并满怀深情的环视一下在场的听众,然后再发自内心地说出自己对这片土地的热爱。这里的停顿与环视,实际上是朗诵者在与受众进行沟通,它代替了简单的问与答,使得朗诵者的情感表达更加深挚。

再如，徐志摩的诗歌《再别康桥》：

> 但我不能放歌，
> 悄悄是别离的笙箫

第一句的转折，"但"后面稍作停顿，可以以叹气的方式将后面的内容"带"出来，眼神由热烈转向落寞，并看向远方或看向下方，就能贴切地表现出作者深深地怀恋之情。

此外，还要注意朗诵的仪表和仪态。如果登台表演，还要注意上台的步伐，微笑着面对观众。先自我介绍，再开口朗诵，两条腿不要呈八字，而是要微微收紧（平常可以在家里面对镜子来练习）。退场时要向观众鞠躬。退的时候，先将右脚向后退半步，侧着身子退场，而不要转身就走，这样对观众不礼貌。

三、诵读技巧自练

（一）单项练习

1. 停顿

①一锅 / 小米稀饭，一碟 / 大头菜，一盘 / 自家酿制的泡菜，一只 / 巷口买回的烤鸭，简简单单，不像请客，倒像 / 家人团聚。

②我和太太 / 在马来西亚槟榔屿参加一个游览团体。

③傍晚时候，上灯了，一点点黄晕的光，烘托出 / 一片安静而和平的夜。

④我撑开那把伞，照旧走着，一种说不清 / 却感人至深的温暖和情感 / 洋溢在我的周围。

⑤郊外的景色 / 真美啊！湛蓝的天空，像一池倒映的湖水；清新的空气，似醇酒的芳香，令人心旷 / 神怡。

⑥请听听吧，这是战士 / 一句句从心中 / 掏出的话。

2. 重音

①剧烈的疼痛使巴尼只觉得眼前一片漆黑。但他知道，自己首先要做的事是保持清醒。他试图把腿抽出来。可是办不到。腿给压得死死的，一点也动弹不得。

②那儿是寂寞的、孤独的、忧郁的，这儿却是热闹的、昂扬的、欢快的。

③向导惊讶地问："原来你懂马来话。"

我答："我不懂。不过我了解母亲的叮咛。"

④远远望去，既像一簇洁白的贝壳，又像一队扬帆的航船。

⑤海鸥也呻吟着，——这些海鸥呀，享受不了生活的战斗的欢乐：轰隆隆的雷声就把它们吓坏了。

⑥王莉可真能干！（重音在"真"上，表示是真能干，不是假的。这是一般的赞美。）

王莉可真能干！（重音在"王莉可"上，"可"字加长。由衷地赞美，感情色彩变得浓厚。）

王莉可真能干！（重音放在"王莉可真"上，"真"字加长。表达一种恶意的嘲讽。）

王莉可真能干！（重音放在"王莉"上，"王莉"字加长。被对方的能干震惊了，给人一种出乎意料的感觉。）

3.语速

①只有那高傲的海燕，勇敢地、自由自在地，在翻起白沫的大海上飞翔。（稍快语速）

②最早出现的启明星，在这蓝色的天幕上闪烁起来了。它是那么大，那么亮，整个广漠的天幕上只有它在那里放射着令人注目的光辉，活像一盏悬挂在高空的明灯。（中速）

③我感动至极。想起了我的母亲。小时候去上学时，她总在我出门时给我整理好凌乱的衣服轻轻地叮咛："走好，听老师的话。"（稍慢语速）

④有一次我偷了一块糖果，他要我把它送回去，告诉卖糖的说是我偷来的，说我愿意替他拆箱卸货作为赔偿。（中速）

⑤巴尼拿起手边的斧子，狠命朝树身砍去。可是，由于用力过猛，砍了三四下后，斧子柄便断了。巴尼觉得自己真的什么都完了。（稍快语速）

4.语调

①小李是老实人（嘛）。	（用平直的调子说，陈述句）
小李是个老实人！	（用曲折的调子说，是含讽刺的陈述句）
②为人进出的门紧锁着，	（平直调，冷眼相看）
为狗爬出的洞敞开着，	（平直调）
一个声音高叫着：	（曲折调，嘲讽）
——爬出来吧，给你自由！	（曲折调，诱惑）
我渴望自由，	（平直调，庄严）
但我深深地知道——	（平直调）
人的身躯怎能从狗洞子里爬出！	（高升调，蔑视、愤慨、反击）
我希望有一天	（平直调）
地下的烈火，	（稍向上扬，语意未完）

将我连这活棺材一齐烧掉。　　　　（降抑调，毫不犹豫）

我应该在烈火与热血中得到永生！（降抑调，沉着、坚毅、充满自信）

（二）综合训练

作品1号

春

朱自清

盼望着，盼望着，东风来了，春天的脚步近了。

一切都像刚睡醒的样子，欣欣然张开了眼。山朗润起来了，水涨起来了，太阳的脸红起来了。

小草偷偷地从土里钻出来，嫩嫩的，绿绿的。园子里，田野里，瞧去，一大片一大片满是的。坐着，躺着，打两个滚，踢几脚球，赛几趟跑，捉几回迷藏。风轻悄悄的，草绵软软的。

桃树、杏树、梨树，你不让我，我不让你，都开满了花赶趟儿。红的像火，粉的像霞，白的像雪。花里带着甜味，闭了眼，树上仿佛已经满是桃儿、杏儿、梨儿！花下成千成百的蜜蜂嗡嗡地闹着，大小的蝴蝶飞来飞去。野花遍地是：杂样的，有名字的，没名字的，散在草丛里，像眼睛，像星星，还眨呀眨的。

"吹面不寒杨柳风"，不错的，像母亲的手抚摸着你。风里带来些新翻的泥土的气息，混着青草味，还有各种花的香，都在微微润湿的空气里酝酿。

鸟儿将巢安在繁花嫩叶当中，高兴起来了，呼朋引伴地卖弄清脆的喉咙，唱出宛转的曲子，与轻风流水应和着。牛背上牧童的短笛，这时候也成天在嘹亮地响。

雨是最寻常的，一下就是三两天。可别恼，看，像牛毛，像花针，像细丝，密密地斜织着，人家屋顶上全笼着一层薄烟。树叶子却绿得发亮，小草也青得逼你的眼。傍晚时候，上灯了，一点点黄晕的光，烘托出一个安静而和平的夜。乡下去，小路上，石桥边，撑起伞慢慢走着的人；还有地里工作的农夫，披着蓑，戴着笠的。他们的草屋，稀稀疏疏的在雨里静默着。

天上风筝渐渐多了，地上孩子也多了。城里乡下，家家户户，老老小小，他们也赶趟儿似的，一个个都出来了。舒活舒活筋骨，抖擞抖擞精神，各做各的一份事去。"一年之计在于春"；刚起头儿，有的是工夫，有的是希望。

春天像刚落地的娃娃，从头到脚都是新的，它生长着。

春天像小姑娘，花枝招展地，笑着，走着。

春天像健壮的青年，有铁一般的胳膊和腰脚，他领着我们上前去。

作品赏析：

《春》是一篇抒情散文，也可以说是一首抒情诗，一幅风景画，一曲春的赞歌。作者用诗的笔调，描绘了大地回春、万物复苏、生机勃发、草木花卉竞相争荣的景象，赞美了春的创造力带给人们的无限的希望，抒发了对春天深切喜爱之情。朗读本文的目的是激励人们抓紧大好春光，辛勤劳作，积极向上。朗读本文的基调是深切喜爱，热情赞美。朗读时，主要用轻快的声音，有时可用昂扬或舒缓的声音，把美好的春天展现在听众的面前。本文语言朴实清新，生动形象，运用了比喻、拟人、排比等修辞手法，赞美了春天欣欣向荣的景象，朗读时要注意表达。

作品 2 号

雨 巷

戴望舒

撑着油纸伞，独自
彷徨在悠长，悠长
又寂寥的雨巷，
我希望逢着
　一个丁香一样地
结着愁怨的姑娘。

她是有
丁香一样的颜色，
丁香一样的芬芳，
丁香一样的忧愁，
在雨中哀怨，
哀怨又彷徨；

她彷徨在这寂寥的雨巷，
撑着油纸伞
像我一样，
像我一样地
默默行着，
冷漠，凄清，又惆怅。

她默默地走近
走近，又投出
太息一般的眼光，
她飘过
像梦一般地，
像梦一般地凄婉迷茫。

像梦中飘过
一枝丁香的，
我身旁飘过这女郎；
她静默地远了，远了，
到了颓圮的篱墙，
走尽这雨巷。

在雨的哀曲里，
消了她的颜色，
散了她的芬芳，
消散了，甚至她的
太息般的眼光，
丁香般的惆怅。

撑着油纸伞，独自
彷徨在悠长，悠长
又寂寥的雨巷，
我希望飘过
一个丁香一样地
结着愁怨的姑娘。

作品赏析：

《雨巷》是戴望舒的成名作和前期的代表作，他曾因此而赢得了"雨巷诗人"的称号。这首诗写于 1927 年夏天。当时全国处于白色恐怖之中，戴望舒因曾参加进步活动而不得不避居于松江的友人家中，在孤寂中咀嚼着大革命失败后的幻灭和痛苦，心中充满了迷惘的情绪和朦胧的希望。《雨巷》一诗就是他的这种心情的表现，其中交织着失望和希望、幻灭和追求的双重情调。这种情怀在当时是有一定的普遍性的。《雨巷》运用了象征性的抒情手法。诗中那狭窄阴沉的雨巷,在雨巷中徘徊的独行者,以及那个像丁香一样结着愁怨的姑娘,都是象征性的意象。这些意象又共同构成了一种象征性的意境,含蓄地暗示出作者即迷惘感伤而又有期待的情怀,并给人一种朦胧而又幽深的美感。富于音乐性是《雨巷》的另一个突出的艺术特色。诗中运用了复沓、叠句、重唱等手法,造成了回环往复的旋律和宛转悦耳的乐感。

朗诵时,要体味诗情的起伏,而不要一味地宣泄伤感或愁绪。要用真诚、明朗、清新地语调朗读。同时要注意诗中回环往复的旋律。

作品 3 号

海 燕
高尔基

在苍茫的海面上,风,聚集着乌云。在乌云和大海之间,海燕像黑色的闪电高傲地飞翔。一会儿,翅膀碰着浪花,一会儿,箭一般的直冲乌云,它叫喊着……

在这鸟儿勇敢的叫喊声里,乌云听到了欢乐。

在这叫喊声里,充满着对暴风雨的渴望!在这叫喊声里,乌云听到了愤怒的力量,热情的火焰和胜利的信心。

海鸥在暴风雨到来之前呻吟着,——呻吟着,在大海上面飞窜,想把自己对暴风雨的恐惧,掩藏到大海深处。

海鸭也呻吟着,——这些海鸭呀,享受不了生活战斗的欢乐,轰隆隆的雷声就把它们吓坏了。

愚蠢的企鹅,畏缩地把肥胖的身体躲藏在悬崖底下……

只有那高傲的海燕,勇敢地,自由自在地,在翻起白沫的大海上飞翔。

乌云越来越暗,越来越低,向海面压了下来;波浪一边歌唱,一边冲向天空去迎接那雷声。雷声轰响。波浪在愤怒的飞沫中呼啸着,跟狂风争鸣。看吧,狂风紧紧抱起一堆巨浪,恶狠狠地扔在悬崖上,把这大块的翡翠摔成尘雾和水沫。

海燕叫喊着,飞翔着,像黑色的闪电,箭一般的穿过乌云,翅膀刮起波浪的飞沫。看吧,它飞舞着像一个精灵——高傲的,黑色的暴风雨的精灵,——它一边大笑,一边高叫……它笑那些乌云,它为欢乐而高叫!

这个敏感的精灵,从雷声的震怒里早就听出困乏,它深信乌云遮不住太阳,——是的,遮不住的!

风在狂吼……雷在轰响……

一堆堆的乌云像青色的火焰,在无底的大海上燃烧。大海抓住金箭似的闪电,把它熄灭在自己的深渊里。闪电的影子,像一条条的火舌,在大海里蜿蜒浮动,一晃就消失了。

—— 暴风雨!暴风雨就要来啦!

这是勇敢的海燕,在闪电之间,在怒吼的大海上高傲地飞翔。这是胜利的预言家在叫喊:

——让暴风雨来得更猛烈些吧!

作品 4 号

面朝大海,春暖花开

海子

从明天起,做一个幸福的人

喂马,劈柴,周游世界

从明天起,关心粮食和蔬菜

我有一所房子,面朝大海,春暖花开

从明天起,和每一个亲人通信

告诉他们我的幸福

那幸福的闪电告诉我的

我将告诉每一个人

给每一条河每一座山取一个温暖的名字

陌生人,我也为你祝福

愿你有一个灿烂的前程

愿你有情人终成眷属

愿你在尘世获得幸福

我也愿面朝大海,春暖花开

第五讲 体态语的技巧

一、体态语的含义与功能

(一)体态语的含义

语言是最重要的交际工具,这是毋庸置疑的。但我们的日常交际并不是只靠有声语言完成的,人们一开口说话,就会自觉不自觉地伴随一些动作,比如,点头、摇头、微笑等,这些伴随动作能够传递出一定的交际信息,我们把这些动作叫做"体态语"。体态语又叫"态势语"、"人体语言"、"身动语"等,它是用表情、动作或姿态来传递意义的交际方式,是有声语言的一种补充。虽然它是一种辅助性的交际工具,但它的作用不可小觑,在某些特定情况下,能起到"无声胜有声的"效果。美国第 16 届总统林肯在当律师时,一次作为被告方律师出庭。原告律师将一个简单的论据翻来覆去地陈述了两个小时,听众都不耐烦了。好不容易才轮到林肯辩护。只见林肯走上台,一言不发,先把外衣脱下,放在桌上,然后拿起玻璃杯喝了口水,接着重新穿上外衣,然后又喝水,这样的动作重复了五六次,观众笑得前仰后合,这时林肯才开始了他的辩护。林肯用一系列动作表现了对原告律师重复啰嗦、翻来覆去的发言的不满。国外一个心理学家阿尔伯特·明翰伯恩通过多次试验得出这样一个公式:整个信息的传递=7%的有声语言+38%的语气+55%的面部表情。也有专家得出这样的结论:人们谈话时有 60%以上的内容不是通过有声语言,而是通过伴随有声语言的眼神、表情、双手、身体的动作、笑声、哭声、叹息声、呻吟声来表达的。体态语在交际中的作用可见一斑。

(二)体态语的功能

1.辅助功能

尽管体态语在交际中很重要,但它仍处于辅助地位。除了聋哑人之外,没有人只用体态语交际。体态语要与具体的语境相结合,才能发挥它的作用。在演讲、辩论或教学中,我们经常要用到一些体态语。比如演讲中情感较为强烈时,演讲者常常双手向上举甚至挥动拳头;计算事物的数量或罗列事物的种类时,可用手指的动作来比划。

2. 替代功能

体态语有时也可以独立地完成交际任务。如在演讲中,如果台下比较吵闹,可以停下来,用亲切的目光扫视全场,这样,听众就会很快安静下来。教学中教师用温和的目光语可以鼓励学生;用严厉的目光可以制止学生。交警的手势比用语言更为简洁明了。有时,在不便说、不必说、不愿说的情况下,巧妙地运用体态语,比有声语言的效果更好。若交谈的一方觉得另一方讲话太枯燥乏味,常会用手指连续叩击桌面表示不耐烦;当交谈超过规定时间,看看手表就是一种暗示,甚至相当于逐客令。

3. 调节功能

体态语还具有调节、控制言语交际的功能。在交谈过程中,一方不时用点头表示赞同或示意对方继续讲下去,用摆手或摇头表示对方别再继续下去;自己讲话时,可以沉默一段时间,向对方传达出自己在准备讲话的信息;在教学中,老师掌心向上,胳膊抬起,表示让某位同学回答问题,等等。人们很乐意用体态语这种高效、省力、快捷的方式达到交际目的。

二、体态语的特点与类型

(一)体态语的特点

1. 直观性

据心理学家和生理学家研究,在人们的各种感官中,听觉和视觉的作用占90%以上,其中视觉的作用又特别显著,有 87% 的感觉印象来自于眼睛。体态语通过表情、动作、姿态作用于人的视觉器官,使交际具有了直观性。两千多年前马其顿国王亚历山大远征途中,因为断水,全军面临崩溃的危急形势。国王在战马上作了鼓动演说:"勇敢的将士们,我们只要前进,就一定会找到水的。"只见他右臂向正上方高高举起,张开五指,而后迅速有力地挥下,使人有无可置疑的感觉。随后又高呼:"将士们,勇敢前进吧!"他右手平肩往后收回,然后迅速有力地将五指分开的手掌猛地推向前方,给人一种锐不可当、所向无敌的坚定气势。

2.广泛性

辅助性的交际工具很多,如旗语、红绿灯、录音等,但它们会受到各种条件的限制,而体态语的使用却非常方便。人一旦开口说话,就会伴随一定的体态语,没有一个人说话时全身僵硬、面无表情,只是有些人多一点,有些人少一点。体态语与有声语言是一体的,随时随地随言语交际的需要都可以使用,其使用频率之高、适用范围之广是其他辅助性交际工具无法比拟的。

3.依附性

体态语的内容并不是单一的,要正确理解体态语的含义,必须要将其置于特定的语境中,也就是说,体态语依附于交际语境。如"瞪眼"这一动作的意义有:(1)愤恨;(2)惊讶;(3)害怕;(4)仇视;(5)呆愣;(6)不满,等等。又如"点头"这一动作的意义有:(1)致意;(2)同意;(3)肯定;(4)承认;(5)赞同;(6)感激;(7)应允;(8)满意;(9)认可;(10)理解;(11)顺从,等等。而究竟表示的是哪一种意义,必须在具体的言语环境中确认。同时体态语只是辅助有声语言达意传情,所以,体态语更依附于有声语言。

4.民族性

体态语有着鲜明的民族性。同一语义,不同的民族可以用不同的体态语表示。如见面打招呼,中国人打招呼是双方握手或点头示意,欧美人常以拥抱和接吻的方式表示,日本人盛行鞠躬,库伯爱斯摩人捶打对方的头和肩,瑞典的拉普人互擦鼻子,太平洋群岛上的波利亚人见面时边拥抱、边抚摸对方的后背,等等。同一体态语,不同民族也可以表示不同的意思。如翘大拇指,在中国表示赞扬,在日本表示"老爷子",在希腊表示叫对方"滚蛋",在英国、澳大利亚、新西兰表示"搭便车",还带有侮辱人的意思。又如用大拇指和食指构成"O"型的手势,在讲英语的国家是众所周知的表示"好""行""是"等,这与 OK 这个英文单词的形体、意义有关,可是在法国,"O"型手势表示"没有"或"微不足道"之意,在日本表示"金钱",在中国表示"大零蛋",而在一些地中海国家或其他地区却是一个粗俗下流的动作。所以,在社交活动中,一定要注意体态语的民族差异性。

相同的场合,不同民族也可以使用不同的体态语。比如在演讲中,中国演讲者习惯于在讲台上稳立或稳坐不动,沉着庄严,一本正经。而西方国家的人认为这是呆板。西方人演讲时大多在听众面前走来走去,甚至还会走到听众的身边,以此加强感染力,有时干脆坐在讲台上,有时为了求得某种效果还会背向听众,而中国人就认为这有点过于活跃了。

5.时代性

体态语并不是一成不变的,它会随着时代的变化而演变。在我国封建社会,下级见上级、晚辈见长辈,应该下跪磕头,男子之间拱手或作揖表示礼节或欢迎;古代波斯人平辈之间的礼节是互吻对方的嘴唇,上下辈之间则吻面颊,现在这些体态语已成为历史了。又如脱帽礼,源于中世纪的欧洲,脱去头盔表示"自己人",后来在路上遇到熟人也脱帽致意。脱帽礼在辛亥革命后在中国很流行,而现在人们见面已不再盛行这种礼节,只在向死者致哀时必须脱帽,表示哀悼。

(二)体态语的类型

根据体态语的部位,可以把体态语分为表情语、手势语、体姿语

1.表情语

表情语是指面部的能反映内心情感的动作,主要通过眉毛、眼睛、嘴巴的变化而形成的,比如挤眉、脸红、瞪眼、微笑等。根据西方的一些资料,在 70 万种人体语言中,表情语有 25 万种,占人体语言的 35.7%。表情语中最重要的是目光语和微笑语。

2.手势语

手是人体活动幅度最大、运用操作最自如的器官。手势语是手和臂的各种动作所传递的交际信息,它包括手指、手掌、手臂及双手发出的各种动作。手部动作极为丰富,在日常交际中,时时处处都要用到它,比如挥手、摆手、握手、握拳、指示、象形性的比划等等,有人甚至把体态语就称作手势语。手势语中最重要的是手指语、握手语、鼓掌语、挥手语。

3.体姿语

体姿语指以躯干为主体的身体各部位做出的各种姿势以及呈现出的不同状态所传递的信息。比如人得意的时候会昂起头、挺起胸,失意时会弯腰、弓背、低头。体姿语主要包括头部动作、躯干动作、腿部动作、脚部动作。比较重要的体姿语是坐姿、立姿、行姿,俗话说"坐如钟,站如松,行如风",就是对这三种姿势的基本要求。

三、体态语的学习

(一)表情语的应用

1.目光语

目光语即用眼神、目光来传达情感的语言。人们经常说"眼睛是心灵的窗

户"。人内心深处的情感变化，总是自觉不自觉地从眼神中流露出来。在所有态势语中，目光语是最微妙、最复杂、最深刻、最富表现力的语言。不同的目光，传递的信息就不同。目光明澈、坦诚，表示正直、心胸宽阔；目光呆滞、麻木，表示不求上进、无能为力、自甘堕落；目光游移、闪烁，表示心虚、不安或狡黠轻浮；目光严厉，表示愤怒；目光炯炯，表示威严；目光如水，表示温柔。

运用目光语时应该注意以下几点：

（1）注意目光的投向

正视表示庄重；斜视表示轻蔑；仰视表示思索；俯视表示羞涩；不住上下打量表示挑衅；低眉偷觑表示困窘；行注目礼表示尊敬；瞪视表示敌意；白人一眼表示反感；双目大睁表示吃惊。一般的交际场合，用正视；如果场面较大，要适当配合环视、扫视，既显得庄重严肃，又显得能照顾到在场的每位人。

（2）注意目光注视时间的长短

亚兰·皮兹说："若想与别人建立良好的默契，应有60%到70%的时间注视对方，这会使对方开始喜欢你。"超过这一时间，会让人认为对谈话本人比谈话内容更有兴趣，是一种失礼或挑衅行为；少于这一时间，会让人感觉对谈话内容不感兴趣。如果看一眼就闪开，会让人感觉自卑、心不诚或胆怯心虚；如果长时间的凝视可理解为对私人空间的侵略；几乎不看对方，会让人感觉满不在乎、傲慢无礼。

（3）注意目光注视的区域

目光注视对方的区域要根据与对方的关系而定。如果是亲人，比如父母、兄妹、恋人等，可以采取亲密注视。亲密注视又可以分为近亲密注视和远亲密注视。近亲密注视视线停留在对方双眼和胸部之间的三角部位；远亲密注视视线停留在对方双眼以下与腹部之间的部位。如果是一般的社交活动，要采取社交注视，即视线停留在双眼与嘴部之间的部位。

2. 微笑语的应用

微笑语是略带笑容而不露出笑声的体态语，是一种跨文化的通用的体态语。俗话说"笑一笑，十年少"，微笑可以保持人身心健康；微笑可以化解矛盾；更重要的是，微笑可以表示出亲切、温馨的意思，可以有效缩短交际双方的距离，给对方留下美好的印象。很多政要把微笑作为塑造公众形象的重要武器。印尼前总统苏哈托，被人们称为"微笑将军"。有时，微笑这种无形的力量会起到意想不到的效果，希尔顿酒店的发家史就是一个最有力的证据。希尔顿酒店使每一个的客人还想再来的办法就是"微笑"。希尔顿特别强调"无论如何辛苦也必须对旅客保持微笑"。希尔顿每天视察自己的旅店，问得最多的一句话就是"你今天对客人微笑了吗？"在20世纪30年代美国经济大萧条期间，酒店业纷纷倒闭,只有 20%的酒店惨淡经营,而希尔顿酒店的微笑一直保持着。大萧条刚过,希尔顿酒店率先进入繁荣期。希尔顿说:"如果缺少服务员的美好的微笑,正好比花园里失去了春日的太阳与春风。"微笑能够使人与人之间关系融洽。当你被人介绍时,你应微笑;当你称赞别人或被人称赞时,你应微笑;当你坐在谈判桌前,你应微笑;当你为顾客服务时,你应微笑;当你为他人鼓掌时,你应微笑……有一首小诗是这样写的:

> 微微一笑并不费力,
> 但她带来的好处却无法算计。
> 得到一个笑脸会觉得是个福气,
> 给予一个笑脸也不会损失分厘
> 微微一笑虽然只需几秒,
> 她留下的记忆却不会轻易逝去。
> 没有谁富有得连笑脸也拒绝看到,
> 也没有谁会贫穷得连笑脸也担当不起。
> 微笑为您家庭带来和顺美满,
> 微笑支持您在工作中百事如意,
> 微笑还能帮助您传递友谊。
> 对于疲劳者她犹如休息,
> 对于失意者她仿佛鼓励,
> 对于伤心者她恰似安慰,
> "解语之花""忘忧之草"的美名当之无愧,
> 她买不来、借不到、偷也偷不去,
> 因为她只能在给人后才变得珍贵。

(摘自《中国青年报》1986 年 4 月 27 日)

微笑应该自然、得体。微笑是内心情感的自然流露,切不可假笑、干笑、皮笑肉不笑。要做到自然,就必须以一颗真诚的心去面对别人。微笑还要得体,不需要、不应该笑时就别笑。庄重的场合、严肃的话题都不适合微笑。有些人一开口说话就微笑,这样也会给对方负担。微笑也不能太过,变成大笑、狂笑。要注意把握好微笑的度。

(二)手势语的应用

1.手指语

手指语指的是手指的各种动作传递出的交际信息。手指语既可以只使用一个手指，也可以使用两个或两个以上的手指，甚至十个指头同时使用。竖起大拇指表示"很好""很棒""第一""很了不起"等；竖起小指表示"最小""最后""小人物""微不足道"，也有表示对对方蔑视的意思。手指还可以构成一些象征性的形状，比如"O"，是食指和大拇指两指尖连在一起，其余三手指微曲而构成的手指语。意义相当于英语的"OK"，即"好了"、"行"的意思。"V"，伸出食指和中指，其余三指弯曲，手心向外，形状如英文字母"V"，意思是"胜利"。"八"字手势，除了表示数字"8"之外，还表示"手枪"的意思。"1～10"这十个数字都可以用手指来表示，"这""那"也可以用手指来指示。

手指语不能滥用。用食指指着某个人说话，这是很不尊重对方的行为，除非是敌对关系、或愤怒到极点的时候，所以，如果需要指示时，应五指并拢，手臂伸出好些。手指语也不能过多，否则会给人不稳重、不严肃之感。

2. 握手语

握手，是交际中不可缺少的礼节，是交际双方互伸右手彼此传递友好信息的体态语。握手须用右手，伸出左手去握是不合礼仪的，除非是右手受伤。

握手时应该注意以下几方面：

首先，需要讲究次序。一般来讲，长辈与晚辈之间，上级与下级之间，女与男，主人与客人，应在前的先伸出右手。其次，握手讲究相握的部位用力的轻重和时间的长短。握手部位很有讲究，相握时只轻轻抓住对方几个手指尖会给人十分冷淡或不愿意合作的感觉；如用拇指和食指紧紧攥住对方的四指关节处，双手像老虎钳夹紧对方，会令人厌恶。正确握手的方式是手指微微内屈，掌心凹陷，这种握手方式是友好、亲切的表现。力度要适中均匀，握手时间长短也要注意。一触手即松开，是冷淡和疏远的表示；紧握不放会引起反感。一般认为，时间应保持1～3秒为宜。最后，握手时还要注意与其他体态语的配合，如头微低，眼睛注视对方，面带微笑，身份低者还应稍稍欠身。此外，握手时，交际双方均伸出一只手，是一般的礼貌表示。如两只手握住对方的一只手，或在右手相握时左手又握住对方的胳膊、小臂，甚至肩膀，更显得真挚热情。

3. 鼓掌语

鼓掌是两手掌相击发出声响，一般用来表示欢迎、鼓励等，是一种较热烈的手势语，也可以用来调节节奏或伴奏。鼓掌首先表示欢迎，在各种迎接仪式上，如有客人、领导或重要人物到来，就应鼓掌欢迎；如有表演者上台表演、演讲者上台演讲、某人上台讲话等都应鼓掌以示欢迎。鼓掌表示鼓励，前面提到的某人上台表演或讲话的鼓掌，既有欢迎的意思还有鼓励的意思；又如在运动场给运动员加油的掌声等。鼓掌表示感谢，如演员谢幕时观众热烈的掌声。鼓掌还表示赞同或致意，如果台上的演讲者的观点与听众的想法一致，达到共鸣，就会响起"雷鸣般的掌声"。

鼓掌动作要文雅、自然。鼓掌是一种群体行为,个人没必要把手拍得特别响,别人的掌声都已经停了,自己也应停下来,更不应该打口哨、起哄。鼓掌还要掌握好时机,并不是每一句话都要鼓掌,更不应该在表演者出现差错时鼓掌,这样会显得自己没有修养。

(三)体姿语的应用

1.坐姿语

坐姿语是通过各种不同的坐的姿势传递信息的体态语。不同的姿势会传递不同的信息,反映不同的个性、气质、文化修养。如:挺着腰笔直地坐,表示对对方感兴趣和尊重;弯腰屈背的坐姿表示精神不佳或对谈话不感兴趣和厌烦;斜着身子坐表示心情愉快或自感优越。男性微微张开双腿而坐,是稳重、豁达的表示,将一条腿架在另一条腿上,即二郎腿是轻松、自信的表示;女性并拢双膝而坐,是庄重矜持的表示,双脚交叉而又配合交臂的坐姿是自卫防范的表示。坐的姿势很多,但总的来说要求端庄、大方、自然。

坐姿包括就座和坐定的姿势。入座时要轻而缓,走到座位前转身,轻稳地坐下,不应发出嘈杂的声音。坐下后,上身保持挺直,头部端正,目光平视前方或交谈对象,腰背稍靠椅背,在正式场合,或有尊者在座,不能坐满座位,双腿不要随意抖动。

坐姿的类型可分为三种:

(1)严肃型:这种坐姿要求上身挺直、精神集中、两手平放在膝上或手按手,双脚并拢或略微分开,双手自然放在膝盖或扶手上,女子则双膝部靠紧、脚踝部交叉。这种坐姿传递的信息是庄重、尊重对方,一般用于外交谈判、大型会议、就座主席台等较严肃的场合。

(2)半轻松型:坐的姿势较轻松,头稍后仰,接近靠背,背部贴椅子背,手放在扶手上,也可跷二郎腿。这种坐姿较轻松,不拘谨,有利于营造宽松和谐的气氛,缩短交际双方的距离,在一般的社交、接待、座谈会、联谊会等场合使用。

(3)轻松型:无拘无束、自由自在、随心所欲的坐姿。自己想怎么坐就怎么坐,很显然,这种坐姿只适用于亲人、朋友、熟人等关系亲密的人之间,一般用于非正式的交谈、聊天。

2.立姿语

立姿语是通过不同的站立的姿势传递信息的体态语。在日常交际中,立姿总的来说应该是端正、稳重、自然、亲切。上身正直,头正目平,面带微笑,微收下颔,胸挺抬头,收腹立腰,两臂自然下垂,两腿相靠直立,两脚靠拢,脚尖呈"V"

字形。不应歪歪扭扭,弯腰驼背,抖动双腿,这样会给人以不稳重或意志消沉的印象;也不应该靠墙或靠在什么东西上,这是一种对对方的话题没有兴趣或疲惫的表现。

立姿语可分为以下四种类型:

(1)庄重型:挺胸收腹,全身直立,表情庄重,精神振作,目光平视,双肩处于同一水平线上。这种立姿一般用于较庄重的场合,如就职演说、接受奖励、被人介绍等。

(2)谦恭型:头略低,含胸垂手,给人以谦虚、谨慎、诚恳之感。这种立姿有利于拉近交谈双方的距离,多用于求职、求学、求助或交际双方地位不同等场合。

(3)傲慢型:两手交叉放于胸前,两脚向外分开,目空一切,骄横自负。这种立姿传达出一种拒人千里之外之感,不利于交际双方的沟通,在一般交际场合应该避免使用。

(4)无礼型:身体歪斜,一脚在前,一脚在后,站着抖动脚尖,目光轻浮、游移。这种立姿给人一种粗俗、鄙陋的感觉,在任何场合都应避免使用。

3.行姿语

行姿语是通过行走的步态传递信息的体态语。不同的走路姿势会传达出不同的信息。昂首阔步表示自信;亦步亦趋表示谦恭;踯躅不进表示犹豫;行色匆匆表示要事在身,等等。

四、教师体态语的学习

(一)表情语在教学中的应用

1.常规性表情语,指教师面带微笑,亲切、和蔼、热情、端庄的脸部表情。这是教师面部表情的基本要求,它能使学习氛围和谐轻松,拉近与学生的距离。

2.变化性表情语,指含有喜怒哀乐等丰富多样的面部情绪变化。在教学中教师根据教材内容表达的需要,高兴时眉飞色舞,惋惜时痛心疾首,愤怒时慷慨激昂,这种强烈的表情变化能撼动学生的心灵,使他们产生强烈的共鸣。

这里着重讲一下目光语的应用。

教师的目光要富有神采,明快丰富。要运用眼神的交流组织课堂教学,捕捉反馈信息,及时调节课堂内容。讲课时要扩大目光语的视区,始终把全体同学置于自己的视野之中,并用环视表达对每个学生的关注。应针对不同的学生使用不同的目光,如对听讲认真、思维活跃的学生投去赞许的目光,对开小差的学生投以制止的目光,对回答问题胆怯的学生投以鼓励的目光等。在教学中,教师的眼神忌暗淡无光,忌盯着天花板、窗外或讲义。视线不要频繁更换,飘忽不定,以免给学生造成心不在焉之感。

(二)身姿语在教学中的应用

1.行姿语。指教师在讲台上或在教室里行走的姿态。教师在走路时,步伐要稳健,大小适度,不要弯腰驼背,摇晃腰肢。行姿的基本要求是从容、平稳。走动次数不宜过于频繁,步伐不宜过快。

2.立姿语。教师的站姿要端庄,要精神饱满,给学生以挺拔自然的感觉,身体不要左右摇晃,也不要长时间地将双手撑在讲台上。

3.坐姿语。坐姿是一种静态造型,好的坐姿能展示出教师的文雅、稳重和大方。坐姿总的要求是文雅、端庄。如果要坐着讲课,一般以能够露出胸部为宜。

(三)手势语在教学中的应用

手势语可以说是除了口语外,教师最喜欢用的第二语言。教师的手势语要目的明确,动作要适度,幅度不宜过大或过小。要针对不同教学对象、教学内容正确选用不同含义、不同指向的手势。要注意克服教学中不良手势,如用手指敲击讲台、对着学生指指点点、手沾唾沫翻书等。

(四)服饰语在教学中的应用

教师的服饰是体现教师风度与气质的重要部分,也是构成学生认知中"第一印象"的重要内容,是形成师生交往中的"首因效应"。因而,教师的服饰要素雅大方,庄重新颖,做到整齐干净、美而不俏、艳而不俗,体现出教育者应有的涵养与风度。教师着装要注意以下几个方面:色彩的搭配不宜太鲜明、刺眼;不能穿奇装异服,也不能不修边幅;要与教师的文化修养、为人师表的风范相吻合。

五、态势语技巧自练

1.演讲下面的文字,并加上恰当的态势语:

看着那些幼小的生命,他们蜷缩着,鲜血已经凝固,像熟睡的样子……总理哭了,更多的人也和总理一样哭了。面对天灾,我们可以对大自然的残酷无情心生怨恨,但我们明白,怨天尤人不会让逝者复活,努力从废墟中挽救幸存者的生命,才是我们应该做的。今天是三天生命临界线的最后一天,让我们擦干泪水,从四面八方伸出援助之手,为灾区人民尽一份绵薄之力。从那一刻起,就再也没有人会无助地哭泣。

众人拾柴火焰高,爱心不分能力大小、物力多少!

事实告诉我们:只要人人都献出一点爱,废墟里的世界一样精彩!

(选自《第一范文网 抗震救灾演讲稿》)

2. 朗诵下面的诗歌,并加上恰当的态势语:

> 临邛道士鸿都客,能以精诚致魂魄。
> 为感君王辗转思,遂教方士殷勤觅。
> 排空驭气奔如电,升天入地求之遍。
> 上穷碧落下黄泉,两处茫茫皆不见。
> 忽闻海上有仙山,山在虚无缥缈间。
> 楼阁玲珑五云起,其中绰约多仙子。
> 中有一人字太真,雪肤花貌参差是。
> 金阙西厢叩玉扃,转教小玉报双成。
> 闻道汉家天子使,九华帐里梦魂惊。
> 揽衣推枕起徘徊,珠箔银屏迤逦开。
> 云鬓半偏新睡觉,花冠不整下堂来。
> 风吹仙袂飘飘举,犹似霓裳羽衣舞。
> 玉容寂寞泪阑干,梨花一枝春带雨。
> 含情凝睇谢君王,一别音容两渺茫。
> 昭阳殿里恩爱绝,蓬莱宫中日月长。
> 回头下望人寰处,不见长安见尘雾。
> 唯将旧物表深情,钿合金钗寄将去。
> 钗留一股合一扇,钗擘黄金合分钿。
> 但教心似金钿坚,天上人间会相见。
> 临别殷勤重寄词,词中有誓两心知。
> 七月七日长生殿,夜半无人私语时。
> 在天愿作比翼鸟,在地愿为连理枝。
> 天长地久有时尽,此恨绵绵无绝期。

(选自白居易《长恨歌》)

3. 作以下的辩论发言,并加上恰当的态势语:

主席:谢谢严嘉同学,听过双方代表对善恶的陈词。现在是他们大展辩才的时候。在自由辩论开始之前先提醒双方代表,你们每队各有四分钟发言时间,正方同学必须先发言。好,现在自由辩论开始!

王信国：我想首先请问对方辩友，既然人性本恶，世界上为什么会有善行的发生？

蒋昌建：我方一辩已经解释了。我倒想请问对方辩友，在评选模范丈夫时，你能告诉我，这个模范丈夫本性是好的，就是经不起美色的诱惑吧？（笑声、掌声）

许金龙：对方辩友，他要有人勤加于灌溉，我想请问对方辩友，请您正面回答我，您喜不喜欢杀人放火？

季翔：我当然不喜欢，因为我受过了教化。但我并不以我的人性本恶为耻辱。我想请问对方，你们的善花是如何结出恶果的？

吴淑燕：我想先请问对方同学，您的教育能够使你一辈子不流露本性吗？如果您不小心流露本性，那我们大家可要遭殃了。

严嘉：所以我要不断地注意修身自己呀！曾子为什么说："吾日三省吾身"呢？所以，我再次想请问对方辩友，你们说内因没有的话，那恶花为什么会从善果里产生呢？

王信国：我来告诉大家为什么会有，这是因为教育跟环境的影响吗！我倒请对方辩友直接回答我们问题嘛，到底人世间为什么会有善行的发生，请你告诉大家。

姜丰：我方明明回答过了，为什么对方辩友就是对此听而不闻呢？到底是没听见，还是没听懂啊？（笑声、掌声）

许金龙：你有本事再说一遍，为什么我们听了，从来没有听懂过呢？我想请问对方辩友，您说荀子说性恶，但是所有的学者都知道荀子是无善无恶说。

蒋昌建：我第三次请问对方辩友，善花如何开出恶果呢？第一个所谓恶的老师从哪来呢？

吴淑燕：我倒想请问对方同学了，如果人性本恶，是谁第一个教导人性要本善的？这第一个到底为什么会自我觉醒？

季翔：我方三辩早就解释过了，我想第四次请问对方辩友，善花是如何结出恶果的？

王信国：我再说一次，善花为什么结出恶果，有善端，但是因为后天的环境跟教育的影响，使他作出恶行。对方辩友应该听清楚了吧？我再想请问对方辩友，今天泰丽莎修女的行为，世界上盛行好的行为，为什么她会做出善行呢？

季翔：如果恶都是由外部环境造成的，那外部环境中的恶又是从何而来的呢？

蔡仲达：对方辩友，请你们不要回避问题，台湾的正严法师救济安徽的大水，按你们的推论不就是泯灭人性吗？

严嘉：但是对方要注意到，8月28号《联合早报》也告诉我们这两天新加坡游客要当心,因为台湾出现了千面迷魂这种大盗。

　　许金龙:我们就很担心人性本恶如果成立的话,那样不过是顺性而为,有什么需要惩罚的呢?

　　蒋昌建:对方终于模糊了,我倒想请问,你们开来开去善花如何开出恶果,第五次了啊!

(选自《93 国际大专辩论赛决赛》)

下编 大学生交际口才的形式

第六讲 日常会话

一、日常会话的含义

日常会话，也就是日常言语交际，是指两个或两个以上的语言使用者在一定的日常生活情景中进行的交互式口头言语交际活动。日常会话是人类的一种基本言语活动，它是日常口语交际的主要方式，是最能表现一个人口才水平的口语形式。日常言语交际中，交际者参与的是一种非正式场合中的聊天式的言语交际活动，交际双方如何互动是整个交际活动顺利进行的重要条件。一个人的会话口才，最重要的不是表现在他的"健谈"上（尽管"健谈"很重要），而是在整个交际活动的互动上。可见，日常会话的本质特征是"双向性"，即会话中一方的表达要受到另一方表达的制约，双方必须互动，才能达到会话的目的。

日常会话具有灵活性。日常会话中的参与者不同于单向口语交际的对象，说话者和听话者角色不断转换，无人控制会话过程。会话的话题灵活多样，会话参与者随意引发各种感兴趣的话题，并伴随着高频率的话题转换，如果交谈过程中突然闯入新的参与者，则可能彻底改变原来的的话题。会话参与者的口才也表现在这方面的"应变性"上：会话者必须根据即时交际情境的变化而变化。下面说两个故事。一个说的是二战时期的事，英国首相丘吉尔访问美国，被安排住进白宫。一天早晨，时任美国总统罗斯福来看丘吉尔，当他推开门走进去的时候，丘吉尔正一丝不挂地躺在浴缸里吸烟。丘吉尔慌忙扔掉烟站起来，光着湿漉漉的身子，尴尬中笑着说："总统先生，我在您面前可是没有丝毫的隐瞒啊！"二人随即哈哈大笑起来。这是一个典型的善于应变的例子，丘吉尔在慌乱和尴尬中，在一瞬间，不仅妙语化解了尴尬，还照应到了双方的关系和自己此行的目的。另一个故事说的是南昌一带流传的一个古代笑话。说是有一个"半吊子"在外面学了三句官话，第一句是"是我"，第二句是"因为不尴尬"，第三句是"那是应该的"。学成回家的路上,刚好遇上一起人命案,被当做嫌疑人拿到了衙门。县官审案,问道:"是谁杀的人?"这个"半吊子"不假思索,把自己学的话用上了:"是我。"县官又问:"你为什么要杀他?""半吊子"用自己学的第二句话作了回答:"因为不尴尬。"县官:"杀人不尴尬,这么说你跟他有深仇大恨了。可是杀人要偿命,你知道吗?""半吊子"又用上了自己学的第三句话:"那是应该的。"于是,县官就把他给杀了。这个故事讽刺的是那种生搬硬套、不知随机应变的人。

日常会话的灵活性还表现在环境场合上。环境场合指的是会话发生的时间、地点,即交际活动所发生的具体的物质的环境及抽象的心理环境。日常会话不受任何时间地点的限制,会话参与者在某一特定的场所里可以自由变换场地,在轻松的氛围中交谈。

日常会话具有特殊的基调。所谓基调指的是谈话时的语调、方式和精神状态:轻松的、严肃的、嘲讽的、夸大的等等。基调既可用语言表示,它可用语言外的行为,如各种姿势、表情等等。在日常会话中,会话参与者在使用不同语调表达疑问、陈述、强调意义的同时传达更为微妙的信息,如讽刺、爱慕、侮辱、关切、赞扬等信息,或使用各种非言语手段,如表情、手势等来加强言语表达。

日常会话具有叙事性,在日常会话中内含着叙述的事情或叙述事情。一般来说,日常会话都是有内容的,都是关于什么的谈话。

日常会话里有语用含糊的现象。所谓语用含糊是指说话人在特定的语境中使用不确定的或模糊的话语向听话人表达数种言外之意的现象,以达到让听话人来推测、决定、解释其话语之意的意图。这些模糊语在日常交际中特别是当说话人想表达模糊或隐含的意思或使用一些修辞技巧时起着不可取代的作用。语用模糊是说话人考虑到话题、交际对象、交际目的和语言环境等各种因素不得不作出的交际策略,在交际中具有积极的意义。语用模糊可以帮助说话人维护面子,不失礼貌,保持良好的人际关系。语用模糊还可增强话语的表达效果,使话语更具感染力。语用模糊还可体现说话人的机智和幽默,帮助说话人化解难题,活跃气氛。语用模糊作为一种交际策略具有积极的意义,但有时会被误解,造成交际失误。

善于日常会话的大学生,能把自己的生活弄得随时随地都很快乐。他们在课余的时间,和他们的同学、朋友,可以快快活活地度过一个周末。善于日常会话的人,往往被人称为"健谈者",他们到处都受人欢迎。

二、日常会话技巧的学习

日常会话可以细分成很多的类别。如按照会话参与人的数量可以分成双方会话、多方会话;按照交际各方的利害关系是否有冲突可以分成一致型、相左型、中间型等类别;按照交际的目的和方式可以分为交谈、问答、讲解、说服等。

(一)交谈的方法

交谈是社交活动必不可少的内容,更是一门艺术。既要注意谈话时的态度、措辞,顾及周围的环境、场合,更要讲究所谈的内容。

或许有人会说:"只要不是聋子哑巴,难道还有人不会交谈吗?"在日常交际中,确实有人轻车熟路,很善于交谈,而有的人却处于无人可谈、无话可谈的难堪境地。那么在交谈时应该注意哪些事情呢?美国研究语言交际的专家埃尔金博上认为以下三个方面对于成功的交谈十分重要。

1. 选择合适的话题

人们交谈时一般是开始讲话的人选择一个话题,大家围绕这个话题各抒己见,然后转向另一个话题。因此,选择合适的话题就非常重要。如果选择的话题能被大家接受,谈话便会顺畅地进行下去;如果选择了不适宜的话题,引不起大家的兴趣,没有人作出回应,会话就失败了。

(1)合适的话题

共同话题。即涉及会话双方的或双方都感兴趣的话题。例如同职业的人交谈起来要融洽一些,因为他们有共同话题。

焦点话题。即新近发生的社会热点、焦点问题。要提高自己的交谈能力,就要多关注社会热点、焦点问题,积累一些相关的知识。

对方话题。交谈要成功,就要尽量少谈有关自己的话题,多谈对方的话题,或者从对方角度切入话题。

(2)不合适的话题

有关禁忌的话题。一般是会话一方不愿谈及的话题,如夫妻关系、家庭成员之间的矛盾、个人的某些疾病等等。

假话题。假话题是指那些无法继续下去的话题,如果你用"今天天气很好"来开始谈话,对方便没有什么话来回应。如果你发现周围的人不愿意与你交谈,那你就要检查一下你在选择话题方面是不是存在问题。检查的方法是:以星期为限,尽可能记下你与人交谈时所选择的所有话题。如果有的话题重复出现,就记下出现的次数。这样就得到一张你选择的话题的清单。检查出现次数较多的话题,问自己两个问题:如果别人总是跟你谈这样的话题,你想不想听?如果不想听,为什么?

有关谈话者自己的话题。有的人谈来谈去总是围绕着自己的生活,开始人们也许还有兴趣听,时间久了便失去了兴趣,甚至躲着这样的谈话者了。

2. 按照一定的顺序交谈

人们的交谈是按照一定的顺序进行的,不是想说什么就说什么,想什么时候说就什么时候说。交谈时说话人和听话人双方相互配合,不断交换位置,才能使谈话顺利进行下去。这种交谈规则就像交通规则一样,即便没有警察指挥,大家也都会遵守绿灯行、红灯停的规则,否则便会出现"堵车"现象。依据这些规则,参加谈话的人才能根据自己的需要决定加入交谈或者回避交谈。如果你想加入谈话,你必须等待说话的人讲完以后停顿时接过话茬。如果在这中间打断别人,就会被认为不礼貌。而如果你想把话题交给下个人,就要出现停顿,暗示你已经讲完。暗示的常用手段是目光接触。如果你选择了某个人作为下个谈话者,你在停顿时就要和他目光接触。如果谈话者出现停顿,并和你有目光接触,则意味着对方准备把发言权交给你,你要把话茬接过来。

3. 善于倾听

日常会话时,讲出的话转瞬即逝,不可能像听磁带一样可以倒放。交谈的双方互相影响,说出的话一般不是事先想好了的,需要根据前面的人讲的话来确定我们自己说什么,自己的话又影响到双方后面要说的话。因此,仔细地听别人讲话就显得非常重要。会听才能会说,只有注意地听,我们才能准确地判断对方是否谈完,才能及时地接过话茬,而不是冒昧地打断别人。只有认真听,我们才能了解对方,发现对方的兴趣、意图,把话题引向深处,达到交谈的目的。

要做到会听,首先,要多听少说;其次,要专心致志地听;再次,要边听边思考,理解对方说话的真实意图。另外,还要学会听出弦外之音。比如你买了套时装,穿在身上,问你的同事:"我这套衣服漂亮吗?"对方回答:"哎呀,很抱歉,我对时装一窍不通,真说不出意见来。"听了这番话,你可得自己好好照照镜子,看看你买的衣服是否合适了。

(二)问答的方法

问答是日常会话的主要方式之一,一般是指因问而答的一问一答式的会话。《周礼·大司乐》郑玄注:"发端曰言,答述曰语。"人们的日常交际活动离不开"言"和"语",人们日常会话中很多时候要使用问答。问答既是一种口语交际方式,也是一种常用的交际方法。

问答交际的基本要求:一是注意倾听。只有听清楚对方的问题,才能做有效回答;也只有通过认真倾听对方诉说,才能有效发问。二是简洁明了地表达。不管是提问还是回答,都要做到既表达清楚,没有含混不清,又话语简练,不拖泥带水。

问答包括发问和答问两个方面。

1.发问

发问是人们日常生活与社交场合中的一种必不可少的言语活动,是一种以解答疑问为目的的表达方式。一般来说,发问是会话的起点,是把话题发散开来的动因。发问得当,就能拓展对方言谈思路,发散话题,也能增进会话双方的相互了解,和谐人际关系,顺畅沟通,使交际成功。发问不当,就会造成种种被动与不快,使交际失败。俗话说得好:"善问者能过高山,不善问者迷于平原。"日常会话中的发问一般有两种情况,一种是不知而问,即通过发问来了解自己不清楚、不熟悉的某些情况;另一种是明知而问,即通过发问把对方思路引到自己了解的问题上来,以期引导对方思考,打开交际。

日常会话中,如何恰当得体地发问、获得交际成功呢? 总的来说,是要联系具体语境准确发问。传统所说的"六何——五个 W、一个 H",可以说是对语境内容的简明而精要的概括:What,何事(事件);When,何时(时间);Where,何地(处所);Who,何人(对象);Why,何故(原因);How,何如(方式)。"六何"对一般的语言运用有指导意义,也是发问好坏的主要参照依据。下面讲个实例:一个教士在做礼拜时忽然烟瘾大发,便问其上司:"我祈祷时可以抽烟吗?"这么发问显得自己心不诚,难免遭到拒绝。其后,另一位教士也熬不住烟瘾,他换了另一种方式问道:"请问,我吸烟时可以祈祷吗?"没想到上司竟然同意了他的请求。同样请求抽烟,前者的发问与做礼拜的语境相冲突,所以遭到拒绝;后者迂回发问,使自己的请求适应了语境要求——我一心祈祷,吸烟的时候都不忘,所以请求得到了允许。

发问的方法有很多,如:

超前性强化发问。超前性强化,就是有意跨越事理常规,用以强化表达意图。有一个人在 4 月 1 日这天邀请了五位朋友在家聚会,正酒酣耳热之际,突然有人打电话问候他:"你的性病好了吗?"结果众人以为主人真的染上了性病,无论主人怎么解释都无济于事,酒宴不欢而散。事后得知是他的一个同事为愚人节而跟他开的一个玩笑。该例中,发问人故意超越事实,强行认定对方得了性病,使得对方有口难辩,达到了超前发问的强化效果。

滞后性弱化发问。滞后性弱化,就是不直接切入话题要旨,故意绕弯子,迂回徐行,曲径通幽。使用得好,表达就显得贴切自然,富有亲和力。下面讲周恩来总理的一个成功用例。1972 年,尼克松夫妇访华,周恩来总理在招待尼克松的一个宴会上,把熊猫牌香烟递给尼克松夫人,问她:"喜欢吗?"尼克松夫人说:"我不吸烟。"周恩来就指着烟盒上的熊猫图说:"喜欢这个吗? 你们把两头麝香牛送给中国人民,北京动物园也送两只大熊猫给美国人民。"尼克松夫人一听,'惊喜地对尼克松叫道:"天哪! 你听到吗? 大熊猫! 总理要送大熊猫给我们!"

该例中,周总理本已准备在招待尼克松的宴会上告诉尼克松夫妇一个消息:中国将送一对熊猫给美国。周总理没有直接问对方喜不喜欢大熊猫,而是递给对方带有熊猫图案的一盒香烟,问:"喜欢吗?"这个问句具有欺骗性,看似离题很远,但细细品味就不难看出,周总理是有意绕弯,放慢节奏,滞后发问,由远及近,步步推进,水到渠成。这样表达看似平常而又意味无穷,增加了幽默感,迎合了美国人的口味,体现了周总理非同一般的外交语言艺术。

根据不同的情境,使用合适的发问方式。如果会话情境不需要讲究提问策略,不需要说明提问因由,也不难听清,不难理解,可以采用直接提问法,即不作铺垫也不绕弯子,直接把问题提出来。如果需要避开会话对方的心理防线,以问出对方不便说、不愿说或不敢说的问题,或者对方是不善言辞的人,就可以采用迂回式提问法,即不是直接地把问题说出来,而是作些铺垫,绕着弯子提问,甚至是对方感觉不到问题是针对自己,不自觉地参与到问题中来。

发问要注意以下几点:首先,日常会话中的发问要问得自然,不要勉强发问、生硬发问。提出的问题一般要是在对与问题相关的情况有一定了解的基础上提出来的;问题要系统连贯,不拼凑凌乱;问题要顺势而出,而不生硬突兀,恰当其时而不强行插入。其次,要问得合适,即问题要适合对象。这就需要了解会话对方的情况,如经历、教养、性格、情趣、社会政治背景,以及会话时的心情、心态等。再次,不要超前性错位发问,也不要滞后性错位发问。这一类看似低级的错误,其实日常会话中并不鲜见。有这样一则小幽默:有一个男子去参加舞会,与一位小姐边跳舞、边聊天。男子问:"你结婚了吗?"小姐说:"还没有。"男子又问:"那你有孩子吗?"小姐顿时脸色大变,转身就走。男子一想,知道自己问错话了,他下定决心,以后再不能这样说话了。接着他又与另一位中年妇女一起跳舞,同样是边跳边聊。男子问:"你有孩子了吗?"中年妇女说:"有两个。"男子又问:"那你结婚了吗?"对方回了句"神经病",甩手而去。在这则小幽默中,这个男子说错话的根本原因是没有把握好交际进程。他问一位没结婚的小姐有没有孩子,这是超前性错位;而问一位有两个孩子的中年妇女结婚没有,这是滞后性错位。二者都有违常理,因而闹了笑话,导致交际失败。

2. 答问

答问是对会话交际人提出的问题做出回答的谈话活动。日常会话中的问答一般比较随意,但问是攻,答是守。答问还是要注意以下几点:

首先,要保持头脑清醒,同时以热情的态度作答。日常会话中,答方要热情友善,能正面回答的问题,要尽量给予明确答复,以保持会话的良好气氛。同时,答问时要头脑清醒,辨明问题的利害,清楚哪些可以答,哪些不能答,这样才能有的放矢而不失分寸地答问。

其次,对突如其来的问题要反应敏捷,巧妙作答。有这样一个范例:在美国的课堂上,一位女教师发问:"'要么给我自由,要么让我去死。'这句话最早是谁说的?"许久,一位日本学生站起来用不太熟练的英文回答:"1775年,巴特利克·亨利说的。""完全正确,同学们,刚才回答问题的是一位日本学生,可生长在美国的同学却回答不出,多么可怜啊!"女教师感慨道。"把日本人干掉!"有美国学生怪叫。"谁?这是谁说的?"女教师气得满脸通红。沉默了一会儿,教室里气氛顿时紧张起来,这时,一个美国学生大声回答道:"1945年,杜鲁门总统说的。"回答得多么巧妙啊,一语化解了矛盾。

再次,日常会话中经常会出现尴尬的提问,这时的答问也是最能体现口才艺术的了。常用的方法有:答非所问,不回答引起尴尬的问题本身,而说一些跟该问题有联系的其他内容;转移话题,就着提问轻轻点一下,就转到别的话题上去;避实就虚,回答宽泛化,避开提问的具体指向来务虚,等等。

(三)讲解的方法

日常会话中的讲解是一种单向型的交际方式,是交际一方运用有声语言向另一方传递信息的会话方式。

日常会话中的讲解方法有很多,这里介绍几种:

1.叙述法

叙述法是讲解人向听话人客观地陈述介绍某些知识性的东西。讲解人运用叙述性的语言可以使听话人系统、完整地理解和获得一些知识。一般来说,日常会话中的叙述要求语言表达要简洁、明白、准确。

2.描述法

描述法是讲解人用形象生动的语言向听话人讲解某些事物或道理。讲解人运用描述性的语言讲解,可以给听话人较强的直观可感性。一般来说,日常会话中的描述要求语言表达要生动、细腻、准确。

3.举例法

日常会话中,遇到一些抽象、难懂的问题,说话人经常运用举例的方法来讲解,使一些抽象、难懂的概念、事理变得具体、生动、好懂。这种方法要求举出的例子要贴近生活实际,是听话人所熟悉或易于接受的例子。

(四)说服的方法

说服是通过一定的言行所传递的信息来影响会话对方的信念或驱使其去做一件事情。说服在日常会话中常为使用。

说服的方法众多,这里介绍两种:

1. 悬念攻略

设置好的悬念,吊吊胃口,再揭开谜底,可以引人入胜。日常会话中,也可以借鉴这种方法来说服人。

> 有"悬念大师"之称的著名导演希尔柯克有一次在苏格兰山区迷了路,好不容易在漆黑的夜空见到一盏灯火。他定睛一看,原来是一户人家,立刻兴奋地奔向前去。当他向这家的屋主,一位中年男子提出借宿要求后,屋主一脸的不高兴,说:"我家又不是旅店!"说着就准备关门。"别忙,我只要问你三个问题,就可以证明这屋子就是旅店!"希尔柯克笑着说道。这话引起了屋主的极大兴趣,他爽快地说:"倘若你能说服我,我就让你进门。"
>
> "在你以前谁住在此处?"
>
> "家父。"
>
> "在令尊之前,又是谁当主人?"
>
> "我祖父。"
>
> "如果阁下过世,它又是谁的呀?"
>
> "我儿子!"
>
> "这不就结了!"希尔柯克笑道,"你也不过是暂时居住在这儿,也像我一样是旅客。"
>
> 当晚,希尔柯克在屋里舒舒服服地睡了一觉。

希尔柯克不愧为"悬念大师",在借宿要求被拒后,巧妙地设置了悬念来吸引对方的兴趣,接着从人生长河的角度证明人人皆过客,言外之意是人们应该互相帮助。这种别具匠心的说服术,不由对方不服。

2. 言此意彼

在日常会话中,如果你发现对方对某一事情有了很固定的看法或做法,当事人对所谈或纠正事情本身又非常敏感或反感,显然就事论事已难突破僵局,直抒胸臆更不会取得好效果的时候,说服者可以采用"言此意彼"的方式,让对方在没有任何心理准备的情况下,自然而然地接受你的说服。请看古代的一个例子:

> 邹忌修八尺有余,而形貌昳丽。朝服衣冠,窥镜,谓其妻曰:"我孰与城北徐公美?"其妻曰:"君美甚,徐公何能及君也?"城北徐公,齐国之美丽者也。忌不自信,而复问其妾曰:"吾孰与徐公美?"妾曰:"徐公何能及君也?"旦日,客从外来,与坐谈,问之客曰:"吾与徐公孰美?"客曰:"徐公不若君之美也。"明日,徐公来,孰视之,自以为不如;窥镜而自视,又弗如远甚。暮寝而思之,曰:"吾妻之美我者,私我也;妾之美我者,畏我也;客之美我者,欲

有求于我也。"于是入朝见威王，曰："臣诚知不如徐公美。臣之妻私臣，臣之妾畏臣，臣之客欲有求于臣，皆以美于徐公。今齐地方千里，百二十城，宫妇左右莫不私王，朝廷之臣莫不畏王，四境之内莫不有求于王：由此观之，王之蔽甚矣。"王曰："善。"乃下令："群臣吏民能面刺寡人之过者，受上赏；上书谏寡人者，受中赏；能谤讥于市朝，闻寡人之耳者，受下赏。"令初下，群臣进谏，门庭若市；数月之后，时时而间进；期年之后，虽欲言，无可进者。燕、赵、韩、魏闻之，皆朝于齐。此所谓战胜于朝廷。

邹忌进谏成功的秘诀就是采用了"言此意彼"的说服战术。表面上，他在说自己的私事，实际上却剑指齐威王的政事，最终说服了齐威王，成就了一段美谈。

日常会话要获得成功，还必须遵守一些基本原则，比方说不要伤害对方的自尊。所谓自尊，即自我尊重，指既不向别人卑躬屈膝，也不允许别人对自己歧视、侮辱，是一种健康良好的心理。日常会话中的每一个参与人都有自尊，而日常会话是一种比较随意的交际活动，说话随意就很容易伤及自尊。维持交际双方和谐的人际关系是日常会话的目的之一，会话者通常选择礼貌的语言行式，尊重对方的面子。然而，日常生活中，我们也经常会说出一些很容易触及对方自尊的话语，如："已经旧啦！""那弄错了！""怎么搞的！""没有价值的哟！""应该这样吗？"等等。我们用这些话语来否定对方提出的意见或话语时，这种否定的方式比说话的内容更伤对方的自尊。这样一来，人们在那个时候潜在的"做得亲切些"的希望消失了，态度变得僵硬。其后，再说什么，也不会打开心扉接受会话了。假如你说的事情正确，也将会成为这样一种心理状态："的确是那样，不过是说说那样的事情而已，而接受是不可能的。"即使是理性上理解了，在感情上也是排斥的。这是因为没有符合感情的波长。确实像一般说的那样：人类感情和理性的比例是7比3。行动常常受感情支配。一开始就拿出来"不行啊"这种否定的表现，首先就刺激了对方的感情。说的不是谈话的内容，对方感受到好像是自身的价值被否定了，从而立即恼怒。日常会话中，与其说"你说的不对哟"，不如说"那你说的也有一定的道理，不过我还是不赞成"为好，因为后者采取的方式是首先肯定对方的发言。说"的确是那样"，"那也好呀"，先肯定对方的立场、意见和想法，然后再讲想说的事情，会话的效果就好得多。日常会话中，要尽量避免使用"不行"等直接否定的话语，这些话语往往是对别人的打击。比如男职员想请女职员去喝茶："一起去喝茶可以吗？""不行，我忙着哪！"对于本来是好意相约的声调，用"不行"答复，就可能像刀一样刺向男方的胸膛，即使是后边加上"忙着哪"的理由解释，也已经伤害了男人的自尊心。如果改成这样说："谢谢，可是今天我很忙，改日再去吧"，对方就不会生气了。总之，会话人采用尊重对方自尊心的说话方式,就可能提高会话的效果。

三、日常会话技巧自练

1. 你的一位好友学习一直很勤奋,成绩也还不错,可是高考却落榜了,他很伤心,说:"完了,我什么都完了。"你准备怎么去安慰他?

2. 寒假坐火车回家,你旁边坐了两位同你年龄相仿的异性,但彼此都不认识。经过观察,发现他(她)们此时正和你一样:既疲乏得想打盹,又担心随身携带的行李出意外。你准备如何与他(她)交谈来消除疲乏?

3. 讨论在下面会话情境中,怎样说会说得人笑,怎样说会说得人跳。

(1)放假回家见到爷爷奶奶。

(2)在逛街时遇到一个三年没见面的老同学。

(3)向一位中年妇女问路。

4. 有一回,在公共汽车上,一位先生给一位抱着婴儿的年轻母亲让座,谁知道这位母亲一屁股坐下去后就不吭声了。旁人对这种不礼貌的行为流露出不满的神色。这时,让座的先生低下头对这位母亲说:"太太,您在说什么?""我什么也没说呀!"那位年轻的母亲有点诧异。"哦,对不起,太太,我以为您在说谢谢呢!"众人哑然失笑,那位母亲也羞得满脸通红。请问,这位先生的表达方式有什么特点? 如果是你,你还有其他好的说法吗?

5. 分析下列会话中的交际技巧:

(1)有一对热恋情侣一起逛商场。小伙子想在恋人面前表现一下,主动问一件貂皮大衣的价钱。售货员回答说:"3000 元。"小伙子听后吐了一下舌头,"嘘——"地吹了一声口哨。他怕自己的女朋友听见,便装着若无其事的样子。为了掩饰自己的尴尬,他又问起另一件的价格。售货员一笑,说:"吹三声口哨。"小伙子一听也笑了,赶紧拉着女友走了。

(2)安徒生的生活一向很俭朴。一次,他戴着一顶破帽子在街上走着。这时,几个游手好闲的人嘲笑他说:"嗨,你脑袋上的那个东东是什么玩意儿? 是帽子吗?"安徒生看了他们一眼,说:"喂,你们帽子下面的那个东东是什么玩意儿? 是脑袋吗?"

(3)2008 年美国总统布什突然访问伊拉克,在与马利基共同举行的记者会上,一名在场的埃及电视台记者将两只鞋朝布什扔了过去,布什弯腰躲过了袭击。布什在一开始的惊慌过后,勉强挤出笑容,示意全场安静。在他身边,伊拉克总理马利基表情复杂。现场一些伊拉克记者站起身来,向布什道歉。布什说:"这件事没有让我感到不安,如果你们希望知道,他扔的是一双 10 号鞋。"

第七讲　演讲与论辩

一、演讲与论辩的含义

演讲与论辩是大学生口才交际的两种常见形式,也是个人口才能力的集中体现。中国古代就有"一言可以兴邦,一言可以误国"之说,还有"一人之辩重于九鼎之宝,三寸口舌强于百万之师"之论;而西方口才训练大师卡耐基更是强调"一个人的成功,有15%取决于人的技术知识,而85%取决于人类的工程——发表自己意见的能力和激发他人热忱的能力","现代成功人士80%都是靠一根舌头打天下的"。可见,具备演讲与论辩这样的口才对一个人的生活和事业是非常重要的。如果一个人口齿不清、词不达意,那么很难想象他能充分发挥出自己的聪明才智取得事业的成功,更谈不上为社会、为国家作出自己应有的贡献了。

(一)演讲的含义与种类

1.演讲的含义

演讲也叫"演说"或"讲演",它是指表达者在公众场合面对听众,借助于口语和非口语形式(即态势语言)系统地阐述观点、抒发感情、介绍知识,并以此影响听众态度和行为的一种语言交际活动。在演讲实践活动中,演讲者必须摆正"讲"与"演"的和谐统一的关系,两者不是平分秋色的,而是以"讲"为主,以"演"为辅,两者相互交织渗透和相互促进,其中"讲"在演讲活动过程中始终起着主导作用,但是这种"讲"还要体现着"演"。它不仅要把事和理讲清楚,让人听明白,而且还要通过在现场上的直观性语言(也包括态势语)的表达,把事物和道理讲得生动、形象而感人,既有情感的激发力,又有语声与姿态并作的审美感染力。

2.演讲的种类

演讲作为一种语言交流的社会活动,历史悠久,源远流长。在我国,演讲现在已成为一种极其普遍的社会现象,它与人们的日常生活息息相关,直接影响着人们的工作、学习和交往。如今,演讲在宣传教育、沟通联谊、传播文明、培养人才、提高素质等方面的作用日益明显,影响力在不断扩大,种类在不断丰富。一般来说,演讲可以按照不同标准、从不同角度进行分类:第一,从具体功能上划分,可分为五种,即"使人知"演讲、"使人信"演讲、"使人激"演讲、"使人动"演讲和"使人乐"演讲。这些演讲的侧重点各不相同,或者让人知晓,或者使人相信,或者令人激动,或者催人行动,或者逗人欢笑。第二,从表达形式上划分,可分为三种类型:命题演讲,即事先拟定题目或演讲范围,由演讲者经过准备后所做的演讲;即兴演讲,即演讲者在事先没有准备的情况下就眼前场面、情境、事物、人物、问题等临时起兴发表的演讲;论辩演讲,即指由两方或两方以上的人们因对某个问题产生不同意见而展开的面对面的语言交锋。第三,从表现内容上划分,大致可分为五种类型:政治演讲,凡是为了一定的政治目的,出于某种政治动机,就某个政治问题以及与政治有关的问题而发表的演讲;生活演讲,就社会生活中存在的各种问题、现象而作的演讲;学术演讲,就某些系统、专门的知识和学问而发表的演讲;法庭演讲,指公诉人、辩护代理人在法庭上所作的演讲、律师的辩护演讲;宗教演讲,一切与宗教仪式、宗教宣传有关的演讲。当然,还可以从其他角度对演讲进行不同的分类。

(二)论辩的含义与特点

1.论辩的含义

在口语表达的诸多形式中,论辩是展示表达者思辨能力、精神境界、文化底蕴、机智灵巧所综合创造的口才艺术的一种最高级形式。论辩也叫辩论,是指意见相悖的双方就同一问题展开面对面的争辩,以确立自己的观点或者驳斥对方的观点的一种口语形式。在人际交往中,我们时常会遇到与自己的观点不同的人。大至思想观念,为人处世之道;小到对某人、某事的看法、评论。这些程度不同的差异都会外化为人与人之间的争执与论辩。世界充满了矛盾,生活中有是非曲直,公共事务中有摩擦纠纷,科学研究中有真理谬误,这一切都需要论辩。从某种意义上看,不同见解的论辩过程正是寻求真理的过程。论辩,自古以来就是人类社会探索真理、沟通信息、解决矛盾的重要手段。论辩的最基本的道德原则就是摆事实,讲道理。任何歪曲事实、无理蛮缠,直至恶言相向,进行人身攻击,侮辱对方人格的言行都是不道德的。论辩是真理与谬误的交锋,智慧与愚昧的较量,先进同落后的对峙。论辩的目的就是坚持真理,反对谬误;弘扬智慧,启迪愚昧;歌颂先进,鞭挞落后。论辩的内容,包括政治、经济、思想、科学、文化、生活等人类社会各个领域的一切矛盾。论辩的形式,是不同观点或相反观点进行针锋相对的比较论证。论辩的方法,是采用言辞表达的方式和类比推理、归纳推理和演绎推理的逻辑方法。论辩的评判标准是论辩者的理由和论证能否驳倒对方,说服别人。

2.论辩的特点

论辩的特点主要表现为以下几方面:首先,论辩具有对抗性。论辩的对抗性特点一方面体现在双方观点的对立性上,当人们对某一问题产生意见分歧就具备了辩明是非对错的需要,论辩也就应运而生了。论辩双方所持的观点往往是针锋相对、非此即彼的,这种认识上的矛盾性就成为双方对抗论争的焦点。另一方面还体现在语言上的直接交锋,论辩双方要面对面地进行争论,各抒己见,努力论证自己的观点、批驳对方的观点,比较明显地呈现出一种攻与守的对抗状态。其次,论辩具有逻辑性。逻辑的力量在辩论中表现得最为显著,观点的论证就是一个逻辑推理的过程。论辩时需要遵守逻辑基本规律,根据人们的逻辑思维习惯摆事实、讲道理,用已知的概念和判断推出预期的结论。因此论辩最常用的方法就是运用演绎法、归纳法和类比法等逻辑推理形式,严密地指出对方论证上的逻辑漏洞和其他违反逻辑思维的错误类型,这种做法比任何单纯的否定都更彻底,更有说服力。因此,逻辑是辩论的生命和灵魂。第三,论辩具有策略性。论辩又被称为论战,论战是需要讲究策略的,论辩中要想捍卫自己的观点令他人信服或者反驳对方的观点使其不能成立都需要讲究方式方法,怎样进攻、怎样防守、怎样反击、怎样诱导才能克敌制胜使真理得到传播,是需要巧妙精心地策划的。第四,论辩具有临场性。论辩的进程是受到双方制约的,任何一方都不能左右论辩的内容和进展。虽然论辩之前可进行充分的准备,但双方的情况彼此不可能完全掌握,只能在现场听取了对方发言之后进行灵活处理,要根据论辩进展和临场实际随机应变进行发挥。此外,论辩者临场的竞技状态和现场气氛也都可以对论辩的过程和结果产生影响,比如论辩者的身体状况、心理导向、个人喜好、意外变故等都会使形势发生变化。这些因素都是论辩临场性的突出表现。第五,论辩具有紧张性。论辩与一般的交谈、讲话、朗诵相比是比较紧张激烈的,因为双方的语言交锋要求思维敏捷,保持高度的紧张状态,双方要在有限的时间里辩明是非决出胜负,这就要做到反应敏捷,思路清晰,迅速捕捉各种信息并在瞬间做出反应,不允许有丝毫的犹疑。这样就自然使思维节奏和语言节奏明显加快,势必造成现场气氛严肃紧张而又精彩激烈。第六,论辩具有犀利性。论辩的语言风格是简洁明快犀利有力的,为了发挥出强烈的攻击力,说理要入木三分,批驳要直言快语,推论要丝丝入扣,语气要铿锵有力,表达要天衣无缝。

3.论辩的种类

论辩的种类也很多，可以从不同的角度分出不同类型。按其内容和形式来划分，一般可分为日常论辩、专题论辩、赛场论辩；按其目的来划分，可分为：分清是非真伪的论辩，判断优劣得失的论辩，提高雄辩能力的论辩（赛场论辩就属于这一类）；按其手法来划分，可以分为辩白、辩难、辩护、辩驳等几种。总之，根据内容的不同、形式的差异、论辩主体和使用范围的区别综合起来划分，论辩可以分为政治论辩、学术论辩、法庭论辩、论文答辩、日常论辩和赛场论辩等。

二、演讲方法的学习

演讲是一门体现个人综合素质的语言艺术。要想使演讲取得良好效果，是需要讲究一定的方式方法的。关于演讲的方法，虽然不同教材和著作中有各种各样的表述，我们可以根据实际情况有针对性地加以选择和运用，但是，不管进行怎么样的演讲，有些规律性的东西还是需要我们去关注和学习的。因为演讲的表现方法是一个复杂的综合系统，只有各种表现方法相互配合，相互作用，和谐一致，才能使演讲获得成功。演讲活动可以直接反映一个人的思想水平、知识水平、思维能力、组织能力、表达能力等，它是演讲者各种修养和各种能力的综合体现。一次成功的演讲，需要我们从宏观上把握以下几个方面的策略和方法。

（一）精心准备演讲稿

演讲稿是绝大多数演讲者不可或缺的文本材料，是成功演讲的物质依托。要想使演讲达到预期目的，就必须对演讲稿进行认真准备和精心筹划。

一般来说，演讲稿的结构可分为开头、主体、结尾三个部分，其结构原则与一般文章的结构原则大致相同。但是，由于演讲是具有时间性和空间性要求的活动，因而演讲稿的结构还具有其自身的特点，尤其是它的开头和结尾有特殊的要求。

1.开头要抓住听众，引人入胜

演讲稿的开头也叫"开场白"，它在演讲稿的结构中处于显要的地位，具有重要的作用。瑞士作家温克勒说过，"开场白有两项任务：一是建立说者与听者的同感；二是如字义所释，打开场面，引入正题。"好的演讲稿，一开头就应该用最简洁的语言、最经济的时间，把听众的注意力和兴奋点吸引过来，这样才能达到良好的演讲效果。

2．主体要环环相扣，层层深入

这是演讲稿的主要部分。在行文的过程中，要特别注意处理好层次、节奏和衔接等几个方面的问题。

层次，是指演讲稿思想内容的表现次序，它体现着演讲者思路展开的步骤，也反映了演讲者对客观事物的认识过程，演讲稿结构的层次是根据演讲的时空特点对演讲材料加以选取和组合而形成的。由于演讲是直接面对听众的活动，所以演讲稿的结构层次是听众无法直接凭借视觉加以把握的，而听觉对层次的把握又往往受限于演讲的时间。那么，怎样才能使演讲稿结构的层次清晰明了呢？根据听众以听觉把握层次的特点，显示演讲稿结构层次的基本方法就是在演讲中树立明显的有声语言标志，以此适时地诉诸听众的听觉，从而获得层次清晰的效果。演讲者在演讲中反复设问，并根据设问来阐述自己的观点，就能在结构上环环相扣，层层深入。此外，演讲稿可以用过渡句来明显表示不同层次，或者可以用"首先"、"其次"、"然后"、"最后"等语词来区别层次，这样就可以比较清晰地展示出演讲稿的层次感。

节奏，是指演讲内容在结构安排上表现出来的张弛起伏。演讲稿结构的节奏，主要是通过演讲内容的变换来实现的。演讲内容的变换，是在一个主题思想所统领的内容中，适当地插入幽默语句、诗文名言、轶事传说等内容，以便听众的注意力既保持高度集中又不因为高度集中而产生兴奋性抑制。古今中外优秀的演说家几乎没有一个不擅长使用这种方法。演讲稿结构的节奏既要鲜明，又要适度。平铺直叙，呆板沉滞，固然会使听众感到枯燥疲劳，而内容变换过于频繁，也会造成听众注意力涣散。所以，插入的内容应该为实现演讲意图服务，而节奏的频率也应该根据听众的心理特征来确定。

衔接，是指把演讲中的各个内容层次联结起来，使之具有浑然一体的整体感。由于演讲的节奏需要适时地变换演讲内容，因而也就容易使演讲稿的结构显得零散。衔接是对结构松紧、疏密的一种弥补，它可以使各个内容层次的变换更为巧妙和自然，使演讲稿富于整体感，有助于演讲主题的深入人心。演讲稿结构衔接的方法主要是运用同两段内容、两个层次有联系的过渡段或过渡句。

3．结尾要简洁有力，余音绕梁

结尾是演讲内容的自然收束。言简意赅、余音绕梁的结尾能够使听众精神振奋，并促使听众不断地思考和回味；而松散疲沓、枯燥无味的结尾则只能使听众感到厌倦并随着事过境迁而马上被人遗忘。美国作家约翰·沃尔夫说过："演讲最好在听众兴趣到高潮时果断收束，未尽时戛然而止。"这是演讲稿结尾最为有效的方法。在演讲处于高潮的时候，听众大脑皮层高度兴奋，注意力和情绪都由此而达到最佳状态,如果此时突然结束演讲,那么保留在听众大脑中的最后印象就特别深刻,演讲的效果会更加明显。演讲稿的结尾没有固定的格式,或对演讲全文要点进行简明扼要的小结,或以号召性、鼓动性的话收尾,或以诗文名言以及幽默俏皮的话结束。不管采用什么方式,都要把握住一个基本原则,那就是要给听众留下深刻的印象。

4.语言要得体妥帖,声情并茂

语言运用得好还是差,对演讲稿的写作影响极大。要提高演讲稿的质量,不能不在语言的运用上下一番工夫。从总体上看,写作演讲稿在语言运用方面应注意以下几个问题:

要尽量口语化。"上口"、"入耳"这是对演讲语言的基本要求,也就是说演讲的语言要尽量做到口语化。演讲,说出来的是一连串声音,听众听到的也只是一连串声音。听众能否听懂,要看演讲者能否说得好,更要看演讲稿是否写得好。如果演讲稿不"上口",本身就比较深奥晦涩,那么再好的演讲内容也不能使听众"入耳",使之完全听懂。演讲稿的口语化,不是日常口头语言的简单复制,而是经过加工提炼的口头语言,既要具体形象,又要逻辑严密,语句通顺。

要通俗易懂。演讲的目的就是要让听众听懂。如果使用的语言谁也听不懂,那么这篇演讲稿就失去了听众,因而也就失去了演讲的作用、意义和价值。为此,演讲稿的语言要力求做到通俗易懂,要尽量采用浅显明晰的大众化语言方式来表达丰富的思想内容。

要生动感人。好的演讲稿,语言一定要生动。如果只是思想内容好,而语言干巴巴,那就算不上是一篇好的演讲稿。要写好演讲稿,只有语言的明白通俗还不够,还要力求语言的生动感人。为此应该做到以下几个方面:一是多用形象化的语言,运用比喻、比拟、夸张、对偶等手法增强语言的形象色彩,化抽象为具体,把深奥讲得浅显,让枯燥变成有趣。二是运用幽默、风趣、活泼的语言,增强演讲稿的表现力。这样,既能深化主题,又能使演讲的气氛轻松和谐;既可调整演讲的节奏,又可使听众消除疲劳。三是努力发挥语言音乐性的特点,注意声韵调的和谐以及节奏感的变化。

要准确朴素。准确,是指演讲稿使用的语言能够确切地表现讲述的对象——事物和道理,揭示出它们的本质及其相互关系。要做到这一点,首先就要了解和熟悉所要表达的对象,认识必须准确到位;其次要做到概念明确,判断恰当,用词贴切,句子组织结构合理。朴素,是指用普普通通的语言,明晰通畅地表达演讲的思想内容,而不刻意在形式上追求辞藻的华丽和句式的优美。如果过分地追求文辞的外在华美,反而可能弄巧成拙,失去朴素美的感染力。有时候,越是朴素平淡的语言越能够打动人心。

要言简意赅。演讲稿不在于长而在于精,因此演讲稿不宜写得过长,要适当控制篇幅。而要在有限的篇幅内表达尽可能丰富的演讲内容,就必须做到言简意赅,用最精练的语言来表达尽可能多的信息,点到即止,给听众留下思考和回味的空间。

(二)努力提高自身素质

要想真正使演讲获得成功,演讲者需要通过日常训练,努力提高自身的综合素质。除了要有正确的思想素质、健康的道德素质和丰富的知识积累以外,还要不断提升心理素质。

演讲者需要具备的心理素质主要有以下几方面:

1.求真的心理素质

追求真理应该是每一个演讲者演讲中所追求的终极目标,而只有追求真理、弘扬真理的演讲才是最具有生命力的演讲,才会是名垂青史的演讲。历史上著名的诸如恩格斯的《在马克思墓前的讲话》如此,林肯的《葛提斯堡演讲》如此,马丁路德·金的《我有一个梦想》如此,闻一多的《最后一次演讲》也是如此。这些不朽作品都是演讲者追求真理的结果,如果没有他们对真理追求的内在思想品质和良好的心理素质,那么就不可能产生这些名垂青史的演讲传世之作。因此,我们在演讲前必须要做好为追求真理弘扬正气而演讲的心理准备。不要去面对听众矫揉造作无病呻吟,也不要为了某种目的去哗众取宠肆意渲染,如果是这样,演讲的出发点不正,你就不可能成为一个优秀的演讲者。

2.创作的心理素质

演讲本身就是一种创作的过程。在演讲创作过程中需要具备哪些心理素质呢?大体说来有两大方面,一是形象思维和逻辑思维;二是联想和想象。

在演讲创作中逻辑思维始终占据着主导地位,演讲者要通过自己的创作说明问题、解决问题,最后昭示给人们的是一个抽象的道理。因此,演讲稿在文体上更像是议论文。所以形象思维在演讲创作中只是暂时的、阶段性的,占主导地位的始终是逻辑思维。但是形象思维在演讲创作中并不是可有可无的,它在演讲创作中也起着逻辑思维不可替代的作用,如事例的陈述、形象的描绘、细腻的表达等等,这些都离不开了形象思维。同时必须看到,联想和想象在演讲创作中也有着非常重要的作用呢。想象本身就是创造性的,想象可以为我们的思想插上翅膀,没有了想象,我们的思想就难言高远,我们的心灵就不会开阔,我们的生活也不会多彩;而联想又可以帮助我们在错综复杂的事件之间找到内在联系,理清思维线索,从而在千变万化的现象中把握事物本质。另外,想象和联想也可以让演讲创作得到升华,让演讲主题更加深刻,让思维材料更加丰富,让演讲构思更为灵活。

3.表达的心理素质

有了演讲的动机,又进行了良好的演讲创作,接下来需要的就是演讲的表达,也就是把演讲推入到最后的实施阶段。这一时期对演讲者心理素质的考验更为严峻。演讲是需要勇气的,这种勇气到了演讲的表达阶段显现得更为突出。这时的演讲者一般要做好下面几种心理准备:一是鼓起勇气克服怯场。要知道演讲是人人都可以做到的,只要鼓起勇气,相信你就已向成功迈出了第一步。二是情绪饱满登台演讲。演讲者要通过各种途径和方法在登台演讲前尽量把自己的情绪调整到最佳状态,以饱满的精神状态展现自己的演讲风采。情绪饱满的演讲也比较容易吸引、感染和打动听众,引起听众的共鸣与反响。因此在登台以前,一定要调整好自己的精神状态,给听众留下良好的第一印象,让听众能够在短时间内被你的演讲所吸引。三是学会与听众互动沟通。演讲既然是一种双向交流的活动,那么演讲者在开始演讲之后,就要学会与听众进行互动交流,要随时注意听众的反馈信息,并根据这些信息及时调整自己的演讲内容和情绪变化。唯有如此,你的演讲才会是适时的、适度的、得体的、成功的。

虽然演讲心理素质的形成是一个长期的过程,但在演讲前,有针对性、目的性地做一些准备工作还是非常必要的。只要平时在上述心理素质的培养和训练方面多下点工夫,演讲获得成功自然就会水到渠成。

(三)正确运用演讲态势语

1.态势语的类型

态势语是指演讲者以姿态、表情、手势、动作等传递信息的无声语言,它是语言表达的辅助性手段。它既可以展示演讲者的风度,又能够辅助口语进行交流。态势语的运用要配合有声语言同步进行。一般来说,态势语包括三种类型:

(1)手势态势语。手势态势语是指交谈者或演讲者运用手指、手掌、拳头、手臂的动作变化来表达思想感情的一种态势语。它又包括指示性手势、情意性手势、象形性手势、比拟性手势和象征性手势等五种,每一种都有不同的含义和用途。

(2)动作态势语。动作态势语是指交谈者或演讲者以动作来传递信息的无声语言。在演讲过程中可以结合表达的内容运用各种动作自然而贴切地辅助传递相关信息,有助于听众的理解。

(3)仪表态势语。生活中得体的服饰、礼貌的举止、谦和的微笑、深情的一瞥、特有的表情这些都是无声语言,可以称其为仪表态势语。仪表态势语有三个方面:服装、身姿、表情。在演讲过程中,要做到服装得体,身姿大方,表情自然。

2.态势语运用的原则

态势语的运用是有一定的原则的,运用不好会弄巧成拙,甚至会画蛇添足。

(1)态势语要准确。演讲的态势语只是一种辅助手段,是为演讲服务的,因此演讲者的态势语首先要完全符合演讲内容表达的需要,完全符合演讲者正确表情达意的需要。

(2)态势语要适当。态势语的运用要服从演讲的内容,不能随意发挥到处使用,从而喧宾夺主,也不能自始至终没有出现一次态势语。

(3)态势语要协调。态势语的运用要根据演讲内容和感情需要,同有声语言协调一致。它的节奏要同有声语言的节奏同步,超前或滞后都会影响有声语言的表达,破坏交谈或演讲的整体一致性。

(4)态势语要自然。态势语是交谈者或演讲者感情的自然流露,是有声语言的有机组成部分。要顺乎自然,不要为了追求美而画蛇添足,为了追求有风度而机械模仿。态势语要与有声语言融会贯通,随内容和感情的需要而出现,要特别强调临场性,它才是自然的、恰当的。另外,态势语的运用要针对听者的多少,会场的大小,环境条件变化而有所区别,还要根据听众的不同而有所选择。

总之,态势语的运用要应景而生,适时适度适当,要做到姿态、表情、手势、动作等的准确、协调、自然,从而增强演讲的表达效果,使之更富于感染力、表现力和号召力,更好地表情达意。

三、论辩方法的学习

论辩是会话体口语中的最高表现形式,它可以充分展现表达者包括思辨能力、精神境界、文化底蕴、机智灵巧、临场发挥等各方面的综合素质与能力,因此已经越来越受到人们的关注,已经成为政治、经济、军事、科学、教育等社会的各个领域中必不可少而又行之有效的用来解决矛盾、统一认识的语言交流活动。要想使论辩真正取得预期效果,就必须学习和掌握论辩的一些基本方法。

(一)论辩前的准备工作

一般来说,论辩的准备工作主要抓好以下几个环节:

1.确立正确合理的论点

正确合理的论点是论辩获胜的前提和基础,论点的正确能使对方难以找到辩驳的缺口,从而使己方增添获胜的可能性。确立论点要注意科学全面,要符合辩证法的原则,要运用正确的世界观、方法论和马克思主义的立场观点和原理并努力贯彻始终。因为任何事物都有正反两个方面而且时刻处于运动变化之中,真与假、美与丑、善与恶、是与非都是相对的、有条件的,我们对事物的认识不能轻易绝对地断然下结论,否则就会犯主观片面的错误,应在一定条件下把握其正确性成分和合理性因素。

2.收集有利的材料

论辩中需要收集大量的材料来作为己方观点的支撑和驳斥对方的武器,这就要求所收集的论辩材料体现以下几方面的要求:一是典型性。作为论据的支撑材料必须与论点之间有内在必然的逻辑联系,具有经得起反复推敲和论证的力量,不能模棱两可,令人在理解上产生偏误或歧义,否则不仅起不到论证的应有作用,反而还会给对方增加反击的机会。二是真实性。虚假的或假设的材料往往是不堪一击的,只有真实才最可信。那些已经过实践检验被证明是真实的材料才真正具有较强的说服力,否则前提虚假的推论都是违反逻辑思维规律、难以经受住论辩的考验的。三是现实性。生活中发生过的,或者是人们所熟悉的材料易于被人理解,容易产生共鸣,因为它们就存在于我们身边,这样的材料可信度高、驳击力强并能够使对方无从否定。四是丰富性。预先准备的材料越丰富越完备,论点的支柱就越坚实。参与论辩者应广泛收集各种材料,古今中外触类旁通,正反例子相互映衬,各种与论题有关的事例信息、数据图表、权威发布、名人言论等都可成为信手拈来的论辩武器。

3.充分估计对方形势

知己知彼才能百战百胜,由于论辩双方是就同一个问题展开对抗的,双方都需要找寻于己有利而于彼不利的论点、论据和论证,基于这一点,论辩的一方就可以揣测出另一方的战略战术,以便预先设计和规划对策有备而战,从而增加获胜的把握。在这种情况下,要注意两个问题:一方面,要进行换位思考,站在对方的立场作深入的探究,估计对方可能会提出的论点,论点中所使用的概念和判断的内涵外延的逻辑性如何;估计对方可能占有的论据,其论据的真实性、概括性和适用范围如何;估计对方可能使用的论证和推导方法,其论证和推理的严密性程度如何等等。对这些问题进行深入细致的分析,有助于预判出对方的破绽,并预先研究和制定出相应的对策。另一方面,要揣摩对方的个性、心理。在有条件的情况下要对对方参与论辩的所有人员作一些了解,这样也有助于知己知彼。例如通过观看对方其他场次的比赛来了解他们的个性特长、心理素质、知识水平、语言风格、惯用策略、经常暴露出来的弱点等情况,以便合理安排我方人员,提早予以防备和应对。

4.设计严密的论辩策略

要在论辩中取胜,单凭正确的论点、充分的材料还不够,还需考虑"怎么辩"的问题,也就是说如何将自己所掌握的信息综合起来进行合理的安排,使之发挥出最大的作用,并取得最佳的论辩效果。这就要求辩论前要对整个辩论过程作一番周密的计划,事先拟订出具有前瞻性和可操作性的具体方案。一方面,要通盘设计论辩程序,合理设计和规划辩题论证的进程、攻守破立的时机、各种材料的分配、几位辩手的职责分工以及合作时机的把握等;另一方面,要根据论题的特点、进攻防守反击的战术需要、双方交锋的临场形势等因素来选择最佳论辩方法。论辩方法从宏观上看,常用的有归纳法、演绎法、类比法、反证法等立论法,驳论点、驳论据、驳论证等反驳法,在具体应用上要注意合理安排灵活选用。

(二)行之有效的论辩方法

论辩前的准备工作无论怎样细致周到,都只是一个宏观上的计划,至于在论辩中如何有效地实施这个计划,还需要根据现场情况随机应变,以智取胜。因此,熟悉和掌握一些常见的论辩方法和技巧有助于临场论辩的得心应手。下面着重从论辩的进攻、防卫、反击、诱导等几个方面介绍一下相关的方法。

1.进攻法

进攻法主要是指主动发起对对方论点、论据、论证的驳斥。在论辩中经常而主动地组织起有力的进攻能使己方处于主动地位,可以加强气势,避免被动挨打,并能给场上评判和观众一种有实力、已占上风的良好印象。下面介绍几种常见的论辩进攻法:

(1)先发制人,以攻为守。论辩开始立即发起进攻,争取首先打压对方,给对方一个下马威,这样既可以镇定自己的情绪,有可以打乱对方的部署。

(2)集中力量,打开缺口。在论辩双方势均力敌时,分散力量就会暴露出缺口,这时就应该集中力量进行攻坚,选择对方相对比较薄弱的环节或辩手,主动出击努力打开对方缺口,从而就可以使己方占据主动地位,让论辩朝着有利于自己的方向进行。

(3)迂回曲折,攻其不备。在论辩强攻不下或无从下手时,可以选择暂时避开对方锋芒,采用迂回前进的方式,寻找其他途径攻其不备。

(4)抓住错漏,穷追猛打。在论辩过程中对方不可能不出现失误,这是展开攻势的最好时机,要抓住对方漏洞穷追猛打,把对方逼进死胡同,不给对方以喘息的机会和掩饰的余地。

2.防卫法

论辩中的防卫有两方面的含义:一是指在对方进攻之前做好防护工作;二是指在对方进攻之后做好防御工作。前者是尽量不给对方可乘之机,后者是赶紧查漏补缺,防止一损俱损。常见的论辩防卫法主要有:

(1)扎紧口袋,令人生畏。最直接的防卫措施就是加固我方观点,扎紧自己的口袋,不让对方有可乘之机,让对方无从下手。

(2)避重就轻,扬长避短。论辩中不应在某些于己不利的问题上过多纠缠,而应扬长避短,发挥自己的优势或者强项不断与对方周旋;同时巧妙避开明显对自己不利的问题。

(3)紧密配合,互相协作。论辩中队友之间要互相配合、密切协作,要及时对队友发言不够全面深入之处给予适时适当的补充,当队友出现错误时要想办法弥补和掩盖失误,当队友受到攻击时要一致对外全力拯救,当出现优势时要全力渲染扩大战果。

(4)就地取材,临场发挥。灵活的辩论者往往比较善于从现场搜寻素材,而且往往能获得强烈的反响。要善于观察现场的反应和细节,通过机智灵活的现场发挥引起观众的共鸣,获得良好论辩效果。

3.反击法

论辩的过程有进攻自然就会有反击,只有有效地反击对方的攻势才能确保己方的安全。面对对方的进攻,辩论者要沉着冷静,想方设法寻找一切可以反击的论辩机会。论辩中常用的反击法大致有以下几种:

(1)针锋相对,连连发问。在激烈的语言交锋中,针对特定问题采用连珠炮似的发问,往往很容易攻破对方防线,使其瞬间在心理上产生慌乱和紧张。这样论辩就会朝着自己预期的方向发展。

(2)反面事例,意外收获。面对对方的进攻,最好的办法是列举一些反面的为人所熟知的事例,因为这些事例比一般理论更有说服力,所以用反面事实说话有时反而会有意外的收获。

(3)转移焦点,巧妙反驳。遇到那种难以正面驳斥的问题,我们只要稍微变换一下角度,事物就显示出了另一方面的特性。这样就可以暂时转移一下论题的焦点,然后巧妙地引导对方误入圈套,进而抓住把柄进行发驳。

(4)善于归谬,后发制人。针对对方的责难,有时可用类比推理形式,根据对方观点得出一个非常荒谬的结论,从而使对方的论辩不攻自破。当然,这需要有一定的逻辑知识作为积累,要能够灵活自如地运用类比推理和归纳推理。

4.诱导法

论辩中的诱导是指在强攻不下的情况下,巧妙地布设陷阱,诱"敌"深入。

诱导法在论辩中常常会被频繁使用,理由很简单,在对垒的双方辩手中,既然谁都不能说服对方,那么就只有采用诱导的方式,寻找几个突破口,巧妙地引对方上钩以显出己方的优势,从而更完善地论证自己的观点。由于场上的氛围异常紧张,辩手对于诱饵往往不易识别,故诱导法得逞的机会也很大。由此看出,诱导法在论辩中还是有一定的可行性与实用性的。

(1)引蛇出洞,出其不意。这种方法的含义,就是论辩中己方虽然已经掌握了足以制服对手的有力证据却因为时机不成熟或环境不适宜而不便使出,为了能够抛出这些证据就必须采取一些措施,引诱对手进入自己所需的时机或环境之中,然后出其不意一举击溃。实施这种方法的关键在于"引"。"引"有两个环节:一是时机与环境。何时引、每一步引到什么程度、所引适不适合,这些都要考虑面临的机会和氛围,操之过急或行动迟缓,都不相宜。二是巧妙与自然。引,既然是要让对手的思路按照自己的意愿发展,这就要求引者不能露出破绽,必须天衣无缝水到渠成,一步一步地向预定目标靠拢。

(2)巧设圈套,诱"敌"入彀。这种方法通常是指巧用言辞,言在此而意在彼,先提出一个或几个问题,诱使对方说出或同意与己方尚未说出的准备坚持的观点相类似的观点,然后伺机运用类比推理、二难推理等方法,指出对方的观点出现了前言与后语相悖之处,使论敌陷入圈套之中而又一时无法争辩。此法的特点是巧设圈套请君入瓮,"以子之矛,攻子之盾",极富辩论性,能够速战速决。使用这种方法要注意三点:第一,圈套须设好,能够诱使对方上钩,为后面反击作准备。第二,引诱要巧妙。可以采用障眼法巧布疑阵,不露痕迹,以免被对方识破而功亏一篑。而当对方不愿轻易上钩时,便辅之以激将等法来尽快诱使对方进入预选设好的圈套,这是诱"敌"入彀的关键。第三,反击要有力。一旦对方辩手已经进入"口袋",就应不失时机地迅速出击,瓮中捉鳖,不给对方以回旋的余地,及时揭示对方的错漏和矛盾,使对方无言以对,俯首认输,这是诱"敌"入彀的目的之所在。

(3)投其所好,上楼去梯。在论辩过程中,当己方尚未完全掌握确凿事实之时,对手往往会狡顽不化,如果据理辩驳,定难获全胜。此时不妨从另一渠道抛出一些对手感兴趣的话题,巧妙地将其一步步引向自己所欲达到的目标;一旦达到目标则迅速抛开话题,借机将对手置于进退维谷、无路可走的绝境,最终不得不认输。要想成功地实施这种诱导方法,必须注意下列几点:第一,梯子要选准。在交锋之先,就应认真分析、研究对手的状况,尤其要搞清楚对手的兴趣和爱好,要努力找到那种最能吸引对手的因素,这一因素既要对对手具有极大吸引力,又要是恰当的、合理的和可靠的;交锋后一经抛出,就要将对手紧紧缠住。第二,梯子要搭稳。稳就是不摇摆、不滑动、不断拆。就是说,用作梯子的那些因素应该不能露出任何破绽,不能让对手产生防范心理。第三,引人要巧妙。当对手为梯子所动,举步欲登时自己千万不可操之过急。要沉住气,不露声色,不能让对手识破而止步不前。这时,自己越是漫不经心,越能坚定对手登梯的信心。第四,去梯要及时。只要对手一登上楼,就要把握时机迅速搬去梯子。时机是稍纵即逝的,如果未能把握住,对手很可能会回过神来逃下楼去。

(三)把握论辩语言的运用方法

论辩是以语言为武器进行交战的,要在较短的时间内讲清一个道理并要令人首肯,是需要掌握一定的语言运用方法的。这些方法主要包括:

1.掌握语流节奏,气势逼人

由于论辩对抗的激烈性及信息传递节奏的快捷性,使观众的情绪都比较亢奋,在这种情况下慢条斯理的长篇大论会引起反感,因此辩论者除了吐字清晰、嗓音明亮外,还应根据观众的心理状态掌握好语流节奏,做到抑扬顿挫、起伏有致,才能充分发挥语言的魅力。为此要注意以下几方面:多用排比句、反问句、设问句、短句等,干脆有力,彰显精彩雄辩;多用成语,既通俗易懂又精练华丽、富于文采,言词铿锵,语言的听觉感受良好。注意利用停顿制造效果,比如在对方大举进攻之后正自鸣得意之时,我方略作停顿再发言,一方面可使会场安静、集中注意力,另一方面可造成一种蓄势的效果,增强听众心理上的期待,然后再胸有成竹、从容不迫地予以反击。

2.语言生动形象,巧用修辞

虽然理论性强是论辩的特点,但如果认为只要讲清道理就能得胜,那就会陷入纯说理的枯燥乏味之中。其实论辩的语言要生动形象、个性鲜明才有感染力,才能引起观众共鸣和喝彩。为此,论辩的语言要多用比喻句,尽量做到形象具体;多用大众化语言即口语化语言,凡是听得懂的俚俗语、歇后语、名言、谚语都可以信手拈来加入激烈的论辩之中;幽默风趣,耐人寻味,通过富有个性化的通俗而且有幽默感的语言来表现辩论者诙谐智慧、从容不迫的风度,给人留下深刻的印象。

四、演讲与论辩自练

1.任选下列一个场合,写一篇演讲稿:
(1)在毕业同学的送别会上;
(2)在被评为三好学生的领奖台上;
(3)在新同学入学的欢迎会上。

2.任选下面一题,作演讲:

(1)"五四"即将来临,学校要组织一次纪念活动,请你围绕青年和青春这个主题写一篇演讲稿并做好演讲准备,时间为5分钟。

(2)"七一"在即,学校团委要组织一次"庆七一——党在我心中"主题演讲活动,请你做好准备,时间为5分钟。

(3)"一二·九"就要到了,你们专业要举办一次演讲比赛,请你作为选手参赛,时间为5分钟。

(4)学校某一学生组织要组织招聘活动,请你写一篇应聘演讲稿。

3.组织一场班级或学院的论辩比赛,从下列题目中任选一组进行现场论辩:

(1)正方:高考志愿填报应该先选学校后选专业;

反方:高考志愿填报应该先选专业后选学校。

(2)正方:带电脑进校园对大学生来说利大于弊;

反方:带电脑进校园对大学生来说弊大于利。

(3)正方:高校自主招生有利于人才的选拔;

反方:高校自主招生不利于人才的选拔。

(4)正方:大学毕业后应该先就业后创业;

反方:大学毕业后应该先创业有就业。

4.组织一次辩论赛的现场观摩,从论辩的准备到辩手的临场发挥以及进攻、防卫、反击和诱导方法的运用等方面进行口头和书面的点评。

第八讲　主持与谈判

一、主持与谈判的含义

（一）主持与主持人的含义

"主持"是负责掌握或处理的意思,是与言语交际相关的一个术语。古代这个意思用"董"来表达。《左传·桓公六年》记载这样一件事:楚武王侵犯随国,派出一个使臣前去随国谈判,而把楚军驻扎在随国的辖地,等待随国的答复。下边有这样一句话:"随人使少师董成。""少师"是官名。"董"是什么意思?"董"就是主持。"董成",就是主持和谈。杨伯峻《春秋左传注》说:"董犹今言主持。近代'董事'之'董',正取此义。"

一般来说,主持更像是单向型的言语交际活动。对主持言语有以下要求:首先,言语材料要生活化,贴近观众,贴近现场;其次,要口语化,避免念字背词;再次,要简洁精练而又风趣幽默。

负责掌握或处理工作的人叫"主持人"。"主持人"一般不能简称为"主持"。否则这个主持人就有可能被人误解为和尚了。因为古代"主持"通"住持",是负责掌管寺院者的职称。《醒世恒言·佛印师四调琴娘》:"神宗道:'卿既为僧,即委卿协理斋事,异日精严戒律,便可作本寺主持。'"这里的"主持"就是指负责掌管寺院者的职称。

现代社会,越来越重视对主持人综合素质的要求。比方说现代的电视节目主持人,就不再是有了漂亮脸蛋就可"出镜"的。电视节目主持人的"漂亮面孔"已为"智慧大脑"所取代,观众对主持人知识广泛性、实用性、幽默性的要求已超过了其自身的外貌欣赏性。一个主持人要博览群书,具有丰富的知识。主持人面对着无以数计的观众,这其中有许多在各方面都有所造就的专业人士,也有相当一部分人期望从你的传播当中获得前所不知的东西,而你主持节目的时候,连一些基本概念都搞不清,就很难与专业人士轻松自如地进行探讨、切磋,产生共鸣。对一些期望得到有益知识的人来说,就会令他们失望。国内外的一些著名主持人,之所以受欢迎,就是因为他们对观众来说是教科书,是知识的宝库,看了他们的主持,人们都感到在轻松愉悦的气氛下得到了新的补偿。主持人必须不断地学习,不断地接受新的知识。诸如天文、地理、古今中文历史、社会科学、自然科学的常识都要有所涉猎。一个节目主持人,还要精于洞察,具备高超的思辨能力。丰富的知识是做好主持人的基础,高超的思辨能力是做好主持人的保证。作为一名合格的主持人,最起码的要通晓逻辑学当中有关判断、推理以及矛盾、同一律、排中律等逻辑知识,并能娴熟地运用,使自己阐述的观点,在逻辑上无可渗透,无懈可击。有关调查显示,观众最欣赏的主持人是那些有学识、有经验阅历和幽默感的成熟型主持人。尤其是主持人的社会经验和阅历,在欧美等一些发达国家里要求都越来越高,因为主持人每天要面对的是一些五花八门的内容,缺少丰富的社会经验和阅历作支撑,只靠一张嘴巴凭空虚谈是远远不够的,即使谈的水平再高,有些观点还是要失真,要脱离实际的。一些事情需要主持人精于洞察,具备高超的思辨能力。主持人要亲自去实践一些事情,从实践中获得丰富的社会经验和感受。有了这些,主持人主持起相应的节目来才能够得心应手,灵活自如。

(二)谈判的含义与种类

谈判是人类交际的重要形式,是言语交际活动的一种。美国谈判学会主席尼尔伦伯格给谈判下的定义是:"只要人们为了改变相互关系而交换观点,或为了某种目的企求取得一致而进行磋商,即是谈判。"另一位英国谈判学家马什则认为:"所谓谈判是指有关各方为了自身的目的,在一项涉及各方利益的事务中进行磋商,并通过调整各自提出的条件,最终达成一项各方较为满意的协议的一个不断协调的过程。"我国学者对谈判定义的一般说法是:"谈判是人们为了满足各自的不同需要而交换意见,为了相互之间不同利益的交换而相互磋商的一种行为,是直接影响人际关系、对参与各方产生持久利益的一种过程。"从上述定义可以看出,谈判者是通过"与人打交道"的过程来从事谈判活动的。谈判者的思想、意图有相当一部分是通过言语来表达的。

言语交际者为了改变相互关系而交换观点,为了取得一致而协议磋商,这些言语活动都是谈判。可以说,谈判涉及人们生活的方方面面,它无处不在,无时不有。如父母亲想叫孩子早些起床,可以用"命令"的口气:"你必须马上起来!"也可以用"提醒"或"威胁"的口气:"你再不起来上学要迟到了!"也还可以说:"早睡早起身体好!"也可以"请求":"宝贝,起床好吗?"等等,这些都是谈判。又如早上出门上班碰见熟人都要打招呼问好,这时打招呼问好也是一种谈判——是维持友好关系的交际谈判。

谈判的种类很多,按照不同的划分标准,可以分成多个小类。依据谈判的内容不同来分,可以分为:经济谈判、军事谈判、政治谈判、文化谈判、贸易谈判、家庭谈判、恋爱谈判以及意外事故引起的谈判等。依据谈判性质的不同,可以分为合作性谈判和竞争性谈判。依据谈判的问题多少可以分成专题谈判(专就一个问题谈判)和综合谈判(多个问题的谈判)。依据谈判主体的多少可以分成双方谈判和多方谈判。

二、主持方法的学习

根据主持的内容,主持可以分为活动主持和会议主持两大类。

(一)活动主持的方法

活动主持是指对演出、讲演、论辩、竞赛、联欢等文体、艺术、社交活动的主持。活动主持的对象一般包括:活动主角,如节目表演者;观众或听众;活动的具体内容,如节目。活动的内容一般是事先定好的,主持的任务主要是通过主持人的言语把它们串联起来。因此,活动主持的主持人只能是整个活动的配角,不能喧宾夺主。主持人的工作主要是调动活动主角的积极性和活动参与者的情绪,揭示、深化活动内涵和主题的效应。

按照活动规模的大小,活动主持又有大型、中型、小型之分。规模不同,场面和气势就不同,主持的形式和言语特点也会有区别。

按照主持人数量的多少,活动主持又可分为单人主持、双人主持、多人主持。单人主持只有一个主持人掌控整个活动,一般只用于小型活动。单人主持不存在配合难度,但容易产生单调感。双人主持是由两个主持人一起掌控整个活动,一般是一男一女,男女声交叉。要求富于变化而又浑然一体,适当的时候男女主持可以串演,成为活动的一部分。多人主持是指整个活动有三个或三个以上的主持人,这种主持往往出现在大型活动,它气势庞大,气氛热烈,但对配合要求相当高。

按照主持与活动的关系,主持可以分为交替型、穿插型和综合型。交替型是指主持和活动交替进行,主要有演出主持、讲演主持、诗文朗诵主持等。穿插型是指主持可以同活动穿插进行,如会话性活动的主持。混合型是交替型和穿插型的综合,一方面,主持与活动交替进行;另一方面,活动中间主持人也要讲话,要解说、评点等,甚至要引导和参与活动,如游艺类活动的主持。

活动主持通过开场白、串联语、应变语和结束语等来实现其主持功能。

开场白是整个活动开始时为开启活动而设置的一段话,一般是交代活动的主题、宗旨、形式、特点以及相关情况、知识等。主持人的开场白非常重要,好的开场白可以制造适合活动开展的良好气氛,奠定活动的情感基调,调动观众(或听众)的情绪和兴趣,使之迅速进入活动境界。

串联语是节目与节目之间用来承上启下的话语,一般是搭桥接榫,过渡照应,充当调度,担任向导,使活动成为一个有机整体,按照一定的程序有序进行。串联语可以通过点拨活动中的亮点,揭示其思想和情感意义,为即将进行的活动渲染蓄势,制造气氛;也可以卖弄关子,制造悬念,为整个活动的开展推波助澜。

应变语是指当活动遇到意外情况时,用来打圆场、破僵局、去尴尬、除难堪的话语。它可以保持和增进活动气氛,保证活动顺利进行。

结束语是整个活动结束时用来收束活动的一段话。一般是归纳、深化活动主旨,或者强化观众或听众的情感体验,引发他们的回味思考,产生余音绕梁的效果。

(二)会议主持的方法

会议一般可以分为程式性会议和非程式性会议两种。

1. 程式性会议的主持

程式性会议是指主要强调形式意义的会议。会议的流程有着较强的程式性,会议的发言人、发言顺序、发言内容等都是事先确定和安排好了的。如运动会开幕式和闭幕式、开学典礼、表彰大会等。

程式性会议一般由非主要领导人或非会议中心发言人来主持。一般来说,主持程式性会议必须事先拟好主持词,会议主持的水平,很大程度上体现在主持词上。这类主持词具有以下特点:(1)程序性。程式性会议是一种按既定程序进行的会议,因而主持词结构的程序性尤为突出。(2)条理性。程式性会议特别重视形式意义,因此主持词必须条理清晰,层次分明。大到会议流程,小到介绍与会领导的介绍顺序,都需要精心安排,保证有序。(3)简要性。程式性会议主持人不是会议的中心任务,往往是配角,因此,其主持语要简明扼要,干净利落,必须高度概括地将会议的背景、规模、议程、要求等,向与会者介绍和阐述,切忌随意发挥,喧宾夺主。(4)朴实性。主持词的语言要求通俗易懂,力戒晦涩难懂,多用群众语言,切忌故弄玄虚,使用华而不实的文句,戒用令人生厌的八股调。

会议主持词一般由以下几部分组成:(1)开头。一般包括会议名称、开会的目的、意义和理由等内容。重点是简要阐明召开会议的主要目的、意义或原因,使与会者对会议的背景及其必要性有所了解。有的还开门见山地交代本次会议的主题和内容。(2)介绍会议规模对象。简要地介绍参加会议的人员、人数、重要领导或来宾的身份、职务,以及会议的重要性等。(3)介绍会议议程。这是主持词的重点部分。先要介绍主要议题,然后分别说明会议的内容、程序、时间、步骤及所涉及的会务活动安排等,并分条逐项列出,以便统揽会议进程。(4)总结评价。会议主要议程完毕,主持人要对整个会议的内容及相关情况作一总结概括和评价,使与会者进一步加深印象,领会和把握会议主旨。(5)提出要求。主持人最后要对会议精神如何贯彻落实以及相关事项提出明确的要求或希望。

2.非程式性会议的主持

非程式性会议一般由主要领导人来主持,整个会议的进行主要靠主持人的随机控制。这类会议没有严格的程式,一般根据会议的宗旨和议题发言。如座谈会、学术研讨会、办公会、民主生活会等。非程式性会议从形式上又可分为群听型会议和群言型会议两种。前者是一人或少数人讲多人听的会议,如布置工作会议、传达指示会议等。后者是多数会议参与人充分发言的会议,这种会议的主持工作量、难度要大一些。下面介绍非程式性会议主持的一些方法。

(1)准备充分,明确任务。主持人会前要弄清楚有关情况,收集相关资料,了解与会人员对会议议题的态度和观点。要明确会议的任务、目标和程序,确定会议的时间、地点,通知与会人员做好相关准备。对于较为重大或复杂的问题,还要事先同对会议有重要影响力的人员交换意见,争取达成共识。主持人还应充分估量会议可能出现的各种情况,准备应急方案。

(2)开宗明义,奠定基调。主持人宣布会议开始,除了简要介绍会议召开的背景、议题、任务和程序等外,还应该给会议定好基调。一般来说,会议之初,与会人员对主持人是有一种期待的,主持人开场开得好,整个会议就有了一定的气氛。必要时,主持人还可以提出开会的一些要求,如关闭手机、保密等。

(3)启发发言,引导深入。会议主持人要设计一些带有启发性的问题,引发与会者会话;适当地插话和评点,引发新的思想火花。这样可以调动与会人员发言的积极性,营造良好的会议气氛。会议主持人还可运用以下方法将会议发言引向深处:一是从会议目标的角度提问;二是抓住前面发言中的亮点、线索、矛盾加以强调或引申。

(4)耐心倾听,作风民主。会议主持人不要随便打断发言人的讲话,特别是与自己观点不同的讲话。千万不要以领导者的姿态和语调讲话,不要将自己的观点事先亮明,强迫他人接受。应该耐心倾听,让与会人员充分发表意见,观点冲突时要以商讨的语气表明自己的态度,启发大家思考、讨论。这样才能实现开会价值的最大化。

（5）掌控进程，维护纪律。会议主持人对会议的进程要心中有数，意见基本一致时，即时结论；意见大同小异时，求同存异；很难达成一致又可以延期时，下次再议。会议过程中出现争执等冲突时，要积极引导，及时化解。出现一些违反纪律的现象要以适当的方式予以纠正，切忌随意大声呵斥。

三、谈判方法的学习

谈判要取得成功，就必须熟悉谈判的阶段和步骤，在不同的阶段采取相应的措施。

（一）谈判准备阶段

谈判者要想左右谈判的局势，就必须做好各项准备工作。这样才能在谈判过程中随机应变，灵活处理各种突发问题，取得谈判成功。那么，谈判的准备工作该怎么做呢？

（1）要知己知彼，不打无准备之战。谈判之前，谈判者先要充分了解自身情况，并作出详细分析，找出自身的优势和劣势。同时，要设法了解谈判对方的情况，分析对方的优势和劣势。在这个基础上，结合考虑法律、时间、地点、经济条件、政治、风俗等各种因素，分析达成协议的可行性。只有"可行"才"可谈"。

（2）要选择高素质的谈判人员，或者对谈判人员进行一定的专业培训，也可进行谈判演习，提高其谈判能力。因为各种谈判的成效如何，很大程度上取决于谈判人员的学识、能力和心理素质。一般来说，一名合格的谈判者，具有丰富的知识和熟练的技能固然重要，但还必须具有自信心、果断力、富于冒险精神等心理品质。

（3）要制定谈判方案，特别是要预先设定让步的限度，确定自己的底线。很多谈判是有利益冲突的，在谈判前，要充分调查研究各种情况，合理、科学地确定让步的底线，如果把限度确定的过高或过低，都会使谈判出现冲突，最终导致谈判失败。

（二）谈判进行阶段

谈判准备工作做好了，就可以主动向对方提出谈判方案，也就意味着谈判开始了。谈判方案提出的方式有多种，或者书面提出，或者不见面口头提出，或者面对面口头提出。谈判过程，很大程度上就是谈判双方斗智斗勇的一个过程。下面介绍一些谈判的策略。

（1）不卑不亢，刚柔相济。谈判过程中，谈判者的态度既不能过分强硬，也不应该过分软弱。前者容易刺伤对方，导致双方关系破裂；后者则容易使自己陷入被动地位，受制于人。采取"刚柔相济"的策略则可以兼顾二者，一般比较奏效。

（2）大胆怀疑，过细质问。谈判过程中，谈判者要有一种怀疑的态度：不要将任何事情都视为理所当然；尽可能调查每一件事情的真实情况，不要轻易相信对方提供的信息。谈判过程中有很多情况是来不及亲自去调查的，这时候，就要过细质问。过细质问并不是事事细问，而是要确定关键问题，进行有效质问，使问题明朗化。

（3）拖延回旋，避让锋芒。谈判过程中，如果对方态度强硬、咄咄逼人，可以采取拖延交战、虚与周旋的策略，通过多回合的拉锯战，使对方感到疲劳生厌，逐渐丧失锐气。这时再反守为攻，重拳出击，就可使自己的谈判地位从被动中扭转过来，就有可能获得谈判的成功。谈判过程中，经常出现这样的情况：在谈判双方提出的现有交易条件下，无法达成交易，谈判陷入僵局，无法继续进行。这时，可以采取拖延策略，如主动提出暂时休会，可以缓和紧张气氛，也便于谈判双方有时间考虑修改自己原定的交易条件，调整自己的谈判方案。

（4）相互体谅，适时退让。谈判中最忌索取无度、漫天要价或胡乱杀价，使谈判充满火药味。一般情况下，谈判双方应将心比心，互相体谅。这样可使谈判中融进人性化的因素，使谈判顺利进行，并取得皆大欢喜的结果。在营造了这种情感气氛的情况下，谈判者也可作出一些合理让步。这种让步必须让对方知道你的让步是希望对方也作出相应的让步，最终目的还是为了达成协议。

（三）谈判达成协议阶段

谈判双方经过正面交锋、讨价还价、相互调整退让之后，是否成交就差不多了，谈判进入了达成协议阶段。这个时候，双方说实话的几率就增加了许多。这个阶段尽管双方已有意向达成协议，但还是会有一些不太关键的问题需要磋商。这些问题的谈判也不容小觑，弄不好，谈判还是会失败。所以，要注意：

（1）把握谈判大局，控制局势。这个阶段的到来实属不易，谈判双方或多或少都付出了一些代价。谈判双方应该懂得珍惜，如果听到对方提出一些"无理要求"时，千万不要生气，更不要反击，要采用各种方法尽可能地控制自己的情绪，保持足够的耐心。

（2）仔细审视，耐心说服。这个阶段，谈判者必须仔细审视对方的谈判方案，努力发现一些在谈判过程中没有谈到的细小问题，明确还有哪些问题没有解决；对自己所期望的交易结果的每一项交易条件进行最后的审查，明确自己对各种交易条件准备让步的限度。然后,就这些问题进行耐心必要的说服:反复说明谈判结果;直接说明理由加以说明;说出一个问题的两面,等等。

(3)暗示对方,适时摊牌。如果谈判双方都认为对方的让步已经达到了极限,无法再有新的进展时,就可以暗示对方作最后决定。也可以根据对方的心理和时机,直接跟对方摊牌:"这就是我们最后的底线了,你要不同意我们也没办法了。"

谈判程序是一个整体系统的过程,谈判的每个环节都很重要,每个步骤之间又相互联系,相互支持。一项成功的谈判可以说是一个集体合作的结晶,是谈判双方的胜利。

四、主持与谈判自练

1.分角色朗读下面一段开场白,然后思考:本段开场白交代了这次活动的一些什么内容?有什么样的表达效果?主持人瞿弦和中间出场,一开始与其他主持人一起出场,哪个好?为什么?

> 张政:江西的父老乡亲们,
> 周涛:萍乡的父老乡亲们,
> 文清:亲爱的观众朋友们,
> 齐:大家好!
> 张政:朋友们,在热烈庆祝党的十六大胜利闭幕的喜庆日子里,在举国上下认真贯彻十六大会议精神,深入学习"三个代表"重要思想,全面建设小康社会,开创中国特色社会主义事业新局面的滚滚热潮中,今天,中央电视台"心连心"艺术团,来到江西萍乡进行慰问演出,我们都非常高兴。
> 周涛:这也是我们中央电视台"心连心"艺术团成立以来的第四十场慰问演出,是党的十六大闭幕以来的第一场慰问演出。今天,我们带来了全国人民对老区人民的深切问候,带来了文艺工作者、电视工作者对老区人民的深情厚谊。
> 文清:非常巧合的是,我们中央电视台"心连心"艺术团成立以后的第一场演出,就是1996年在江西遂川举行的。我们再次踏上了这片英雄的土地,心情仍然久久不能平静。萍乡素有江南煤都的美称;八十年前,这里爆发了举世闻名的安源煤矿工人运动;毛泽东同志领导的秋收起义,萍乡是主要策源地之一;今年也是秋收起义胜利七十五周年。
> 周涛:是啊,今年我们"心连心"艺术团演出的现场就设在了秋收起义纪念碑广场。面对今天的幸福生活,我们更加缅怀为新中国的建立付出了

鲜血和生命的老一辈无产阶级革命家,我们向他们致以崇高的敬意!

文清:朋友们,今天的演出,除了张政、周涛和我三个人之外,我们还特别邀请到了大家熟悉和喜爱的表演艺术家,中国煤矿文工团团长瞿弦和和我们共同主持。我们掌声欢迎!

瞿弦和:萍乡的父老乡亲们,特别是萍乡煤业集团的黑哥们,你们好!

作为中国煤矿文工团的演员,我曾多次来到萍乡。今天能有机会,随中央电视台"心连心"艺术团再一次来到这里,感到格外高兴。我们衷心祝愿,我们的演出能够真切地表达江西人民、萍乡人民喜庆党的"十六大"胜利闭幕的喜悦心情。

张政:朋友们,江西萍乡,这里是一片英雄的土地啊!

周涛:是啊,这是一片红色的土地!

文清:这是一片多情的土地!

——引出第一个节目:《多情的土地》(独唱)

2.1945年重庆谈判时,国民党政府的谈判代表对以周恩来为首席谈判代表提出的和平协议难以接受。一官员恼羞成怒地对我方代表咆哮道:"真是对牛弹琴!"周恩来神态自若,马上接口说:"对,牛弹琴。"

"对牛弹琴"本是一个成语,不能拆开。但在这个具体的语境中,这位国民党官员用"对牛弹琴"来贬低共产党谈判代表的水平。周恩来原话奉还,还是这四个字,只是在"对"字后停顿了一下,变成两个断句,把国民党官员的言论比作"牛弹琴",从而不失大雅地回击并讽刺了对方的粗鲁言行,使我方在谈判中掌握了主动权。从这个案例中,你得到了什么启示?你还可以运用其他幽默语言来回击对方吗?

3.在一次贸易谈判中,对方一上来就表明他们这个项目同时在和其他几家公司接触,但又表示他们对你的公司感兴趣,你该怎么办?

A.报价时就做出较大的让步;

B.报价时相当谨慎;

C.不予理睬;

D.表示感谢,但坚持既定策略报价。

第九讲　教师口语

一、教师口语的含义

(一)教师口语的含义

教师口语,也称教师职业口语,是指教师在从事教育教学活动的过程中所使用的专业口头用语,它是教师进行教育教学的最基本、最重要的手段,是教学信息的载体,是教师职业的工作用语,也是教师完成教学任务的主要工具。教师口语属于专业口语,它是一种特定的行业用语,是根据言语主题而确立起来的言语范式。

教师口语一般包括两个方面,即教学口语和教育口语。前者是教师在课堂教学时使用的专业口语。教师在从事教学活动时,其教学目的和教学任务绝大部分是通过这种教学口语来完成的。教师在完成传授知识、解疑释惑等任务的同时,还承担着育人的重要职责,他们要经常根据教学内容和学生的实际情况进行表扬、批评、说服、教导等一系列工作,教师在从事育人工作时使用的专业口语就是教育口语。由于教育与教学工作本身是紧密联系在一起的,因此,很多时候,教学口语与教育口语是紧密联系在一起的。

(二)教师口语的特点

教师口语的特点主要表现在以下几方面。

1.口语化日常语言与书面化规范语言结合

口语语体和书面语体是两种常见的语体形式。口头语体也叫会话体,是适应面谈的交际需要而形成的语体形式;书面语体也叫文章体,是适应书面交际的需要而在口头语上经过加工而形成的语体形式。从存在的方式来看,教师口语较好地体现了两者相结合的特点。一方面,教师口语主要作用于人们的听觉,它以声音为信息载体,通过口耳相对应的形式不断传递出各种信息,具有日常口语语体简短通俗、自然生动、丰富松散等特点；另一方面，在教师口语所要表述的内容中，来自于各种书面材料（即教材）的知识和道理又是表达和阐释的重点，这样自然就具有了书面语体凝练性和规范性等特点。因此，教师口语既不是纯粹的书面语言，也不是普通的日常口语，而是经过加工的书面语和经过提炼的口头语的结合体。教师口语既要朗朗上口，又要集中精练；既要在有限时间内完成预定的教学任务，又不能使学生在接受和记忆上过于晦涩抽象。所以，教师口语既不能发挥得过于通俗化和随意化，又不能表达得过于书面化和抽象化。

2. 共性语言与个性语言结合

教师口语是教师展示教学内容、完成教育教学任务的基本手段。它必须遵循一些教育共性，如语言的启发性、科学性、教育性、准确性等。实践证明，不同学科的教师在教育教学过程中都会经常采用启发性的教学用语设计各种问题，通过课堂问答等形式帮助学生理解和掌握各种知识。但毕竟各科教学的性质和特点不同，每位教师的性格兴趣也有所区别，其口语表达也必然就各有特色。如文科教学注重形象性、情感性；理科教学注重准确性、逻辑性。就个体而言，有的教师口语表达不温不火，慢条斯理；有的教师快语如珠，简明扼要；有的教师则抑扬顿挫，激情澎湃。所以，教师口语还是共性语言与个性语言的结合。每位教师在设计和运用教师口语的时候，应该在不违背共性语言规律的前提下，根据自身情况探索和形成个性化的语言风格。

3. 事先有准备语言与临场应变性语言结合

一般来说，教师在讲课和讲话前往往都是经过事先准备的，所以事先预见性是教师口语的主体。然而，在实际教育教学过程中，教师往往又会面临一些随机出现的突发现象，这就要求教师掌握临场应变的技巧。比如在教学过程中，学生针对教学内容提出了教师没有预想到的问题，或者学生没有领会老师的意图出现了某些意想不到的偏误，这时就需要教师准确快速地判断问题的性质，针对学生的疑问从容作出现场解答，从而体现灵活性与应变性的语言特点。

二、教学语言的学习

教学口语，是指教师在教学过程中所使用的工作用语，即教师在课堂上针对特定教学对象，按照一定教学方法，在有限的时间内为达到某一教学目的而使用的语言。教学口语是教师传递知识信息的主要手段。从某种意义上说，没有教学口语就没有教学过程。教学口语还是教师进行课堂调度的工具。教学任务的布置、课堂秩序的维护、学习方法的指导、学习效果的评价和知识缺陷的弥补等,都要靠教学口语来完成。教学口语也是开发学生智力的重要手段。一方面,作为一种外部刺激,它可以激发学生的思维和想象;另一方面,教师通过口语示范帮助学生提高口语水平的过程,也就是促进学生思维发展的过程。

(一)教学口语的特点

教学口语由于受到教学过程各方面因素的影响,其特点呈现出了多样化。概括起来,主要有如下几个方面:

1. 规范性

教师为人师表的职业特点决定了教学口语的规范性。在语言上,教学口语要求语音、词汇、语法规范化。首先,要用标准或比较标准的普通话进行教学,绝不能因地域缘故满口方言;其次,发音应清晰响亮,做到低而不虚、沉而不浊;再者,遣词造句也要准确贴切,做到正确地使用概念,科学地运用判断,合乎逻辑地进行推理和论证。在语言表述上,要求简洁精练、流利畅达。教师应抓住重点,围绕难点,有纲有目,由浅入深地进行教学,切忌信口开河、文白夹杂。简言之,教学口语的规范性就是要求用最规范简练的语言来表达最科学丰富的内容。

2. 教育性

教师在传授知识的同时,还要对学生的思想、信念、品德、情操产生积极的影响,这就决定了教学口语必须具有教育性。这里的教育性并不等同于枯燥的说教,而是应该注意随机渗透、启发诱导。在教学过程中,教师要善于运用富有启发引导性的语言去激励学生、启迪学生、教育学生,让学生在思考中学习,在学习中思考,在学习和思考中进步,既发展智力又提高情商。

3. 针对性

教师的教学应该根据不同的教育对象运用不同的语言,即要体现因材施教的基本教育原则。不同学科、不同年龄、不同性别、不同个性的学生,具有各自不同的特点,教师在进行学科教育的过程中必须针对不同对象的特点合理有效地运用语言。这样才能有的放矢,取得良好的教学效果。有时候,同一个问题也可以针对不同的对象采取不同的教学口语来表达,虽然使用的语言方面有所差异,但最后都能收到异曲同工的教学效果。

4. 科学性

教师传道、授业、解惑的本身就是必须遵循科学的规律。而科学的教学口语是教学内容科学、准确的重要保证。教学口语的科学性,主要体现在教学语言的正确性、精练性、系统性和逻辑性上。正确性是指准确使用各门学科的专业术语表达客观事物的现象和本质;精炼性是指语言表达言简意赅、干净利落,不说空话废话;系统性是指语言表达层次分明前后连贯,上下承接言之有序,便于学生形成完整的知识结构;逻辑性是指阐述和论证问题做到严密周详,把前因后果交代清楚,既要让学生知其然,更要让学生知其所以然。

5.艺术性

教学是一门科学,更是一门艺术。教学口语是教师创造性活动的结晶,因此更要讲究艺术性。要让学生在轻松活泼的课堂活动中身心愉悦地掌握知识,明白事理。教学口语一定要做到生动活泼。当然,生动活泼绝非油腔滑调,那些矫揉造作的言辞、插科打诨的赘语、无关大局的表达都应坚决杜绝。生动活泼须以朴素文明为前提,以准确传递教学信息为目的。

(二)教学口语的分类

1.导入语

导入语是指一堂课开始时所讲的话,相当于"开场白"。它是教师揭示本节教学内容的导言,是引入课程新内容的第一个重要的课堂教学环节。它能激发学生的学习兴趣,帮助学生把握学习目标。如果导入语运用得当,先声夺人,而且一开始就具有吸引力,能把学生的心紧紧抓住,课堂教学就已经成功了一半。因此,导入语就像是大型乐章的序曲一样,具有十分重要的意义和作用。

(1)导入语的基本要求

目标明确,简短扼要——导入语用于授课伊始,有提挈全课教学的作用。所以要做到目标明确,简短扼要。导入语要一简短作为设计的目标,期望用最简练的语言表达出全课教学的目标,或者揭示出课程教学的核心所在。不能长篇大论,洋洋洒洒,那样会喧宾夺主,失去导入语的基本价值。

新颖活泼,灵活多样——导入语讲究活泼新颖,同时要注意做到灵活多样。曾有人把多种类型的导入语总结成下列口诀:名言警句,群情振奋;故事谜语,趣味猛增。对比悬殊,令人吃惊;志士伟绩,鼓舞精神。巧插小引,开拓意境;点将开篇,活跃气氛。新闻奇事,娓娓动听;切身利益,人人关心。

(2)导入语的常见类型

正因为导入语比较重要,所以不少教师都喜欢设计各种特色鲜明的导入语。当然,不同学科、不同年级、不同教师设计的导入语也不尽相同。这里仅介绍几种常见的类型。

设置悬念法——在讲授新知识之前,教师根据学生的心理特点以及新旧知识之间的内在联系,故意设置某些悬念以引起学生的好奇心和求知欲的一种方法。

故事导入法——运用有故事性的案例导入新课往往能极大地吸引学生的注意力,既可扩展学生的业余知识,又为新课文的学习做好了铺垫。

温故启新法——教师在讲新课之前先复习旧知,利用学生已有的知识储备导入新课。这种方法有利于新旧知识之间的连贯,体现了温故知新的效果。

创设情境法——如果上课一开始,老师能把学生带入某种情境之中,就能用特定的情境来激发学生的兴趣,让学生在教师极富感情的言语引导下进入学习状态。这种导入方式可以有效提高学生学习质量,尤其是对教学内容的情感倾向的深入体会。

2.讲授语

讲授语是教学中教师用来系统阐述教材内容、传授知识技能的工作用语。它贯穿整节课,是教师发挥课堂主导作用的集中体现,可以帮助教师集中解疑释难,指导学生学习,从而较好地完成课堂教学任务。

(1)讲授语的要求

深浅适度,重点突出——由于课堂讲授语负载的信息相当丰富,教师讲述相关知识时应考虑学生的知识水平和实际状况,做到既深浅适度又突出重点。

生动活泼,抑扬顿挫——教师要把教科书上的知识阐述出来其实并不难,关键是要让学生能够听得懂并且记得住。这就要求教师的讲授语浅显生动,语气语调要抑扬顿挫。

(2)讲授语的类型

课堂讲授语,在中小学教师中运用比较常见的有讲析、归纳、评点三种。

讲析语——讲析语就是对学生不熟悉或不理解的问题进行阐释分析的教学用语。讲析时,教师要做到言之有序,言之有理。虽然讲析的具体方法很多,但是无论采用哪一种都要求严密而且准确。

归纳语——归纳语就是以简明扼要的语言从宏观上、整体上对前面所讲的内容进行阶段式归纳总结概括,以帮助学生消化和巩固所学知识。

评点语——评点语是教师思维、学识、睿智的集中体现。精美绝伦的评点可以收到画龙点睛的教学效果。

3.提问语

提问语是指教师在教学中依据教学内容和学生实际情况设计的有目的性和针对性的问话。它是联系教与学双边关系的纽带,也是启发式教学的枢纽。教师在课堂教学中都喜欢或多或少地运用提问语,因为恰到好处的提问语运用,可以激发学生学习兴趣,进而培养其独立思考和解决问题的能力。

(1)提问语的要求

启发鼓励,注意策略——提问的目的在于促进学生积极思考,因此,提问要有针对性,在兼顾启发的同时还要讲究策略和方法。

适时适度,由浅入深——一堂充满活力的课往往与提问是密不可分的,但提问必须适时适度,应该在学生有所思有所疑的时候发问。设计提问语时,还应通盘考虑提问的难度和衔接等因素。

(2)提问语的类型

提问语可以从多个角度进行分类,比如从提问的角度来分就有直问和曲问两种类型。

直问——直问就是针对具体问题直接正面提问。它要求问语明确,表述清晰。它是了解学生对教学内容理解程度的简便方法,也是行之有效的了解教学反馈的方法。它直接准确,用得好可以启发思维、强化教学效果。

曲问——曲问就是不针对疑点难点直接发问,而是变换角度从某一侧面发问。相对于直问,它更灵活也更富有启发性。

4.结束语

结束语是课堂教学主体部分的最后一个环节。它是指教师在教学活动中对所讲述的内容进行归纳总结,准备结束教学过程的特定教学用语。它既可以帮助学生提纲挈领地巩固所学知识,也可以成为沟通新旧知识的桥梁,还可以帮助学生课后运用。

(1)结束语的要求

灵活多样,回味无穷——教师应当根据教学目标与教学语境的需要,灵活选用适当的结束语,或提纲挈领,或开拓思路,或首尾呼应。不管选用何种方式,都应注意自然恰当,令学生回味无穷。

简洁明了,清晰展现——既然是课末的总结归纳,就应做到纲举目张,语言简洁明了,表达清晰确切,让学生明确结束语的要点所在,切不可草率收场。

(2)结束语的类型

根据结束语的主要作用,可将其分为三大类:铺垫式、拓展式和总括式三种。

铺垫式结束语——指教师在授课结束时,利用现有教学内容为新课的顺利进行设下铺垫。这种结束语建立在以旧带新的基础上,有助于使新课的教学更加省力省时。

拓展式结束语——指结束课程时,教师在教学内容的基础上进一步引申发挥的话语。或指导学生学会深入探索;或进一步开阔学生视野;或启发学生进一步思考等。这样既可以拓展学生思路,又可以潜移默化地进行思想教育。

总括式结束语——指教师对所教内容进行总结和概括,简要归纳出教学精髓。这种总结语的特点是精练、明确,既有助于学生形成一堂课的整体认识,又便于强化教学重点。

三、教育语言的学习

教育口语,是指教师有目的地对学生进行思想品德及日常行为规范进行说服教育和评价时所使用的工作用语。它同教学口语一样,是教师必备的语言基本功,也是全面完成学校教育任务不可缺少的工具。教师的教育口语对学生正确思想品德、美好人格情操、规范日常行为的养成有着很大的作用和深远的影响。如果教育口语运用得好,就有助于学生身心的健康成长,从而为形成良好的为人处世风范奠定坚实有效的基础;一旦运用不当,则会直接影响教育工作的质量和效率。

(一)教育口语的特点

教育活动在内容和目的方面与教学活动各有侧重,因此,教育口语也有着自己的特点和要求。

1. 思想性

教育口语的思想内容涵盖范围极广,包括正确的世界观、人生观和价值观体系;社会主义、爱国主义和集体主义精神;学生日常行为准则和公民道德规范等等。这些思想内容是不能靠枯燥宣讲和空洞说教来影响和教育学生的,而应是寓思想教育于教学及活动当中,通过潜移默化的方式从点滴之处影响和教育学生,使之习惯成自然。教师应利用一切有利时机,善于捕捉各种细微的"育人"契机,通过各种行之有效的途径、方式和方法,因势利导地教育和引导学生。

2. 情感性

教师应把对学生的关爱融入到教育口语之中,晓之以理,动之以情,帮助学生自觉形成自我反省、自我提高、自我完善的良好习惯,并使之逐步养成积极正确的思想品德和健康向上的行为方式。与学生谈话时,态度力求亲切中肯,或轻声细语如春风拂面,或循循善诱情真意切,或语重心长入耳入心。教师切不可高高在上,动辄以盛气凌人的态度训斥辱骂或用尖酸刻薄的语言讽刺挖苦学生,让学生仰视惧怕肯定不如与他们平等交心的效果好。

3. 针对性

教师往往是在特定的时间、特定的场合,对特定的学生进行具有某一特定目的的教育活动的。要使这种特定的教育收到实效,就必须注意教育口语的针对性。因为学生在年龄、性格、思维方式、知识水平、身体状况、心理承受能力上都存在着种种差异,教师不可能以模式化的语言应对不同的个体。这就要求教师在进行思想教育时要因人因地因事因时而异,对症下药,有的放矢。比如,对性格内向的学生要多诱导多鼓励,带动他们积极参加活动、扩展交际,多向表现优秀的学生学习,以身边的好人好事去激励他们上进,发现他们的细微进步就及时加以表扬和鼓励;对性格外向的学生可在直接说理的基础上适当地加以劝诫,启发他们稳定情绪,多做少说,鼓励他们适度约束自己,帮助他们不断取得新的进步。

4.诱导性

循循善诱,是教育学生最有效的办法。只有通过启迪和引导,让学生心悦诚服地接受教育,理性认识才会成为学生的个人信念和自觉追求,也才能成为学生一辈子享用不尽的精神财富。因此,教师应掌握一定的思想教育方式方法。多一点引导,多一点宽容,学会用包容的方式展开教育引导,由表及里,由浅入深,在宽松和谐的气氛中启迪学生心智,教给学生自我思考和自我完善的方法。切莫抓住错误,步步紧逼,时时苛责,动不动就去翻旧账、揭疮疤。在对学生进行诱导教育时,应该用爱心去抚平他们的心灵创伤,而不要动辄在他们的伤口上撒盐。

(二)教育口语的分类

1.沟通语

沟通语是指教师在某一教育情境中为消除学生心理隔阂、取得心理认同而使用的话语。它是思想教育的前提,是避免教育主观性、片面性、盲目性的必由之路。要想更好地发挥沟通语的作用,顺利地在师生之间架设一座沟通心灵的桥梁,一般来说就应该做到以下几点:

(1)掌握情况,充分理解学生

师生之间无法沟通,原因往往在于彼此缺乏足够的了解和沟通。有的教师经常与学生干部交流,却很少与一般学生沟通;有的教师时刻关注学生的学业情况,却极少过问学生的思想状态;有的教师只知道学生的在校表现,却不了解学生的家庭情况和社会活动情况。其实,要达到心灵的沟通,教师应主动积极地深入学生群体,多交流,多调查,多了解,多沟通。在了解学生的基础上还应充分理解和尊重学生,设身处地地多为学生着想。对学生偶尔出现的错误在感情上应给予理解,并及时启发、劝导,鼓舞学生奋发向上。只有受到学生的尊重和信赖,沟通起来才能顺畅和和谐。

(2)态度诚恳,创设和谐氛围

有的学生面对老师紧张拘谨,有的学生倔强固执,对老师总采取戒备甚至抵制的态度。这些都不利于师生双方的相互沟通。因此和学生交谈时,教师态度应真诚恳切,语气舒缓平和,语速适当放慢,尽量避免动辄呵斥、疾言厉色式的说话方式。有时可用轻松幽默或者亲近友好的话语,来驱散紧张气氛,缓解尴尬场面,营造出一种真诚相待、和谐民主的语境,从而便于师生双方情感的进一步沟通。

(3)寻求突破,疏通心理障碍

老师与学生应该不仅仅是一种师生关系,还应是一种朋友关系,所谓良师益友说的就是如此。与学生沟通时,千万不要摆出一副诲人不倦的样子,毕竟学生最讨厌那种空洞贫乏又盛气凌人的空话、大话和套话。因此,教师在做学生的思想工作时,应注意语言的表达技巧,可以寻求一些共同话题,比如各自的兴趣爱好、对某件事的共同看法,以平等坦率的话语疏通造成沟通障碍的心理关节,进而交流思想,越谈越深入,最终彼此敞开心扉,从而达成共识。这样,既可以突破交流的瓶颈,又可以更加容易地进入学生的内心世界,一旦消除了心理障碍,沟通就会收到良好的实际效果。

2.启迪语

启迪语是指用来启发开导学生的话语。在思想教育过程中,教师应当能够针对学生某一问题,用点拨的方法开启学生的思维,化消极被动为积极主动,让学生在不知不觉中产生对该问题的领悟和升华,并付诸行动。运用启迪语应注意以下几点:

(1)切合实际,善于类比

启迪学生时,教师可以经常利用具体事例无声言教。选取的事例应注意切合学生思想实际和认知水平,力求直观形象。可利用类比、比喻、归纳等形式,化抽象为具体,变模糊为清晰,举一反三,适当点拨,达到以事悟理的目的。同时要善于发掘并抓准学生最有感触的动情点,点到即止,调动他们积极思维,帮助他们打开认识的窗口,不断进行自我反思和自我教育,从而达到自我提高和自我完善的目标。

(2)以言引路,因人而异

启迪学生依靠语言来传导,空泛的大道理并不能感发人心,只有那些饱含知识营养又富有感染力的语言,才能鼓舞学生奋发向上。不少青少年学生喜欢抄录名言警句用以鞭策自己,教师在进行思想教育时就可以此为契机,运用闪光的语言启迪学生思考探索。这样,以言引路,引起共鸣,就便于开导。再者,启迪还要因人而异,应该根据不同学生的性格兴趣、知识水平采取与之相适应的方法。这样有的放矢、对症下药地启迪和教育,启迪的话语才能深入人心,才能产生实际效果。

（3）把握时机，促进转化

教师启迪学生时要注意审时度势，利用外部条件增强教育效果。这种外部条件包括时间、地点、环境、学生的年龄特点和心理状态等等。选择恰当的谈话时机常常可以取得事半功倍的效果。比如带领学生参观烈士陵园，就可以通过讲述烈士的英勇事迹，激发学生的爱国情操；组织班级集体性文体活动，就可以选取身边事例，启迪他们注意团队协作，发挥集体荣誉感，等等。把握时机还要包括创造时机，教师要善于创设出积极的教育氛围，善于捕捉容易使学生产生情感共鸣的时机，化"有心"为"无意"，让学生在愉悦的心情中自我反省，寓教于乐，促进转化。

3.表扬语

表扬语是指对学生良好思想行为或某种进步给予表彰或肯定的评价性用语。它是思想教育工作中常用的正面教育的有效方法。对学生来说，获得老师的表扬，不仅是一种荣誉的享受，更是对其个人价值的充分肯定，由此能促进学生养成积极上进的风气。表扬还可以扶持正气，树立榜样，鞭策先进，激励后进，从而形成学榜样、赶先进的良好氛围。运用表扬语应注意以下几点：

（1）热情中肯，及时适度

表扬既然是给予肯定性的评价，就应注意语言要热情中肯，富有感染力。一般情况下，表扬语语调昂扬，语速较快，措词褒义色彩鲜明，有时还可用重音强调值得表扬之处并辅以点头、微笑、手势等体态语。表扬还要注意及时和适度。如果表扬过晚，时过境迁，良好的思想行为会因得不到及时的强化而消退，对刚刚有所进步、渴望肯定的后进生还可能是一种无声的致命打击；如果表扬过多或过分，则会容易引起被表扬者骄傲自满的情绪，有时还会使其他学生产生不服气或嫉妒的情绪，从而不利于同学之间的团结。因此，既要热情又要把握好适当的时机，才能收到表扬的实际效果。

（2）注重分析，讲求实效

表扬的目的是为了帮助学生发扬成绩，不断进步。因此，表扬时教师应避免不痛不痒泛泛而谈，而应当摆事论理，有点有面，既有具体事例，又有理性分析；既能够突出被表扬的地方，又能够引导学生从中获得启发或其他收益；既有对事的具体评价，又适当引申传授某些抽象的人生哲理。这样才能使全体学生知人知事，从别人或自己的良好行为中理解其行为价值，进而提高自身思想认识，真正获得真善美的启迪，以点带面，让每一个学生都能从中真正受益。

（3）客观公正，实事求是

教师对学生的表扬，绝不能仅凭个人好恶随心所欲或信口开河，而应实事求是、客观公正。使用表扬语时，须把握好话语分寸，对优等生不能抓住一些小事就任意拔高,随意夸大;对差生,更应一视同仁,绝不能抱有成见,冷落歧视。如果是这样,对学生的成长都很不利。比较科学的做法是,教师要善于观察每个学生身上的点滴进步,抓住适当时机,给予客观公正的评价和热情适度的肯定,这样才能真正激发起他们的自信心和上进心,从而收到点石成金的效果。

4.批评语

批评语是指针对学生的缺点、错误进行否定性评价的用语。虽然学校教育机制强调以正面教育、以鼓励启发为主,但恰到好处的批评处罚也可以帮助学生认识错误、改正错误,增强对是非曲直、善恶美丑的辨别能力,有利于促进学生健康成长,有利于形成学校教育的良好风气。因此,教师要敢于批评,善于批评。作为一种重要的教育艺术,批评应注意以下几点:

(1)耐心恳切,重在育人

批评的目的在于"育人",不在于打击、挫伤学生的自尊心。所以,批评时语调应严肃恳切,语态要耐心真诚,要让学生感到批评他是出于对他的爱护与关心,切忌粗声粗气、生硬训斥或冷言冷语、嘲讽挖苦。每个教育者只有本着尊重学生、帮助学生的原则,分析其错误思想根源、制止其不良行为,学生才会心悦诚服地接受批评,改正错误。

(2)因人而异,讲究艺术

每个学生的心理承受力是不一样的,有的谦和开朗,易于接受批评意见;有的过于要强,直接批评只会使其更加逆反。因此,批评学生也要因人而异,依照学生的个性特点,采取相应的批评方式,或耐心开导,点到为止;或严肃批评,以示警戒;或寓庄于谐,旁敲侧击。再者,还要讲究批评的艺术,能个别提醒的尽量不要公开批评;能温和劝导的尽量不要激化矛盾。要掌握时机,注意用语,更要情理相辅,促其改正。

(3)有根有据,恰当公正

批评学生一定要摸清情况,对问题的来龙去脉要做周密调查与详细了解,不可一有风吹草动就不分青红皂白对学生一顿训斥。批评须实事求是、有根有据,既摆事实又讲道理,让犯错误的学生认清症结所在,从而口服心服。当然更不能无限上纲上线,尤其对差生不能揪住一点小错就借题发挥,批得学生从此抬不起头。批评应做到恰当公正,既触及学生的思想根源,又保护他们的自尊心;既要强调错误的严重后果,又要适当保护学生的隐私。有的时候,适当运用一些模糊语言来提醒学生,批评学生,警示学生,反而会收到良好的效果。

四、教师口语自练

1.下列教案使用的是哪一种或哪几种导入方式？请尝试用其他方式为同样的内容设计导入语并比较一下教学效果有什么异同。

材料1：同学们，散文作家杨朔可以说是我们的老朋友了，每个学期我们差不多都会和他见面，大家还记得吗？第一册他让我们看到了香山红叶，第二册他请我们品尝了广东的荔枝蜜，今天他又带给我们什么了呢？对了，他带来了春城昆明的茶花。（《茶花赋》）

材料2：在茫茫的大海上，有一艘轮船突然发生故障，失去了控制。报务员立即发出求救信号，报告了出事地点。于是邻近的船只纷纷前往营救，不久直升飞机也出现在这个海域的上空。海上没有其他目标，遇难船只是怎样报告自己的位置的？营救者又是怎样找到它的呢？原来，他们靠的是经纬网。今天我们就来学习有关经纬网的知识……

2.按照给定的要求完成下列环节：

（1）根据提示的时间要求分别为下列教学内容设计教学用语，其中必须包括导入语、阐释语、提问语及结束语等；（2）在规定时间内完成授课练习；（3）以小组为单位讨论具体的授课效果。

材料1：枯藤老树昏鸦。/小桥流水人家。/古道西风瘦马。/夕阳西下，/断肠人在天涯。（马致远《天净沙·秋思》）（10分钟）

材料2：五点钟，上工的汽笛声响了。红砖"罐头"的盖子——那扇铁门已推开，带工老板就好像赶鸡鸭一般把一大群没锁链的奴隶赶出来。（夏衍《包身工》）（5分钟）

材料3：绿色植物既有呼吸作用，又有光合作用。光合作用利用太阳的能量，把二氧化碳和水等无机物转变成有机物，放出氧气；呼吸作用消耗有机物和氧气，提供能量，使植物体的各种生命活动得以完成。光合作用和呼吸作用是互相对立又互相依赖的过程。（5分钟）

材料4：故乡的歌是一支清远的笛/总在有月亮的晚上响起/故乡的面貌却是一种模糊的怅惘/仿佛雾里的挥手别离//离别后/乡愁是一棵没有年轮的树/永不老去（席慕蓉《乡愁》）（10分钟）

3.某初中学生近来学习成绩急剧下降，提醒他，还不以为然。后来，有老师在课堂上当场发现他上课时用手机上网玩游戏和QQ，并收缴了手机。你作为实习班主任将怎么处理这件事？请设计相应的教育语言。

4.某中学初二一个班级中，早恋现象比较普遍，男女学生出入教室成对成双,"老公""老婆"随处可听见。针对这种情况,请你设计相应的教育语言进行批评和引导。

5.班上一位同学考试作弊,学校给予处分,他很不服气,认为现在考试作弊是校园的普遍现象,作弊就能提高成绩,太老实就要吃亏,这是竞争意识。你如何通过谈话使这位学生认识错误并改正作弊行为?

第十讲　求职面试

一、求职面试的含义与形式

(一)求职面试的含义

求职面谈也称求职面试,它是招聘者与应聘者之间的谈话(其实是考试)。面试,指面对面的考试,多为口试。双方通过面谈,相互了解。招聘者想了解应聘者的情况、条件,判断对方是否有被部门录用的资格。对于应聘者来说如何说服招聘者从而获得自己喜欢的工作,这实际上是一种自我推销。

(二)求职面试的形式

推销自己在我国古代就有。战国时,七雄逐鹿以争天下,布衣毛遂自我推销,前往出国游说,把自己的演讲才能发挥得淋漓尽致,终于使楚王派兵救赵,解秦之围,为中国历史上留下了毛遂自荐的千古佳话。我国的茅台饮誉海内外,可当初它在万国博览会上却因装潢粗糙而遭冷遇。面对如此尴尬的局面,富有推销意识的华商急中生智,故意失手打翻酒瓶,使茅台"脱颖而出",飘香四海。戴尔·卡耐基说:"不要怕推销自己,只要你认为自己有才华,你就认为自己有资格担任这个或那个职务。"

1.现行求职面试的基本形式

多人对多人:一组考官测试一组应聘者。

多人对一人:一组考官测试一位应聘者。

一人对一人:一位考官测试一位应聘者。

无考官面试:应聘者在摄像头前根据电脑提示和显示的题目面试,考官通过摄像头或者视频录像进行评判,异地应聘面试常用此形式。

2.现行面试的分值比

较为正规的单位面试评分标准一般分为 10 个方面,满分 100 分:①个人简介,考察自我总结和认识能力,包括兴趣爱好、特长、性格评价,占 10%;②专业基本概念、IQ 智商评价,占 10%;③岗位能力、经验,占 10%;④EQ 情商评价,占 10%;⑤AQ 逆境商评价,占 10%;⑥逻辑思维、分析判断能力,占 10%;⑦主动性、工作热情、责任心,占 10%;⑧归属感、忠诚度评价,占 10%;⑨组织纪律性,占 10%;⑩知识面、潜能,占 10%。

二、求职面试的学习

(一)求职面试的准备

1.写好你的简历

专业一页纸简历,必须具备醒目的内容结构与要点,字里行间展示你的风采,能够重点表现个人资历概貌的亮点。

2.了解你的应聘单位

要争取求职面谈的成功,做充分的准备是很重要的。首先要尽可能了解这家单位的性质和背景,哪一个部门的工作与你的经历兴趣相符,通过各种渠道去寻找资料。就业信息是求职的重要前提和基础。谁能及时获取信息,谁就获得了主动权。广泛地搜集并进行处理(归纳综合分析)这是求职开始的第一步。其次要尽量了解你的应试者,有什么共同的爱好,有否共同认识的人。

关于企业信息的搜集,一般有两种渠道。一是"正式渠道",通常指公开发布的较为完整的信息,如企业招聘广告等;一是"非正式渠道",是指从熟人朋友以及前员工(或前届毕业生)那里搜集到的用人信息,这些信息往往翔实具体,不加掩饰,有时也难免有偏颇之处。

通常对求职有益的"信息源"包括:本学校的毕业生就业机构;毕业生就业市场;新闻传媒。

3.知道你为什么选择了它

面试前先问问自己是否了解了这项工作的需求。如果对方问:"你为何想到我公司来服务",能否予以有力满意的回答。是否准备坦率愉快地回答招聘者的问题。你是否能说服招聘者既了解你的资历背景,又看到你的发展潜力。试从招聘者的角度来考虑,你的专门经验资历及兴趣之中哪一项符合他的要求,符合他寻找的形象。将这些问题一一罗列出来,并有条理地准备妥当。如:

(1)这个公司(部门)有哪些优势? 有哪些劣势?

(2)公司现在面临的最大问题是什么? 有哪些障碍?

（3）要把握哪些解决途径？需要做什么工作？（策略受到阻碍）

（4）这个组织的发展方向是什么？

（5）你认为公司的竞争对手是谁？

（6）这次招聘的主要原因是什么？

（7）你要应聘的职位是什么？

当然，对应聘单位了解得越多越好。对于那种一直有人在做的工作，一个了解的好办法就是能联系到一些从这个岗位上离任不久的老员工。至于这种人是以何种原因离任并不重要，至少他们可以使你对这一工作有一些直接的了解。如果你是从一个气急败坏地扔掉了工作的人那里得到的信息，一定要客观分析他的话，作出公正的判断。

如果这项工作是有很多人从事的常规工作，不妨找两个人询问一些日常工作的情况。比如需要掌握什么技能？对技能的要求是怎样的？在最近几星期或几个月内他们在工作中处理的最棘手的事情是什么？

（8）公司对应聘者的要求是什么？

有关求职者具备条件的描述。性别、年龄、教育背景、工作经验、资格认证、求职动机、性格以及现在的具体情况。

对工作的描述。其中对雇员职责的说明，很多岗位的说明都很长。有些说明的大部分内容是为了通过一些特定的职位分析来提高对求职者的要求，而另外一些则是工作职员的罗列，但这些信息仍是有用的。

关于能力的分析。这里面将告诉你一个能胜任工作的出色雇员应该具备的素质。举一个"顾客至上"的例子。这四个字意味着对雇员的需要作出灵敏的反应。凡是在材料中有关能力的描述都应该受到重视，因为这表明招聘者对这次招聘的态度是严肃的，要求是严格的，而且还能告诉你招聘者所要求的技能和素质。了解分析情况。从就业机构、就业市场网站、专业期刊、内部人员了解公司历史、定位、优势、竞争对手、发展前景等等情况，分析公司、职位和自己。

4.预演

这非常重要，预演包括对问题的准备和模拟练习。

首先要准备可能出现的问题。一般而言，模拟面试可选择以下开放型的问题：

（1）介绍一下你自己。

（2）你能不能用几个词来总结一下你的特点？

（3）你为什么希望从事这个行业？如果你从事这个行业，对这个行业你最喜欢哪些方面？最不喜欢哪些方面？为什么？如何了解的？

（4）你认为我们会从哪些方面考察你？为什么？你是怎么分析的？

(5)你在团队中通常充当什么角色？能举个例子吗？

(6)你得到的最好的赞扬是什么？什么情况下？什么感受？

(7)你得到的最有益的批评是什么？什么情况下？如何处理？

(8)至今你遇到的最具挑战性的工作是什么？你是如何做的？如果如何？

(9)你在工作过程中遇到非常挑剔难缠的客户你怎么对待？

(10)除了专业课程，你还喜欢了解哪些方面的知识？为什么？

(11)在工作中，如果客户要求拿回扣，你会如何处理？

(12)你还有什么问题吗？

面试前的准备除了对可能提问的问题找出满意的答案，还要进行必要的模拟练习。请一些同事、朋友或亲友来扮演主试，把你预测的问题交给他，并请他也多考虑一些问题，提问时既要提一些富有挑战性的问题，也可提一些友善亲切的问题，完了以后总结一下，听听批评建议，有必要的话互换角色进行预演。

有可能的话，把预演录下来，然后进行分析和修改。

(二)求职面试的礼仪

1.时间的礼仪

绝对不可以迟到，也不应该急匆匆地踩着钟点到达，以显示自己的忙碌。因为是你自己要谋取这里的职位，所以，要提前到达面试地点，以表示自己的诚意。

2.仪表的礼仪

仪表大方。应该看具体的应聘单位性质与岗位而确定。穿着过于前卫、浓妆艳抹，尤其男生戴戒指、留长头发等标新立异的穿着不合适一般岗位，尤其是与公务员的身份不符，给考官的印象也比较刺眼。一般来说，着装打扮应求端庄大方，可以稍事修饰，男生可以把头发吹得整齐一点，皮鞋擦干净一些，女生可以穿上淡雅的职业装，总之，应给考官一种自然、大方、干练之感。

3.举止的礼仪

举止得体。考生入座以后，尽量不要出现身子摇摆转动、晃腿、玩笔、摸头、伸舌头、捂嘴等小动作，这容易给考官一种不成熟、不稳重的感觉。

4.答题的礼仪

平视考官，不卑不亢。考场上，相当一部分考生不能很好地控制自己的情绪，容易走向两个极端：一是自卑感很重，觉得坐在对面的那几个考官都是博学多才、身居要职，回答错了会被笑话。所以，畏首畏尾，不敢畅快地表达自己的观点，茶壶里煮饺子，肚里有货却"倒"不出来。当然，与此相反的一种情况则是,有些考生在大学里担任过学生会干部,组织过很多活动,自认为社会实践能力很强,所以很自信,进入考场,如入无人之境,不把考官放在眼里。这两种表现都要不得,都会影到考生的面试得分。最好的表现应是,平视考官,彬彬有礼,不卑不亢。应树立三种心态:首先双方是合作不是比试。考官对考生的态度一般是比较友好的,他肩负的任务是把优秀的人才遴选到本单位来,而不是为与考生一比高低而来,所以考生在心理上不要定位谁强谁弱的问题,那不是面试的目的。其次考生是求职不是乞职。考生是在通过竞争,谋求职业,而不是向考官乞求工作,考中与否的关键在于自己的才能以及临场发挥情况,这不是由考官主观决定的。再则考官是人不是神。考官一般都具有较高的学历和多年的工作经历,理论水平较高,工作经验也比较丰富。但他们毕竟是人,不是神,虽有其所长,但也自有其所短,说不定你所掌握的一些东西,他们不一定了解多少。

(三)求职面试的答题技巧

1.冷静思考,理清思路

一般来说,当考官提出问题以后,考生应稍作思考,不必急于回答。即便是考官所提问题与你事前准备的题目有相似性,也不要在考官话音一落,立即答题,那给考官的感觉可能是你不是用脑在答题,而是在背事先准备好的答案。如果是此前完全没有接触过的题目,则更要冷静思考。匆忙答题可能会不对路,东拉西扯或是没有条理性、眉毛胡子一把抓,反而给考官留下不好的印象。磨刀不误砍柴工,经过思考,理清思路后抓住要点、层次分明地答题,效果要好一些。

2.辩证分析,多维答题

辩证法是哲学的基本原理和方法论。考生应具备一定的哲学知识,回答问题不要陷入绝对的肯定和否定,应多从正反两面考虑。从以往面试所出的一些题目来看,测评的重点往往不在于学生答案的是与非,或是观点的赞同与反对,而在于分析说理让人信服的程度。所以要辩证地分析问题,理由充分地说理论证,而不要简单地下结论,有时还要从多个角度思考,具体情况具体分析。

良好的开始是成功的一半,要确保一开始就给招聘单位留下一个自信、诚恳的印象,也给自己鼓劲。比如可用这样的开场白:"非常感谢您(贵公司)给我这次面试的机会,如果贵公司聘用我,我一定会有出色表现的。"面试完,说好最后一句话也很重要,面试结束临走前,要礼貌地表示感谢,更要反复强调自己对这份工作的渴望及能够胜任的信心。比如说:"非常感谢您给我的指点,希望有机会多多向您学习,也希望有机会为贵公司效力,如能被聘用我定会出色表现,请多考虑我的情况,希望得到好消息,再见!"这就很得体、大方。

再比如,在问及薪资待遇时,因为一般正规的公司对各个岗位都有系统的工作分析、全面的工作评价、准确的职位说明、完善的薪资体系、公平的福利待遇,只要公司在发展,只要这个公司人力资源管理比较规范,你就不用太多担心薪资待遇方面的问题,讲高不现实,讲低也不会让你吃亏。可惜,现在有些大学生过分在薪资待遇上做文章,还有一些人会提出不合理的要求,让用人单位非常不快。比如,一位计算机硕士毕业生,开口就说月工资要 3000 元,后来说2500 元少一分免谈。再如,有一个本科生,打电话到应聘单位,不问公司产品、技术与前景,也不报上自己的名字、专业、能做什么,第一句话就问一个月工资多少,公司方面回答:每个月 800～80000 元,你要来面试,交通食宿自理。这位大学生坐了三天三夜的火车来了,结果连最基本的电路、三极管符号都不会画,只好失败而回。

3. 消除紧张心理

首先,不妨先接受这样的事实:任何人,在遇到诸如面试这种情况的时候,都会觉得紧张。只不过每个人的程度不同而已,如果有人不紧张,那他倒可能有些问题。因此,如果自己没有办法调节,不妨试试以下的方法:在面试的前一天做角色扮演的模拟练习,实战演练让自己进入角色。或者通过各种渠道多了解那个公司,多掌握情况,知己知彼,练习越多把握就越大。面试后如果长时间不能走出角色,那就试试情绪转移的方法,做一些自己平时喜欢做的事情,或者找一些朋友家人倾诉一下自己的担忧。

三、求职面试常见问题举例

(一)求职面试考官所提的一般问题

1. 关于个人的问题

对于这类问题一定要把握分寸,要充分利用这 3～5 分钟展现你的工作技能和职业背景。

一段短短的自我介绍,其实是为揭开更深入的面谈而设计的。一两分钟的自我介绍,犹如商品广告,在有限的时间内,针对"客户"的需要,将自己最美好的一面,毫无保留地表现出来,不但要令对方留下深刻的印象,还要即时引发其"购买欲"。

(1)请你做个自我介绍。

〔提示〕 想一矢中的,首先必须认清自我,一定要弄清以下三个问题。你现在是干什么的？你将来要干什么？你过去是干什么的？

(2)你有什么的优点和缺点？

［提示］ 介绍优点，不可狂妄；介绍缺点，也不必紧张不自在。要给对方一个客观公正、勇于自我反省、能够清醒地认识自己的印象。所谓人贵有自知之明。

(3)你认为你自己有哪些优点，你认为你比较适合做哪些工作？

(4)如果离开家庭，你父母的态度如何？

(5)你是否有出国、考研究生等打算？

(6)你为什么修读现在的专业

(7)你是否辅修过别的什么专业、为什么？

(8)你对自己的学习成绩是否满意？

(9)你如何评价你的大学生活？

(10)你懂何种语言、熟练程度如何？

(11)你获得过何种奖励？

(12)你是否参加过科研工作？

(13)你担任过什么职务、组织或参加过什么活动？

［提示］ 介绍一下你的实习、社会调查、学生科技活动、勤工俭学等方面的活动情况以及取得的成绩。最好还能介绍你在这些活动中取得的实际工作经验对你今后工作的重要性，它还能说明你是一个善于学习的人。

2.关于应聘单位的问题

(1)你以前是否了解本单位？你通过什么途径了解的？为什么应聘本单位？

［提示］ 强调该单位在行业中的地位，自己的兴趣和日后的发展前景，切忌只强调该单位的福利待遇。

(2)你为什么选择这份工作？

［提示］ 这是面试官用来测试应聘者对工作理解度的问题，借以了解求职者只是基于对工作的憧憬，还是确实有兴趣来应征这份工作，此时之前所强调的事先研究功夫又再度派上用场。建议你的回答应以个人的兴趣配合工作内容特质，表现出高度的诚意，这样才可以为自己铺下迈向成功之路。

(3)应聘本单位，你和父母商量过没有？

(4)是否应聘过其他单位？

［提示］ 一般的单位都能理解毕业生同时应聘几家单位的事，可以照实回答。同时最好能说明自己选择的次序。

3.关于职业方面的问题

(1)你找工作最重要的考虑因素是什么？

〔提示〕 工资、福利之类可以在最后"顺便"提到，整个面试过程中千万不要多次提到，如果事先已有大致了解可以干脆不提。结合你正在应聘的工作，侧重谈你的兴趣、你对于取得事业上的成就的渴望、施展你的才能的可能性等方面。体现你是把工作放在首位的人。

(2)你希望什么样的工作，开拓性的还是例行常规性的？

〔提示〕 结合你正在申请的这份工作来谈。如果你表现的性格与你正在申请的工作有距离，可以从两种工作的共同点来谈，但切忌言过其实。

(3)你希望在本单位哪个部门工作？

〔提示〕 如果必须作出选择，可以谈你的意见及理由。如果只是一般询问，可以谈你的想法，或可侧重谈你将会努力工作的态度。

(4)你认为你适合什么工作？

〔提示〕 结合你的长处或者专业背景回答。也许单位是结合未来的工作安排来提问，也许只是一般性地了解你对自己的评价。不要说不知道，也不要说什么都行。

(5)如果单位的安排与你的愿望不一致，你是否愿意服从？

(6)如果工作安排与你的专业无关，你怎样考虑？

〔提示〕 如果你正在申请的工作与专业无关，可以强调大学只是进行基础教育和素质教育，也要谈你的专业学习对你从事与专业无关的工作的帮助。不要把你曾经学习四年的专业说得一无是处。

(7)你希望有什么工作成就？

〔提示〕 不需要回答得很具体，因为未来谁也不知道。只要表达努力工作的态度即可，提到取得成绩的客观因素。所谓谋事在人，成事在天。

(8)你希望得到多少薪水？

〔提示〕 不要提具体数字，除非对方提出。也不要斤斤计较，讨价还价，单位有薪水标准，不是可以讨价还价的。

4.其他方面的问题

涉及时事、流行的话题。

还有的考官会假设某种情况而问你会怎样做，比如：

(1)假如领导派你和一个有矛盾的同志一起出差，你如何处理？在日常生活中，出现这样的事情你是如何处理的？试举例说明。

(2)假如你是一位乡镇党委秘书，让你组织一次会议，你如何安排？

(3)一次有一个厂长向你抱怨，他的总工被别人以50000元的月薪挖走了，你对这件事如何看？假如现在南方有一家公司以高薪聘请你，专业又符合你的要求，你会辞职吗？

（4）你是部门主管，碰到突发事件你如何处理？

（二）求职面试考官所提的特殊问题

"激怒法"是刁钻的主考官用来淘汰大部分应聘者的惯用手法：在两个人面对面的斗智中，他们往往会用一个明显不友好的发问，或用怀疑、尖锐、单刀直入的眼神，来揭去对方彬彬有礼的外表，使其心理防线失守……当然他们的所为是要找到具有心理承受能力的人。如何防范"激怒法"，这里罗列一些问题，请大家都来琢磨琢磨。

1. 你并非毕业于名牌院校？

妙答：比尔·盖茨也未毕业于哈佛大学！

2. 你经历太单纯，而我们需要的是社会经验丰富的人。

妙答：那么，我确信如我有缘加盟贵公司，我将很快成为社会经验丰富的人，我希望自己有这样一段经历。

3. 你专业怎么与所申请的职位不对口？

妙答：据说，21世纪最抢手的就是复合型人才，而外行的灵感往往超过内行，因为他们没有思维定势，没有条条框框。

4. 你的学历对我们来讲太高了。

妙答：我带三张学历证书，你可从中挑选一张您认为合适的，至于另外两张，就请忘掉它。

5. 你是因为与上司有矛盾才转到我们这里来的吗？

妙答：他是一个正直的人，但我们之间性格差异太大，无法成为好朋友。

6. 你性格过于内向，这恐怕与我们的职业不合适？

8. 你的约会很多吗？

9. 你今天为什么来这里？

10. 如果此时外面有一艘宇宙飞船着陆，你会走进去吗？如果它可以去任何一个地方，你会要求它把你带到哪里？

11. 下水道的井盖为什么是圆的？

四、求职面试自练

1. 请作一个时间为1分钟的简短的自我介绍（姓名，年龄，学历和专业，个性的主要特点等）。

2.请作一个时间为 2 分钟的自我介绍(姓名,年龄,学历、专业、毕业时间、个性中主要的优点和缺点、以往的经历、目前的打算、今后的发展目标与规划、今天应聘的原因等)。

3.请快速回答以下问题(看题后思考 1 分钟):

(1)你为什么来应聘这个单位或岗位?

(2)你认为自己的最主要的有点和缺点是什么?

(3)你认为学习的最好方法是什么?

(4)你最低的薪金要求是多少?

(5)导致你成功的因素是什么?

(6)你有和这份工作相关的训练与品质吗?

(7)谁曾经给你最大的影响?

(8)这个职位最吸引你的是什么?

主要参考文献

1. 鲍日新. "言此意彼"说服术. 思维与智慧,2002(12).

2. 陈国安,等. 新编教师口语(表达与训练高等师范学校教材). 上海:华东师范大学出版社,2007.

3. 程雨民. 语言系统及其运作. 上海:上海外语教育出版社,1997.

4. 丁惠永等. 演讲口才艺术. 长春:长春时代文艺出版社,2002.

5. 龚胜高. 谈判与口才. 北京:农村读物出版社,1992.

6. 郭千水. 实用口语训练教程. 北京:清华大学出版社,2004.

7. 黄中建. 悬念——说服人的有效途径. 思维与智慧,2002(4).

8. 李海林. 言语教学论. 上海:上海教育出版社,2000.

9. 李军华. 口才学. 武汉:华中理工大学出版社,1996.

10. 李元授. 口才学. 武汉:华中科技大学出版社,2003.

11. 李元授,李鹏. 辩论学. 武汉:华中理工大学出版社,2009

12. 李元授,白丁. 口才训练. 武汉:华中理工大学出版社,1999.

13. 刘捷,董立人. 谈判的阶段与步骤. 领导科学,1996(1).

14. 李杰群. 非言语交际概论. 北京:北京大学出版社,2002

15. 刘显国. 开讲艺术. 北京:中国林业出版社,1999

16. 刘小波,王海天. 普通话训练与口才艺术. 北京:中国物资出版社,1998.

17. 刘云同. 做一个成功的交谈者. 现代交际,1997(7).

18. [英]马什. 合同谈判手册. 上海:上海翻译出版公司,1988.

19. [美]尼尔伦伯格. 谈判的艺术. 上海:上海翻译出版公司,1986.

20. 秦海燕. 教师口语训练教程. 济南:山东人民出版社,2008.

21. 饶晓明. 汉语口语实训. 武汉:华中科技大学出版社,2003.

22. 苏晓青. 教师口语. 武汉:武汉大学出版社,2010

23. 孙海燕. 口才训练十五讲. 北京:北京大学出版社,2003.

24. 陶明星,王璠. 谈判与交际、文化及跨文化谈判——跨文化谈判语用学中的几个概念辨析. 湖南社会科学,2009(2).

25. 王东,高永华. 口才艺术——基础口才学. 北京:光明日报出版社,1991.

26. 王群,赵兵. 朗诵艺术创造. 上海:上海人民出版社,2008.

27. 王宇红. 朗读技巧. 北京:中国广播电视出版社,2002.

28. 吴洁敏. 新编普通话教程. 杭州:浙江大学出版社,2003.

29. 谢伦浩. 演讲态势语表达技巧. 北京:石油工业出版社,2004.

30. 谢伦浩. 即兴说话技巧. 北京:中国社会出版社,1999.

31. 徐波. PSC 朗读测评方法研究报告. 浙江海洋学院学报(人文科学版),2008(3).

32. 徐波,赵则玲. 对当前普通话水平测试中有关问题的思考. 安阳师范学院学报,2001(6).

33. 徐波. 中学生口才训练与测评. 杭州:浙江大学出版社,2005.

34. 徐卫卫. 大学生交际口语. 杭州:浙江大学出版社,2007.

35. 于是之,等. 论北京人艺演剧学派. 北京:北京出版社,1995.

36. 张汉民. 教师口语基本技能训练. 杭州:杭州大学出版社,1995.

37. 张颂. 朗读学(第 3 版). 北京:中国传媒大学出版社,2010.

38. 曾湘宜. 演讲与口才. 北京:北京工业大学出版社,2006.

39. 赵育红. 如何在商务谈判中取得成功. 经营管理者,2009(22).

40. 赵玉明. 广播电视简明词典. 北京:中国广播电视出版社,1989.

41. 朱蓓. 实用口才训练教程. 广州:广东高等教育出版社,1997.

42. 朱楚宏. 适切与偏离:准确把握发问火候. 广西广播电视大学学报,2009(1).

后　记

　　《当代大学生交际口才》终于要出版了,说终于出版,不仅是因为她的出版经过了不少繁复的程序,更重要的是她是我们浙江海洋学院人文学院语言教研室全体教师多年的教学和科研工作宝贵经验积累和整整三年辛勤耕耘之下的一个共同的成果。五位作者里面,有经历高校汉语口语教学三十年的老教师,也有教学经验丰富的中年教师,还有高学历的年轻后生;从职称和学历看,既有教授、副教授和讲师,也有博士和硕士,可谓是老中青团队合作的"结晶"。本教材的最大特点有二:一是它的"三合一"。这是一本融普通话水平测试、教师口语、一般交际口语三大内容为一体的大学生口才学教材,特别是根据目前大学生就业面试所遇到的问题,编写了"求职面试"专题,适合任何专业的大学生使用。二是"学练合一"。每一个专题既讲知识,又讲方法,而且知识与实践有机结合,本书在每一讲的最后部分都精心编排了大量适合学生自己练习的题目和内容,更适合学生自我学习与训练。本教材的写作分工如下:徐波承担了全书大纲、前言、后记、第一讲、第二讲、第十讲的写作和全书的统稿工作;楼志新承担了第七讲、第九讲的写作;胡世文承担了第六讲、第八讲的写作;郭振红承担了第三讲、第五讲的写作;周梅芳承担了第四讲的写作。

　　在本教材建设立项、组织编写和出版过程中,我们得到了浙江海洋学院教务处、计财处领导与相关同志的大力支持;本教材的出版还得到了浙江大学出版社的大力支持,在此,我们对上述为本教材的编写与出版付出辛苦的所有人一并表示衷心感谢!

编　者

2011 年 12 月

图书在版编目（CIP）数据

当代大学生交际口才 / 徐波主编. —杭州：浙江
大学出版社，2012.2（2023.8重印）
  ISBN 978-7-308-09522-8

  Ⅰ.①当… Ⅱ.①徐… Ⅲ.①口才学－高等学校－教
材 Ⅳ.①H019

  中国版本图书馆 CIP 数据核字（2011）第 279343 号

当代大学生交际口才

徐　波　主编

责任编辑	柯华杰
封面设计	刘依群
出版发行	浙江大学出版社
	（杭州市天目山路 148 号　邮政编码 310007）
	（网址：http://www.zjupress.com）
排　版	杭州青翔图文设计有限公司
印　刷	广东虎彩云印刷有限公司绍兴分公司
开　本	710mm×1000mm　1/16
印　张	16.5
字　数	305 千
版 印 次	2012 年 2 月第 1 版　2023 年 8 月第 6 次印刷
书　号	ISBN 978-7-308-09522-8
定　价	40.00 元